李白与地域文化

LIBAI YU DIYU WENHUA

四川省李白研究会　江油李白纪念馆
四川李白文化研究中心　蒋　志　著

四川出版集团
巴蜀书社

四川省人文社会科学重点研究基地科研项目

四川省哲学社会科学重点研究基地李白文化研究中心课题（LB06-02）结题成果

目 录

第二编 李白与其他地域文化

第三编 李白文化及其现代价值

序

薛天纬

蒋志教授长期以来潜心研究“李白与地域文化”这个课题，收获颇丰，其所积累的成果汇为《李白与地域文化》一书，即将付梓，嘱我为序。我深深感激蒋志先生的信任，论年资与学术，我都得尊他为长，因而不敢推辞，乃写下自已拜读书稿后的点滴感想与心得以复命。

蒋志先生是李白故里江油人，20 世纪 80 年代初，他就开始研究“李白与江油”的课题，取得了一系列成果。在此基础上，他一方面追寻李白生平游踪，将研究目光扩大到荆楚、吴越、中原、齐鲁、西域，全面考察了李白与地域文化的关系，得出“中华多元文化孕育了李白”的结论；另一方面，又对“李白文化及其现代价值”从理论和实践上进行了探讨与阐释。在此之前，已有学者从地域着眼，发表过《李白与长江》、《李白与黄河》等具有很高水平的研究论文，但就体系之完整而言，蒋志先生的著作在专论“李白与地域文化”方面仍是第一部。这是从总体上评说蒋志先生这部著作填补空白的创新意义和学术价值。然而，要真正认识这部著作内在的学术价值，还须特别关注其中具有代表性的若干要点。下面，仅就个人体会，谈几个具体问题。

对于李白故里诗作、故里生活以及故里山川、故里文化的研究，无疑是这部著作最富特色的内容构成，蒋志先生在这方面的研究是具有权威性的。比如，李白《访戴天山道士不遇》诗写到的戴天山和杜甫《不见》诗写到的匡山，到底是什么关系？回答这个问题，似只有李白故里人士才有发言权。早先曾有江油的研究者发表文章，说戴天山即大匡山，又名大康山。我自己以前是信从并引用过这种说法的。但蒋志先生指出，“戴天山、大匡山是同一山脉的两座山头”，“匡山只不过是戴天山前一座小山”，并对两座山的自然形势和人文景观、包括李白“匡山读书处”做了精确描述。现在我当然就得信从蒋志先生的说法了，因为他写道：“笔者从小生活在匡山之麓，多次游匡山，曾专程考察戴天山，二者位置已经弄清。”那么，你不信从他还能信从谁呢？本书第一编对李白出蜀前的事迹和作品做了全面、深入研究，我想，今后当人们说到李白在故里的经历和创作时，是无论如何绕不开蒋志先生的成果的。

与故里研究紧密相关而且备受关注的，是李白的出生地问题。由于史料的限制以及对仅存史料的不同解读，研究界关于李白出生地有多种说法，其中最重要的是碎叶与蜀中两说。当前，“碎叶说”虽然占据“主流”，但“蜀中说”从未沉寂，我想借此机会说说自己的看法。“碎叶说”所据史料及推论过程是：李白于至德二载（757）所作《为宋中丞自荐表》云：“前翰林供奉李白，年五十有七。”由此可以推定其生年为长安元年（701）；李阳冰《草堂集序》说李白之家“神龙之始，逃归于蜀”，范传正《唐左拾遗翰林学士李公新墓碑并序》说“隋末多难，一房被窜于碎叶……神龙初，潜还广汉”，神龙跨了三个年头，“神龙之始”或“神龙初”必指神龙元年（705），这一年李白已五岁，则李白出生地宜为其家归蜀前的居住地碎叶。以上史料形成了一个“证据链”，第一环是《为宋中丞自荐表》，第二环是并列的《草堂集序》和《唐左拾遗翰林学士李公新墓碑并序》，史料的真实性和推理的逻辑过程都无懈可击，因此，“碎叶说”成为主流看法是有充分理由的。然而，同样是《草堂集序》和《唐左拾遗翰林学士李公新墓碑并序》，又都是先记李白之家“逃归于蜀”或“潜还广汉”，接着才说到李白的降生，就叙事顺序而言，李白是生于其家归蜀之后；另一条史料，即李白的友人魏颢在《李翰林集序》中径言李白“身既生蜀，则江山英秀”。所以，说李白出生于蜀中也是持之有故、言之有据的。应该说，正是原始史料本身造成了“碎叶说”与“蜀中说”的矛盾，这一矛盾是无法解释更无法消弭的，除非有新的（然而很难指望的）史料发现。所以，关于李白的出生地实应二说并存。安旗主编《李白全集编年注释》所附由我执笔的《简谱》，即谓“其出生地无确考，略有二说：一说生于西域（纬按，指碎叶）……一说生于蜀。”但这并不妨碍人们从二说中取其一说，当年，裴斐先生就力主李白生于“蜀中说”，他很看重王琦“神龙之年号乃神功之讹”的推想，在《李白选集》（人民文学出版社 1996）的“前言”中，明谓李白“其父于唐武后神功元年（697）迁蜀定居”[①]。蒋志先生也主张“蜀中说”，为了证成此说，他做了多方面的论证：首先是全面梳理了关于李白出生地的各种说法，一一予以仔细的分析辨证，这是一件很有意义的工作；他征引了岑仲勉《唐史余沛》的一项考证成果，即苏颋《唐璿碑》中“神功初征拜辅国大将军、同中书门下三品”所谓“神功”即“神龙”之讹[②]，以此来支持王琦的推想；他从史书中发现，从 703 年到 706 年，西域的形势是“安西道绝”，从而断定李白之父不可能在此期间带着一大家人从“绝道”归蜀；他还在宋代地理书中检出“与李白基本上是同时代的于邵，在李白死后 8 年，在李白故里为李白立碑”一事，碑文虽然不传，但可间接获知其中有“白生于此县”的记载，这无疑给“蜀中说”增添了一个筹码。因此，我们可以说，对于李白生于蜀

① 《李白选集》，人民文学出版社，1996 年。

② 蒋志：《李白出生于四川江油补正》，载《四川大学学报丛刊》1982 年第 15 辑。

中这一说法，蒋志先生的考证用力最勤、学术贡献也最大。

本书第二编是以平实的叙事性评说为基本表达方式，然而学术探索仍然贯穿其中。比如，在“李白与楚文化”章之“李白与孟浩然”一节中，从二人初识直至浩然辞世，详细考证了李白与孟浩然交游的全过程，对李白的名篇《黄鹤楼送孟浩然之广陵》、《赠孟浩然》以及《游溧阳北湖亭瓦屋山怀古赠孟浩然》（或作《游溧阳北湖亭瓦屋山怀古赠同旅》）、《淮南对雪赠孟浩然》（或作《淮海对雪赠傅霭》）、《春日归山寄孟浩然》等诗篇的作时、作地和写作背景都有精到而富有创见的考述。对李白为什么特别崇敬孟浩然，也作了详尽的分析。这既是李白研究的收获，也是孟浩然研究的收获。在“李白与吴越文化”章中涉及吴筠是否曾荐举李白入朝的问题，与郁贤皓先生展开商榷，认为吴筠“《登北固山望海》显然是开元盛世所作。开元中漫游吴越，与李白交往的事，不能轻易否定”。这是很有见解的。在“李白与西域文化”章讨论西域音乐对李白的影响，涉及了词的起源问题，说“西域乐曲形式多样，节奏较快，传统的五言、七言诗难以适应，故而打破五言、七言句法，写出便于歌唱的长短句，这就是词”，进而论曰：“《菩萨蛮》就是从西域传入的乐曲。李白善于从西域文化和民间文化中吸取营养，完全可能依曲调填写《菩萨蛮》。其词意境宏大，情感深沉，达到了高浑纯熟的艺术境界，故被尊为“百代词曲之祖”。这一看法，对于判断《菩萨蛮》是否为李白所作具有积极意义。

蒋志先生不但以严肃的态度治学，而且内心富有朝气，观察事物的眼光也很有时代性。这在本书第三编有生动体现。当他讲到全球化浪潮中李白文化的价值时，视野相当开阔；当他对李白文化传播中出现的诸如李白是“古惑仔”之类消极现象加以批判时，笔锋十分犀利；当他从旅游角度讲到李白文化的开发时，甚至不乏经济头脑和经营意识。结合李白文化的旅游开发，他还对近些年出现的关于李白故里的品牌之争发表了中肯而公允的意见，呼吁“秦安、江油、安陆，还有李白第二次安家的兖州，李白的流放地夜郎（今贵州桐梓），终老之地马鞍山……一切有李白文化遗迹的地方都可以联合起来，共同打造‘李白文化之旅’”。我完全赞同蒋志先生的立场和意见，我想，大家都来响应蒋志先生的呼吁，他的这部著作就不仅具有学术价值，而且会显示出指导现实的应用价值。这一定是蒋志先生所期盼的！

是为序。

2011年3月30日于京东八里桥寓所

前　言

李白是中国诗歌史上的天才、奇才，他的诗歌具有持久的生命力和永恒的艺术魅力，在全世界都享有很大声誉。李白的爱国主义精神，刚正不阿的高贵品质以及他诗歌艺术上的杰出成就，是中华传统文化的瑰宝。明晰李白的思想、个性特征和诗歌艺术风格是怎样形成的，对于现在建设社会主义先进文化具有重大的学术价值和现实意义。

从20世纪80年代起，李白研究进入了高潮时期，学术界对李白的出生地、家世、生平事迹和李白的思想、艺术成就等方面做了全面的研究和探讨。对李白如何接受中华传统文化影响，做了一般的、笼统的研究，或者说是着眼于宏观的展现。对李白生平的研究，着重在出蜀之后，而对于其一生至关重要的青少年时期所受的巴蜀地域文化熏陶，以及他曾生活过的地域的风俗民情、思维方式、典型性格对他的影响，更是研究得少之又少。这使李白研究陷入一种表层的平面的述说，对李白的思想、个性特征、诗歌艺术风格的形成，他与其他诗人的异同的根本原因，未能深入加以探讨。要打破这种状态，必须从李白所受的地域文化影响这样一个新的视角来研究李白。

我国是一个幅员辽阔、地形复杂、气候多样的多民族国家。在历史的长河中，各地域、各民族共同发展和创造了中华文化。“一方水土养一方人”。由于不同的地理环境及政治、经济、历史、民族等种种因素的差异，形成不同地域群的生活方式、思想观念、行为准则。这种差异具体表现为语言、饮食、建筑、婚姻制度、生活习惯、宗教信仰、职业类别，以至于学术文化等等方面的区域差异，由此形成不同特征的地域文化。因而中华文化既是统一的，又是多元的，即是由若干各具特色的地域文化组成的有机统一体。钱穆先生形象地说：“中国是一个大家庭，她能具备好几个摇篮，同时哺育好几个孩子。”（《中国文化史导论》）中华文化与地域文化的关系实际上是共性与个性的关系，或者说是大系统与子系统的关系。中华文化是整个中华民族的共性，而地域文化则是中华文化在各地域的具体表现，或者说是中华文化在各地域的个性。

我国古人就已经看到不同的地域，由于不同的自然条件、经济条件而产生不同的文化。《礼记·王制》：“广谷大川异制，民生其间异俗。”强调了地理环境对人类的决定性影响。《管子·水地》：“地者，万物之本源，诸生之根菀，美恶贤不肖愚俊之所生也。”认识到了在不同地理环境下有不同的人文性格。《史记·货殖列传》将中华大地分为山西、山东、江南、北地四大文化地区。《汉书·地理志》云：“凡民函五常之性，而其刚柔缓急，声音不同，系水土之风气，故谓之风；好恶取舍，动静无常，随君上之情欲，故谓之俗。”该书将中华大地分为秦地（含巴蜀）、魏地、周地、韩地、赵地、燕地、齐地、鲁地、宋地、卫地、吴地、粤地（含越）等十二个文化区域。《隋书·地理志》按九州排列，分别叙述其地理环境及风俗习惯、人文性格的差异。

文学作为文化的一个部分，它的创作必然要受到地域文化的熏染。前人早已注意到了这一点，如班固提出“以诗证地”，看出了诗歌风格与山川风气的内在渊源。刘勰在《文心雕龙》中说：“若乃山林臯壤，实文思之奥府……屈平所以能洞鉴风骚之情者，抑亦江山之助乎？”《隋书·文学传序》：“江左宫商发越，贵于清绮；

河朔词义贞烈，重乎气质。”宋代王应麟在《诗地理考序》中说：“人之心与天地山川流通。发于声，见于辞，莫不系水土之风而属三光五岳之气。因诗以求其地之所在，稽风俗之厚薄，见政化之盛衰，感发善心而得性情之正。”指出了诗歌与特定地理环境之关系。刘师培《南北文学不同论》说：“大抵北方之地，土厚水深，民生其间，多尚实际。南方之地，水势浩洋，民生其间，多尚虚无。”他论证了不同地域的音声不同造成南北文学的差异，不同地域的山川相异导致民俗不同而诗歌各异。

中华文化在其发生时期呈现多元状态。在夏商周三代时，形成了中原的中央王国文化与周围方国文化的相互依存。到春秋战国时期，地域文化的格局已经形成，中原有河洛文化、三晋文化，关中有秦文化，黄河下游有齐鲁文化、燕赵文化，长江上游有巴蜀文化，长江中游有荆楚文化，长江下游有吴越文化。秦汉时期，从政治、经济、疆域上统一了中国，在文化上实行专制主义。中华文化的共性凌驾于地域文化的个性之上，一体化的表象几乎湮没多元化的潜质。但各地域文化的基本特征是在上千年历史、独特的地理等多种因素作用下形成的，不能也不可能骤然消亡，文化专制主义并没有从根本上改变各地域文化的个性特征。魏晋南北朝时期，北方少数民族南迁，带来了胡文化，在战乱之中，多元文化相互碰撞，相互融合，在此基础上随着隋唐帝国的统一，出现了气势恢宏、辉煌壮丽的盛唐文化。李白正是盛唐文化哺育的伟大诗人。盛唐文化本身就是各地域文化相互交融，并汲取了外来文化之精华而产生的。李白是我国古代作家中个性最突出，创作特征最鲜明的诗人，我们在探讨李白之所以能成为伟大诗人及其个性特征的形成时，仅泛泛地论述中华文化、盛唐文化对李白的影响是远远不够的，必须要探讨各地域文化对他的影响。

笔者把李白放在中华文化这个大的背景下，从地域文化的特定视角来深入探讨李白的思想性格与诗歌创作的个性特征形成的原因。这就使李白与中华传统文化的关系，从一般的平面的关系，变为具体的立体的多层次的关系。这在李白研究中具有综合性、全局性和独创性，填补了李白研究在这方面的空白。

人是文化的创造者，又是一定文化的产物。美国著名的人类学家本尼迪特克说："个体生命史首先要适应他的共同体世代相传的方式和标准，从他出世时候起，他生入其中的风俗习惯就塑造他的经验和行为，到他会讲话时，它的习惯就是他的习惯，它的信念就是他的信念。"① 这就是说一个人在他出生后就要受到他生活的地域文化的影响，而这种影响是无可抗拒的。李白出生于蜀，在蜀中生活25年，因此首先要研究李白在巴蜀的事迹与行踪，研究巴蜀文化对李白的决定性的影响，探讨他如何继承巴蜀文化的优良传统。然而，李白在巴蜀这一段历史，史料贫乏，且多矛盾，学术界争议很大。如李白是不是生于蜀，李白出生在怎样一个家庭，李白青少年时期在蜀中接受的什么样的教育，李白在巴蜀走过哪些地方，与哪些人交游，创作过哪些诗文，都是需要弄清的问题。笔者有幸生长于李白故里，少年时就在李白读书的匡山之麓，听父亲讲李白的故事，背诵李白的诗歌，在那时就产生了对李白的崇敬之情。20世纪80年代初，笔者又参加了江油李白纪念馆的筹建工作，收集整理了一批李白故里的文物资料，对上述的争论问题产生了自己的观点。在报刊上公开发表后，引起了学术界的重视。

李白25岁出蜀以后，漫游祖国各地，先后接受了荆楚文化、吴越文化、中原文化、齐鲁文化的影响。李唐王朝是一个十分开放的王朝，西域文化渗透到内地，李白父辈就是从西域而来，在那样的家庭环境中，必然也受到了西域文化的影响。正是由于李白广泛地接受各地域文化的影响，吸收其精华与长处，终于成为名扬海内的大诗人。

---

① 转引自詹姆斯·克里斯迪安：《哲学探奇术入门》

李白漫游全国，在各地留下遗迹、诗作和传说故事，而且影响其民俗，给当地文化增添了色彩，形成了李白文化，留下了李白文化旅游资源。本书在研究各地域文化对李白的影响中，综合提出了“李白文化”这一概念，对这新的概念作出了比较准确的界定，对其内涵与外延作了论述。并对“李白文化”在当代的情况作了考察，对“李白文化”的现代价值进行了阐述。对李白文化旅游资源的开发与保护作了较详的论证。这也是对李白文化的实用价值的发掘。

本书不仅仅从文学、史学的角度研究李白，而是打开视野，从历史学、人文地理学、社会学、民俗学、文化学、美学等多个角度研究地域文化对李白的影响。其独创性的观点主要有：

（1）对于李白出生于蜀的观点，进行了详细的很有说服力的论述；对于李白生于碎叶、焉耆、哈密、条支、阿富汗等观点进行了有力的批驳；对当前网上热点话题“李白故里之争”给了明确的答案。

（2）在李白家世问题上，认为李白出身并非贵族富商，而是普通平民百姓，李白之父并非富商，而是文学修养很高的继承了中华文化的隐士，驳斥了李白之父是胡商，李白是胡人、外国人的观点。

（3）对于李白在蜀中的事迹、诗作做了翔实的考证。学术界对青年李白的隐居地有不同观点，戴天山、大匡山两者的关系没有搞清楚。笔者通过调查研究，明确了它们的具体位置。

（4）对于李白在蜀中的交游，特别是与赵蕤的关系及所受的影响，做了详细的论述。

（5）论述了巴蜀文化对李白的影响，论证了李白从小受巴蜀文化的熏陶而形成自己独特的个性。

（6）李白漫游祖国各地，先后接受了楚文化、吴越文化、中原文化、鲁文化的影响。李白父辈从西域而来，也接受了西域文化的影响。李白正是由多元一体化的中华文化孕育出来的伟大诗人。

(7) 从地域文化的特定视角，寻求李白的思想性格与诗歌创作的个性特征形成的原因，比较李白与同时代诗人杜甫、孟浩然的异同。

(8) 在研究各地域文化对李白影响的基础上，提出了“李白文化”概念，对这新的概念，作出了明确的界定和阐述。

(9) 论述了“李白文化”的形成，按文化结构将李白文化分为三个层次，分别进行论述。对“李白文化”在当代的情况作了论述；对于李白文化的核心——精神文化及其现代价值进行了阐述，特别是对于李白的爱国主义精神，崇拜和热爱大自然的精神及其现代价值进行了详细论证。

(10) 对李白文化旅游资源的状况、价值进行了论述；对李白文化旅游资源的开发与保护提出了对策。

本书既具有学术价值，填补了学术空白，又具有实用价值，可以产生社会效益和经济效益。

《李白与地域文化》是四川省教育厅、四川省社科联社会科学重点研究基地“李白文化研究中心”的重点科研课题的成果，也是笔者从 20 世纪 80 年代初以来，三十年的李白研究的结晶。中国李白学会会长薛天纬教授评价：“《李白与地域文化》的研究从一个特定视角展开，与李白家世、生平和诗歌创作密切相关，具有综合性与全局性。”（《李白文化研究·序》）他又说：“这里特别要说道，李白的地方性研究，构成了李白生平与创作研究的一项重要的、有特色的内容……蒋志先生的一系列关于李白故里的研究成果……凭借地利优势，带着对李白的特殊感情，以专注而精心的力量投入所取得的研究成果，具有不可替代的价值。”①

---

① 《纪念中国李白研究会成立 20 周年学术总结报告》，《中国李白研究》2008 年，黄山书社。

笔者在2001年曾撰《李白蜀中论考》，内部印发了1000册，早已在几次学术会上分送完。在“中国李白网”上评介了《李白蜀中论考》后，有不少研究李白的专家学者和李白的崇拜者索要此书。现在将该书的主要内容纳入《李白与地域文化》中，正式出版发行，以飨读者。

第一编

李白与巴蜀

第一章 李白出生于蜀

唐代伟大诗人李白于公元701年出生于剑南道绵州巴西郡昌隆县青莲乡（今四川省江油市青莲镇）。这个本来就有充分历史根据的观点却遭受过不少质疑。

李白的出生地在唐代就有不同说法。《旧唐书·李白传》说李白是山东人。《新唐书·李白传》说："李白……其先隋末以罪徙西域，神龙初遁还，客巴西。白之生，母梦长庚星，因以命之。"这就纠正了《旧唐书》的谬误。从两宋以至近代，对李白生于蜀并无异议，只是王琦提出了一个疑问，他在《李太白全集》后的《年谱》中说："以《代宋中丞自荐表》核之……神龙改元，太白已数岁，岂神龙之年号乃神功之讹，抑太白之生在未家广汉（绵州在汉代属广汉郡）之前欤！"但他最后的结论仍然很明确："太白生于蜀中。"到1926年，李宜琛《李白底籍贯与生地》① 首倡李白生于西域说，后来陈寅恪在《李太白氏族之疑问》② 一文中也认为"太白生于西域，不生于中国。"但这个观点并未引起学术界多大反响，在《辞源》、《辞海》及大中学教材上皆说李白生于蜀。

1971年郭沫若发表《李白与杜甫》，提出李白"出生于中亚细

---

① 《晨报副刊》1926年5月10日。
② 《清华学报》1935年10卷1期。

亚的碎叶城”，其位置在今吉尔吉斯境内的托克马克附近。接着我国的对苏照会也说，我国伟大诗人李白出生于碎叶，说明那片土地自古是中国所有。在那“万马齐喑”的日子里，权威的话一出，也就一锤定音了，所有的工具书、教材都改为李白出生于中亚碎叶。

党的十一届三中全会，宣告“百家争鸣”的时代到来，笔者首先向“李白生于碎叶说”发难，几经周折，拙作《李白生于四川江油》终于在1982年《四川大学学报丛刊》第十五辑上发表，在学术界引起热烈讨论。20世纪80年代先后出现了六种李白出生地的说法，除“中亚碎叶说”、“蜀中说”外，还有“新疆焉耆说”、“新疆哈密说”、“阿富汗（条支）说”、“长安说”。经过激烈争论，“李白生于蜀”的观点为大多数人所接受，1992年版中学历史课本改为“李白彰明（今江油）人”。《中国大百科全书》、《英国简明不列颠百科全书》的“李白”专条中，也明确肯定李白生于四川江油。但争论并未结束，有几位学者对“李白生于蜀”的观点质疑，在此将李白生于蜀的观点作一系统阐述，并对“非蜀中”说质疑。

第一节 李白生于四川江油

第一个为李白编诗集的魏颢说李白“身既生蜀”，这个说法是可靠的。李白与魏颢的关系很亲密，据李白《送王屋山人魏万还王屋》诗序中说：“王屋山人魏万（即魏颢）云：自嵩宋沿吴相访，数千里不遇，乘兴游台越，经永嘉，观谢公石门，后于广陵相见。美其爱文好古，浪迹方外，因述其行而赠是诗。”魏颢在天宝十三年（754）用了半年时间，走了几千里路访问李白，可见对李白十分崇敬。李白对魏颢也很尊重，“宣父敬项橐，林宗重黄生。一长复一少，相看如弟兄。惕然意不尽，更逐西南去。同舟入秦淮，建业盘龙处。”他俩从春到夏，很亲密地一同游览了广陵、金陵等地。李白说魏颢“尔后必著大名于天下，无忘老夫与明月奴，因尽出其文，命颢为集”。魏颢没有辜负李白的信任，七年后将李白的诗编为《李翰林集》并作序（以下简称“魏序”），序言中说：“蜀之人无闻则已，闻则杰出。是生相如、君平、王褒、扬雄，降有陈子昂、李白，皆五百年矣。白本陇西，乃放形，因家于绵。身既生蜀，则江山英秀。”这里很明确地说李白祖籍在陇西，出生于蜀。魏颢写这篇序言的时间是上元末，即公元761年，李白还健在，序中说：“白未绝笔，吾其再刊。”他还准备以后再给李白编诗集。

王辉斌先生对“魏序”“白本陇西，乃放形，因家于绵。身既生蜀”是这样解释的：“李白祖籍陇西，他因为‘放形’的原因，才家于绵，迁居于四川的，由此我们可知，李白在未曾‘放形’前是居于他地的……李白‘放形’后‘家于绵’乃在他五岁时随父所致……‘身既生蜀’这个生是生活、生长的意思。”[①] 这里我们要弄清“放形”的意思。“放形”源于王羲之《兰亭集序》：“夫人之相与，俯仰一世，或取诸怀抱，悟言一室之内，或因寄所托，放浪形骸之外。”“放形”即“放浪形骸”，指不受封建礼法拘束，看破功名利禄的隐士的行为，这绝非五岁的李白的行为，而是指李白之父，这与范传正《李公新墓碑并序》（以下简称“范碑”）可以印证，“父客以逋其邑，遂以客为名，高卧云林，不求禄仕”。这表明李白之父隐居于绵州（属广汉），放形于山水间。“魏序”说李白“身既生蜀”的“生”，只能解释为诞生，因为在此之前还有一大段话：“自盘古划天地，天地之气艮于西南。剑门上断，横江下绝，岷峨之曲，别为锦川。蜀之人无闻则已，闻则杰出。是生相如、君平、王褒、扬雄、降有陈子昂、李白，皆五百年矣。”这是从蜀中的“地灵”说到“人杰”，列举了六位名人，都诞生于蜀，

---

① 王辉斌：《李白求是录·上编》，江西人民出版社，2000年，4页。

有什么道理要把李白剔出来，说他只是长于蜀，而非生于蜀？再说，若“身既生蜀”的“生”解释成“生活”、“生长”，就成了“李白的身体生活、生长在蜀”，很不通顺，明显地违背了原意。

李家烈先生又为之辩解说：魏颢举的蜀人，“亦全非土生土长的蜀人”。“自汉唐以降，对司马相如的生籍一直就有异议……君平、王褒，虽被笼而统之称为蜀人，但‘未详生于何县’，可见其生籍是否蜀中仍值得怀疑”[①]。笔者认为，不能因这几位蜀中杰出人物具体生于何县有异议就推翻“诞生于蜀”这个大前提。

司马相如的祖上是秦灭巴蜀后迁入蜀的，先定居于安汉县（今蓬安县），司马相如可能出生于安汉，后迁居成都。蔡荣中、萧红涛先生的《相如故里知何处》有翔实考证[②]。不论相如生于蓬安或是生于成都，但生于蜀这个大前提是无法推翻的。晋朝人常璩《华阳国志》对土生土长的巴蜀人作了“小传”和“赞”，一一指出其生籍，严君平为成都人，王褒为资中人。现在还找不出否定他们生于蜀的证据。“魏序”把李白同土生土长的巴蜀名人列在一起，当然是说李白也是生于蜀。

李阳冰是李白的从叔，公元762年李阳冰在当涂做县令时，李白投靠于他。“阳冰试弦歌于当涂，心非所好，公遐不弃我，乘扁舟而相顾，临当挂冠，公又疾亟。草稿万卷，手集未修。枕上授简，俾予为序”。在李阳冰作的《草堂集序》（以下简称“李序”）中介绍的李白家世，应当是出自李白“枕上”亲授。《序》曰：“李白，字太白，陇西成纪人，凉武昭王暠九世孙，蝉联组，世为显著。中叶非罪，谪居条支，易姓与名。然自穷蝉至舜，五世为庶，累世不大曜，亦可叹焉。神龙之始，逃归于蜀，复指李树而生伯阳。惊姜之夕，长庚入梦，故生而名白，以太白字之。”这段文

---

① 李家烈：《李白的家世与生籍考辨》，《四川师范学院学报》1997年4期。

② 《四川日报·副刊》2000年1月13日。

字明明白白地说入蜀之后李白才诞生。再从李白这个名字来看，只有生在西蜀才有可能姓李名白，因为他家在西域是“易姓与名”，并不姓李，入蜀后才复姓李，如果李白出生于西域就不会叫做李白了。

刘友竹先生对“李序”这段话又有不同的解读：“‘复指李树而生伯阳’是说李家复姓，而不是说生李白。”① 李家烈先生也持相同看法②。笔者认为“复指李树而生伯阳”这是引用老子出生的典故，葛洪《神仙传》卷一：“老子者，名重耳，字伯阳……或云老子之母，适至李树下而生，老子生而能言，指李树曰：‘以此为我姓。’”在唐诗中也有用此作为咏李氏出生的典故，李阳冰用此典故也是指李白出生。此句紧接在“神龙之始，逃归于蜀”之后，下面又说“惊姜之夕，长庚入梦，故生而名白，以太白字之”。这就明白无误地说李白是在其家迁入蜀后才出生的，并以此为契机恢复李姓，改名李白。

与李白同时代的刘全白在贞元六年（790）即李白去世后的二十八年写的《唐故翰林学士李君碣记》一开头就以肯定的语气说：“君名白，广汉人。”绵州巴西郡昌隆县（后称彰明县，今属江油县）在汉代属广汉郡，刘全白按汉时地名而言，故称之为“广汉人”。《碣记》中还说：“全白幼则以诗为君所知，及此投吊，荒坟将毁，追想音貌，悲不能止。”可见刘全白不仅见过李白，而且还有较深的交往，他说李白是广汉人，应当是有根据的。

与李白交谊最深，当然是杜甫。从杜诗中可以看出杜甫认为西蜀乃李白诞生之地。《不见》中的“匡山读书处，头白好归来”就有“叶落归根”的意思。曾有人说匡山是指庐山，那是误解，杜田的《杜诗补遗》早就纠正了这个错误：“白厥先，避仇客居蜀之彰

---

① 刘友竹：《李白出生地再考》，《李白学刊》第二辑，上海三联书店，1989 年，203 页。

② 李家烈：《李白的家世与生籍考辨》，《四川师范学院学报》1997 年 4 期。

明，太白生焉。彰明有大小匡山，白读书于大匡山，非匡庐也。”杜甫写此诗时正在四川，与李白已经分离了十多年，他急切地想再见到李白，所以希望李白回到四川故乡来。如果匡山是指庐山，这诗句岂不是应改为“白头好归去”吗？在江油青莲乡李白故乡的对面确实有一座匡山，山中有大明寺，李白少年时就在此寺中读书。匡山属岷山的支脉，也就是李白“与东严子隐于岷山之阳”的所在。唐朝人郑谷《蜀中》诗“云藏李白读书山”也是指大匡山。据县志“山石方隅，皆如匡形”，故名匡山。山中的庙宇早在贞观年间就修建了。至今在匡山的《大明寺住持碑》上刻有：“……唐第七主玄宗朝翰林学士李白字太白，少为当县小吏，后止此山，读书于乔松滴翠之平有十载……有题是寺诗云：‘晓峰如画参差碧，藤影摇风拂槛垂。野径来多将犬伴，人间归晚带樵随。看云客依啼猿树，洗钵僧临失鹤池。莫怪无心恋清境，已将书剑许明时。’”①这首李白的《别匡山》表达了对诞生养育自己的故乡的热爱和依恋的情感，可以和杜诗相印证。

与李白基本上是同时代的于邵，在李白死后八年，在李白故里为李白立碑，这块碑虽已不存，但在宋代的一些史志著作中还有记载。北宋初太平兴国年间（976—984）乐史编著的《太平寰宇记》卷八三载：绵州彰明县“李白碑在宁梵寺门下，梓州刺史于邵文”。北宋神宗时期王存编著的《元丰九域志·新定九域志》卷七绵州条下载：“李太白碑，唐梓州刺史于邵文。”北宋末徽宗时期欧阳忞编著的《舆地广记》卷二九载：“彰明县……有唐李白碑，白之先世尝流巂州，其后内移，白生于此县。”明代曹学佺编著的《蜀中名胜记》卷九载：“彰明县清廉乡有李白读书堂，后废为陇西院，盖以太白系出陇西云，院后有太白像。李翰林墓碑云：白本宗室子，

---

① 《大明寺住持碑》，全文《敕赐中和大明寺住持记》碑，立于北宋熙宁戊申年（1068），原在匡山，现藏江油李白纪念馆。

其先避地客蜀，居蜀郡之彰明，太白生焉。彰明邑有大小匡山，大匡山乃太白读书处。《图经》（宋代人编）：梓州刺史于邵作李白碑，在县之宁梵寺三门下。志云：碑在县南二十里即白故宅。”以上四种史料均载：在李白故里有唐李白碑，其中三种史料明确指出碑文作者是梓州刺史于邵；两种史料涉及碑文内容，肯定李白生于蜀之彰明县。怎样看待这些史料？刘友竹先生和王辉斌先生持否定态度，他们引用《旧唐书·于邵传》说于邵“超迁梓州，以疾不赴”，未去梓州上任，所以《太平寰宇记》、《图经》、《蜀中名胜记》所载皆子虚乌有，好事者所为。对此必须一辩：于邵未去梓州上任与去绵州为李白树碑是两码事，不能以前者否认后者。于邵未去梓州，但他却去过绵州。《全唐文》卷四二九载于邵写的《为剑南西川崔仆射再请入朝表》：“伏奉手诏，许臣入朝，臣自西川军还，理装撰吉，与监军使孟游仙等，以今月五日发成都，十二日至绵州罗江县，中使马承倩至，又奉恩旨，令臣与游仙等却回，臣久辞阙庭，从事边塞，思一朝觐。”此表大约写于大历五年（770），时李抱玉兼山南西道节度使，因于邵守巴州有功，超迁于为梓州刺史，后因病未赴任，唐王朝要调于邵回朝做兵部侍郎，西川节度使崔宁请求留于邵做度支副使，因此于邵跟随崔宁左右。在入朝途中，走到绵州罗江县，为崔宁代写这道表章。在绵州待命期间，于邵完全有可能游李白故里，因绵州距彰明仅三十公里，此时于邵虽未去梓州上任，但梓州刺史头衔尚在，出于对去世才八年的李白的仰慕，在其故里以梓州刺史名义为之立碑，这完全是情理中事。怎么能轻率断之为“子虚乌有”。

比于邵晚一点的范传正，在李白墓前立碑。李白曾与其父有交往，范传正与李白“有通家之旧”，记事应当可靠。范传正的《唐左拾遗翰林学士李公新墓碑并序》：“公名白，字太白，其先陇西成纪人。绝嗣之家，难求谱牒。公之孙女搜于箱箧中，得公之亡子伯禽手疏十数行，纸坏字缺，不能详备。约而计之，凉武昭王九代孙也，隋末多难，一房被窜于碎叶，流离散落，隐易姓名。故白国朝以来，漏于属籍。神龙初，潜还广汉，因侨为郡人。父客以逋其邑，遂以客为名。高卧云林，不求禄仕。公之生也，先府君指天枝以复姓，先夫人梦长庚而告祥，名之与字，咸取所象。"郭沫若先生根据这段文字推论李白出生于碎叶。其实这段文字与"李序"的意思是一样的。"神龙初，潜还广汉……高卧云林，不求禄仕"。这是说李父的事，接下来说李白："公之生也，先府君指天枝以复姓，先夫人梦长庚而告祥，名之与字，咸取所象。""范碑"很清楚地说李家在西域"隐易姓名"入蜀后生李白才复姓，若李白生在西域，他能复姓李吗？能产生"李白"这个名字吗？古人生下地就有姓名，不可能生下来无姓无名，等到五岁入蜀才取名李白。

松浦友久先生实事求是地肯定："从李序到魏序、范碑等基本资料，都把蜀地作为李白的出生地。"肯定了"李序、范碑及《新唐书》等基本资料的来源是相当可靠的，讹误的可能性极小"。"李序是出自李白临终时托之'草稿万卷'的族叔李阳冰之手；魏序是敬仰李白的魏颢在广陵亲承李白教诲时所得的内容的记述；而范碑是范传正根据李白的孙子从'箱箧中'得到的亡父伯禽的'手疏十数行'整理的。这些直接或间接得来的资料汇集了李白自己的说法。从这一点看，至少可以说李白自己经常把出生地说成巴蜀。在他的诗文中把巴蜀作为故乡的地方很多，可以证实这一点"①。但是松浦先生又是主张李白生于西域的，他说"李序范碑在李白出生地这点上就做了非常模糊的（违背事实）记述"。既说李序范碑"相当可靠"、"讹误的可能性极小"，又恰好在出生地这个重大问题上作了错误记述，这种自相矛盾的说法，令人难以信服。松浦先生认为李序范碑对李白出生于西域作了掩饰，他说：李

---

① 松浦友久：《李白的出生地及家世》，《中国李白研究》1990年下集，江苏古籍出版社，199—200页。

白“是在西域出生的，大体上也可以断定是异族出身的移居者。不用说，这样的条件，作为名门之后参与政治和依靠权势者的推荐而显达是没有希望的，甚至连通过科举而参与政治也是不可能的。”也就是说，李白出于政治上的原因隐瞒了西域出生的事实。不过，“李序”是根据李白病危时的自述，“范碑”是根据伯禽手疏，临终前的李白已经没有任何参与政治的欲望了，他又何必对其叔、其子隐瞒出生地呢？再说，李唐王朝是在长时期民族大融合的基础上建立的繁荣富强的具有开放精神的朝代，皇帝本身就有异族的血缘，唐朝的统治者采取了“华夷一体，一视同仁”的开放的民族政策，擢用了不少出生于边陲的人才，让他们参与政治，侧身中枢。如张九龄出身于岭南庶族，哥舒翰是出生于西域的突骑施人，李光弼是出生于辽宁的契丹人……这些与李白同时代的人，或为将，或为相，显赫一时。可见当时出生边陲异族并非耻辱，也不构成参与政治的障碍，李序、范碑大可不必为李白出生西域作掩饰，他们对李白出生地并没有作违背事实的记述。

有关李白出生地的史料记载的确有相互矛盾的地方，这是无可讳言的。最先发现这个矛盾的是王琦，他在《李太白年谱》中说：“李华作太白墓志曰年六十二，则应生于长安元年，以代宋中丞自荐表核之，表作于至德二载丁酉，时年五十有七合之，长安元年为是……又按李阳冰序云：神龙之始逃归于蜀，复指李树而生伯阳。范传正墓碑云：神龙初潜还广汉……神龙改元，太白已数岁，岂神龙之年号乃神功之讹，抑太白之生在未家广汉之前欤！”在此年谱的后一部分，他又以肯定的口气说：“太白生于蜀中，出蜀之后，不复旋返。”又说：“太白生于昌明之清廉乡，读书于大匡山……在唐人已传说如此，而图经地志且引为故实，名公才士亦往往见于诗文。”可见王琦虽提出了“太白之生在未家广汉之前”的疑问，但仍然认定“太白生于蜀中”，也就是说他承认“神龙之年号乃神功之讹”。拙文《李白出生于四川江油补正》提出：“从历史文献来看，也确有‘神龙’与‘神功’相混淆的先例。如《全唐文》所载苏颋《唐璿碑》中有‘神功初征拜辅国大将军、同中书门下三品’。岑仲勉先生考证此处‘神功’系‘神龙’之讹。”① 李从军、刘友竹先生对此提出诘难，他们认为神功讹为神龙则可，神龙讹为神功则不可。李先生说：“年号至少在两年以上的才能曰‘初’，而武则天神功年号却是万岁通天二年的改元，改元时间在九月，次年正月即是圣历元年。这样，神功年号总共只有四个月时间，又怎么能称‘神功初’、‘神功之始’呢？绝无可能。”② 刘先生也说：“神功这个年号总共才三个多月，它是无所谓‘始’和‘末’的，‘神功之初’这个提法根本不通。”③ 李、刘两位先生把时间的长短与时间的阶段性两种概念混淆起来了。“初”、“始”、“中”、“末”是指时间的阶段性，“长”与“短”是指某一段时间的全过程，它是相对的，四月较之一年为短，较之一月为长，较长的时间与较短的时间都可分为阶段，都可以有“始”、“初”、“末”，一年有一年之初，一月有一月之初，哪怕是一分钟也有一分钟之初。哪能说时间长才能分阶段，时间短就无所谓始末。“神功”这个年号是只有三个多月，能有“神功之初”的说法吗？有。裴斐先生已举出《新唐书·王綝传》：“神功初，靖边道大总管武攸宜破契丹还。”④ 我们在《新唐书》、《旧唐书》中还可找出若干例子说明短在两年之内的年号，以致几个月的年号，也有“初”之称：

《新唐书·韩琬传》：“景云初，以特进为朔方行军大总管。”公元710年7月改元景云，公元712年正月改元太极，景云年号仅用一年半。

---

① 蒋志：《李白出生于四川江油补正》，刊《四川大学学报丛刊》1982年第十五辑。

② 李从军：《李白考异录》，齐鲁书社，1986年，28页。

③ 刘友竹：《李白出生地再考》，《李白学刊》第二辑，上海三联书店，1989年，203页。

④ 裴斐：《李白生于蜀中补正》，《人民日报》（海外版）1992年2月20日。

《新唐书·王方翼传》:“永淳初，十姓阿史那车薄啜叛，围弓月城。”公元682年2月改元永淳，公元683年12月再改元，永淳年号不足二年。

《新唐书·王孝杰传》:“证圣初，复为朔方道总管，与吐蕃战，不利，免。”《旧唐书·王孝杰传》:“延载初，人为瀚海道行军总管，余如故。证圣初，又为朔方道总管，寻坐与吐蕃战败，免官。”公元694年5月改元延载，公元695年1月再改元证圣，当年9月又改元天册万岁，延载与证圣这两个年号都只用了8个月。

像以上例子还可以举许多，这说明一个年号尽管只有几个月，其开始的时间，都可称“初”，说年号短的不能称“初”，不过是臆断而已。

既然“神功之初”的说法能够成立，那么也就有“神龙初”为“神功初”之误的可能性。这种讹误的可能性，还可从以下几方面分析：

(1) 一个字错的可能性较之全文错的可能性为大。如上所述，“李序”、“范碑”明白无误地说李白是其家人蜀后才诞生，这样明确的事实是不易出错的，而“功”错为“龙”的可能性是很大的。

(2) 唐代年号更改频繁，武则天当政时，改元次数特别多。从高宗永徽元年至玄宗开元元年，63年中改元41次。李白出生前后那20年（中宗嗣圣元年至神龙元年）改了19次年号，其中有15个年号只用了几个月。对这么多年号要在事隔半世纪之后，记忆准确，难矣哉！但出生地只有一个，很难记错。

(3) 范传正“得公之亡子伯禽手疏十数行，纸缺字坏，不能详备”，根据这虽珍贵但简单的残稿，不能写出那么详的碑文，其中必有因循“李序”处，“神龙初，潜还广汉”应当是因循之一。

(4) 从神龙元年碎叶镇的形势看，李白一家不可能在那时离开碎叶。7世纪末，西突厥十姓之一的突骑施部开始强大，公元703年突骑施首领乌质勒起兵反对唐中央政府任命的蒙池都护西突厥可汗斛瑟罗，“突骑施酋长乌质勒与西突厥诸部相攻，安西道绝。”[①]。公元704年唐中央政权又任命阿史那怀道为西突厥可汗，但仍不能控制西突厥地区，混战仍在进行。公元706年安西大都护郭元振报告碎叶情况：“顷年忠节请斛瑟罗及怀道俱为可汗，亦不得招胁得十部，却遣碎叶数年被围。”[②] 郭元振作为唐中央政权的代表，协调西突厥诸部，去乌质勒军帐前，与之谈判，“乌质勒老不胜寒，会罢而卒，其子娑葛勒兵将攻元振，副使御史中丞解琬知之，劝元振夜逃去，元振曰：‘吾以诚心待人，何所疑惧，且深在寇庭，逃将安适？’”[③] 由此可见，碎叶在公元705年前后都是处于被包围状态，战争致使“安西道绝”，连统率有军队的郭元振都逃不出去，李白一家还能离开碎叶吗？而“神功之初”（697）碎叶处于和平状态，商旅畅通，李白一家才有可能离开碎叶，经长途跋涉，定居于西蜀后，于701年生下李白。

李白本人认为巴蜀是自己的家乡，虽未明确说自己生于蜀，但多次谈到自己是蜀人，对于诞生养育自己的故乡怀着深厚的眷恋之情，这种感情愈到晚年愈加强烈。

《题嵩山逸人元丹邱山居》：“家本紫云山，道风未沦落。”“家本”的意思就是老家，是指诞生自己的家庭居住的地方。紫云山就在今江油县境内。《彰明县志》卷四记载：“紫云山在绵州彰明县西南四十里，峰峦环秀，古木樛翠，常有紫云结其上故名。”现存的李白故居遗址就在紫云山下。《上安州裴长史书》：“见乡人相如大夸云梦之事，云楚有七泽，遂来观焉。”司马相如是西蜀人，李白认之为同乡，当然他自己是蜀人。就在这封上书上还说他“少长江汉”，这个“江汉”不是现在说的湖北境内的江汉平原。古代汉水有东西汉水之分。《汉书·地理志》：“东汉水，受氐道水，一名

① 《资治通鉴》卷二〇七。
② 《旧唐书·郭元振传》卷九七。
③ 《资治通鉴》卷二〇八。

沔，过江夏，谓之夏水，入江……西汉水所出，南入广汉白水，东南至江州（今重庆）入江。”东汉水即今汉水，西汉水即今嘉陵江。唐代把岷江视为长江正源，因此岷江与嘉陵江这一带的西蜀之地称之为“江汉”，这在不少唐人的诗中可找出证据，如王勃《普安建阳题壁》：“江汉深无极，梁岷不可攀。”杜甫《送李卿华》：“暮景巴蜀僻，春风江汉清。”卢藏用《陈伯玉文集序》云：“君讳子昂，字伯玉，蜀人也，崛起江汉，虎视函夏。”李白自称“少长江汉”，当然是说他生长于西蜀。李白还有三十多首怀念家乡西蜀的诗，如《淮南卧病寄蜀中赵征君蕤》：“国门遥天外，乡路远山隔。朝忆相如台，夜梦子云宅。”司马相如台，扬子云宅都在西蜀。《渡荆门送别》：“仍怜故乡水，万里送行舟。”他的思乡之情愈老愈浓烈，晚年写的《宣城见杜鹃花》：“蜀国曾闻子规鸟，宣城还见杜鹃花。一叫一回肠一断，三春三月忆三巴。”渴望叶落归根的情感，何其强烈！

宋代的人一致认为李白生于蜀。北宋淳化五年（994），彰明县令杨遂立的《唐李先生彰明县旧宅碑》（以下简称“旧宅碑”）说：“仆尝论蜀中自昔多出名人才士，其尤者，汉则司马长卿、王子渊、杨子云，唐则陈子昂暨先生耳……岷山之精，上为金星，母也梦协，先生以生。”很明确说李白生于蜀。北宋赵忭《成都古今记》云：“李白生于彰明之青莲乡。”曾巩《李太白文集后序》也说：“白，蜀郡人。”北宋末年的《宣和书谱》说：“李白，字太白，生于巴西。”唐代绵州又称巴西郡，生于巴西就是生于绵州。北宋欧阳忞《舆地广记》彰明县条目下说：“白之先世，尝流巂州，其后内移，白生于此县。”巂州是今四川西昌，无论这种说法是否可靠，但说李白生于彰明是很明确的。此外，在北宋哲宗时期，在彰明当县令的杨天惠所写的《彰明逸事》也明确说：“唐李白本邑人。”不止是从民间所收集的“逸事”是这么说，欧阳修、宋祁这两位大史学家编撰的正史《新唐书·李白传》，依据“李序”、“范碑”

说："李白……其先隋末以罪徙西域，神龙初遁还，客巴西。白之生，母梦长庚星，因以命之。"可以说，李白生于四川，在宋朝已成定论，明代的学者杨慎、王世贞、胡应麟等又重申李白祖籍陇西，诞生于西蜀，流寓于山东的观点。

李白究竟诞生于何地？这在李白的故乡是不成问题的事情，千百年来一直认为李白就诞生于本县青莲乡。关于李白诞生的一些故事、轶闻世代相传，李白故居遗址至今犹存。李白的家庭入蜀后定居的地点，即李白的出生地当时在绵州巴西郡昌隆县青莲坝，现属江油市青莲镇，此地北距江油市城区（中坝）13公里，东北距原彰明县城（今彰明镇）7公里，南距绵阳（古绵州）23公里，处于涪江与盘江汇合处，背靠天宝山、太华山；面对紫云山、戴天山、大匡山，位于古阴平道（甘肃通往川西的古道）旁。

地方志明确记载李白出生于青莲乡。《四川总志》："龙安府平武县有蛮婆渡，在江油青莲坝，相传李白母浣纱于此，有鱼跃入篮内，烹食之，竟有孕，是生白。"《江油县志》："唐李白生于青莲坝，旧隶江油治南七十里。"《彰明县志》："青莲乡一名漫波渡（又名蛮婆渡），相传李白母浣纱于此，有鲤鱼跃入篮内，烹而食之，遂孕而生白。"县志中还记载了清代乾隆年间的著名学者李调元的《太白故里考》："自唐李阳冰序其文，刘全白撰其碑碣，皆云广汉人，而论白者或曰陇西，或曰山东，不知白实生于蜀之巴西也。唐范传正志其墓曰：'凉武昭王九世孙，昭王陇西人。隋末以罪徙西域，神龙时白父客自西域逃之绵之巴西而生白焉。'即今彰明之青莲也，一作清廉，在漫波渡。离城十五里，右为匡山，所谓'匡山读书处'也。"

在《彰明县志》中还记载，每年冬月十五日，李白的诞生之日，县令要率绅民到太白祠中举行典礼，敬奉猪、羊等牺牲行二拜六叩礼，表达故乡人民对李白的敬慕之情。李白出生的具体地点现在还能找得出来，青莲乡的李白故居在北宋时被称为"陇西院"。

《彰明逸事》:“青莲乡故居遗址尚在,废为寺,名陇西院。”因李白自称“陇西布衣”,其祖籍在陇西,故居又在通往陇西的阴平道旁,后人为纪念诗人诞生于此,故名陇西院。明末曾毁于兵燹,现存的建筑是乾隆五十三年(1788)重建的。门口有“陇西院”三字,两边有对联:“弟妹墓犹存,莫谓诗人空浪迹;艺文志可考,由来此地是故居。”离陇西院不远有李白胞妹李月圆居住过的“粉竹楼”以及李月圆坟、李太白衣冠墓。此外还有太白读书台、洗墨池、太白渡、磨针溪、太白洞等二十多处遗迹以及许多动人的传说。对于这些陈迹恐不能一概贬之为“好事者”的虚构,而应当作为李白出生于江油青莲乡的旁证。

综上所述,根据李白的自叙和亲授,根据与李白同时代人的记述以及千百年来在李白故乡刻之于碣石,传之于口碑,记之于方志上的材料,应该可以证明李白是出生于四川江油青莲镇了。

第二节 李白“出生碎叶”说质疑

郭沫若先生在《李白与杜甫》一书中确定:“唐代诗人李白,以武则天长安元年(701),出生于中央亚细亚的碎叶城。”① 他提出了三条材料:(一)范传正《唐左拾遗翰林学士李公新墓碑》(以下简称“范碑”)叙述李白的先世“隋末多难,一房被窜于碎叶”。(二)李阳冰《草堂集序》(以下简称“李序”)叙述李白的先世“中叶非罪,谪居条支”。(三)李白《上安州裴长史书》:“白本家金陵,世为右姓,遭沮渠蒙逊难,奔流咸秦,因官寓家。”这三条材料说了三个地方:碎叶、条支、咸秦。但郭沫若先生却把这三者巧妙地糅合起来了,他说:“条支是一个区域更广的大专名,

① 《郭沫若全集·历史编(四)》,人民出版社,1982年,210页。

碎叶是一个城镇的小专名，碎叶是属于条支的。”唐代“条支都督府所辖地即今苏联境内的吉尔吉斯和哈萨克一带，是毫无疑问的。”“条支……自当包含碎叶”，他还说李白在《上安州裴长史书》中说的“咸秦地望，注家不详所在……‘咸秦’必系讹字，盖因原字蠹蚀破坏而后人以意补成之。余意‘咸秦’当即‘碎叶’之讹。”经过这一番论证后就得出结论：“根据李白的自叙和口授，他确是出生在中央亚细亚伊塞克湖西北的碎叶城。”

郭沫若先生曲解了“范碑”、“李序”的原意。在这两条史料中本来对李白出生地点是说得很清楚的，试看原文：

范碑：

公名白，字太白，其先陇西成纪人，绝嗣之家，难求谱牒，公之孙女搜于箱箧中，得公之亡子伯禽手疏十数行，纸坏字缺，不能详备。约而计之，凉武昭王九代孙也。隋末多难，一房被窜于碎叶，流离散落，隐易姓名，故自国朝以来漏于属籍。神龙初，潜还广汉，因侨为郡人。父客以逋其邑，遂以客为名。高卧云林，不求禄仕。公之生也，先府君指天枝以复姓，先夫人梦长庚而告详，名之与字，咸所取象。

李序：

李白，字太白，陇西成纪人，凉武昭王暠九世孙，蝉联珪组，世为显著，中叶非罪，谪居条支，易姓与名。然自穷蝉至舜，五世为庶，累世不大曜，亦可叹焉。神龙之始，逃归于蜀，复指李树而生伯阳。惊姜之夕，长庚入梦，故生而名白，以太白字之。

以上这两段文字不仅从叙述顺序来看是入蜀在先，诞生在后，而且李白这个名字的得来也只有生在西蜀才有可能。他家在西域是“隐易姓名”，并不姓李，入蜀后才复姓李。如果李白是出生于西域，生下后就不会取李白这个名字。

郭沫若先生说碎叶镇是属条支都督府所辖的一个小专名。这与史籍记载是不相符合的。碎叶镇是著名的安西四镇之一，在碎叶河边，今吉尔吉斯境内。条支都督府并不如郭沫若先生所断在“今苏联境内的吉尔吉斯和哈萨克一带”。《旧唐书·地理志》载：“条支都督府于诃达罗支国所治伏宝瑟颠城置。”《新唐书·谢飑传》载：“谢飑，居吐火罗西南，本曰漕矩吒，或曰漕矩，显庆时谓诃达罗支，武后改今号。东距罽宾（即今克什米尔），东北帆延（今阿富汗首都喀布尔西北之巴米安），皆四百里。南婆罗门（今巴基斯坦），西波斯（今伊朗），北护时健（今阿富汗北部）。其王居鹤悉那城（今阿富汗之加兹尼）。”① 条支都督府地望十分明确，就在今阿富汗境内，据玄奘的《大唐西域记》载明的里程，从碎叶城到漕矩，要走五千余里，中间还要经过七八个国家（唐龙朔元年，以其王都为都督府）。怎么能说条支都督府管辖碎叶镇呢？

李白在《上安州裴长史书》说他的先代“遭沮渠蒙逊难，奔流咸秦”与“范碑”上说的“隋末多难，一房被窜于碎叶”完全是两码事，前者在公元421年，后者在7世纪初，时间相隔近两百年。再查史籍：李暠的后代“遭沮渠蒙逊难”后，并无一人“奔流碎叶”。李暠的儿子“士业立年而宋受禅（420）……率步骑三万东伐……败于蓼泉，为蒙逊所害。士业诸弟酒泉太守翻，新城太守预，领羽林右监密，左将军姚，右将军亮等西奔敦煌，蒙逊遂入于酒泉……翻及弟敦煌太守恂与诸子等弃敦煌，奔于北山（今甘肃境内）……士业子重耳脱身奔于江左，仕于宋。后归魏为恒农太守。蒙逊徙翻子宝等于姑臧，岁余，北奔伊吾（今新疆哈密），后归于魏”②。逃往西北方向最远的李宝跑到伊吾，距碎叶还有数千里，而且后来又回来了。逃往东南方向的李重耳，倒是必经咸秦（长安一带），与李白所述大体符合。把“奔流咸秦”说成是“奔流碎叶”，确实是穿凿附会。郭沫若先生把李白家世中的时间、地

---

① 《新唐书·西域传·谢飑》卷二二一下。

② 《晋书·凉武昭王传》卷八七。

点各不相同的三件事硬拉在一起，对于魏颢说李白“身既生蜀”这一重要史料避而不谈，武断地作出了李白出生于碎叶的结论，实在不能令人信服。

1999年3月30日，《中国文化报》刊《考古研究确认碎叶城位置》云：“一块在吉尔吉斯斯坦出土的汉文碑铭，最近经日本学者释读考证，证实今吉尔吉斯斯坦境内的阿克别希姆遗址就是唐代的碎叶城，亦即《大唐西域记》中玄奘所记素叶水城。”又说：“碎代城是唐代著名诗人李白的出生地，它与龟兹、疏勤、于阗并称为唐代‘安西四镇’。”这段报导转载，造成了一种错觉，似乎从考古上找到了李白生于碎叶的证据。其实我国学者张广达在《北京大学学报》1979年5期上发表的《碎叶城今地考》，已经以丰富的出土文物为依据，详细论证了碎叶城即托克玛克附近的阿克别希姆城。日本学者考证的汉文碑铭，只不过为确证阿克别希姆城即碎叶城增加了一个证据罢了，丝毫也证明不了李白出生于碎叶城，迄今还没有一件出土文物能否定李白生于蜀中。

第三节　李白“出生条支”说质疑

刘友竹先生提出李白生于唐代的条支都督府，地望“在今阿富汗中都一带，其治所就是昔之鹤悉那，今之加兹尼”。其根据有三：（一）“李序”载：李白的先辈“中叶非罪，谪居条支”，因而李白也生在条支。（二）李白的《江西送友人之罗浮》、《赠崔咨议》、《千里思》、《赠崔郎中宗之》等诗中看出李白在怀念自己的出生之地——条支。（三）“条支与唐朝中央政府关系甚为密切，与内地的交通颇为顺畅，李白一家从条支返回内地的可能性甚大”①。

---

① 刘友竹：《李白生地是条支》，《社会科学研究》1982年2期。

"李序"的原意是说李白的先辈曾谪居条支，入蜀后才生李白。不能以其先辈"谪居条支"证明李白生于条支，而且"李序"中所说的条支不可能是指唐代的条支都督府。据《新唐书·地理志》载："西域府十六，州七十二。龙朔元年（661），以陇州南由令王名远为吐火罗道置州县使，自于阗以西，波斯以东，凡十六国，以其王都为都督府，以其部属为州县。"

其中有"条支都督府，以诃达罗支国伏宝瑟颠城置"。《旧唐书·地理志》也有类似记载："龙朔元年（661）西域诸国遣使来内属，乃分置十六都督府……条支都督府于诃达罗支国所治伏宝瑟颠城置……西域诸国自天宝十四载（755）已前朝贡不绝。"公元755年安史之乱发生后，吐蕃乘机夺取陇右河西与安西四镇，中亚各国被大食征服，不再与唐朝发生朝贡关系，条支都督府也就不存在了。唐代的条支都督府从公元661年设置至公元755年安史之乱发生，实际存在不到一百年。李白的先世被流放时，西域还没有成立条支都督府，而李白病危向李阳冰口述家世是公元762年冬，条支都督府早已不存在。因此"李序"中说的"条支"不可能是实指条支都督府，而是"借言作西方极远之地说耳"。

李白是否把西域作为他的出生之地在诗歌中表现怀恋之情呢？笔者认为是没有的。

刘友竹先生举出《江西送友人之罗浮》中的"乡关渺安西，流浪将何之"的句子论证李白出生于安西都护府管辖的条支。这是误解了诗的原意。现将全诗引证如下："桂水分五岭，衡山朝九疑。乡关渺安西，流浪将何之？素色愁明湖，秋渚晦寒姿。畴昔紫芳意，已过黄发期。君王纵疏散，云壑借巢夷。尔去之罗浮，我还憩峨眉。中阔道万里，霞月遥相思。如寻楚狂子，琼树有芳枝。"仔细玩味诗意，可以看出这个"安西"是指李白所送友人的原籍。前四句都是为友人说的，罗浮在岭南，故云"桂水分五岭，衡山朝九疑"。桂水、五岭、衡山、九疑山等地都是将要去罗浮的友人要经过的地方，而友人的原籍又在安西，去罗浮愈近则距原籍安西愈远，不能不勾起思乡之情。故云："乡关渺安西，流浪将何之?"又由友人的思乡之情引起自己的思乡之情，希望结束自己的流浪生涯，在晚年"叶落归根"回到自己的家乡去，故云："尔去之罗浮，我还憩峨眉。"从这首诗中只能看出李白在晚年强烈地思念自己生长的家乡——西蜀。如果硬说他思念的故乡是安西，为什么后面又来一句"我还憩峨眉"呢？这岂不是前后矛盾了吗？不顾诗的上下文含义，硬从中抽出一句作为李白生于安西的证据，怎么令人信服呢?

刘友竹先生还在《赠崔郎中宗之》一诗中抽出"登高望浮云，仿佛如旧丘。日从海旁没，水向天边流"几句诗，硬说李白的"旧丘"就在条支都督府，因为只有在那里才能看到"日从海旁没，水向天边流"的景色。其实李白的这首诗的主要思想并非怀念"旧丘"西域，而是抒发在政治上不得意的忧愤之情，想与崔宗之一起退隐山林。"日从海旁没，水向天边流"的景色也并非是只有在条支才能看到的奇特景色。就按刘友竹先生的解释，"海"就是指"湖"，那么李白游过的洞庭湖、鄱阳湖、太湖……在日落时站在它们的东岸面对西方，不就看到了"日从海旁没，水向天边流"的景色了吗？恰巧在刘友竹先生说的条支都督府就看不到这种景色。《大唐西域记》载：漕矩吒国都城（即后来的条支都督府治所在地）"城周三十余里，并坚峻险固也，山川隐嶙，畴垄爽垲……城中涌泉流派，国人利之以溉田也"。看来此地在万山丛中，地势高而干燥，并无大江大湖。至于刘友竹先生文中提到的达什特纳瓦尔湖不过是条支都督府正西面约百里的一块沼泽地，而阿布依斯塔达湖离条支都督府直线距离还有一百多公里。即使李白生于条支，他也不会在五岁以前跑那么远去观赏"日从海旁没"的景色。

李白诗喜用比兴手法，有的以天马自况（如《天马歌》、《赠崔咨议》），有时以胡鹰自比（如《赠崔郎中宗之》），这不过是寄托其精神而已，不能以此推论李白就是出生在“天马”、“胡鹰”的故乡。杜甫不是也有以天马自况的诗吗？（如《房兵曹胡马》）难道我们能以此推论杜甫出生于西域？其实李白思念故乡的诗很多，离别故乡时写的《别匡山》表达了他对生育自己的故乡的强烈的爱恋之情，离蜀之后又写了三十多首思蜀、颂蜀、咏蜀的诗，可以看出他对故乡是朝思暮想，经常是梦魂萦绕巴蜀，这种思乡之情到晚年愈益强烈。在研究李白出生地时，我们不应当把李白大量的强烈的思念故乡巴蜀的诗抛开不管，而从他的诗中勉强地“发掘”出思念故乡西域的意思。

刘友竹先生说：“条支与唐朝中央政府关系甚为密切，与内地的交通颇顺畅，李白一家由条支返回内地的可能性甚大。”据《旧唐书·地理志》载：“西域诸国分置羁縻州军府，皆属安西都护统摄，自天宝十四载已前朝贡不绝。”从这里也可以说“条支与唐朝中央政府关系甚为密切”，但要说“与内地的交通颇为顺畅”却未见得。据《旧唐书·地理志》载，从长安到高昌5516里。据《大唐西域记》载，从高昌到漕矩吒（条支）约八千余里，这一万多里的行程中要爬过万千重高山峻岭，穿过许多浩瀚的沙漠。玄奘从长安到北天竺用了四年多时间。漕矩吒与北天竺相邻，假若李白的父亲真的是从条支都督府出发，在公元705年入蜀，那么李白生下不久就被带上了艰险漫长的途程，并且刚好这几年又碰上了“安西路绝”的情况。据《旧唐书》载，神龙二年（706）唐安西大都护郭元振上疏：“顷年忠节（阿史那忠节）请斛瑟罗及怀道俱为可汗，亦不得招胁得十姓，却遣碎叶数年被围。”《资治通鉴·唐纪》载：“长安三年（703）……突骑施酋长乌质勒与西突厥诸部相攻，安西道绝。”这场混战从703年延续到706年。在“安西路绝”的情况下，李白一家要从条支返回内地不是什么“可能性甚大”，而是根本不可能。总之，李白生于条支五岁入蜀的说法是不能成立的。

第四节 李白“出生焉耆”说质疑

在纪念李白逝世1220年暨江油李白纪念馆开馆大会上，李从军先生提出了一个崭新的论点：“李白出生于焉耆碎叶，即今新疆境内博斯腾湖畔的库尔勒焉耆回族自治县一带。”他说，远在调露元年（679），王方翼筑碎叶城之前，在焉耆一带就有一个碎叶国，还认为条支的地望当包括焉耆。因此李白的先世“一房被窜于碎叶”，“谪居条支”都是指的流放于焉耆，李白也就出生在焉耆。

在唐以前焉耆一带是否有个碎叶国呢？是否焉耆城又叫碎叶城？细查史料找不出这种说法的依据。《汉书·西域传》、《后汉书·西域传》、《晋书·西戎传》、《魏书·西域传》、《周书·异域传》、《北史·西域传》、《隋书·西域传》、《旧唐书·西戎传》等均作焉耆，没有说这一带存在一个碎叶国。《大唐西域记》称之为阿耆尼国，注明“旧曰焉耆”。阿耆尼是焉耆的梵化名称。释藏僧徒传记和行纪如《法显传》、《释氏西域记》、《高僧传》、《续高僧传》、《悟空行纪》等则作乌夷、夷，或作乌耆、与耆、乌缠。这都与焉耆音相近，在古音中“乌”、“焉”可以相通用。而“碎叶”同“焉耆”无论音与形都相差甚远，不可能焉耆又叫碎叶。又据《汉书·西域传》载：焉耆国王治员渠城，并不叫碎叶城。中亚碎叶城之得名，完全是因为它在碎叶水畔，因水而取城名。焉耆距碎叶水一千多里，怎么可能取一个同碎叶城一样的名字呢？李从军先生根据《新唐书·地理志》载：“东米国在安国西北二千里，东至碎叶国五千里，西南至石国千五百里，南至拔汗那国千五百里。”又据《新唐书·西域传》载：“石国……西南五百里康也，圆千里，右涯素叶河。”推论此碎叶国地望在焉耆。《新唐书·地理志》关于东米国的这段史料是不足为据的。就在这一段史料之前说：

"石国东至拔汗那国百里，西南至东米国五百里。"这个东米国究竟在石国东北千五百里还是在石国西南五百里呢？记载前后矛盾，肯定有错误。据《旧唐书》、《大唐西域记》等史籍记载，隋唐时期中亚的"昭武九姓"中只有一个米国，在康国之南百里。而无东米国的记载。怎么能根据一个错误的孤证来推论焉耆一带存在一个碎叶国呢？即使承认东米国之东五千里有个碎叶国，其地望也不在焉耆。据《新唐书·西域传》载的里程，从焉耆向西、再向西南到石国总共3250里，而石国还在东米国西南1500里，那么东米国之东的五千里早已超过于焉耆，进入了河西走廊，我们能以此推论河西走廊古代有个碎叶国吗？

王方翼在唐高宗调露元年筑的碎叶城是否在焉耆呢？对这个问题历来都有争论。殷孟伦先生对此作了翔实的考证，其结论是碎叶在中亚，焉耆无碎叶。说焉耆有碎叶城是对《新唐书·地理志》把王方翼筑碎叶城之事附记于"焉耆都督府"之下产生的误解[①]。李从军先生不同意这个结论，他认为调露元年裴行俭平定阿史那都支叛乱和王方翼筑城都是在焉耆，"不可能是远在距西州二千里的中亚碎叶城"。笔者认为这个看法是缺乏根据的。中亚碎叶的地理位置在西域十分重要，既是军事要地，又是重要国际市场，自西突厥称霸西域以来一直以此地作为建牙之所，唐中央政权征服西突厥之后即在碎叶建镇，后来西突厥十姓可汗几次叛乱都是与唐争夺碎叶，唐王朝据有碎叶即可屏障安西以控制西域。反之，西突厥据有碎叶即可以威胁北庭和安西。吐蕃与唐争夺西域也在窥视碎叶，吐蕃几次攻打小勃律（今克什米尔境内）。就是为了"假道攻四镇"[②]，公元677年"阿史那匐延都支及李遮匐煽动蕃落，侵逼安西，连和吐蕃"[③]。其叛乱中心应当是中亚碎叶一带。据新、旧唐

① 殷孟伦：《试论唐代碎叶城的地理位置》，《文史哲》1974年4期。
② 《新唐书·西域传》卷二二一。
③ 《旧唐书·裴行俭传》卷八四。

书与张说的《赠太尉裴公神道碑》载，裴行俭平叛是借打猎为名的“万骑云集”，“裹粮十日”，“倍道而进”，以迅雷不及掩耳之势擒了都支，执送碎叶城。迅疾的骑兵奔驰十日，完全可以达到距西州两千里的中亚碎叶，绝不止到达距西州数百里的焉耆。既然在中亚碎叶一带平了叛，留下王方翼筑城，当然是筑中亚碎叶城，这里是控制西域的军事要地，不会退回一千多里在焉耆筑碎叶城。《旧唐书·王方翼传》载：“筑碎叶城，立四面十二门，皆屈曲伏隐出没之状。”可见此城规模比较宏大，结构复杂，而唐代的焉耆城却不是这样。据1928年黄文弼先生在焉耆实地考察，发现海都河南四十里的博格达沁有旧城一座，发掘有唐开元钱，证明此城为唐代遗址，城周仅六里，并非“四面十二门，皆屈曲伏隐出没之状”①。可见这里并非王方翼筑的碎叶城。

既然焉耆无碎叶，“李白出生于焉耆说”就失去了它的根据。

李从军先生说条支的地望在焉耆，李白的《战城南》中的“条支海”就是指焉耆附近的博斯腾湖或罗布泊。这种说法也是缺乏根据的。“去年战桑干源，今年战葱河道，洗兵条支海上波，放马天山雪中草”，这几句诗虽有一定史实作根据，但不免有夸张成分，极言战争之频繁，范围之广大，不断地在北方和西方各少数民族居住的旷漠的地区进行不义战争。“条支海”不过泛指西部战场上的各湖泊，并非确指某一个湖，文学语言与历史记载必定是有区别的。要说《战城南》有其历史根据的话，那就是指“天宝元年……北伐，与奚怒皆战于桑干河”②。“天宝六载诏仙芝以步骑一万出讨（吐蕃）……乃自安西拨换城，入握瑟德，经疏勒，登葱岭，涉播密川，遂顿特勒满川，行凡百日”③。高仙芝与吐蕃作战在葱岭以西，与博斯腾湖相去数千里不能把条支海与焉耆硬拉在一起。

① 周连宽：《大唐西域记史地研究丛稿》。
② 《旧唐书·王忠嗣传》卷一〇三。
③ 《新唐书·高仙传》卷一三五。

李从军先生据《史记·大宛列传》:“安息长老传闻条支有弱水，西王母，而未常见。”说此条支指焉耆。这个说法恰好违背了《史记》传文的本意。焉耆在安息之东万里，而《史记·大宛列传》明明说:“条支在安息西数千里，临西海。暑湿。耕田，田稻。”这个条支是指西临地中海的塞琉古王国。古代中国人相信极东有扶桑国，极西有西王母，均神仙所居，把西王母安置在条支，就是当时人心目中极西之地，《后汉书·西域记》也说条支“近西王母所居处，几于日所入也。”这样极西之地，绝非指焉耆。其他史籍也查不出条支地望在焉耆的说法。总之，“李白出生焉耆说”是缺乏根据的。

第五节　李白“出生哈密”说质疑

《新疆大学学报》1986 年第 3 期载钟兴麟先生《唐代安西四镇之一的碎叶位置新探——新谈诗人李白的出生地》一文（以下简称《新探》）提出“唐代安西四镇之一的碎叶……不是巴湖碎叶……而在今新疆哈密市附近”。因此“李白的出生地应该是哈密碎叶”。其理由主要是:（一）清朝道光年间姚玉春《咏合罗川》诗的注解说:“哈密有碎叶城，即古西突厥地。”（二）《新唐书·地理志》:“东米国……东至碎叶国五千里。”这个碎叶国就是指哈密碎叶。（三）“在碎叶充当四镇之一的历史时期内，巴湖碎叶是突骑施的牙帐所在地”，“肯定不属于岭南的安西都护府管理”，“没有史料证明它（巴湖碎叶）是四镇之一”。究竟安西四镇之一的碎叶是设在巴尔喀什湖附近，碎叶水南岸，或是设在哈密，这关系到我国古代历史疆域的问题，必须弄清楚。

唐代在哈密（伊吾）是否有个碎叶城呢？查遍唐及其以前的史籍都没有这样的记载。《旧唐书·地理志》将伊吾的沿革说得很清楚："伊吾，在燉煌之北，大碛之外，秦汉之际，戎居之。南去玉门关八百里，东去阳关二千七百三十里，汉宣帝时，以郑吉为都护，在玉门关。元帝时，置戊己校尉，皆治车师。后汉明帝时，取伊吾卢地，置宜禾都尉以屯田。窦宪、班超大破西域，始于此筑城。班勇为西域长史，居此地也。后魏、后周，鄯善戎居之。隋始于汉伊吾屯城之东筑城，为伊吾郡。隋末为戎所据。贞观四年，款附，置西伊州始于此。"① 自汉至唐伊吾都没有碎叶之称，光凭清道光年间一首小诗的注来证明哈密就是唐安西四镇之一的碎叶，是无法令人信服的。

能否根据《新唐书·地理志》"东米国……东至碎叶国五千里"来确定哈密有个碎叶呢？不能。因为这段史料本身前后矛盾，肯定有误。原文是："石国东至拨汗那国百里，西南至东米国五百里……东米国在安国西北二千里，东至碎叶国五千里，西南至石国千五百里，南至拨汗那国千五百里。"② 前面说东米国在石国西南五百里，后面又说东米国在石国东北千五百里，位置恰好相反，误差两千里之多。此段史料又说："东米国在安国西北二千里。"《新探》将此句改为"东米国西北去安国二千里"不知据何版本。据《新唐书·西域传》："安者……西濒乌浒河（阿姆河），治阿滥谧城。"《隋书·西域传》："安国，汉时安息国也……都在那密水南。"安国在康国之西，阿姆河中游，若说东米国在安国西北两千里，那么这个东米国就在咸海以西去了，又说"东米国西南至石国千五百里"，这又把石国搬到波斯去了。被称为"昭武九姓"的康、安、曹、石、米、何、火寻、戊地、史等九国，位置都在药杀水（锡尔河）乌浒河流域。玄奘根据亲身经历写的《大唐西域记》说石国（即赭时国）在碎叶城西南约一千里处，居于药杀水中游，

---

① 《旧唐书·地理志·河西道》卷四〇。
② 《新唐书·地理志》卷四三下。

绝不在咸海西南千多里。总之，《新唐书·地理志》关于东米国的记载很不可靠，连东米国本身的位置就不能确定，要想在东米国之东五千里去找一个碎叶国就更不可能。《新探》说："东米国应是贾耽《四夷路程》中所言'自碎叶西四十里至米国城'的米国，它在巴湖碎叶附近。"接着又引用《隋书》："米国……东去瓜州六千四百里。"于是推算出东米国之东五千里的碎叶国就在哈密。《新探》说东米国与米国，二者不可混误，自己恰好将二者混误了。《隋书·西域传》载："米国，都那密水西，旧康居之地也，无王，其城主姓昭武，康国王之支庶……西北去康国百里，东去苏对沙那国五百里，西南去史国二百里，东去瓜州六千四百里。"这个米国即玄奘《大唐西域记》中的弭秣贺国，距碎叶城西的米国城还有两千多里。若按《新探》的说法，东米国就是巴湖碎叶附近的米国城，那么这个东米国之东五千里的碎叶国就不在哈密，《新唐书·地理志》对于西域的里程记得很清楚：从巴湖碎叶至龟兹 1180 里，龟兹至焉耆 630 里，焉耆距伊吾约 1200 里，总共 3010 里，再加碎叶城西至米国城 40 里，为 3050 里，按此推算，东米国之东五千里，在哈密伊吾之东两千里，已经进入河西走廊了，是不是我们还要在河西走廊找个碎叶国呢？我看不必了。窃以为"东米国……东至碎叶国五千里"应是"五十里"之误。据贾耽《四夷路程》记往西突厥之道路："自碎叶西四十里至米国城。"张星烺在《中西交通史料汇编》第四册对这句话加注："碎叶城即玄奘之素叶水城，唐初为四镇之一，米国城非即玄奘之弭秣贺国，不可混误。"《新唐书·地理志》载："自碎叶西四十里至米国城，又三十里至新城。"可见巴湖碎叶之西不远是有一个不同于米国的米国城，其位置在米国之东北，也可能就是东米国，"东米国……东至碎叶国五十里（《新唐书》误为千里）"就是指巴湖碎叶，与贾耽记载大体符合，我们就不必徒劳地在东米国之东五千里硬去找个哈密碎叶。

《新探》说安西四镇之一的碎叶镇不是设在巴湖碎叶，而是设在哈密，这是不符合历史事实的。公元640年（贞观十四年）灭高昌，设安西都护府，公元648年（贞观二十二年）唐灭龟兹，控制了天山以南地区和天山北麓，始设四镇，《旧唐书·地理志》：“安西都护所统四镇：龟兹都督府，本龟兹国……毗沙都督府，本于阗国……疏勒都督府……本疏勒国……焉耆都督府，本焉耆国。”《新唐书·地理志》、《唐会要》所载安西四镇也与上同，均有焉耆而无碎叶。这是因为当时巴湖碎叶还在西突厥控制之下，唐政权势力还未能控制。而伊吾（哈密）是唐王朝在公元630年（贞观四年）就控制了的地方，随即设西伊州，贞观六年又把西伊吾更名为伊州伊吾郡，若要在此地设镇，当然会称之为伊吾镇，可是在四镇中并没有一个伊吾镇。

西突厥的势力范围西面达到咸海，东达阿尔泰山，本身又分为十部，五部分布于碎叶河以东，称为咄陆，五部分布于碎叶河以西，称为弩失毕，每部有一首领，由汗授箭，故称十箭或十姓部落。唐太宗在世时西突厥向唐朝进贡，承认唐朝的宗主地位，西突厥处于半独立状态。唐太宗逝世后，曾被唐封为瑶池都督的西突厥部落首领阿史那贺鲁进行叛乱进攻庭州，威胁到唐朝当时在西域统治的重镇西州高昌以及东西商路的安全。公元653年西突厥乙毗咄陆可汗死，其子颉芯达度设（真珠叶护）与贺鲁发生内讧。颉芯达度设带领叶突水之西的弩失毕五部之众进攻贺鲁，使贺鲁后方动摇，同时又几次派使臣请唐发兵攻贺鲁。据《资治通鉴》载：“永徽六年（655），遣丰州都督元礼臣册拜颉芯达度设为可汗，礼臣至碎叶城。沙钵罗（贺鲁）发兵拒之，不得前。”这个碎叶当然是巴湖碎叶，因为当时颉芯达度设的势力在碎叶水以西，绝不会是西州以东六百里的所谓“哈密碎叶”。

由于当时贺鲁叛乱还未平息，所以元礼臣未曾到达目的地。到公元657年唐王朝平定贺鲁叛乱，直接统治了西突厥在中亚的势力范围。据《新唐书·地理志》：“显庆二年（657）平贺鲁析其地置蒙池、昆陵二都护府，分种落列置州县，西尽波斯国，皆隶安西。”蒙池都护府居碎叶水以西，即相当于西突厥弩失毕王部之地，昆陵都护府居碎叶水以东，即西突厥咄陆五部之地，西突厥部落首领成为唐王朝的大小官员，西突厥控制的中亚地区开始成为大唐版图。至“龙朔元年（661）西域诸国，遣使来内属，乃分置十六都督府，州八十，县一百一十，军府一百二十六，皆隶安西都护府”。（《旧唐书·地理志》）这时唐王朝在中亚的疆域西至咸海，南至今阿富汗南部（当时为条支都督府），西南至伊朗东北（当时为波斯都督府），东南近印度河。巴湖碎叶毫无疑问是在唐王朝直接统辖之下。不过这时还没有在碎叶设镇以代焉耆。

在咸亨元年（670）“夏四月，吐蕃陷西域十八州，又与于阗袭龟兹拔换城，陷之。罢龟兹，于阗、焉耆、疏勒四镇”。（《资治通鉴》卷二〇一）这四镇中有焉耆无碎叶。在巴湖碎叶设镇以代焉耆是在调露元年（679），裴行俭平定了阿史那都支和李遮匐叛乱，王方翼筑碎叶城之后。《新探》认为这次平叛地点在匐延都督府（塔尔巴哈台一带），而筑城肯定不是巴湖碎叶，而是在哈密碎叶。这就在史实上引起了一系列不可思议的混乱。裴行俭平叛是从西州召集人马的。塔尔巴哈台在西州西北千余里，哈密在西州以东约六百里，怎么可能在西北平了叛又退向东边千里之外筑城呢？事实上裴行俭平叛就在碎叶水流域，王方翼就是筑的巴湖碎叶城。据《资治通鉴》：“龙朔二年……继往绝（即蒙池都护府阿史那步真）寻卒，十姓无主，有阿史那都支及李遮匐收其余众，附于吐蕃。咸亨二年夏四月甲申，以西突厥阿史那都支为左骁卫大将军兼匐延都督，以安集五咄陆之众。”唐朝虽让都支兼了一个匐延都督的职务，但并非只控制匐延一小块边远的地方，他们已控制十姓部落，都支“自号十姓可汗，与吐蕃连和，寇安西”①。叛乱的中心当然在西州

① 《新唐书·西域传》卷二二一。

以西，西突厥的腹心地带——碎叶水流域。裴行俭平叛的路线也是从西州向西，而不是向西北方向的匐延都督府。据《旧唐书·裴行俭传》：裴行俭以册送波斯王子泥涅师回国为名，“至西州，人吏郊迎，行俭召其豪杰子弟千余人，随己而西，乃扬言给其下曰：‘今正炎蒸，热坂难冒，秋凉之后，方渐可行。’都支觇知之，遂不设备。行俭乃召四镇诸蕃酋长豪杰，谓曰：‘忆昔此游，未尝厌倦，虽还京辇，无时暂亡。今因是行，欲寻旧赏，谁能从吾猎也。’是时，蕃酋子弟投募者仅万人，行俭假为畋游，教试部伍。数日遂倍道而进，去都支部落十余里……都支先与遮匐通谋，秋中拟拒汉使。卒闻兵到，计无所出，自率儿侄、首领等五百余骑就营来谒，遂擒之。是日，传其箭契，诸部酋长，悉来请命，并执送碎叶城……遮匐寻复来降。于是，将吏以下，立碑于碎叶城以纪其功[①]”。据当时的人张说所写的《太尉裴公神道碑》云：“是行也，百城故老，望尘而雅拜，四镇酋渠，连营而谘酒，一言召募，万骑云集……裹粮十日，执都支于帐前，破竹一呼，钳遮匐于麾下，叶戍相庆，立碑碎叶。”[②]从这些史料可以清楚地看出裴行俭平叛是在西州召集人马，向西行军。“万骑云集”，“裹粮十日”，“倍道而进”，以迅雷不及掩耳之势，擒了都支，迅疾的骑兵在十天之内当然可以到达西州以西两千里的碎叶水地区，在那里平了叛，就近将都支押送巴湖碎叶，并在碎叶立碑纪功。《新唐书·西域传》：“调露元年，诏裴行俭将兵护还（波斯王子泥涅师），将复王其国，以道远，至安西碎叶，行俭还，泥涅师因客吐火罗二十年。”这也证明裴行俭在平叛后确实将波斯王子送到了巴湖碎叶。若果把这个碎叶搬到东边三千里的哈密，那才令人不可思议。他怎么可能在西州以西平了叛，又把波斯王子往东送到哈密，这岂不是背道而驰吗？

---

① 《旧唐书·裴行俭传》卷八四。

② 《全唐文》卷二二八。

平息了阿史那都支和李遮匐叛乱之后，唐王朝必然要进一步加强对西突厥的控制，因而有王方翼筑碎叶城和在碎叶设镇以代焉耆之举。据张说《王公（方翼）神道碑》载：“裴吏部名立波斯，实取遮匐，伟公威厉，飞书荐请，诏公为波斯军副使，兼安西都护……公城碎叶，街郭回互，夷夏纵观，莫究端倪。”①《旧唐书·王方翼传》：“又筑碎叶城，立四面十二门，皆屈曲伏隐出没之状，五旬而毕，西域诸胡，竟来观之。”王方翼作为裴行俭的副手，在他们平定了碎叶水流域发生的叛乱后，当然是在碎叶水南岸修筑碎叶城。若是退到三千里以东的哈密筑什么“碎叶城”，岂非咄咄怪事。从考古资料证明，碎叶水南，今之吉尔吉斯托克玛克附近之阿克·贝希姆废城，其城垣形制完全符合王方翼筑城的“街郭回互”，“屈曲隐伏出没之状”，而且还发掘了武则天时期敕修的供奉弥勒佛的大云寺②。

王方翼筑碎叶城后，即在碎叶设镇以代焉耆，据《册府元龟》卷九六七《外臣·继袭》载：“调露元年（679）以碎叶、龟兹、于阗、疏勒为四镇。”这里将碎叶列为四镇之首，并置保大军，这之后安西都护也驻节于碎叶。唐王朝为什么对碎叶如此重视呢？因为碎叶的地理位置十分重要，地当中西往来的孔道，无论从天山北路或是天山南路去中亚各国都得经过碎叶，这里既是重要的国际市场，又是西突厥的政治中心，常为西突厥建牙之所，据《新唐书·地理志》：“碎叶城，城北有碎叶水，水北四十里有羯丹山，十姓可汗每立君长于此。”据《大唐西域记》载，玄奘就是在碎叶城见到当时西突厥的最高首领统叶护可汗的。碎叶城又处于西突厥东西五部的交界处，五咄陆在碎叶之东，五弩失毕在碎叶之西，唐王朝在碎叶设镇就可镇抚西突厥十姓部落，屏障安西，以控西域。巴湖碎

---

① 《全唐文》卷二二八。

② 张广达：《碎叶城今地考》，《北京大学学报》1979年5期。

叶的这种重要的战略地位是哈密所不能代替的，若在哈密设碎叶镇，怎能控制广大的中亚地区？怎能镇抚散布在碎叶水东西的十姓部落？

在碎叶建镇的第二年，即永隆元年（680）发生了车簿反叛。据《新唐书·高宗纪》载：永淳元年（682）四月安西副都护（《唐会要》作安西都护）王方翼平车簿、咽面。《王公神道碑》详细地叙述了这次战斗情况，"公在碛西献捷无虚岁，蹙车簿于弓月，陷咽面于热海，勒叛徒三千于麾下，走乌鹘十万于城外，皆以少复众，以诚动天。葛水暴涨，祭撤而三军涉渡，叶河无舟，兵扣而七月冰合，由是士卒益勇而戎狄益惧"①。这次军事行动的地点都在巴湖碎叶之周围：弓月城在今伊宁市东北，中吉边境处；热海即碎叶东数百里之伊塞克湖；咽面在巴尔喀什湖之东；叶水亦称药杀水（锡尔河）在巴湖碎叶之西。而哈密距上述地点有数千里之遥，显然不会在这里设镇。

由于吐蕃的侵扰，武后垂拱年间，曾一度放弃安西四镇，据《汜德达告身文书》："准垂拱二年（686）十一月三日敕，金牙军拔于阗、安（西）、（疏）勒、碎叶四镇。"至长寿元年（692）"武威军总管王孝杰大破吐蕃之众，克服龟兹、于阗、疏勒、碎叶四镇，乃于龟兹置安西都护府，发兵以镇守之"（《旧唐书·吐蕃传上》）。以上所指碎叶当然是巴湖碎叶。突骑施部强大起来后，巴湖碎叶成为其建牙之地，但仍然是属安西四镇之一，而且安西都护仍驻节于此。据《资治通鉴》："久视元年（700）以西突厥竭忠事主可汗斛瑟罗为平西军大总管，镇碎叶……长安三年（703）乌质勒置都督二十员，各将军七千人，屯碎叶西北。后攻陷碎叶，徙牙帐居之……中宗神龙二年（706）闰正月甲戌，以突骑施酋长乌质勒为怀德郡王。冬十二月，安西大都护郭元振诣突骑施乌质勒牙帐议

---

① 《全唐文》卷二二八。

军事，天大风雪，元振立于帐前与乌质勒语，久之，雪深，元振不移足，乌质勒老，不胜寒，会罢而卒。其子娑葛勒兵将攻元振，副使御史中丞解琬知之，劝元振夜遁去。元振曰：‘吾以诚待人，何所疑惧？且深在寇庭，逃将安适？’明旦，入哭，甚哀，娑葛感其义，待元振如初。戊戌，以娑葛袭愠鹿州都督怀德王。”从这段史料可以看出，斛瑟罗与乌质勒相攻不过是西突厥内部矛盾，乌质勒占领了碎叶，并徙牙帐于此，并未脱离对唐王朝的臣属关系，碎叶镇并未废除，作为安西都护的郭元振及副使解琬都还驻节碎叶，与突骑施酋长关系还很密切，即使在乌质勒与郭元振议军事而被冻死的情况下，双方关系还没有破裂，这并不像《新探》推测的：突骑施的牙帐设在巴湖碎叶，碎叶镇就只能设在哈密。若真是如此，郭元振就要跑三千里与乌质勒“议军事”，这当然是不可能的。《唐会要》载：“长安三年（703）郭元振奏置瀚海军、天山军并在碎叶城。”这当然是指巴湖碎叶，因为这一年乌质勒与斛瑟罗在碎叶打得正激烈，郭元振当然要求加强他的驻节之地的军事力量。

开元初，娑葛死后，其部将苏禄势力强大，“十姓部落稍稍归之”，唐王朝承认既成事实封苏禄为忠顺可汗。开元七年（719）“安西节度使表以焉耆备四镇”，碎叶镇被焉耆取代。

从调露元年（679）在碎叶设镇至开元七年（719）撤销，前后共四十年，唐代在此置重兵把守，保护丝绸之路的畅通，保障西域的统一和安全，并使唐王朝的政令能顺利推行到中亚地区。安西四镇之一曾设于巴湖碎叶的事实，无可辩驳地证明，中亚曾属于中国的版图。

前面论证了唐朝安西四镇之一的碎叶镇确实在巴湖碎叶，并未设在哈密。“李白出生于哈密”说自然也就失去了它的依据。

此外，还有李白“出生长安”说，那就更缺乏依据。李白自述，其祖先曾“奔流咸秦，因官寓家”。这是公元421年遭沮渠蒙逊难后的事情，距李白出生已近三百年，几代人的沧桑变化，不能说李白的家还在长安，从李白的诗文及同时代人的著述中找不出一点生于长安的证据。

“李白出生在洛阳”之说出现较晚。这个观点的发明者洛阳的王先生，依据的是李白的诗《叙旧赠江阳宰陆调》：“我昔斗鸡徒，连延五陵豪。邀遮相组织，呵吓来煎熬。君开万人丛，鞍马皆辟易。告急请宪台，脱余北门厄。”他把诗中叙述的事件发生的地点定在洛阳北门，时间定在李白15岁时（公元701年）。这本来是一件普通的已经解决了的斗殴，而王先生却推断：李白遭遇“北门厄事件”后，其父母和家人均被仇家所害，甚至连他的家族都受到连累。在残酷的现实面前，他不得不隐名埋姓，只身逃到四川峨眉山一带避难。直到公元725年李白25岁时，他才离开峨眉山。王先生又推断：既然“北门厄事件”时李白只有15岁，当时他就生活在洛阳。一般来说，在古代严格的户籍制度下，如果不遇战争或特殊天灾人祸，年龄在十四五岁的男孩大都在自己的家里生活，所以他的诞生地和故乡，应该也在洛阳。他还确定李白故居在洛阳爽明街一带，原本姓贾。“李白，字太白”的姓名及字，都是李白在洛阳遭遇“北门厄事件”后所改的。许多学者已论证《叙旧赠江阳宰陆调》诗中叙述的“北门厄事件”发生在李白30岁左右，一入长安之时。论据充足，在此无需赘言。王先生之说是主观臆断，没有史料依据，说不上是学术观点，只不过在编造一个虚构的传奇故事，不值一驳。

比较李白出生的各种说法，还是“出生蜀中”说证据最为充足。

第二章　李白家世及其所受教育

弄清李白家世对于研究李白的思想及其诗歌的艺术风格是有重大意义的。但有关李白家世的史料却严重不足，而且这些史料又相互矛盾，给后人的研究造成了困难，引起了学术界热烈的争议。目前对李白家世的说法主要有以下几种：（1）富商说；（2）李唐宗室说，即李暠之后说，在这一说法中又有李建成之后，李炜之后，达摩之后，李轨之后；（3）李陵之后说；（4）西域胡人说，甚至干脆说李白是外国人。笔者以为上述说法都有不妥之处，把问题愈说愈复杂，其实李白既非帝王将相后裔，也非富商之子，而是出身于普通百姓之家，父亲是陶渊明式的隐士。

第一节　李白的家庭不是富商

李白出身于富商之家，这是一种最流行的说法，20世纪30年代陈寅恪先生在《李太白氏族之疑问》一文中就提出李白之父名客，即“客商”的意思。40年代初詹瑛先生以不太肯定的语气说：“意者白之家世或本胡商，入蜀之后，以多赀渐成豪族。”[①] 60年代

① 詹锳：《李白诗论丛》，人民文学出版社，1984年，24页。

初麦朝枢先生具体地阐述了李白的父亲是走私商人，其根据是绵州产金、铁，而金、铁又是对外贸易违禁品，因而李白之父在走私金、铁中成了富商[①]。70 年代初郭沫若先生更以肯定的口气说："李客必然是一位富商……他家的商业范围是相当宽广的，不仅超出了绵州，而且超出了四川，在长江上游和中游分设了两个庄口。"[②] 韩维禄先生的《也谈李白的经济来源》肯定李白之父是富商[③]。李家烈先生的《李白经济来源考辨》不仅说李白之父是贩卖丝绸的商人，还说李白在流放夜郎之前都一直在经商[④]。许多教科书、通俗读物也采用了"富商说"。"富商说"的依据，概括起来有以下几点：

（1）李父是从西域迁来的，西域多商人，因而李父也是商人。

（2）李白的排行叫"李十二"，足见他的兄弟辈很多，"李客由中亚碎叶迁徙入蜀，是拖着一大家子人的，李客必然是一位富商，不然他不能够携带着那么多的人作长途羁旅"。

（3）李白自述在隐居岷山时就"养奇禽千计"，没有富商的家庭条件是不可能的。

（4）李白出蜀后挥金如土，"东游维扬，不愈一年，散金三十万，有落魄公子悉皆济之"。李白一生"漫游成癖，挥霍任性，游手好闲，重义好施……也足以证明他是一个商人地主"。李父既然未做官，必定是经营特大商业的豪商，这样"对于李白的生活费用的来源才可以得到妥当的说明"。

窃以为上述理由都站不住脚。从西域多商人这个前提判断李白之父是富商，从绵州产金、铁判断出李父走私金、铁而致富，从巴蜀产丝绸判断李父做丝绸生意，这在逻辑上都是犯了"以偏概全"

---

① 麦朝枢：《李白的经济来源》，《光明日报》1962 年 8 月 12 日。
② 《郭沫若全集·历史编（四）》，人民出版社，1982 年，224 页。
③ 韩维禄：《也谈李白的经济来源》，《山西师范学院学报》1983 年 1 期。
④ 李家烈：《李白经济来源考辨》，《四川师范学院学报》1998 年 6 期。

的错误，虽然西域多商人，但并非每一个去过西域的人都是商人；绵州产金、铁，并非住在绵州的人都在经营金、铁生意；巴蜀产丝绸，并非住巴蜀的人都在做丝绸生意。在西域商人、绵州物产、巴蜀丝绸、李白之父这几个概念之间，产生主观的随意联想，得出李父是富商的结论，实在很难令人信服。

从李白叫"李十二"来证明李父带了一大家人迁回四川，从而又证明李白必然是一位富商，这也是主观臆测。李白叫"李十二"，并不能证明李父带了一大家人回川。攀宗亲，认豪门是唐代的风俗，只要同姓同宗就可以认为兄弟。按年龄排行，在李白的诗中就有"张十四"、"刘十六"、"裴十八"、"萧二十一"等名字，这当然不会是一个家庭中有那么多亲兄弟。又如白居易叫"白二十二"，其实他的亲兄弟只有幼文、行简、幼美，他排行第二，其他十几个弟兄都不是他一个家庭的。白居易诗《自河南经乱，关内阻饥，兄弟离散，各在一处，因望月有感，聊书所怀，寄上浮梁大兄，于潜七兄，乌江十五兄；兼示符离下邽诸弟妹》，其中只有大兄幼文是亲兄长，其他皆为从兄弟。同样，在李白诗中提到的李凝、沈、皓、令问……皆为从兄弟，是他出蜀后才认识的，并非他父亲从西域带回的一大家人。据北宋杨天惠的《彰明逸事》载，李白"清廉乡故居遗址尚在，废为寺，名陇西院……有妹月圆，前嫁邑子，留不去，以故葬邑下，墓今在陇西院旁百步外。"陇西院、李月圆墓及其故居粉竹楼遗址至今还在，这说明李白只有亲兄妹二人。李白故居陇西院在北宋初"已为浮屠者居之"①。而唐末至宋初，彰明一带并未发生过大的战乱，若李姓是大家豪族，绝不可能后继无人，以致经二三百年故居就变成了庙宇。由此可见，李白之父并没有迁了一大家人来青莲乡定居。

郭沫若先生说李白之父是富商，带了一大家人在神龙之初从碎

---

① 杨遂：《唐李白彰明旧宅碑》，藏江油李白纪念馆。

叶而来，这本身就是一件不可能的事。据史籍记载："长安三年（703）……突骑施酋长乌质勒与西突厥诸部相攻，安西道绝。"①《旧唐书》载：神龙二年（706）唐安西大都护郭元振上疏："顷年忠节请解瑟罗及怀道俱为可汗，亦不得招胁得十姓，却遣碎叶数年被围。"这场混战从公元703年延续到公元706年。在"安西道绝"的情况下，李白之父怎么可能身怀万贯家财，带着一大家人去走"绝道"？总之，从"李十二"推想李父是大富商是站不住脚的。

郭沫若说："李家商业的规模相当大，它在长江上游和中游分设了两个庄口，一方面把巴蜀的产物运销吴楚，另一方面又把吴楚的产物运销巴蜀。"② 这种说法是不符合历史实际的，唐代的商业虽然比前代发达，但自给自足的自然经济仍占绝对的支配地位，在唐代的历史资料中尚未发现在巴蜀设庄口（相当于总公司），又在长江沿岸分设庄口（分公司）的大商人，不能把封建社会后期才可能出现的事推测在李白之父身上。即使如郭老所述的李白之父经营了那么大的商业，其家庭必然住于通都大邑，才便于运销商品和获得信息。可是绵州昌明县青莲乡既非通都大邑，又非交通要冲，而是一个偏远的小乡。据引《旧唐书·地理志》载："绵州，上，旧领县九，户四万三千九百四，口十九万五千五百六十三。"这九县之一的昌明县属于"紧"县。唐代按"户口多少，资地美恶"，将州分辅、雄、望、紧、上、中、下七等。"县有赤、畿、望、紧、上、中、下七等之差"（《通典·职官》）。绵州昌明县属于第五等州的第四等县，不过几千户、万多人口的小县，青莲又是这样一个小县的乡，距昌明县城七公里。当时巴蜀与中原的交通要道是金牛道，青莲乡距金牛道上的绵州还有三十公里。通往中原的另一条道路——阴平道虽然要经过青莲乡，但这条道路在当时并非商业繁荣

① 《资治通鉴·唐纪》。

② 《郭沫若全集·历史编（四）》，人民出版社，1982年，224页。

的交通要道。从青莲乡沿阴平道向北九十公里就是人烟稀少的龙州江油郡，据《新唐书·地理志》载：天宝时全郡才四千多人，“秦汉曹魏为无人之境，邓艾伐蜀，由阴平景谷，行无人之地七百里，凿山通道，攀木缘崖，鱼贯而进，以至江油”。李白《题江油尉厅》说这里是“野燕巢官舍，溪云入古厅”。这样冷寂的地方绝不是经营大商业的人感兴趣的。根据唐代法令：“诸非州县治所，不得置市。”[①] 在乡场上唐代曾出现过“草市”，即隔日或隔数日进行集市贸易，在集市上主要是农民之间相互进行交易，调节余缺，与外界商业联系非常稀少，不可能存在资金雄厚的大豪商。在乡场上也有一些本小利微的开铺店的商人，可是李白的故居并不在青莲场上，而是在离开场镇一公里的天宝山上，这里绝非昔日的市集所在地。很难设想一个“争利于市”的大商人会住在与市集不挨边，距繁华的交通要道很远的偏僻之处，从李白故居的所在地就足以推翻“富商说”。

持李白之家为“富商”说者，认为李白青少年时代就过着富裕豪华的生活，其根据是李白《留别广陵诸公》：“忆昔作少年，结交赵与燕。金羁络骏马，锦带横龙泉。”其实用金、银、玉等形容用具在古诗中很常见，这不过是比喻和夸张的修辞手法，“铜羁”也可以说成“金羁”，普通的剑也可以说成“龙泉”，不能据此作出李白家庭很富有的结论。从现有史料来看，李白青少年生活并不很富裕。在李白隐居处大匡山有一块北宋熙宁戊申（1068）立的《中和大明寺住持记》碑，内述：“翰林学士李白字太白，少为当县小吏，后止此山，读书于乔松滴翠之平，有十载。”又北宋元符二年（1099）在彰明做县令的杨天惠的《彰明逸事》云：“闻唐李白本邑人，微时募县小吏。”小吏的政治地位是很低的，收入也很微薄，而李白是少年时（大约十五岁）就去做小吏，正是因为生活

① 《唐会要》八十六《市》。

所迫。哪有过着挥金如土的富商的儿子去做小吏的。有人从假设的“富商”去否定有史料依据的“小吏”，倒是应当以有史料依据的“小吏”去否定假设的“富商”。

李白隐居在匡山的生活是否很富裕呢？他写过一首《冬日归旧山》：“未洗染尘缨，归来芳草平。一条藤经绿，万点雪峰晴。地冷叶先尽，谷寒云不行。嫩篁侵舍密，古树倒江横。白犬离村吠，苍苔上壁生。穿厨孤雉过，临屋旧猿鸣。木落禽巢在，篱疏兽路成。拂床苍鼠走，倒箧素鱼惊……”“旧山”即匡山，这在宋碑《勃赐中和大明寺住持记》中说得很明白：“太白旧山大明古寺，靠戴天之山。”《江油县志》、《彰明县志》也都认定此诗为李白少年时所作，诗中写的景色也与匡山相合，从这首诗中可以看出李白隐居匡山时生活是很艰苦的，住地十分简陋，野鸡可以飞进厨房，野兽可以穿过疏篱，墙壁生青苔，老鼠满屋窜，哪有一点富家豪华的迹象，或者说李白“隐于岷山之阳（即匡山）……养奇禽千计”，不是要用很多钱吗？① 笔者认为不能理解为李白花了大量金钱去喂养他们。匡山一带原本是“树深时见鹿”人烟稀少的地方，鸟兽甚多。匡山至今还有饲鹤池、白鹤洞等遗迹。笔者少年居于此山之麓，当时森林未被破坏，亲眼看见山中有大批白鹭和黄麂栖息，见人不惊。李白酷爱大自然，采集野生饲料，以备鸟兽食用，与鸟兽和睦相处，这并不奇怪。与大匡山遥遥相对的窦圌山上，唐代也有一位隐者与李白的情况相似。据杜光庭《窦圌山记》：唐咸通壬辰（872 年）“有毛意欢者……隐在穴中……山多毒蛇猛虎，人莫敢独往，意欢虽夜归，亦无所畏，常有二鸦栖岩下，客将至，鸦必飞鸣，意欢乃整饬宾榻，未几客果至矣”②。毛意欢与李白都是道教的信徒，他们把自己融合于大自然中，与鸟兽和谐相处，绝不需耗

① 韩维禄：《也谈李白的经济来源》，《山西师范学院学报》1983 年 1 期。
② 《全唐文》卷九三四。

费大量金钱来搞人工饲养，更不能以此证明李父是富商。

从李白出蜀后的经济来源也看不出李白的家庭是富商。前面谈到李白之家并非富商，在李白出蜀后也看不出与家乡父母有什么联系。王琦说："太白诗中绝无思亲之句，疑其迁化久矣。"这种怀疑很有道理。在李白故里仅有其妹月圆的墓而无李白父母的墓，这说明李白的父母至迟在李白出名之前已经去世，青莲民间传说，在李白十多岁时父母先后去世，因此李白出蜀后再没有得到蜀中老家经济上的接济。那么他长期漫游，有时还显得很富有，其经济来源又是怎样的呢？这里分几个时期来研究：

一、刚出蜀时主要靠朋友的赠与

认为李白家为富商的重要依据是《上安州裴长史书》自叙出蜀后"东游维扬，不逾一年，散金三十余万"。这是夸大之词，他肯定不可能带这么多钱出蜀。当时流行的货币是武德年间铸的"开元通宝"铜币，还杂用布帛。开元通宝一千钱重六斤四两（4229克），三十余万钱应有一千二百多公斤重，怎么能带这么多。唐代虽有类似汇票的飞钱便于长途携带，但它最早出现于李白死后几十年的唐宪宗时期。固然，李白出蜀是筹集了一笔路费，但不一定全是从家中拿出来的。这只要与他青年时代的任侠生活联系起来，就不难看出这笔钱的来源。李白诗云："忆昔少年时，结交赵与燕。"（《留别广陵诸公》）"结发未识事，所交尽豪雄"（《赠从兄襄阳少府皓》）。魏颢《李翰林集序》说李白"少任侠，手刃数人"。刘全白《唐故翰林学士李君碣记》："少任侠，不事产业。"范传正《李公新墓碑》："少以侠自任，而门多长者车。"这都说明李白在蜀中任侠仗义，结交甚广。游侠以扶危济困为宗旨，存交重义，轻财好施，他们自己不治产业，不重财富，为人排忧解难，对朋友往往解囊相助，而自己的用费也来自朋友赠与。李白在"仗剑去国，辞亲远游"时，他结交的游侠朋友必然赠与他不少路费。这些钱来得容易，去得也容易，当他遇到"落魄公子，悉皆济之"，因此他很快又穷困了，出蜀后约两年在江夏营葬好友吴指南时又不得不“丐贷”。从李白《上安州裴长史书》的这段叙述看出他的确是“黄金逐手快意尽，昨日破产今朝贫”。并无一个富商之家作为漫游的“富厚的后台”。李家烈先生说：李白出蜀是与吴指南结成“商帮”，到长江中下游做生意，吴指南死后，草草掩埋，便行色匆匆地到金陵去处理商务上的事①。这种臆测是不能自圆其说的，既是“商帮”，怎么只有李白一人背着吴指南的遗骨去安葬？既是“商帮”，几个安埋费总是有的吧！何至于去“丐贷”？

二、“酒隐安陆，蹉跎十年”

期间的经济来源主要靠许相公家，有时也主动向人乞求周济。李白二十七岁时以其超人的才华被宰相门第的许家看中，招赘为婿。许家是世代为官的大官僚地主，许圉师的祖父在隋末就是夷陵的地方官。父许绍在建立唐朝时立过功，封为安陆郡公，后升谯国公，做过峡州刺史。许圉师在高宗初年做过左相，后贬为虔州刺史，至上元中再迁为户部尚书，他的一个儿子当过泽州刺史。当时江淮有个说法：“贵如郝、许，富如田、彭”，可见许家是相当有名的大官僚地主。李白既招赘为婿，必然得到一份可观的家产。他说：“归来桃花岩，得憩云窗眠……入远构石室，选幽开山田。”（《安陆白兆山桃花岩寄刘侍御绾》）又说：“小节岂足言，退耕春陵东。”（《赠从兄襄阳少府皓》）可见许相公家是给了李白夫妻田庄别墅的。这笔家产支撑他以安陆为中心的漫游，有时也显得很阔绰，如游襄阳时“千金骏马换小妾，笑坐雕鞍歌落梅。车旁侧挂一壶酒，风笙龙管行相催”（《襄阳歌》）。不过在漫游中的浩大开支也并非全部从安陆家中拿出去的，有些显然是朋友的款待与馈赠，如到并州就是元参军的邀请和热情接待，“行来北京（指太原）岁月深，感君贵义轻黄金。琼杯绮食青玉案，使我醉饱无归心”

① 李家烈：《李白经济来源考辨》，《四川师范学院学报》1998年6期。

（《忆旧游寄谯郡元参军》）。李白三十岁左右一入长安，自然是从安陆家中带去了一笔旅费，不过并不很丰厚，干谒也未成功，生活陷入困境，不得不主动求助于人。《玉真公主别馆苦雨赠卫尉张卿》云：“饥从漂母食，闲缀羽陵简。园家逢秋蔬，藜藿不满眼。蠨蛸结思幽，蟋蟀伤褊浅。厨灶无青烟，刀机生绿藓。投箸解鹔鹴，换酒醉北堂。丹徒布衣者，慷慨未可量。何时黄金盘，一斛荐槟榔？”可见其生活很困苦，已弄到断炊绝粮，寄食田家吃野菜度日的地步，不得不求援于张垍。这次在长安住不下去，又曾去过邠州、坊州。其境况也是很困难的。“长风入短袂，内手如怀冰。故友不相恤，新交宁见矜？”（《赠新平少年》）“前荣后枯相翻覆，何惜余光及棣华”（《邠歌行上新平长史兄粲》）。这些诗是很明显的请求对方的援助。

离开长安后返回安陆，其景况也不好，《赠从兄襄阳少府皓》：“归来无产业，生事如转蓬。一朝乌裘敝，百镒黄金空。弹剑徒激昂，出门悲路穷。吾兄青云士，然诺闻诸公。所以陈片言，片言贵情通。棣华倘不接，甘与秋草同。”这是向一位县尉请求接济，可能这时许氏夫人已经去世，安陆也没有多少家产，无法继续住下去，不得不移居东鲁。

刚到东鲁时，生活也还是困难的，见《送鲁郡刘长史迁弘农长史》：“鲁国一杯水，难容横海鳞。仲尼且不敬，况乃寻常人……鲁缟如白烟，五缣不成束。临行赠贫交，一尺重山岳……他日见张禄，绨袍怀旧恩。”刘长史给他送了五匹缣就如此感激，而且以穷愁潦倒时的范雎（张禄）自比，可见处境的困难。从这首诗也足以推翻李白到山东是做鲁缟生意的观点①，一个手中经营成千上万匹鲁缟的人竟然那么感激刘长史送的五匹缟，说得通吗？刘长史会给做鲁缟生产的送缟吗？在《赠从弟冽》中云：“顾余乏尺土，东作

① 李家烈：《李白经济来源考辨》，《四川师范学院学报》1998 年 6 期。

谁相携。”可见在寓居山东的前期是无田产的。有人认为李白到山东是为了经商，在任城建立了一个商业点[①]，这仅仅从任城商业比较繁荣推测出来的。事实上李白把家和孩子安置在任城而他本人并未长住任城，更多的时间是与“竹溪六逸”隐居于徂徕山，或游泰山、鲁郡等地，从这段时期的诗歌中丝毫看不出有任何商业活动。

三、李白诗名大振以后，其经济来源主要是靠诗名谋取馈赠

唐代是诗歌繁荣的时代，诗人们凭借他们的诗歌得到社会的尊敬与荣誉。李白在诗名大振以后更是受到上至帝王下至普通百姓的倾慕，他的经济来源当然是不成问题的。

天宝元年唐玄宗召见李白时说：“卿是布衣，名为朕知，非素蓄道义，何以得此。”可见在玄宗召见之前李白已成名扬天下的诗人了。玄宗需要这样的诗人为他歌功颂德，粉饰太平，因而初见之时十分宠幸，让他做翰林供奉，“常出入宫中，恩礼殊厚”[②]。皇帝对他各种临时性的赏赐当然是非常丰富的。但并未给他品官的俸禄，也没有按均田制规定给品官应有的永业田，因为翰林供奉并非正式的官员。《文献通考》说李白入翰林是“但假其名，而无所职”，宋程大昌《雍录》说：“如李白辈供奉翰林，乃以其能文，特许入翰林，不曰以某官供奉也，俗传白衣入翰林者此也。又曰：上数欲命白以官，为宫中所捍而止。是白在天宝竟无官也。”魏万也说李白“年五十尚无禄位”。李白这个翰林供奉不过是行政系统以外的皇帝的文学侍从，并未列入朝廷的品官编制，当然无固定的俸禄收入。由于李白不甘心做御用文人，终于被玄宗很体面地打发出京，即所谓“赐金归之”，这笔钱的数目当然是不少的。李白离京时送行场面很盛大，“开筵引祖帐，慰此远徂征。鞍马若浮云，送余骠骑亭。歌钟不尽意，白日落昆明”（《经乱离后天恩流夜郎

① 屈世川：《李白在山东的产业及其它》，《东岳论丛》1984年2期。
② 孟棨：《本事诗》。

忆旧游书怀赠江夏韦太守良宰》)。这些送行的朋友当然也有所馈赠。此次李白出京与上次大不相同，他已经是受过皇帝宠信的著名诗人了，所到之处“王公趋风，列岳结轨，群贤翕习，如鸟归凤”①。“骏马美妾，所适二千石郊迎”②，“诸侯交迓驰朱轮，白璧一双买交者，黄金百镒相知人”③。官僚贵族们对李白接待唯恐不周，馈赠唯恐菲薄。他们之中有仰慕李白诗名的，有敬重李白为人的，也有附庸风雅的，他们需要李白为之增饰光彩。此时的李白绝不会为漫游中的巨大开支而发愁，他不消开口，自然有人为他解决。

李白也用皇帝的赐金和朋友们的馈赠在东鲁购置了一些田产和楼房。《寄东鲁二稚子》云：“我家寄东鲁，谁种龟阴田？春事已不及，江行复茫然。南风吹归心，飞堕酒楼前。”《太平广记》记载，李白“于任城构酒楼，日与同志荒宴其上”。《书情赠蔡舍人雄》云：“闲时田亩中，搔背牧鸡鹅。”《秋夜独坐怀故山》云：“拙薄遂疏绝，归闲事耦耕。”这些都说明李白在山东是有田产房屋的，主要是作为他儿女的生活之用，可以解除他漫游的后顾之忧。

李白在五十岁时，在梁园娶前宰相宗楚客之孙女为妻，宗家虽早已失势，但家产并未抄没，宗氏的弟弟宗璟和李白感情又很好，对李白会有所资助，也可能给了一定的田产。不过李白自来是不爱治产业的，他的任侠作风使他轻财重义，不去孜孜追求财富的积聚。《送王屋山人魏万还王屋》云：“徒于五诸侯，不致百金产。”《赠宣城宇文太守兼呈崔侍御》云：“颜公二十万，尽付酒家钱。兴发每取之，聊向醉中仙。”诗中用颜延之送陶潜酒钱的典故，说明他接受别人馈赠后还是大手大脚地花钱，所以“黄金逐手快意尽，昨日破产今朝贫”。他的经济生活极不稳定。在他五十岁左右

---

① 李阳冰：《草堂集序》，《李白集校注》1789 页。

② 魏颢：《李翰林集序》，《李白集校注》1791 页。

③ 任华：《杂言寄李白》，《李白集校注》1839 页。

写的《秋日炼药院镊白发赠元六兄宗林》说："穷与鲍生贾，饥从漂母餐。"这说明为了生计也与人搭伙做过生意，但这绝不能证明他是富商。若是富商怎么会"穷"和"饥"呢？

四、李白晚年穷愁潦倒，常主动向人乞求周济

公元755年"安史之乱"发生，人民被拖入灾难的深渊，社会经济遭到极大的破坏，在战争最激烈的河南一带"人烟断绝，千里萧条"①。李白在鲁中的家产和宗氏家所在的梁园一带都陷于叛军，断绝了较稳定的经济来源。公元757年李白参加永王璘幕府，卷入皇室内部的争斗，陷入冤狱，后来又被长流夜郎，这一系列的变故不能不使李白的生活陷于困境。尽管他的诗名很大，也确实有一些忠实的能共患难的朋友在困难中帮助他，流放途中也有一些地方官热情接待他，但毕竟有不少势利者对他冷漠或敌视，甚至弄到了"世人皆欲杀"的地步。李白也哀叹"世途多翻覆，交道方崄巇"（《古风五十九首》），"前门长揖后门关，今日结交明日改"（《赠从弟南平太守之遥》）。再不像前段时期那样处处有人给他主动馈赠，他不得不低三下四向别人求援。如《赠刘都使》："而我谢明主，衔哀投夜郎。回家酒债多，门客粲成行……所求竟无绪，裘马欲催藏。主人若不顾，明发钓沧浪。"又如《赠友人》其三："虎伏避胡尘，渔歌游海滨。弊裘耻妻嫂，长剑托交亲。莫持西江水，空许东溟臣。他日青云去，黄金报主人。"在他的一些诗中可以看出有时把自己比为涸辙之鲋（见《江夏赠史郎中》），有时把自己比为连蜡烛也照不起的贫人（见《陈情赠友人》），有时把宝剑当来付酒钱（见《醉后赠从甥高镇》）或"解我紫绮裘，且换金陵酒"（《金陵江上遇蓬池隐者》）。在五松山一户农家吃到一餐雕胡饭时，竟至"三谢不能餐"（《宿五松山下荀媪家》）。这些都可以看出他生活的窘迫。虽有朋友们的周济也解决不了生活的困难，

① 《旧唐书·郭子仪传》卷一二〇。

"群凤怜客鸟，差池相哀鸣。各拔五色毛，意重泰山轻。赠微所费广，斗水浇长鲸"（《献从叔当涂宰阳冰》）。最后客居在李阳冰处贫病而死。

李白逝世后并没有给子女留下遗产。范传正《李公新墓碑序》云："访公之子孙……皆编户氓也……衣服村落，形容朴野……问其所以，则曰：父伯禽以贞元八年不禄而卒，有兄一人，出游一十二年，不知所在。父存无官，父殁为民，有兄不相保，为天下之穷人。无桑以自蚕，非不知机杼；无田以自力，非不知稼穑。况妇人不任，布裙粝食，何所仰给？俪于农夫，救死而已。"李白为中华民族留下了丰厚的精神财富，却并未给自己儿孙留下物质财富。

李家烈先生为了论证李白家是商人，就把李白到过的一些商业繁荣的城市，如扬州、金陵、杭州……说成是李白去从事商务活动，若照此推理方法，我们可以把任何一个到过商业繁荣的城市的人定为商人。这是在逻辑推理方法上犯了一个常识性错误。李白"一生好入名山游"，漫游名山大川的时间比住商业都市的时间长得多，这又作何解释呢？难道李白跑到山上去做生意吗？李白因从璘而下狱，宋若思、崔涣、张镐等积极营救，这是崇高友情的表现，李家烈先生硬说这是一种官商勾结，宋若思们不仅受了李白的贿，还参与了李白的商业活动，不救李白就会损害他们的经济利益，否则他们不会冒那么大的风险去救一个犯杀头罪的人，而高适虽是李白好友，但他未参加李白的商务活动，所以虽可以救而不去救①。这是一种大胆的无中生有的想象，是以现代人"有钱可使鬼推磨"的心理去揣摩李白与宋若思等人的关系，实在把李白、宋若思、高适等人的品德贬得太低了。唐代有贪官，也有官员与商人勾结，还有"官倒"，但找不出救援李白的几位官员是贪官、官商的史料依据。从李白给崔涣、宋若思、张镐等人的诗中，丝毫找不出庸俗的

① 李家烈：《李白经济来源考辨》，《四川师范学院学报》1998年6期。

肮脏的金钱交易关系，只看到可贵的友情，李白不仅未向他们行贿，张镐反而向危难中的李白赠送衣物。李白诗《张相公出镇荆州寻除太子詹事余时流夜郎行至江夏与张公相去千里公因太府丞王昔使车寄罗衣二事及五月五日赠余诗余答以此诗》，其中有“惭君锦绣段，赠我慰相思”。这就有力地否定了李白行贿说。总之，说李白是富商没有任何根据。

第二节 李白不是西域胡人，更非外国人

李白是我国的伟大诗人，是中华文化的杰出代表，他当然是中国人，是汉族人，这本来是不成问题的，但近几十年却出现了异议。在1930年就有人说李白是生在大食国的外国人①，陈寅恪先生则说李白“本为西域胡人”②。后来又有人说李白是突厥化的中国人③或中国化的突厥人④。詹锳先生同意陈寅恪的观点，加以论证⑤，郭沫若先生在《李白与杜甫》一书中批驳了李白是西域胡人的观点，说“李白肯定是汉人”。日本松浦友久先生又反驳郭沫若的观点，认为“李白的家世本来是西域异族”⑥，笔者曾对松浦先生的观点质疑过⑦，后来李家烈先生又重申松浦先生的观点，而且走得更远，认为“李白不是汉人，亦非边疆民族”⑧，也就是说李白是地地道道的“老外”，徐文海、李晓峰先生的《李白诗酒人

① 冯承钧：《唐代番胡华化考》，《东方杂志》1930年9月。
② 陈寅恪：《李太白氏族之疑问》，《清华学报》1935年11卷1期。
③ 胡怀琛：《李太白的国籍问题》，《逸经》1936年3月第3期。
④ 幽谷：《李太白——中国人乎？突厥人乎？》，《逸经》1936年11月第17期。
⑤ 詹锳：《李白诗论丛》，人民文学出版社，1984年。
⑥ 松浦友久：《李白的出生地及家世》，《中国李白研究》1990年下集。
⑦ 蒋志：《李白异族说质疑》，《中国李白研究》1992—1993年集。
⑧ 李家烈：《李白的家世与生籍考辨》，《四川师范学院学报》1998年1期。

生》一书中，竟赫然出现一个小标题：“李白是外国人。”[①] 对此不能不一辩。

说李白不是汉人，甚至说是外国人，其论据归纳起来有以下几点：(1) 中亚碎叶是唐代才纳入中央政权管辖范围，因此李白先世不可能是隋末贬谪到中亚的，他们原本就是住在西域的胡人。(2) 李白及其亲友故意隐瞒异族家世，以免政治上受歧视。(3) 李白之父无真实名字。(4) 李白懂外语。(5) 李白的生活习性不像汉人。(6) 李白与汉族儒家文化相去甚远。(7) 李白的外貌不像汉人。现就以上几点，提出笔者的不同看法。

一、隋末唐初大量中原人迁入西域，李白先人就是这些迁徙者之一

持李白异族说者，只看到了中亚纳入唐代版图的时间，而忽视了在这之前中原汉人已与中亚有密切交往。早在西汉时期，巴尔喀什湖以东以南，包括碎叶地区就属汉朝西域都护管辖。魏晋以后这一地区仍然与中原保持着政治和经济上的某种联系。6 世纪中叶，突厥强盛，控制了东到辽河，西至里海的广大地区。隋初，突厥分为东西两部，碎叶成为西突厥统治的心腹地带，隋朝西部的版图达且末、鄯善、伊吾（都在今新疆境内）。隋朝与突厥时战时和，交往非常密切，隋朝为加强西部边防，在且末以东“置郡县镇戍，发天下轻罪徙居之”[②]，如薛道衡被缢杀后，“妻子徙且末”[③]。隋末天下大乱，大量中原汉人迁往突厥控制的地区，这方面的记载很多，如《北史·突厥传》：“隋末离乱，中国人归之（突厥）者无数。”《新唐书·高昌传》：“大业末，华民多奔突厥。”《大唐创业起居注》：“自顷离乱，亡命甚多，走胡奔越，书生不少，中国之礼，并在诸夷。”连隋炀帝的皇后萧氏和孙子杨正道也跑到突厥去了，突

① 徐文海、李晓峰：《李白诗酒人生》，长江文艺出版社，1996 年。
② 《隋书·西域传》。
③ 《隋书·薛道衡传》。

厥可汗还替杨正道组织了一个流亡政府。这些逃亡去的或被突厥掳掠去的中原汉人，在唐初有一部分被赎回，如《资治通鉴》卷一九三载："隋末，中国人多没于突厥，及突厥降，上（唐太宗）遣使，以金帛赎之"，"乙丑，有司奏，凡得男女八万口"。有一部分汉人则继续留居西域，如玄奘西行经"呾逻私城……南行十里，有小孤城，三百余户，本中国人也，昔为突厥所掠，遂鸠集同国，共保此城，于中宅居，衣服去就，遂同突厥，言辞仪范，犹存本国"①。

根据李白自述而写成的李阳冰《草堂集序》云："李白，字太白，陇西成纪人，凉武昭王九世孙……中叶非罪，谪居条支。""范碑"说李白"其先陇西成纪人……隋末多难，一房被窜于碎叶"。这些记载与前述的历史背景是吻合的。隋末有十万以上的中原人去突厥控制下的西域，李白之先辈为何不是这十余万分之一呢？至于去西域的原因，《草堂集序》说是"谪居"，"范碑"说是"被窜"，这里有因罪被流放的意思，也包含有由汉民族居地移往外域的意思。隋大业中，西域的且末就有轻罪人徙居，李白的先辈就是其中之一，大业末天下大乱，河西走廊一带也燃起了战火，他们又随着中原人向西域迁徙的大潮流，再向西迁至碎叶，定居下来。后来就把这一段经历笼统地称之为"中叶非罪，谪居条支（泛指西域）"。"隋末多难，一房被窜于碎叶"。李白的先辈应当是《大唐创业起居注》中说的"走胡奔越"的"书生"之一，他们保存了"中国之礼"即汉文化传统，一代代传下来，由李白继承。

二、李白及亲友并未承认其为异族

究竟李白是不是胡人，首先应尊重李白本人的意见。从李白的诗文中以及根据他的直接、间接口授而写成的《李翰林集序》、《草堂集序》、"范碑"等具有权威性的材料中丝毫也看不出他是异

---

① 玄奘：《大唐西域记》。

族人，而是说他祖籍陇西成纪，李广之后，凉武昭王九代孙，是地道的汉人。李白曾与许多李唐宗室认亲，姑无论他是不是真正的李暠九代孙，但起码他是汉人才有可能与李唐宗室的人称兄道弟。既然当年李白及其亲友都未承认异族出身，为什么事隔千余年后我们硬要说他是异族出身呢？又何必把一个简单明了的问题弄得很复杂呢？

松浦先生也承认李白“在主观上是把自己当做汉人的”，但他又说李白是有意隐瞒自己的异族出身，因为异族人“参与政治和依靠权势者的推荐而显达是没有希望的，甚至连通过科举而参与政治也是不可能的”[①]。李家烈先生说，“在唐人眼中，胡人地位相当低下”，李白为了不被人歧视，不得不掩饰自己是胡人[②]。

我以为此种看法不符合唐代历史。唐朝是在长时期民族大融合基础上建立的繁荣富强的具有开放精神的朝代。李唐皇族本身就是民族融合的典型，唐高祖的母亲独孤氏，唐太宗的母亲窦氏，唐高宗的母亲长孙氏都是鲜卑人，在唐朝皇帝身上就有异族血缘。唐代的统治者改变了前代帝王歧视异族的狭隘的民族观念，解除了华夷之防，采取了“华夷一体，一视同仁”的开放的民族观念。唐太宗说：“自古皆贵中华，贱夷狄，朕独爱之如一，故其种落皆依朕如父母。”[③] 与李白同时代的李华也说：“国朝一家天下，华夷如一。”由于唐代实行开放的民族政策，所以边疆少数民族和外国人迁入中原的不少，仅在长安百万居民中就有百分之五的胡人，他们与汉人长期和睦相处，并未受歧视。在唐代有不少出身异族的人被擢升提拔，身居要职，如贞观四年（630）平定东突厥后，“其酋首至者，皆拜为将军、中郎将等官，布列朝廷，五品以上者百余人”[④]。唐代许多声名显赫的将领出身于异族，如突厥人阿史那杜尔、阿史那

① 松浦友久：《李白的出生地及家世》，《中国李白研究》1990 年下集。
② 李家烈：《李白的家世与生籍考辨》，《四川师范学院学报》1998 年 1 期。
③ 《资治通鉴·唐纪》。
④ 《旧唐书》卷一九四上。

忠，铁勒人契苾何力，突骑施人哥舒翰，契丹人李光弼，百济人黑齿常之（也可以说他是外国人）……这些人成为独当一面的大将军，有的还娶公主为妻，有的封为国公。异族人不仅担任高级将领，还有被提升为宰相的，从《新唐书·宰相世系表》中统计：有唐一代369个宰相中，有18人是异族，约占5%，其中有匈奴、鲜卑、奚、契丹、沙陀等国内少数民族，还有高丽人、安息国人可以说是外国人。著名的日本留学生阿倍仲麻吕在开元年间来唐后，先后担任过补阙、卫尉少卿、秘书监、左散骑常侍及镇南都护等要职。唐代的科举制对异族人以及侨居中国的外国人并无歧视，他们可以参加科举考试，中进士者也不乏其人，如新罗人崔致远，波斯人李彦升都以进士显名。宋人钱易《南部新书》载："大中（847—859）以来，礼部放榜，岁取三二姓氏稀僻者，谓之色目人，亦谓曰榜花。"这些姓氏稀僻的色目人，也就是异族人。开元初，唐王朝官修《姓族系录》，"其诸蕃酋长，晓袭冠带者，亦别为一品"①。也就是说将少数民族首领也列入士族之中，大大的突破了"华夷有别"的传统偏见。李白生活在没有民族歧视政策的唐代，如果他真是异族人，没有必要隐瞒自己的族属。

三、李白之父没有留下真名，只能说明他是隐士，而不能推论出是异族人

陈寅恪和松浦先生说李客非李白之父的真名，是因为"西域之人其名字不通于华夏"，他"终生没有正式的中国名字"，所以说他是西域胡人。这种说法不符合史实，西域胡人移居中国者不少，他们定居后都取了一个中国式的名字，昭武九姓胡人移居中国的都以国为姓，"凡西域人入中国，以石、曹、米、史、何、康、安、穆为氏者，大率俱昭武九姓之苗裔也"②。也有不少胡人改姓李，

---

① 《册府元龟》卷五六〇。

② 向达：《唐代长安与西域文明》，三联书店，1979年。

如李珣一家的祖先就是从波斯迁入中国做药材生意，定居中国改中国式姓名；又如宣宗时进士李彦升是大食人，改中国式姓名。再从迁居中原的胡人死后的墓志铭上看，他们也都有一个中国式的名字，如在长安出土的《唐故米国大首领米公墓志铭》："公讳萨宝，米国人也。"《安令节墓志铭》："君讳令节……出自安息国王子。"像这一类的墓志铭还不少，不仅在他们的墓志铭上都有一个中国式的名字，还写明了原来的国籍，这些都说明西域胡人迁居内地，并非"其名字不通于华夏"。据"范碑"云：李白之"父客以逋其邑，遂以客为名"。"李客"就是从外地迁来的姓李的客人的意思，这的确不是他的真实名字，如果他是异族，定居在青莲乡后，完全可以像当时成千上万个内迁中原的胡人那样改一个中国式的名字，然而他没有这样做，而是隐去真名，任别人叫他李客，这是什么原因呢？因为他是一个有意隐瞒真名的隐士。所谓隐士就是那些远离或逃避社会现实的士人，即所谓"不事王事，高尚其志"的知识分子。隐士的存在是中国古代社会不容忽视的历史现象。在国家初步形成时就有巢父、许由这样的隐士。秦汉以后封建专制主义中央集权政治制度确立，士阶层的主体人格与专制主义发生冲突，其中一部分人采取消极逃避的形式，远离政治，隐居于林泉，这种现象历代不衰。唐代是中国古代隐士史上的一个重要的发展阶段，隐士人数之多超过前代。在唐诗中出现的"处士"、"征君"、"逸人"等都是指的隐士。"当时天下一君，四海一国，舍乎此则夷狄矣，去父母之邦矣。故士之行道者，不得于朝，则山林而已矣"①。尽管唐朝前期，天下太平，政治清明，又实行了科举制，为士人发挥才能开辟了广阔的前景，但在君主专制主义和官僚政治的制约下，科举并不意味着真正的公平仕途竞争，而且科举取士名额有限，"士十于官，求官者又十于士"，有的士人不愿意去挤壅塞的仕途，而

① 韩愈：《后廿九日复上书》。

走上了退隐之路，也有的为追求人格的独立，或在政治倾轧中逃避风险而隐居。元次山说："老死岩谷，远迹时世者，不必其心皆好山林，若非介直方正与时世不合，必识高行独与时世不合，不然则刚褊傲逸与时世不合。彼若遭逢不容，则身不足以为祸，将家族以随之。至于伤污毁辱，何足说者。故使之矫然绝世，逃其不容，直为逸民，竟为退士，枕石饮泉，终身而已。"① 李白之父就是这样的隐士。据"范碑"云，李白之父"潜还广汉，因侨为郡人，父客以逋其邑，遂以客为名，高卧云林，不求禄仕"。《草堂集序》说李父"逃归于蜀"，《李翰林集序》说李父"乃放形，因家于绵"。又《蜀中名胜记》引唐代于邵立的李白碑说，李父"避地客蜀"。《杜诗补遗》说："厥先避仇客居蜀之彰明。"把这些史料综合起来看，李白之父因某种原因"与时世不合"，"遭逢不容"，为避仇或避祸，举家逃到西蜀青莲乡这个偏僻的地方，放浪形骸于山水之间，"高卧云林，不求禄仕"，成为"逋客"，即避世的隐者，就是彻底摆脱名羁利锁，避开尘世干扰，隐名埋姓，尽可能不让人知晓。历史上固然也有隐士留下姓名，甚至载入《隐逸传》，但有更多的隐士没有留下真实姓名，他们"变名姓，抱经书，隐避林薮"。如在西汉末涪县（距李白故里 30 公里）近郊就有隐者"不知何出，尝钓于涪水，因号涪翁，乞食人间，见病者，时下针石，辄时而愈，乃著《针经》、《诊脉法》传于世"②。这位隐者虽写了世界上第一部针灸专著，但他的真实姓名一直不为人知。我们总不能因为这位隐者未传下真实姓名而推断他是西域胡人吧！

四、从李白精通异族文字以及生活习性等也不能推断出他是异族人

有学者把李白精通异族文字作为他是异族人的证据。窃以为不

① 《元次山集》，《张九处士表》。

② 《后汉书·郭玉传》卷一一二。

能成立。李白精通异族文字这是事实，刘全白《翰林学士李君碣记》云："天宝初，玄宗辟翰林待诏，因为和蕃书，并上宣唐鸿猷一篇，上重之。""范碑"云，李白"论当世务，草答蕃书、辩如悬河，笔不停辍"。这里说的"蕃"是对西方少数民族及外国的通称。以后《今古奇观》及戏剧据李白曾"草答蕃书"的事实加以夸张，虚构情节，说是渤海国（在今东北境内）使者带来用本国文字写的宣战书，满朝文武都不认识，只有李白才能识得，并当场回书，平息了一场战乱。于是据此误认为，只有李白认得异族文字，那么他应当是异族人。事实上在大唐王朝中绝不止李白一人识得异族文字。我国是一个多民族国家，不同语言的各民族交往十分频繁，据《周礼》载，早在周朝就设有"译者"。

汉代的鸿胪寺（相当于外交部礼宾司）属官中有"译官令"。唐代与外国交往以及各民族之间的交往更为频繁，翻译人员也大大增加。《新唐书·百官志》载："凡蕃客至，鸿胪讯其国山川，风土，为图奏之。"这当然要懂蕃语的才能询问。据《唐会要》载："开元十九年十二月十三敕：鸿胪当司官吏以下，各施门籍出入。其译语掌客出入客馆者，于长官下状牒馆门，然后与监门相兼出入。"这说明在鸿胪寺中有专门搞翻译的。唐代翻译大量佛经，设立了翻译道场，这之中也集中了一大批翻译人才。总之，在大唐人士中绝不止李白一人懂得异族语言，我们不能认为李白懂异族语言就一定是异族人。松浦先生也承认："李白有很高外语水平"与"异族出身"，"二者之间并没有绝对的联系"①。

能否说"李白有豪侠之风亦与中华之传统文人不类"来证明李白为异族人呢？其实豪侠之风早在春秋战国时期就在中原大地上十分盛行，韩非说："儒以文乱法，侠以武犯禁。"司马迁在《史记》

---

① 《李白的出生地及家世》，《中国李白研究》，江苏古籍出版社，1990年集下，205页。

中专门写了《游侠列传》，歌颂汉初的朱家郭解等游侠。秦汉虽打击压制豪侠，但豪侠之风并未断绝，至唐代就更为盛行，我们可以举出许多唐代诗人有豪侠之风。如李白的老乡陈子昂及其父陈元敬就"以豪侠闻"。李白的老师赵蕤也是"任侠有气"，所以以李白有豪侠之风来推论他是异族人也是站不住脚的。

李白《扶风豪士歌》云："脱吾帽，向君笑，饮君酒，为君吟。"脱帽欢舞为夷礼，我们能否说李白习此夷礼就推论他为异族人呢？不能。唐代实行民族开放政策，中西文化和各族文化交流十分频繁，中原人接受了不少外来的东西。汉人染上胡风是普遍现象，或者说是一种时髦。《新唐书·五行志》云："天宝初，贵族及士民好为胡服胡帽。"这在唐代的出土文物中，如唐三彩、壁画等也可证明，元稹《法曲》："自从胡骑起烟尘，毛毳腥膻满咸洛。女为胡妇学胡妆，仙进胡音务胡乐。火凤声沉多咽绝，春莺啭罢长萧索。胡音胡骑与胡妆，五十年来竞纷泊。"这就生动地描绘出崇尚西域风气的情景，作为汉族人的李白在那时习"夷礼"毫不足怪。

李白出蜀不久，同行的友人吴指南病故，李白将遗体暂时安葬，隔几年后将骨殖洗削，背赴于鄂城之东再葬。能否从这个不同于当时汉族人的安葬方式就推论他是西域胡人呢？否。这种葬法叫迁葬或二次葬，在我国中原的仰韶文化墓葬中普遍存在，在巴蜀的一些少数民族中继续保留，如西南夷中的邛都人（在四川西部）就是实行二次葬，人死后尸体先存于别处，数年后，血肉腐化，检其骨殖，葬于大石墓内。李白生长于巴蜀，受此习俗之影响，安葬了友人的尸骨，这一习俗不能证明他是西域的异族人。

从李白与儒家文化的关系也看不出李白是胡人。李家烈先生认为李白"与汉族儒家文化是相抵牾的"①，因而断言他不是汉人。

---

① 李家烈：《李白的家世与生籍考辨》，《四川师范学院学报》1998年1期。

李白与儒家文化的关系已有不少学者作了深入研究，大多数学者认为李白深受儒家思想影响，笔者认为在李白博杂的兼容性的思想中，儒家思想占主导地位，不能抓住李白的某些诗句或某些行为就片面地得出李白与儒家文化相抵牾的结论。李白的确写过嘲讽鲁儒的诗，但鲁儒不能与儒家文化画等号，李白也说过“凤歌笑孔丘”，但他也有许多的诗文中尊称孔子为“大圣”、“圣人”，在他临终时还吟道：“后人得之传此，仲尼亡兮谁为出涕”，这是他一生最后的一句诗，呼唤的是孔子！怎么能说他对孔子及代表的儒家文化是抵牾的，唐代实行开明的宽容的文化政策，允许儒道佛三教自由辩论，也并未把儒家定为一尊，文人们说一些“嘲尧舜笑孔子”的话，并不是“极罕见的”。杜甫有诗云：“儒术于我何有哉，孔丘盗跖俱尘埃。”难道我们能抓住这句对孔子大不敬的话来推论杜甫与汉族儒家文化相抵牾，进而得出杜甫是外国人的结论吗？

再说，从李白的“家庭观念与汉族儒家文化相去甚远”，能否推论李白是异族人或外国人呢？否。在汉人中也不乏家庭观念薄弱，对家庭不负责任的人。王琦是说过：“太白诗中绝无思亲之句。”但他接着还有一句话：“疑其迁化久矣。”这种推论是很有道理的。李白故里青莲的民间传说，李白十多岁出蜀之前，还没有任何名声时，父母已去世，出蜀后在故乡已无父母可思，这种事与李白国籍毫不相干。

李家烈先生说：“对待唐王朝与边疆民族战争的态度，这是判别汉民族与其他民族文士的分水岭。李白的态度也是明确的，没有丝毫汉族的‘夷夏之防’观念，明确反对边疆战争。”[①] 以此证明李白不是中国人。这种观点颇值得商榷。李白对边疆战争并非一概反对，他对唐王朝统治者发动的奴役压迫少数民族的不义之战是坚决反对，强烈谴责的，李家烈先生举出的《答王十二寒夜独酌有

① 李家烈：《李白的家世与生籍考辨》，《四川师范学院学报》1998年1期。

怀》、《书怀赠南陵常赞府》等诗就属这一类。李白对于维护国家统一，抵御少数民族统治者侵扰中原的正义战争又是坚决拥护的，写了许多诗赞扬边疆战士的英雄气概，鼓励他们英勇杀敌，如《塞上曲》、《塞下曲》、《从军行》、《出自蓟北门行》、《白马篇》、《发白马》等等，特别是《胡无人》："敌可摧，旄头灭，履胡之肠涉胡血，悬胡青天上，埋胡紫塞旁。胡无人，汉道昌。"还有《送外甥郑灌从军》："当斩胡头衣锦回，枭首当悬白鹊旗"、"斩胡血变黄河水"等诗句，难道不能说是李白鲜明地站在汉族人的立场，仇视蔑视少数民族入侵者吗？如果把这些诗与李先生举出的高适、储光羲等人写的"蔑视少数民族，把少数民族写得非常不堪"的诗放在一起，恐怕是看不出有多大的民族立场上的差别。据笔者粗略统计，李白写的《胡无人》这类鼓励边疆战士多杀"胡虏"之类的诗有三十多首，而《书怀赠南陵常赞府》之类反对唐王朝穷兵黩武的不义之战的诗还不到十首。李先生说对于在边疆作战有功的哥舒翰将军，李白写诗谴责，而杜甫却"把哥舒翰吹捧得不着边际"，以此说明李白是胡人。其实李白也有吹捧哥舒翰的诗，《述德兼陈情上哥舒大夫》："天为国家育英才，森森矛戟拥灵台。浩荡深谋喷江海，纵横逸气走风雷。丈夫立身有如此，一呼三军皆披靡。卫青漫作大将军，白起真成一竖子。"把哥舒翰吹得超过了古代名将卫青、白起，比杜甫吹得更不着边际。杜甫也有反对唐王朝穷兵黩武、发动边疆战争的诗，如著名的《兵车行》："君不见，青海头，古来白骨无人收。新鬼烦冤旧鬼哭，天阴雨湿声啾啾。"这血泪的控诉中也包含对哥舒翰在青海屠杀吐蕃人的谴责。这里还要说明的是哥舒翰就是地地道道的西域胡人，《旧唐书·哥舒翰传》："哥舒翰，突骑施（突厥人的一支）首领哥舒部落之裔也，蕃人多以部落称姓，因以为氏……世居安西……翰母尉迟氏，于阗之族也……父是突厥，母是胡。"哥舒翰深受唐王朝重用，成为手握重兵的节度使、元帅，封为平西郡王，官至宰相，这个事实说明李唐王朝是一个开放的王朝，没有严格的“华夷之防”。哥舒翰是地地道道的胡人，照李家烈先生的逻辑，他应当反对边疆战争，至少也应当对少数民族手下留情，然而哥舒翰却在边疆战争中大肆斩杀少数民族，以致遭到李白、杜甫的强烈谴责。因此，要以有无“华夷之防”作分水岭来判断是不是汉人，是说不通的。抓住李白少量诗歌中反对边疆战争的内容，得出李白不是中国人的结论，是站不住脚的。

从李白的外貌更不能证明李白是外国人。幽谷说：“他的相貌，按魏颢所述，‘眸子炯然，哆如饿虎’，按崔宗之《赠李十二》诗：‘双目光照人’，都是外国人的描写。”① 李家烈先生也说这是“西域人种之特征”，其实这是描写李白有一双大而炯炯有神的眼睛，哪能牵强附会地解释成碧眼高鼻的外国人！如果说外国人就是目光炯炯，难道中国人就是双目无光？郭沫若先生从李白《上云乐》中描述西域胡人碧眼高鼻黄发的外貌，品评胡人长相“诡谲”，即怪得出奇，说明李白不是西域胡人，论证是很精当的。而李家烈先生硬说李白的《上云乐》是“以‘老胡’和‘小胡’的同类而得意，口气显然是自豪的”，难道有自己说自己的长相怪得出奇的吗？“诡谲貌”又有什么值得自豪的呢？李先生从贺知章见李白“既奇其姿”，又“奇白风骨”，玄宗见李白“神气高朗，轩轩若霞举”，世称李白有“仙风道骨”，得出了李白是外貌奇异的外国人的结论。其实这些都是形容李白器宇轩昂，有神仙之姿，不仅证明不了李白是外国人，反而证明李白是中国汉人，神仙之说是中国土生土长的，道教的神仙都是标准的中国人形象，绝无高鼻碧眼的仙人。李家烈先生为了论证李白是身材高大的外国人，抓住了李白自述“长不满七尺”这句话，按唐尺换算出李白“大约至少也有1.9米的高度，用来形容身材高大是完全合理的”。李白的原话是：“虽长不满七尺，而心雄万夫。”（《与韩荆州书》）《古文观止》对这句话的批

① 幽谷：《李太白——中国人乎？突厥人乎？》，《逸经》1936年11月第17期。

注是“身虽小而志实大”，其意思是，我的身材虽然不高大，但心气比万夫都高。若按李家烈先生的解释，这句话应当是：我的身材虽然很高大，但心气比万夫都高。这就很不通顺，身、心都高，意思没有转折，绝不会用“虽……而……”。李白这句话中的“七尺”是作为成语在用，并非按唐尺实指高度。“七尺”、“七尺之躯”、“七尺男儿”是先秦时已经形成，至今还在用的成语。春秋战国时的1尺长为0.231米，有战国时洛阳金村古墓出土的铜尺可证，秦国统一度量衡，1尺也是长0.231米，林剑鸣先生在《秦史稿》中有详细论证。按秦尺7尺则为1.617米，恰好是一个成年人中等个头那么高，在先秦时就以“七尺”代称成年人。战国时成书的《周礼·地官·乡大夫》云：“国中有七尺以及六十，野自六尺以及六十有五皆征之。”贾公彦解释：“七尺谓年二十者，案《韩诗外传》：‘二十行役’与此国中七尺同，则知七尺谓年二十。”《荀子·劝学》：“小人之学也，入乎耳，出乎口，口耳之间，则四寸耳，曷足以美七尺之躯哉。”魏晋南北朝以后尺子逐步变长，晋南朝1尺长0.24米，北魏尺长0.29米，唐尺长0.31米，但“七尺”、“七尺之躯”作为成年男子的代称在诗文中屡见不鲜。如陆机《挽歌诗》：“昔为七尺躯，今成灰与尘。”沈约《齐太尉王俭碑铭》：“倾方寸以奉事，忘七尺以事君。”唐代仍继续用“七尺”这个成语，如李颀《古意》：“赌胜马蹄下，由来轻七尺。”李白自述“虽长不满七尺”，是说他的身材不及一个成年人的中等个头，恰好证明他不是身材高大的外国人，而是身材偏矮的中国人。

李白的外貌曾在画家的笔下流传。与李白同时代的吴道子、韩干、周昉等著名画家都为李白画过肖像画，从后人为这些画的题诗中，丝毫看不出李白有深目高鼻的奇异形象。宋代画家梁楷的李白像还流传至今，他肯定是见过唐人的李白肖像画的，在他的笔下的李白也不是深目高鼻的外国人。现存的故宫南熏殿旧藏的李白画像，应当是接近李白真貌的，也是标准的中国人形象。

如果说李白的外貌真是黄发碧眼高鼻，身高近两米的大汉，李白要想隐瞒自己的外国人身世也是隐瞒不了的。唐末住在梓州（今四川三台县）的李珣就是波斯香药商人的后代，到中国来后才改姓李，因关中战乱，从长安迁到梓州，继续经营药材生意，还写了《海药本草》，由于他家在中国居住时间很长，接受了汉文化，后来成为唐末著名的词人，但他并未，也不可能隐瞒国籍。黄休复《茅亭客话》、何光远《鉴诫录》、吴任臣《十国春秋》、林志茂《三台县志》等都明确称他“土生波斯”，他的好友尹鹗曾称他为“李波斯”，还开玩笑地说他诗词中有“胡臭”，这说明一个西域胡人的后代来蜀定居，当时的人必明确视之为西域胡人。但是，从李白的亲朋好友的记述中，丝毫也看不出李白是“非我族类”，很难想象，一个黄发高鼻子的外国人能与李唐王室去攀亲。要之，从外貌上丝毫也说明不了李白是外国人。退一步说，即使是绿眼黄发高鼻子，也不一定是外国人。唐代西域辖区内除突厥人外（突厥为匈奴之一部，而匈奴按《汉书》记载是夏后氏之苗裔，还是黄种人），还有绿眼黄发的种族，唐代颜师古注《汉书·西域传》：“乌孙于西域诸戎其形最异，今之胡人青眼赤须，状类猕猴者，本其种也。”《新唐书·回鹘传》载黠戛斯“人皆长大，白发、皙面、绿瞳，以黑发为不祥”。《旧唐书·西戎传》载：“康国即汉康居之国也，其王姓温。月氏先居张掖祁连山北……其人皆深目、高鼻、多须髯。”在李白的《上云乐》中描述的“康老胡雏”就是康国艺人的形象。据日本学者羽田亨在《西域文化史》中考证，乌孙人、月氏人、黠戛斯人等都属亚利安人种。这些种族当时已纳入唐朝版图，如康国在唐初已臣服唐王朝，“永徽时以其地为康居都督府，即授其王拂呼缦为都督”①。这些纳入唐王朝版图的绿眼黄发民族，不能叫外国人，就如我们今天不能把新疆的俄罗斯族叫外国人一样，他们相

① 《新唐书·西域传》。

对于汉族来说，可以说是异族或边疆少数民族。李家烈先生说李白把“康老胡雏”引为同类，似乎是说李白是康国人。即使承认他是康国人，在当时也不能算是外国人。

综上所述，从李白的自述，和李白很亲近的人的叙述以及流传下来的李白画像，都看不出李白是西域胡人，更不能说是外国人。不过说李白身上有异族人的血缘完全可能，他的先辈长期居住西域，可能与异族通婚。据李白故乡的传说，李白的母亲是少数民族，所以他居住的青莲乡又叫蛮婆渡，至于李白之母究竟是哪一族，很难考证①。即使说李白身上有异族血缘也不能否认他是汉族。汉民族本身就是在多次大融合中像滚雪球似的发展壮大起来的，我们说李白身上有异族血缘也好，受了西域文化影响也好，但他本质上是一个继承和发扬了汉文化优良传统的汉族人。

第三节 李白非李唐宗室

认为李白是李唐宗室者甚多，其根据是李白本人常与李唐宗室称兄道弟，认叔认侄，在他的一些诗歌中也自认为李唐宗室，如《寄上吴王》：“小子忝枝叶，亦攀丹桂丛。”又李阳冰《草堂集序》（以下简称“李序”）说李白是“凉武昭王暠九世孙”。范传正《李公新墓碑》（以下简称“范碑”）也说是“凉武昭王九代孙也”。但这都是“约而计之”，究竟李白属李暠哪房哪支则没有具体交代。因而引起学者们纷纷推测，出现了种种说法，窃以为这些说法都无充分证据，很难令人信服。

台湾学者罗香林、褚问鹃、钟吉雄三位先生一致推论李白是玄

---

① 据平武白马人传说，他们是从青莲迁入山区的，白马人氐族后裔，那么李白之母可能是氐族。

武门中的失败者李建成或李元吉的后代[1]，徐本立先生持同样看法[2]，韩维禄先生认为李白是李建成在太原的长子李承宗之后[3]。这种看法与史实不合，据各种史籍记载，李建成和李元吉的后代是斩尽杀绝了的，《旧唐书·李建成传》："建成死时，年三十八，长子太原王承宗早卒，次子安陆王承道，河东王承德，武安王承训，汝南王承明，钜鹿王承义并坐诛，太宗即位追封建成为息王，谥曰隐，以礼改葬，葬日太宗于宜秋门哭之甚哀，仍以皇子赵王福为建成嗣，十六年五月又追赠皇太子，谥仍依旧。"

《旧唐书·李元吉传》："元吉死时二十四，有五子：梁郡王承业，渔阳王承鸾，普安王承奖，江夏王承裕，义阳王承度，并坐诛，寻诏绝建成元吉属籍，太宗践祚，追封元吉为海陵郡王，谥曰刺，以礼改葬，贞观十六年，又追巢王，谥如故，复以曹王明为元吉后。"《唐六典》明确记载："隐太子、卫王、巢王、楚王、荆王、汉王、丰王、周王八族无后。"《新唐书》、《资治通鉴》都有类似记载，一致肯定李建成、李元吉的后代"并坐诛"。褚问鹃先生说，在玄武门之变时，"太子妃闻变，即将她的独子托孤给一名亲信的宫女……宫女抱着建成之子就坐车出城，望西域而去……这个孩子很可能就是李白的高曾祖了"。这不过是小说家言，属于文艺虚构，找不出任何史料依据。徐本立先生说："建成、元吉诸子……个别人有可能逃出险境……或有怀孕的侍妾侧室，在别人掩护下出逃。"这纯属主观臆测。韩维禄先生说："当玄武门事变时，李建成满门被诛，唯长子太原王李承宗在此之前病故，若承宗有子则远离长安，免遭诛杀，其亲闻讯将其藏匿或逃往他方……'五世为庶'只能是李建成的后代，五世为：一世李建成，二世李承宗，

① 钟吉雄：《谈李白的家世之谜》，《台湾时报》1984年10月28日。褚问鹃：《李白身世的研究》，《集粹》1984年1期。

② 徐本立：《李白为李渊五世孙考》，《中国李白研究》，1990集上。

③ 韩维禄：《李白"五世为庶"当为李建成玄孙解》，《山西师范大学学报》1988年1期。

三世李承宗之子，四世李客，五世李白。”这种推论显然与史实不符，两唐书明明记载，李建成的长子李承宗“早卒”，李建成死时才三十八岁，这个“早卒”的李承宗当然没有成年，又哪来的后代？假若李承宗真的有一个儿子，那就该李建成的嫡长孙，贵为皇太子的李建成怎么会让这个没有父亲的嫡长孙“远离长安”？据《通鉴·唐纪》载：唐高祖时“遍封宗子”，“虽童孺皆为王”，李建成若真有嫡长孙，肯定会有封号并记入史册，然而史书上并无记载，只能说明李建成之孙是子虚乌有。

李世民以一个杰出的政治家的风度与气魄处理了玄武门事变的遗留问题，他在杀了李建成、李元吉及其儿子，达到了夺取皇位的目的之后，采取宽大政策，“下诏赦天下，凶逆之罪止于建成、元吉，自余党与，一无所问”①。杀兄夺嫡在封建伦理道德上是要遭到谴责的，李世民为挽回不良影响而煞费苦心，他要设法弥补骨肉相残所留下的伤痕，他要减少对立面，化敌为友，以稳定自己的统治。因而他追封被自己杀了的政敌——亲兄弟为王，下葬时还痛哭了一番，还让皇子过继，不致使这两房成为“绝嗣之家”。如果李建成、李元吉真的有后代的话，在他们躲过了玄武门之变的风头之后，李世民不至于对能够控制的年幼的侄儿下毒手，他一定会宽宏大量地恢复他们的“属籍”，袭封王位，不必再把皇子过继给建成做后。李白若真的是建成之后也不会在事隔百多年后还不敢提起这段往事。

孙楷第先生和李从军先生认为李白先世是武后大杀李唐宗室时逃往西域的。孙先生说李白先世“坐扬（徐敬业）、豫（李贞）、博（李冲）党得罪。以扬豫博在神龙初犹不赦，故曰父潜还广汉，不敢露真姓名”②。李先生又说是“李白的祖父盖为永昌元年谋迎

① 《资治通鉴·唐纪七》。

② 孙楷第：《唐玄宗与李白》，《经世日报·读书周刊》1946年10月30日。

中宗的宗室十二人之一，事败被杀。李白的父亲其时尚幼，被流巂州，后逃往西域，为逃避追捕而隐易姓名。神龙元年，中宗复位，李白的父亲携家返回中国，因罪仍未被赦，潜还蜀地绵州昌隆，藏身埋名”①。以上说法与史实不符，难以令人信服。“范碑”上明有说“隋末多难，一房被窜于碎叶”，而扬州徐敬业起兵是公元684年，豫州刺史李贞、博州刺史李冲起兵是公元688年，李炜、李諲等十二人谋迎中宗是公元689年，上距隋末八十余年，怎么能勉强把时间相距这么长的两码事硬接在一起呢？李先生引用了北宋欧阳忞《舆地广记》载：“绵州彰明县有唐李白碑，白之先世尝流巂州，其后内移。”用这一条孤独的史料来印证永昌元年（689）武则天“东辰州别驾汝南王炜，连州别驾鄱阳公諲等十二人，徙其家属于巂州”②。他说李白之父就是这些家属的一个孩子，后来他又逃往碎叶，神龙元年又“逃归于蜀”。这种说法实在不敢苟同，巂州在今四川西昌，碎叶在中亚，方位不对，相距万里，关山万重，就那么容易东逃西窜吗？而且《舆地广记》上明明说是“尝流巂州，其后内移”。到碎叶只能叫“外逃”，怎么能说是“内移”？既然李白之父从西域逃归是因为神龙元年发生了改朝换代的大事——张柬之等拥中宗复位，逼武后退位，改周为唐，为什么李白之父不是大模大样地回来要求“落实政策”，还要“潜还”、“逃归”，偷偷摸摸地回来呢？孙李二先生的解释是神龙元年还没有赦免“杨豫博三州及诸逆魁首”的罪③，其实这条史料是反映张柬之发动政变之前，武则天大权在握的情况，而在两《唐书》及《通鉴》中都记载了武后退位后，中宗为李唐宗室被害者彻底平反昭雪的情况。《旧唐书·中宗纪》载，中宗“即皇帝位于通天宫，大赦天下，唯易之党与不在，原限为周兴、来俊臣所枉陷者，咸令雪免……皇亲

① 李从军：《李白考异录》，齐鲁书社，1986年，47页。
② 《资治通鉴·唐纪二十》。
③ 《旧唐书·则天皇后纪》。

先被配没者，子孙复令复属籍，仍量叙官爵”。《新唐书·太宗诸子传》：“神龙初，敬晖等奏冲父子死社稷，请复爵土，为武三思等阻罢，开元四年乃复爵土，有司谥死不忘君曰敬，五年又诏王嗣绝国除，朕甚悼焉，其以（李）贞从孙故许王子夔国公琳嗣王奉王嗣。”《通鉴·唐纪二十四》：“武后所诛唐诸王妃驸马等皆无人葬埋，子孙或流窜岭表，或拘囚历年，或逃匿民间，为人佣保。至是制州县求访其柩，以礼改葬，追复官爵，召其子孙使之承袭，无子孙者，为择后置之，既而宗室子孙相继而来，皆召见，涕泫舞蹈，各以亲疏袭爵拜官有差。”若李白先人确系李唐宗室，因反武而被贬逐，在武后退位后，必然要求恢复属籍，袭封官爵，但李白之父没有这样做，只能说他并非李唐宗室。

王文才先生认为李白为李轨之后①，但李轨被杀是武德二年，不是隋末，从史籍上看，李轨的先世与后代情况不详，说李白为李轨之后证据不足。麦朝枢先生认为李白为达摩之后②，也缺乏证据，在《新唐书·宗室世系表》上就明说“达摩……其后无闻”，达摩是李渊祖父的亲哥，属于近亲，李唐王朝建立后，达摩一房若有子孙，必然会封官爵，但那时就没有找到后代，事隔千年之后，我们又何必硬要把李白安在“其后无闻”这一房做后代呢？

李白究竟是不是李唐宗室这个问题，其实在李白在世时就已经有了否定性的答案。唐玄宗天宝元年七月下诏：“殿中侍御史李彦允等奏称：与朕同承凉武昭王后，请甄叙者，源流实同，谱牒犹著，自今已后，凉武昭王后，孙宝已下，绛郡、姑臧、敦煌、武阳等四公子孙，并宜隶人宗正寺，编入属籍。”③ 而李白其时初至长安，正受玄宗宠信，若他真是李唐宗室，哪有不认亲的道理。不过

① 王文才：《李白家世探微》，《纪念李白逝世1220年暨江油李白纪念馆开馆大会会刊》，1982年。

② 麦朝枢：《关于李白的姓氏籍贯种族的问题》，《文学遗产增刊》1958年6期。

③ 《唐会要》卷六五。

认宗亲不能“口说为凭”，必须要有谱牒。从魏晋南北朝以来，谱牒是高门世族的命根子，保持门阀的重要工具，选官的重要依据。《通志·氏族略》云：“自隋唐以上，官有簿状，家有谱系……历代并有图谱局，置郎令史以掌之，仍用博通古今之儒，知撰谱事，凡百官族姓有家状者，则上之官为考定翔实，藏于秘阁，副在左户，若私书有滥则纠之以官籍，官籍不及则稽之以私书，此近古之制以绳天下，使贵有常尊，贱有等威也。所以人尚谱系之学，家藏谱系之书……姓氏之学最盛于唐……唐太宗命诸儒撰《氏族志》一百卷，柳冲撰《大唐姓系录》二百卷，路淳有《衣冠谱》，韦述有《开元谱》……”陇西李氏属关陇士族，若李白真是皇族帝胄，在官私谱牒上必有记载，然而当时他却拿不出这种依据，因而无法申请“编入属籍”。后来范传正费尽力气想要找出李白家族的谱牒，结果失望，他说：“绝嗣之家，难求谱牒。公之孙女搜于箱箧中，得公之亡子伯禽手疏十数行，纸坏字缺，不能详备。”伯禽随便写的这十几行很不完整的笔记，当然算不得谱牒，要说他是“凉武昭王九代孙”，也只能是“约而计之”，证据显然不足。李白在“干谒诸侯”的正式场合，在上书自荐中，如《上安州李长史书》、《上安州裴长史书》、《与韩荆州书》、《为宋中丞自荐表》只字未提自己是李唐宗室。与李白同时的魏颢、李华、刘全白及后一点的裴敬等在他们介绍李白的文字中，也未提李白是李唐宗室。可以说我们现在争论的李白是否李唐宗室的问题，早在一千二百多年前已经作了结论，现在再来争议显然是多余的。

既然李白非李唐宗室，为什么李白又要与李唐宗室的人称兄道弟、认叔认侄呢？为什么“李序”、“范碑”中要说他是李暠九世孙呢？这要从当时的历史背景来作出解释。李白处的历史环境是：士族门阀制已延续数百年，虽已走向衰亡，但人们的门第观念仍十分浓重。首先李唐皇帝的门第观念就很重。唐高祖曾对士族出身的裴寂说：“我李氏昔在陇西，富有龟玉，降及祖祢，姻娅帝室，及举义兵，四海云集，才涉数日，升为天子，至如前代皇王，多起微贱，劬劳行陈，下不聊生，公复世胄名家，历职清显，岂若萧何曹参，起自刀笔也？"① 这可以看出他颇以高门自矜。唐太宗在贞观八年准士族高士廉等所奏，重申士庶不能通婚，除去三百九十八姓士族"许其通婚媾"外，其他"非史籍所载，虽预三百九十八姓之限，而或媾官混杂，或从贱入良，营门杂户，慕容商贾之类，虽有谱，亦不通，如有犯者，剔除籍"②。他后来又令人修《氏族志》，也是为了提高皇族和关陇士族的门第。既然皇帝就有这样重的门阀意识，必然影响整个社会，攀附高门冒充士族成为一种风气。刘知几在《史通·邑里》中说："且自世重高门，人轻寒族，竞以姓望所出，邑里相矜……爰及近古，其言多伪，至于碑颂所勒，茅士定名，虚引他邦，冒为己邑……今有姓邴者，姓弘者以犯国讳，皆改为李氏，如书其邑里，必曰陇西、赵郡，夫以假姓，犹且如斯，则真姓者断可知矣。"张尔岐《蒿庵闲话》云："近俗喜联宗，凡同姓者，势可籍，利可资，无不兄弟侄叔者矣，此风大盛于唐，其时重旧姓，故竞相依附。至于每放一榜，诸中试人与主司同姓则为侄婿，与主司之母同姓则为表侄，与主司之妻同姓则为妻侄。姓稍孤僻，或上推至祖曾祖母，必求有当。交互组织，无非嫡亲骨肉，真异事也。又有可异者，杜子美《重送刘十弟判官》诗云：'分源豕韦派，别浦雁宾秋。年事推兄忝，人才觉弟优。'注云：'刘杜本一姓，故公与刘十为兄弟。'习俗移人一至此乎？"杨慎云："盖唐人十三望之李皆冒称宗室，既不封以禄位，惟虚名夸人，曰天潢仙派而已，唐帝亦乐其族姓之繁，不暇考其真伪也……大抵唐人族姓皆冒滥，如令狐楚人相后，天下姓胡者改胡为狐而上加令字以附之，温庭筠诗云：'自从元相登庸后，天下诸胡尽带

① 《旧唐书·裴寂传》卷五七。

② 《敦煌文书位字79号》，转引自《唐史学会论文集》，陕西人民出版社，1986年，50页。

铃'，呜呼！宰相之势不过十年，而人竟改姓以附之，况堂堂一统天子三百年之久，其冒附不知几在千万矣。"①由上可知，唐代冒称宗室，攀附高门是一种社会习俗，李白在与李唐宗室交往中称兄道弟，在赠诗中标出祖孙、侄叔、兄弟关系是毫不足怪的，在当时可以说是一种正常现象。由于李白不是真资格的李唐宗室，没有谱牒作依据，因而攀亲时在辈分上往往前后矛盾，游移不定，对此陈寅恪、郭沫若、詹锳诸先生已作了详尽的考证。这种辈分上的前后矛盾恰好露出了李白冒充李唐宗室的马脚。我们也不必责怪李白势利庸俗，其实李白既非李唐宗室，他的"凉武昭王九世孙"的身份并不可靠，没有什么辈分可以降低，只不过在与姓李的人交往之时根据对方的地位、年龄，随机应变，称兄道弟或认叔认侄，可以把它理解成为当时社会环境下，人际交往中的一种礼貌用语，今天我们又何必弄假成真，硬要指派李白为李唐宗室的某房某辈呢?

第四节　李白非李陵之后

张书城先生在李白家世问题的研究上独辟蹊径，遍搜汉至唐史籍中李氏家庭发展的蛛丝马迹，考证出李白是西汉的李陵在投降匈奴后与单于女儿结婚后所生的后代②。范伟先生在《李白氏族的研究》中也持相同看法，认为李白乃"汉之苗裔，胡之身躯"，"中原"和"北地"的"混血儿"③。二位先生都认为李白先世"隋末多难，一房被窜于碎叶"是指隋炀帝捏造李浑、李敏（李陵后裔）谋反罪，诛杀三十二人，其余家属"并徙岭外"，他们认为这个"岭外"就是指葱岭以西。对这种看法我是不赞成的。据《资治通

① 杨慎：《升庵合集》卷五〇。
② 张书城：《李白家世之谜》，兰州大学出版社，1994年。
③ 范伟：《关于李白氏族之研究》，《求是学刊》1986年3期。

鉴》卷一八二载，大业五年，隋炀帝“杀浑、敏、善、衡及宗族三十二人，自三从以上皆徙边徼”。《隋书·李浑传》：“诛浑、敏等宗族三十二人，自余无少长，皆徙岭外。”《北史·李敏传》：“诛浑、敏等，自余无少长，皆徙岭表。”“边徼”是概指，当然可以包括西部边境，而“岭外”、“岭表”都是专指五岭以南，今两广、越南北部。“岭外”、“岭表”与“岭南”是同一概念。《隋书·地理志》：“自岭（五岭）以南二十余郡，大率土地下湿，皆多瘴疠，人尤夭折，南海交趾各一都会也。”唐代在这里设岭南道，又称之为岭表、岭外。《隋书·谯国夫人传》：“谯国夫人者，高凉冼氏之女也，世为南越首领……夫人兄南凉刺史挺，持其富强，侵掠旁郡，岭表苦之……梁大同初，罗州刺史冯融闻夫人有志行，为其子高凉太守宝娉以为妻……及宝卒，岭表大乱……陈国亡，岭南未有所附，数郡共奉夫人……高祖遣总管韦洸安抚岭外……夫人见杖，验知陈亡，遣其孙魂，帅众迎洸入至广州，岭南悉定。”《资治通鉴》卷二〇七载：武则天“贬魏元忠为高要（今广东高要县）尉，（高）戬（张）说皆流岭表，元忠辞日言于太后曰：臣老矣，今向岭南，十死一生”。唐末刘恂著《岭外代答》都是记的岭南的风俗物产。由上可知，隋、唐、宋人所说的“岭外”、“岭表”都是指岭南，那么李浑、李敏的遗属被流放的“边徼”、“岭外”、“岭表”都是指的流放岭南，而李白的先世“一房被窜于碎叶”，两者方位不同，相距万里，真是“风马牛不相及”！

张先生把李浑、李敏的遗属被流放于“边徼”、“岭外”、“岭表”具体指定为焉耆，又说焉耆与碎叶两个概念可以画等号，于是“流放岭外”就与“被窜于碎叶”成了一个意思，这种解释实在牵强。因为焉耆并非隋代的边徼，也不在葱岭之外，碎叶与焉耆并不是同一地点。据《隋书·西域传》载，在隋打败吐谷浑后“自西平临羌城以西，且末以东，祁连以南，雪山以北，东西四千里，南北二千里，皆为隋有，置郡县镇戍，发天下轻罪徙居之”。看来隋代的边徼最西只达且末，距焉耆尚远，罪人也无法流放到焉耆。如果把“岭外”的“岭”解释为葱岭的话，焉耆并未在葱岭之西或葱岭之外，而是在葱岭之东或葱岭之内。碎叶倒是在葱岭之外，但碎叶与焉耆又是两个相距千里的不同的地方，焉耆无碎叶城，西域只有一个碎叶在中亚碎叶河边，上文已有详细论证，在此不必赘述。

李浑、李敏的冤案在唐王朝建立之初就平了反，《旧唐书·高祖本纪》载，武德元年八月“诏曰：隋右骁卫大将军李金才（浑），左光禄大夫李敏，并鼎族高门，元功世胄，横受屠杀，朝野称冤，然李氏将兴，天祚有应，置契深隐，妄肆诛夷，朕受命君临，志存刷荡，申冤旌善，无忘寤寐，金才可赠上柱国申国公，敏可赠柱国观国公。又前代酷滥子孙被流者，并放还乡里。”

此诏书距冤案发生仅三年，若李白先世确实是李浑、李敏的遗属，他们一定会凭着这道诏书光明正大地回到内地，哪里等到八九十年后才“遁还”、“逃归”。所以说李白是李陵之后裔，证据很不充足。

第五节　李白出身寒微　其父是隐士

李白出身既非西域豪富，也非门阀士族，更不是皇族龙种，而是出身于普通百姓之家。李白自称“陇西布衣”，布衣就是普通老百姓，不仅他是布衣，一生未得官品爵禄（“供奉翰林”也不是品官），他的祖辈也是庶民百姓。李白曾说他的远祖为李耳、李广，这是当时凡姓李的人都可以这样说的，李白对他的近祖则语焉不详，“李序”说：“自穷蝉至舜，五世为庶，累世不大曜。”这只能说明他的父祖辈是普通百姓，没有什么高贵血统可以炫耀，没有什么官爵值得称道，更找不到官、私谱牒上的依据。

从魏晋形成门阀制度以来，士庶界限森严，所谓“上品无寒门，下品无士族”，士族与庶族之间不能通婚。士族为保持世袭特权，非常重视谱牒，不仅官府在修谱牒，士族私家也有谱牒，谱牒体例有辨姓氏、联婚姻、明官爵三个特点，吏部选官，士族联姻都必须查谱牒，生怕庶族混入。庶族当然没有资格自修谱牒，官修的谱牒上当然没有庶族。隋末战乱，门阀制度急剧衰落，但重门第的观念还存在，唐代就三次大修谱牒。贞观八年，唐太宗令高士廉修《氏族志》，“遍责天下谱牒，质诸史籍，考其真伪”，将“从贱入良，营门杂户，慕容商贾”等各色假冒士族，从士族队伍里清除出去，将李姓皇族提为第一等，将唐朝的开国功臣列入士族。高宗显庆四年，武则天掌权时，修《姓氏录》，将皇后的武氏家族列入第一等，五品以上的官员列为士族，无官品的旧士族排除在士族之外。以上两次官修谱牒，当然不可能列入李白一家，那时他们还远在西域，又非品官之家。玄宗开元二年，第三次官修谱牒，名为《姓氏系录》，修撰原则是：“取其高名盛德，素业门风，国籍相传士林标准，次复勋庸克懋，荣绝当朝，中外相辉，誉兼时望者，各为等第。其诸蕃酋长，晓袭冠带者，亦别为一品。”① 这次官修谱牒时，李家一家虽已入蜀定居，但他这一家是普通百姓，无上述的入谱条件，李白之父“高卧云林，不求禄仕”，既无那个兴趣，也无资格去要求入谱，所以在天宝元年，玄宗下诏将凉武昭王之后，列于“属籍”（即皇帝宗族名册簿籍）时，也没有李白的份。这也说明李白一家本来就是庶族，出身寒微，没有谱牒可查。“范碑”就明确说“难求谱牒”，字缺纸烂的十数行伯禽手疏当然算不得谱牒。

从李白及其子孙的婚姻情况也可以看出李白出身寒微。唐代的门阀制度虽处于衰落之中，但一些高门士族仍然维持等级森严的门

① 《册府元龟》卷五六〇。

阀婚姻关系，直到唐文宗时仍然是“民间修婚姻，不计官品而上阀阅”①。李白先后娶许氏和宗氏夫人，虽都是相门之后，但都不算门阀世族，她们当宰相的祖父，都是“昙花一现”式的人物。许氏夫人的祖父许圉师，在高宗时当了半年左相就因包庇杀人犯的儿子而获罪罢官，在这六十多年后，李白才与许氏结婚，这时许家早已衰落。宗氏夫人为宗楚客的孙女，宗楚客是武则天信任提拔的寒族，曾三次拜相，后因从韦后搞宫廷政变失败被杀，家道衰落。李白这样的“布衣”才子与家道衰落的相门之后结合，可谓门当户对。若李白真的是皇族帝胄、豪族高门是不会给早已破落的相门之后作“赘婿”的。

从李白死后未归葬故里，也看出李白之家不是士族，出身寒微。魏晋以来，以至唐代，士族丧葬礼俗是必归葬于故里，即使死时无条件扶柩回乡，隔一些年也要归葬于祖茔，而庶族就没有这么多讲究，“沟死沟埋，路死路埋”。李白出身寒微，其父从西域迁到西蜀，属“孤门细族”，无有大家族的祖茔，青莲故里仅李白之妹的墓，连李白父母的墓也找不到。李白没有那个必要和可能归葬故里。

李白死后其子孙相当贫寒，完全是普通穷苦老百姓。范传正访得李白“孙女二人，一为陈云之室，一为刘劝之妻，皆编户氓也。因至郡庭，相见与语，衣服村落，形容朴野……问其所以，则曰：父伯禽以贞元八年不禄而卒，有兄一人，出游一十二年，不知所在。父存无官，父殁为民，有兄不相保，为天下之穷人。无桑以自蚕，非不知机杼；无田以自力，非不知稼穑，况妇人不任，布裙粝食，何所仰给？俪于农夫，救死而已……因告二女，将改适于士族，皆曰夫妻之道命也，亦分也”。她们不愿再改嫁给士族，说明李白这一家本来就属于庶族，只能与普通农民结婚，在士庶界限还

① 《新唐书·杜兼传》卷一七二。

比较严格的情况下，她们不愿也不能高攀士族。

李白本来出身寒微，但在“世重高门，人轻寒族”的社会风气中又不得不冒充士族，他自称“本家金陵，世为右姓”，又与李唐宗室的人称兄道弟，出现许多漏洞，在所难免。后世学者从这些漏洞中作出种种臆测，或说西域胡人，或说李建成之后，或说李陵之后……硬说李白有许多难言之隐，硬要把“隐秘”找出来，于是就把简单问题复杂化了。在盛行血统论的封建社会，李白不得不与豪门贵族攀亲，封建社会的史学家也总要给历史名人找一个高贵的血统，现在血统论已经过时，我们何必非要说李白是帝王将相之后，出身于大富大贵之家呢？历史上许多杰出人物不也是出身于普通的百姓之家吗？

根据现有史料，除去李白不得已而冒充皇族的部分，再来勾画他的先世，应当是如下情况：

隋末流亡于西域，据“范碑”云，“隋末多难，一房被窜于碎叶”。“李序”云：“中叶非罪，谪居条支”，碎叶在今吉尔吉斯境内阿克别希姆，条支当是对西域极远之地的泛指。大业六年（609）隋朝的版图扩大到今新疆中部，在那里“置郡县镇戍，发天下轻罪人徙居之”。李白的先世应当是这些被徙居新疆中部的轻罪人之一。两年后发生山东王薄起义，天下开始大乱，西北也不平静，刚被征服不久的吐谷浑首领又卷土重来，据《隋书·西域传》载：“大业末天下乱，吐谷浑伏允复其故地，屡寇河左郡县，不能御焉。”战乱一起，许多汉人逃往突厥统治下的广大地区，在史籍上有多处记载，如《隋书·北狄传》：“隋末离乱，中国人归之（突厥）者无数。”《新唐书·高昌传》：“大业末，华民多奔突厥。”《大唐创业起居注》在写李渊致信突厥可汗时说：“自顷离乱，亡命甚多，走胡奔越，书生不少，中国之礼，并在诸夷。”李白的先世很可能就是奔往突厥的书生，他先因轻罪被流放于隋代的西部边境，接着是吐谷浑伏允再起战火，不得不又再往西逃，到了中亚碎叶一带暂居，到武则天统治后期，复置四镇，中西交通畅通，才辗转从西域迁到西蜀昌隆县（今四川江油）青莲乡。尽管他们已在西域住了几代，但华夏的文化传统并未丢掉，李白的父亲眷恋内地中华文明，使下一代有较好成长环境，在武后神功初，迁到西蜀隐居，对后代笼统说："隋末多难，一房被窜于碎叶。"

根据李白的诗文、与李白同时代的人的记载和宋人的著作加以综合分析，可以看出李白父亲是一个文化修养很高的半耕半读的陶渊明式的隐士。

（一）从李白的诗文中看他的父亲及其家庭环境，在《秋于敬亭送从侄耑游庐山序》中说："余少时，家大人令诵《子虚赋》，私心慕之。"《上安州裴长史书》："五岁诵六甲，十岁观百家，轩辕以来，颇得闻矣。"《赠张相镐》："十五观奇书，作赋凌相如。"《上安州李长史书》："白少颇周慎，忝闻义方，入暗室而无欺，属昏行而不变。"从以上叙述可见李白之父是文学修养很高，品行端正，倾注自己全部心血教育子女的人。李白五岁开始读书识字，十岁读了诸子百家的书，十五岁写的赋能与司马相如相比，这不仅仅说明李白的天资聪颖，而且说明李白有一位品德高尚、学问渊博的父亲做他的老师，使他从小受到了良好的家庭教育。李白并不是从州县学校中培养出来的，当时的官办学校，以科举考试为目的，儒家经典为主要内容，不可能使李白受那么好的教育，也很难设想一个"争利于市"的富商会有那样高的品德和学问，会花那么多精力教育子女，从李白的成长只能说明李父是一个文化修养很高的人。

（二）从李白同时代人的记载看李白父亲的情况。魏颢是李白很要好的朋友，两人曾同游广陵、金陵，亲如兄弟，无话不说，李白对魏颢很信任，"尽出其文，命颢为集"。李白健在时，魏颢编出了《李翰林集》，虽然在序中对李白家世说得很简单，但也应当引起我们的重视。他说："白本陇西，乃放形，因家于绵。身既生蜀，则江山英秀。"这里是说李白的祖籍在陇西，其父"乃放形，因家于绵”，李白生于蜀。“放形”即“放浪形骸”，指不受封建礼法拘束，看破功名利禄的隐士。如《金史·元德明传》：“元德明……布衣蔬食，处之自若……放浪山水间，饮酒赋诗，以自适。”再如《晋书·郭璞传》：“无岩穴而冥寂，无江湖而放浪。”可见“放形”或“放浪形骸”的意思是不求功名富贵摆脱名羁利锁，纵情于山水之中，这与“争利于市”的大富商毫无共同之处。

“范序”记载李父“神龙初，潜还广汉，因侨为郡人，父客以逋其邑，遂以客为名，高卧云林，不求禄仕”。这段记载来自李白之子伯禽手疏，当然是真实可靠的，这里非常清楚地说明李白之父是一位“高卧云林，不求禄仕”的隐士。“潜还广汉”，“逋其邑”，“以客为名”也就是为了躲避尘世之扰，专门找了清廉乡（汉代属广汉郡）这样一个十分偏僻的地方隐居。这个“客”明明是“逋客”，不必一定如陈寅恪先生解释为“客商”。“逋客”也就是避世的“隐者”，如耿玮《赠韦山人》诗云：“失意或逋客，终年独掩扉。”

李白逝世不久，于邵在李白故里立了一块碑，明代曹学佺《蜀中名胜记》提到了这块碑的内容：“白本宗室子，其先避地客蜀，居蜀之彰明，太白生焉……梓州刺史于邵作，李白碑在县之宁梵寺之门下”。“避地客蜀”就是说迁居到偏远的西蜀以避祸患。如《后汉书·许劭传》：“方今小人道长，王室将乱，吾欲避地淮海，以全老幼。”从“避地”的意思来看也只能说明李白之父迁到西蜀清廉乡隐居。

李白之父非富商，那他又是以什么为生？据《彰明逸事》载：李白“常牵牛过堂下”，又在吟诗中以“牵牛星”自居，他在少年时还写过一首《咏石牛》诗：“此石巍巍活像牛，埋藏是地数千秋，风吹遍体无毛动，雨滴浑身似汗流，芳草齐眉弗入口，牧童扳角不回头，自来鼻上无绳索，天地为栏夜不收。”[①] 此诗对石牛刻画生动，可见少年李白与牛打过不少交道。李白故里世代流传着少年李白放牛的故事，还有“放牛坪”、“牛踩石”等遗迹。那么他家应当是从事农业生产的。他的父亲隐居在只有农业的青廉乡，不从事农业又做什么呢？因此李白之父应当是一个半耕半读的陶渊明式的隐者。他的土地又从何而来呢？唐代前期实行均田制，鼓励人民从人多地少的窄乡迁往人少地多的宽乡，昌明县当时仅有两万人口，属地广人稀的宽乡，李白一家是可以得到一份土地的。靠农业为生，半耕半读、生活当然是拮据的，而李白正是在这种艰苦的家庭环境中，在父亲的教育下，以“铁杵磨针”的毅力，奋发努力，长大成才。

我们弄明白了李白之父是一个文化修养很高的半耕半读、放浪不羁的隐士，对李白的思想、性格的形成就很容易理解了。父亲对儿子的影响总是巨大的。李白学问渊博，放浪不羁，敢于傲视权贵，鄙薄富贵荣华，同情劳动人民，酷爱游山玩水，赏赞陶渊明之类的隐者，以及功成身退的思想等等，都是受到了他父亲的影响。

---

① 《彰明县志·艺文》。

第三章 李白在巴蜀的事迹、诗作及交游考

李白从诞生至“仗剑去国”，在蜀中生活了二十五年，度过了青少年时期。他刻苦攻读，吟诗作赋，留下了三十多篇诗作；他行侠仗义，广交朋友，好游名山，足迹遍布川西北。历代为纪念这位伟大诗人，在他所到之处修建了纪念性建筑，现将他在蜀中的事迹、遗迹游踪、诗作、交游等作一考察。

第一节 李白在巴蜀的遗迹、游踪

李白诞生地江油青莲镇，北离江油城区 15 公里，南距绵阳城区 30 公里，坐落在一片肥美的平坝上，“涪江中泻而左旋，盘江迂回而右抱”，东邻天宝山，北依太华山，西北和西南可遥望云雾漫漫的戴天山、紫云山。在唐代这里称清廉乡，因盘江古名廉水，盘江上游有一段河名清溪，清廉乡就因这清、廉二水而得名。（一说廉水清澈见底，有“濂水清清”之诗意，故名清廉）早在南北朝时期就有了廉泉让水之名。据《太平寰宇记》卷八三载：“彰明乡。廉泉让水：伯年梓潼人，宋明帝因问曰：‘卿乡有贪泉否?’对曰：‘臣居梁益之地，有廉泉让水，不闻有贪泉。’帝嘉之，即拜蜀

郡太守。”在青莲镇的文丰村（原名廉泉村）至今尚可寻找到廉泉井、廉泉寺的遗址。让水之名至今还在用。清廉曾是彰明县的治所，《太平寰宇记》卷八三：“彰明县，本汉涪城地，西魏昌隆县地。初在清廉乡，大同四年移于让水，魏移孟津里。唐先天元年避庙讳改为昌明县。天宝中江水圮，建中元年移于旧县，即今里也。今改为彰明。”至1958年彰明县并入江油县。

李白诞生的具体地点在今青莲镇天宝山上的陇西院。据杨遂撰写“旧宅碑”云：“先生旧宅在青莲乡……今旧宅已为浮屠者居之。”稍后，杨天惠在《彰明逸事》中记载：“闻唐李白本邑人……清廉乡故居遗地尚在，废为寺，名陇西院。”北宋杜田《杜诗补遗》也有类似记载，三则宋代史料都证实陇西院是李白故居。因李白是绝嗣之家，其故居无后代居住，成为僧人所住的地方，但为了纪念李白祖籍是陇西，又自称“陇西布衣”，故名陇西院。虽多次遭战火毁坏，但历代都在重建，现存的陇西院大门还是清乾隆时期建的，门口有一副对联是：“弟妹墓犹存，莫谓仙人空浪迹；艺文志可考，由来此地是故居。”光绪年间增修仓吉殿、釜华殿、地母殿、太白殿，塑有李白像，后大部分被拆毁，仅存仓吉殿、太白殿，1961年定为省级文物保护单位。《四川总志》载：“蛮婆渡，在江油青莲坝，相传李白母浣纱于此，有鱼跃入篮内，烹食之，觉有孕，是生白。”这则民间传说由来已久，李母为少数民族，俗称蛮婆，常在渡口浣纱，而称蛮婆渡，是纪念李白母亲的意思，后觉不雅而称漫波渡，成为青莲乡的代称。青莲乡在唐代为清廉乡，李白自称“青莲居士”，其中也含与家乡谐音的意思。到宋代，家乡人为纪念李白就把清廉乡改为青莲乡，在北宋杨遂的《旧宅碑》和赵汴的《成都古今记》中皆名“青莲乡”。

李白故里人民为纪念李白，而建太白祠，位于陇西院南一公里处。据当地世代传说，李白供奉翰林时，家乡人就给他在盘江边，李白母亲常浣纱的青莲渡口附近建修了翰林府，但李白一直未回来住。到宋代就在翰林府附近修建太白祠。据《彰明县志》记载："邑之青莲乡有李太白先生祠宇，历宋迄明，废于兵燹，其址仅存。"清乾隆四十一年（1777）彰明县令廖方皋集资重建，保留至今。1961年定为省级文物保护单位，1992年扩建，新修白玉堂、思贤亭。太白祠是李白故里最早的李白纪念馆，迄今已有千年历史。

在李白故里纪念李白的建筑还有名贤祠、太白楼、衣冠墓等。名贤祠建于清代同治年间，以崇祀李白为主，辅以唐代以来造福地方的贤者、清官，如杨遂、杨天惠等。名贤祠位于青莲镇街上，一年一度，祭祀先贤，成为风习，名贤祠后来改做小学校。名贤祠旁的李白衣冠墓建于清同治八年（1869），《彰明县志》载："太白固有墓，墓不在蜀，而彰明人曰：此固桑梓地也……于是相议为衣冠墓，具服章如唐制，敛以诗集，筑于仙人旧馆之右，环植花木。碑题'唐翰林学士李太白之墓'。"原碑已毁，1963年重兴立碑，题为"李白衣冠墓"。太白楼建于清代中叶，耸立于青莲镇中街，高十多米，楼分三层，第一层供有李白塑像。此外在陇西院前面的月圆村建有文风阁，楼分三层，一楼正殿供奉太白像，每年庙会，香火特盛，表达了故乡人民对李白的崇敬和怀念。可惜太白楼与文风阁都已拆毁。现在天宝山顶重建了太白楼。

李白祖籍陇西，其先辈谪居西域，其父为避祸逃到彰明清廉乡隐居，而后生下李白及胞妹李月圆。李白在清廉的家并非大家族，而是小家庭。他在诗歌中称兄道弟，他本人排行十二，人称"李十二"，是按当时习俗认的家门，并非是一个家庭的人。在李白故里，李白亲属的遗迹只有粉竹楼、月圆墓。《彰明逸事》云，李白"有妹月圆，前嫁邑子，留不去，以故葬邑下。墓今在陇西院旁百步外。或传院乃其所舍云"。可见北宋就已有月圆墓。从唐到清，月圆墓一直受到保护，几经累土立碑，至今犹存于陇西院。现在的"唐李月圆之墓"碑是1964年重新勒石。在青莲场北，太华山麓有李月圆居住的粉竹楼。据《彰明县志》载:“粉竹楼,县西南十五里,青莲场侧,李白为妹月圆造,遗址尚存,土人增葺,中奉太白、月圆木主。”传说李月圆常将脂粉水泼在楼下竹丛,年深日久,翠竹为白粉所饰,故称“粉竹楼”。粉竹楼屡经兴废,现存山门是道光十七年(1837)兴建,山门前尚存“重修粉竹楼记”碑,碑文云:“粉竹楼者,李青莲先生为其妹月圆所筑也。自唐迄明,崇祀不绝,追兵燹后,庙宇倾圮,基址犹存。”清代重建的粉竹楼是四合院式庙堂,进门为戏台,两旁为厢房,正殿供李月圆像,后庙堂拆毁,仅存大门,1961年列为省级文物保护单位。1987年将彰明镇的古太白楼的材料拆迁至此,重修粉竹楼,楼前院中塑李月圆像,坐在粉竹丛中。粉竹楼后约五百米,有洗墨池,直径约一米,水呈墨绿色,传说是李白及其妹洗涮笔砚处。1963年在池旁立石栏,并刻有“李白洗墨池”。李白的父母无遗迹留下,王琦说:“太白诗中绝无思亲之句,疑其迁化久矣。”这种怀疑与当地民间传说符合,李白的父母在李白出名之前去世,当时李父既不富也不贵,不是当地门阀世族,默默去世,草草埋葬,墓地难于找寻。李白之父母去世后仅有李月圆在家乡,李白及其子孙又一直来归蜀,故其妹将故居陇西院捐出来做僧房。李月圆去世时,李白已天下出名,爱兄及妹,故李月圆故居粉竹楼和墓能保留至今。

李白从五岁开始发蒙读书,在李白故里一直流传着“铁杵磨针”的故事。李白自恃聪明,学习不刻苦,贪玩好耍,有一天在家门前看到一位老婆婆在溪边磨铁杵,李白问:“磨它做什么?”老婆婆回答:“磨针。”李白问:“这么粗的铁杵怎么能磨成针?”老婆婆说:“只要功夫深,铁杵也能磨成绣花针。”李白大受启发,从此刻苦攻读,陇西院前的小溪也称作磨针溪。20世纪80年代,全国青少年捐零花钱在磨针溪边建了磨针亭。据《方舆览胜》载:“磨针溪在眉山象耳山下,世传李太白读书山中未成,弃去,过是溪,逢老媪方磨铁杵,问之曰‘欲作针’,太自感其意,还卒业。”故事相同，而地点不同。“铁杵磨针”的确是一个很有教育意义，很富哲理的传说故事，用不着考证是否确有其事，不过发生的地点在李白故居前比较符合情理。少年李白不会跑到几百里外的象耳山中去逃学。“天才出于勤奋”，李白才华横溢正是由于他从小刻苦学习。他自叙：“五岁诵六甲，十岁观百家，轩辕以来，颇得闻矣。常横经借书，制作不倦。”（《上安州裴长史书》）“十五观奇书，作赋凌相如”（《赠张相镐》）。他有一位文学修养很高的父亲指导他学习，他说：“余小时，大人令诵《子虚赋》，私心慕之。”李白的少年是在刻苦学习中度过的。

李白从小到老，一生都爱皎洁的明月，他的胞妹叫李月圆，给儿子取名明月奴。他的少作也描写明月，他十岁时写的《萤火虫》就有“若飞天上去，定作月边星”。在五首五律中就有两首是描写明月。在李白家乡的民间传说中就有李白爱月的故事，还有几处遗迹，如月爱寺，《彰明县志》载：“月爱寺在县西十五里，《通志》载有七星井，唐时凿，覆以七孔石，月光下照，如众星抱月，世传李白游此赏月故名。”月爱寺距青莲场约七公里，在今河西乡月爱村，相传在村口大路边有大黄连树两根，树下有古井一口，人们常在此歇脚乘凉，取水解渴，晚上赏月。李白也常来此赏月，后人为怀念李白的才华和人品，就在此处修寺庙，取名“月爱寺”，是“李白爱月，月爱李白”的意思。据《龙安府志》载：“月爱寺建自唐代，寺前有老荫堂，七星井一口。”清乾隆年间迁修于原寺之西，占地十余亩，其中有大佛殿、孔子殿、太白殿，殿中的李白像神采奕奕，殿后有月池，形如半月，以纪念李白赏月。道光三年（1823）还重建过，后被破坏。现在月爱寺已经重建，寺内供有李白、李月圆像，七星古井依然存在。指月庵也是纪念李白的寺庙，据《江油县志》（光绪版）载：“指月庵在县南三十五里，康熙间建，李太白读书台在此。左有太白井，右有饮马池。”指月庵也是传说李白赏月读书之处，距李白故居不远。

李白十五岁时，离开青莲乡去彰明县做小吏，最早的记载是北宋熙宁戊申年（1068）立在江油匡山上的《中和大明寺住持记》碑（以下简称“住持碑”）：“翰林学士李白字太白，少为当县小吏，后止此山，读书于乔松滴翠之坪有十载。”30年后，杨天惠在《彰明逸事》中，对做小吏的事较详记载：“元符二年（1099）春正月，天惠补令于此，从学士大夫求闻逸事。闻白本邑人，微时募县小吏，入令卧内，尝驱牛经堂下。令妻怒，将加诘责。太白亟以诗谢云：‘素面倚栏钩，娇声出外头。若非是织女，何必问牵牛？’令惊异不问。稍亲，招引侍砚席，令一日赋山火诗云：‘野火烧山后，人归火不归’，思轧不属，太白从旁缀其下句云‘焰随红日远，烟逐暮云飞。’令惭止。顷之，从令观涨，有女子溺死江上，令复苦吟云：‘二八谁家女？飘来依岸芦，鸟窥眉上翠，鱼弄口旁朱。’太白辄应声继之云：‘绿发随波散，红颜逐浪无。因何逢伍相，应是想秋胡。’令滋不悦。太白恐，弃去，隐居戴天大匡山。”北宋宣和五年（1123）彰明县令在大匡山立的《谪仙祠堂记》碑（简称“祠堂碑”）记载：李白曾“为邑小吏”。明代学者曹学佺《万县西太白祠堂记》碑云：“太白先生，金行之精，产于昌明，起家小吏，不习逢迎。”杨天惠的记载和三通碑刻都说李白少年时曾做过小吏。

根据“住持碑”和《彰明逸事》记载：李白是少年时做小吏，后来上大匡山隐居读书约十年，李白25岁时出蜀，他做小吏应当是15岁。做的时候不久，从春天烧山火播种季节，到夏秋涨大水，李白续诗得罪县令，离开了昌明县衙。

李白在昌明县因做过小吏，又是昌明县的人，因而在昌明（五代后改名彰明）有不少的纪念性建筑和遗迹。在彰明县城附近的涪江渡口叫谪仙渡，因李白从青莲乡到县城常从此处渡江而得名，今尚存清同治四年（1865）立的谪仙渡石碑，上刻“谪仙义渡，雇工撑船，一切往来，不取船钱”十六个大字。谪仙渡再往上游约五公里，又有白至渡，相传是李白渡河处。彰明人民为怀念李白，在彰明县城及附近建有太白祠、青莲书院、儒林寺、长庚寺等。据《彰明县志》(1937 年草稿本)载:“道光二十七年(1837)知县牛树海改立南坛,迁神主于青莲书院楼上,名曰太白楼,则旧祠已废。民国改青莲书院为县立高等小学堂,又购民宅于南市,迁神主祀之,虽名曰祠,而祭田无有,实等于废。”《龙安府志》(道光版)载:“太白祠,一在城内青莲书院,一在漫波渡。”清同治年间编的《彰明县志》附《邑侯胡整新建青莲书院记》云:“癸酉(1753)冬,余莅兹土,考古稽令,如李太白先生与杜工部,诗名同冠盛唐。青莲渡是其故里,天宝山诸名胜是其曾游息之地,南郊乃建祠之所。无论故居离黍祀祭缺,然即屹屹残碑亦没荒草。抑且庠序未兴,有志帖括者,每若无肄业之所,予甚悯焉!岁丙子(1756)详请设立祠学……择地于学宫西,建青莲祠三间……建书院正房三间,东西廊六间。”文中说“南郊乃建祠之所……屹屹残碑亦没荒草”,说明最早的彰明太白祠建在彰明城南,“残碑”指北宋杨遂立的“旧宅碑”,一直到李白纪念馆建馆后才搬到馆内珍藏,说明彰明的太白祠在北宋初就已经有了。到乾隆二十一年(1756)彰明县令胡整,鉴于城南太白祠荒芜,在城内南街建立了青莲祠及书院。道光二十七年(1837)县令牛树海把原太白祠改立为南坛,将祠中的太白像迁在青莲书院楼上,此楼名为太白楼,太白祠与青莲书院也就完全合而为一。民国年间青莲书院已改为学校,而其中的太白祠、太白楼尚存。据《彰明县志》记载:每年十一月十五日,李白诞生之日,要“遵颁发祀典致祭”,“岁以仲冬望日致祭,主祭官公服诣祠,祭品帛一、羊一、豕一、笾四、豆四、尊各一、爵三,行二跪六扣礼,祝文曰‘先生瑞毓长庚,幕天席地,仙骨性成,相士风尘,再造唐京,宫门骂贼,忠胆如生,放言天末,志洁以清,文光万丈,协被星精,鬼神其泣,风雨攸惊,兹当诞日,式荐粢盛,山高水长,先生之风’”。一年一度的祭典表达了故乡人民对李白的崇敬和怀念之情。彰明县的文人学士还组织过青莲学会，举行吟唱会，纪念李白。

1949年后，青莲书院院址演变为江油二中，又名治城中学，太白楼犹存。至1985年，太白楼迁建于青莲镇粉竹楼内，原青莲书院及太白祠已无痕迹可辨！最早的太白祠，曾一度改为南坛，后又改建为长庚寺，也是为了纪念李白，寺名取李白出世传说，“长庚入梦”太白金星下凡的意思，后长庚寺废，现在由当地村民集资重建长庚寺，供奉“太白李长庚神位”。儒林寺在彰明县城东关外半里许，原为古庙，明末毁于兵火，在道光十九年（1839）、同治七年（1868）、光绪二十三年（1897）曾三次重建和扩建，以祀本邑儒林，每年李太白生日举行隆重的祭祀典礼，后破败不堪，至1960年，农民在寺地开荒种地，现在由民间集资重建了儒林寺。

李白在彰明做小吏，也可算是他的第一次出仕，却并不如意，其顶头上司又是那么一个俗不可耐之人。李白胸怀大志，当然不甘心屈居于昏庸的县令之下，在他因续诗而得罪了县令之后，只好退隐匡山，但这次退隐，并不是像他父亲那样“高卧云林，不求禄仕”，而是以退为进，通过不平凡的道路去取得不平凡的成就。

李白第一次隐居的时间正值开元初年，那时李隆基刚刚当上皇帝，尚能励精图治，选贤举能，广开才路，颁发了《搜扬怀才隐逸敕》、《求访武士敕》，这些做法使少年李白受到极大鼓舞。

第一次出仕使他看见了县令之类的小官昏庸无能，不屑与之为伍，看不起小官，不想一步步往上爬，而是想“一鸣惊人，一飞冲天”，平步青云，直接得到皇帝的赏识。为此他需要排除尘世的干扰，选择清幽的环境，刻苦学习，丰富自己的知识，为积极入世做好充分的准备。

李白在《上安州裴长史书》中说：“昔与逸人东严子隐于岷山之阳，白巢居数年，不迹城市，养奇禽千计，呼皆就掌取食，了无惊猜。广汉太守闻而异之，诣庐亲睹。因举二人以有道，并不起。此则白养高忘机不屈之迹也。”李白说他隐居于“岷山之阳”，究竟在哪里？郭沫若《李白与杜甫》一书中的“李白杜甫年表”确定“岷山之阳”在青城山，隐居时间在开元十年至十二年，李白22—24岁时。葛景春又认为“岷山之阳”在三台长平山安昌岩，东岩子就是赵蕤①。其实，杨慎早就指出，“岷山之阳则指康（匡）山，杜子美赠诗所谓‘匡山读书处’，其说见晏公《类要》，郑谷诗所谓‘雪下文君沽酒市，云藏李白读书山’者也”②。杨慎的看法当然是对的，从地理位置上看，匡山正是“岷山之阳”，岷山主峰在平武与松潘交界处雪宝顶，山脉绵延于川甘两省，“蜀以山近江源者通为岷山”，“岷山跨古雍、梁二州，自陕西巩昌府岷州卫以西，大山重谷，谽谺起伏，西南走蛮菁中，直抵四川成都府之西境”③。大匡山正是南北走向的岷山山脉中的一座山，北距岷山主峰雪宝顶只有一百多公里，不论从“山之南为阳”或“向日为阳”两种意义来说，大匡山都可称之为“岷山之阳”。《江油县志》（光绪版）云：“郡治之北，有大匡山焉。在唐书，为岷山之阳。”李白说他隐居时，曾被“广汉太守举二人以有道”，广汉是沿用汉代旧名，绵州是汉代广汉郡的腹心之地，梓潼、涪县（绵阳）曾是广汉郡治所在地，因此广汉太守即绵州刺史，而大匡山正是其管辖范围之内。这位绵州刺史不可能跑到非他管辖的蜀郡青城山去推举人才。宋朝的人都说李白曾隐居于匡山。匡山上的《中和大明寺住持碑》叙述了大匡山上的大明寺兴建于唐贞观年间，到“唐第七主玄宗朝翰林学士李白，字太白，少为当县小吏，后止此山，读书于乔松滴翠之平有十载”。《谪仙祠堂碑》云：“匡山，唐谪仙之祠堂在焉……杜甫所谓匡山读书处岂其是耶？其迹显然，历历可考，则匡山遗迹，能信之可也。”“旧宅碑”也说：“先生旧宅在青莲乡，后

---

① 葛景春：《李白思想艺术探骊》，中州古籍出版社，1991年，84页。

② 杨慎：《升庵合集》卷一六，转引自《李白资料汇编之明清》第一册，中华书局1994年，290页。

③ 《尚书·蔡传·地理今释》。

往县北戴天山读书。”《彰明逸事》说：“太白……隐居戴天大匡山……今大匡山犹有读书台。”戴天山和大匡山上的李白遗迹有多处，而青城山上无一处李白遗迹，也无一首李白咏青城山的诗。《青城山志》明确说：“蜀中传为李白读书处所在，非只一地，更不得附会李白遗址于此山。”总之，有确凿的证据证明，李白隐居读书处在大匡山，不在青城山。

李白自叙的隐居岷山之阳是不是指三台长平山呢？与他同隐的东岩子是不是赵蕤呢？否。《彰明逸事》说得很清楚：“太白恐弃去，隐居戴天大匡山。往来旁郡，依潼江赵征君蕤……太白从学岁余，去游成都。”隐居大匡山与到三台拜赵蕤为师是分别叙述的两件事。李白说在岷山之阳与东岩子“巢居数年，不迹城市，养奇禽千计”。他与东岩子并不是师生关系，时间是“数年”而不是“从学岁余”。长平山是在当时的蜀中第二大城市梓州城附近的一座小山，不可能“不迹城市，养奇禽千计”。绵州刺史（广汉太守）也不会跑到梓州刺史眼皮底下来推荐李白。长平山距岷山甚远，是浅丘陵，不能称之为“岷山之阳”。东岩子是“逸人”，就是从未被皇帝征召过的隐士，而赵蕤是被皇帝征召的隐士，故称“征君”，李白在寄给赵蕤的诗中就称之为“赵征君”，与东岩子显然是两个人。从时间来看，李白与东岩子同隐大匡山在去梓州拜赵蕤为师之先。据《唐大诏令集》载，开元四年（716）七月下诏“宜令各巡本管内，人有清介独立，可以标映士林，或文理兼优，可以润益邦政者，百姓中文儒异等，道极专门，或武力超伦，声侔敌国者，并精访，具以名闻”。下这道诏书时，李白已在匡山隐居一年多了。“养奇禽千计，呼皆就掌取食，了无惊猜，广汉太守闻而异之”，把李白与东岩子看成了“道极专门”的人才，想把他们推荐给皇帝，表演驯鸟绝技。胸怀远大政治抱负的李白对此推荐当然不屑一顾。后来又才去梓州拜师，学经邦治国之道，那应当是开元六年（718）。总之，李白自叙的隐居岷山之阳，不在三台长平山，而是江油大匡山。

北宋乐史编撰的《太平寰宇记》卷八四“龙州”条下云：“大匡山在州南八十里，高九百丈，阴洞潜穴，气蒸成川，有飞泉下流，一百里入剑州阴平合白泽水。”宋朝龙州州治在今平武县南坝镇，“大匡山在州南八十里”肯定在今江油境内，不是在南面二百多公里的三台长平山，更不是在青城山。“高九百丈”，应合二千多米，与大匡山背靠的戴天山差不多。“阴洞潜穴，气蒸成川，有飞泉下流”。在大匡山下有白鹤洞，洞中的阴河从洞口流出，形成飞泉，下泻于老龙潭，老龙潭就是百汇溪的源头，百汇溪流入平通河（即雍村河）再汇入涪江。不过该条目说：“大匡山在州南八十里……有飞泉下流，一百里入剑州阴平合白泽水。”似应指平武、江油交界的藏王寨，藏王寨在南坝正南三十多公里，大匡山在南坝南偏西约六十公里。北宋的阴平县在今江油小溪坝、厚坝一带，潼江有一支流从藏王寨的白阳洞流出，约三十公里在阴平村（即古阴平县治所在地）附近汇入潼江。也可能李白在来往江油时，曾游过或在藏王寨住过，《太平寰宇记》认为就是李白隐居的大匡山。其实大匡山与藏王寨相距不远，可以相互眺望。《大清一统志》、《龙安府志》、《江油县志》、《彰明县志》等都肯定大匡山在江油县西（当时县治在今江油武都镇），彰明县之北，虽里程有出入，但方位是肯定的，不能因各种记载的里程小有出入，就根本否认大匡山在江油境内。

李白隐居读书处除了大匡山还有一个小匡山，《彰明县志》云：“小匡山，县西三十里，亦名读书台。孤峰秀拔，宛如文笔，李白尝读书于此。”《江油县志》（光绪版）云：“读书台有二，一在县西大匡山，一在县南点灯山，皆太白读书处。”小匡山位于青莲乡与大匡山之间，李白在往返于老家与大匡山之时，在小匡山小住并读书，在这里留下遗迹和传说。小匡山之所以又叫点灯山，民间流传着这样的故事：李白在小匡山上刻苦读书，常常挑灯夜读到天明，周围几十里都能看到山上灯火，故把小匡山叫点灯山。早在清乾隆年间就建有纪念李白的太白祠，门上有“古读书台”匾额一道，正殿塑李白像。光绪年间又重修扩建，有殿宇三重，后残败。今存古建筑有石塔一座，实际上是化字库，读书学子烧废字纸之处，塔上对联是：“倒笔写天，气贯星斗；举杯邀月，诗惊鬼神。”这的确是李白精神的写照。小匡山上还有李白晒书坪、书箱石等遗迹。

李白主要隐居读书处是在大匡山，因而大匡山上李白的遗迹更多，纪念性建筑也更宏大。大匡山在唐贞观年间由长眉僧骇智兴建了一座佛教寺庙大明寺，后因李白曾在此读书而出名。唐僖宗中和年间“敕赐中和大明寺额”，进行扩建，简称中和寺。宋代再次扩建庙宇，并建了太白祠。这时因避赵匡胤之讳，改大匡山为大康山，从此一山有两名，至今大匡山所在的乡镇仍名大康。据北宋末的“祠堂记”称：“唐谪仙祠堂在焉……山旧有读书台，其侧有僧寺曰大明寺，名存实亡，废久不治，宣和己亥之仲秋（1119），命鸠材作屋四十椽，前敞轩楹，中设绘像，英灵似在，美哉，佳哉！吾乡盛事，庶几不泯也。”这说明在北宋末年之前已有谪仙祠，北宋末废而重建，后明清时期仍在重建、扩建。清光绪年间，龙安知府蒋德钧在大明寺边兴建匡山书院，筑殿三重，前有文昌殿，后有太白殿，中有书院讲堂，还有双桂堂、邀月亭等建筑，共九个院落，一百多个房间，常住师生数百人，成为匡山的极盛时期。1958年“大炼钢铁”，匡山树木伐光，寺庙书院拆毁，成为光秃秃的荒山。20世纪80年代以来封山育林，树木逐渐成林，在大明寺废址上又新建一座匡山亭。当地百姓捐资，重建了太白殿，大匡山尚存饲鹤池，为李白吟《别匡山》之处。大匡山的佛爷包之上有太白洞，相传李白曾在洞中读书。

李白在匡山隐居期间的主要活动是读书，创作诗赋，练剑术，不时游览名山，求仙学道，往来旁郡，寻师访友。李白自述：“十五观奇书，作赋凌相如”（《赠张相镐》），“十五学神仙，仙游未曾歇”（《感兴》），“十五学剑术，遍干诸侯”（《上韩荆州书》）。“十五”不必拘泥于十五岁那一年，而是指十五岁上匡山后开始的活动。他的这些活动对他一生都产生了重大影响。

李白在匡山以铁杵磨针的坚韧精神勤奋攻读，博览群书。他自己也说：“颇常览千载，观百家”，“常横经籍书，制作不倦”。

从李白的诗赋中可以看出，他不仅研究了诸子百家的学说，还熟读了《史记》、《汉书》、《三国志》、《诗经》、《楚辞》、汉魏《乐府》等，对于道教、佛教的经典也很熟悉，真可算得上“读书破万卷”。李白勤奋学习的故事，在他的故乡世代流传，凡是李白停留过的地方，都有李白刻苦攻读的传说。“天才出于勤奋”，李白之所以在诗歌创作上取得辉煌的成就，正是因为在青少年时代勤奋学习，刻苦锻炼，打下了坚实的基础。《千一录》云：“太白读书匡山，十年不下山，浔阳狱中犹读留侯传。以彼仙才苦心如此，今忽忽白日而嘐嘐古人，是自绊而希千里也。”此话说得很有道理。

“五岳寻仙不辞远，一生好入名山游”。李白的这种思想性格，是在第一次隐居时形成的。李白的青少年时代正是统治者大力提倡道教之时，开元二年，唐玄宗置翰林院招徕隐士，其中就有不少是道教徒。玄宗还采取了许多措施，在政治上、社会上提高道教的地位与声势，使道教得以大大发展。李白生长的川北一带，本来就是道教的发祥地，东汉顺帝年间，道教的创始人张陵创立的五斗米道首先流行于川北汉中等地。“陵死，子衡行其道。衡死，鲁复行之……鲁雄踞巴汉垂三十年”。李白的故里自东汉末，道教一直十分活跃，在风景秀丽的群山之中，散布着一些道观。李白故居对面的紫云山，又称紫山，峰峦俊秀，林木茂盛，位于江油市西南香水乡的盘江之滨，隔盘江与青莲遥遥相望，距陇西院十公里，也是江油、安县、北川的界山，长约11公里，宽约3公里，面积30平方公里，主峰海拔1099米。唐代山上就有一座香火很旺、闻名遐迩、颇具规模的道观，据宋人魏了翁《紫云山崇仙观记》云："其阙则为之始殿，为黄篆宝宫……古松立于庭者，巉岩老硬，盖不知年。而其间所谓黄篆宝宫，则世传为唐开元二十四年神人由他山置于此者也，宫之三十六柱皆檀木，铁绳隐迹，至今不毁。"李白《题嵩山逸人元丹邱山居》："家本紫云山，道风未沦落。"王琦《李太白全集题嵩山逸人元丹邱山居》注云："紫云山在绵州彰明县西南四十里，峰峦环秀，古木樛翠，地理书谓常有紫云结其上，故名。岗来自北为天仓，为龙洞；其东为风洞，为仙人青龙洞，为露香台；其西为蕻颐，为白云洞；其南为天台，为帝舜洞，为桃源溪，为天生桥。有道宫建其中，名崇仙观。观中有黄录宝宫，世传为唐开元二十四年神人由他山徙置于此。宫之三十六柱皆檀木，铁绳隐迹在焉。此山地志不载，宋魏鹤山作记，载集中。太白生于绵州，所谓'家本紫云山'者，盖谓是山欤?"李白曾上此山寻仙访道。

李白第一次隐居期间就是以匡山为基点，游览附近名山，求仙学道。从李白在故乡留下的诗篇中可以看出李白曾到过戴天山、太华山、窦圌山等地。太华山与大匡山为同一山脉，大匡山在南，太华山在北，两山紧紧相连。据清道光《龙安府志·山川》卷二："太华山，在县西北四十里，三峰奇秀，有似西岳，上有太华观。"《龙安府志·人物》卷八："唐，毛真人在太华山修炼，道成仙去，今太华观乃其遗迹。"清光绪《江油县志·坛庙》卷十三："登真观（即太华观），在太华山上。有三峰状如华岳，相传毛真人修炼处，改名登仙观。"可见太华山在唐代已经是道教名山，满山苍松翠柏，山溪潺潺，飞泉道道，清幽秀丽。太华观就深藏于林荫深处，观后有毛真人洞，幽深莫测。李白隐居大匡山到此山寻仙访道，写下了《太华观》："石磴层层上太华，白云深处有人家。道童对月闲吹笛，仙子乘云远驾车。怪石堆山如坐虎，老藤缠树似腾蛇。曾闻玉井今何在，会见蓬莱十丈花。"描绘了太华仙境。李白在这样的环境中长大，不能不深受熏陶感染，所以他"十五游神仙，仙游未曾歇”。

李白在隐居大匡山期间“往来旁郡”，开元六年往梓州长平山拜赵蕤为师，“从学岁余”，开元八年春拜谒益州长史苏颋，随后下渝州，拜访渝州刺史李邕，后游峨眉又回匡山隐居。

李白在隐居匡山期间还到过龙州江油郡江油县，时县治在今平武县南坝镇。从匡山去南坝只能溯涪江而上，在进入涪江峡谷口时曾游了两岸的溶洞，至今还流传着“太白洞对灯笼洞，灯照太白把书诵”的民谣和传说故事。一百多里的涪江峡谷曾是邓艾伐蜀经过的阴平古道的一段，以二郎峡为代表的涪江六峡，山高谷深，江流湍急，峭壁摩天，栈道凌云，李白正是在这段艰苦的行程中，积累了《蜀道难》的素材。李白在江油县访了县尉，留下了《题江油尉厅》：

岚光深院里，傍砌水泠泠。野燕朝官舍，溪云入古厅。
日斜孤吏过，帘卷乱峰青。五色神仙尉，焚香读道经。

这首诗展示了人与自然和谐相处的意境，歌颂了县尉无为而治的道家精神。北宋大书法家米元璋曾书写此诗并刻于石壁上，后又翻刻成碑，今仍存于江油李白纪念馆。该诗中写的“旁砌水泠泠”，至今泉水犹存，叮当作响，故名叮当泉。叮当泉上有太白读书台，至今尚存“太白台”古碑一块，为宋代所刻。

李白经金牛古道游览时，途经梓潼五妇山，即古蜀国五丁力士拽蛇，以至“地崩山摧壮士死”之处。其上两公里即文昌祖庭大庙。

李白肯定到过剑门关，他写的《送友人王炎入蜀》、《剑阁赋》、《蜀道难》都描写了剑门关。剑门关是古今闻名的雄关险隘，属四川省广元市剑阁县。关口为大剑山的一个V形山口，扼于川陕公路上。北距广元城区南五十公里，南距成都三百公里。大剑山倚天如剑，峭壁连绵，横亘似城。山之中断处，两崖相对如门，故名“剑门”。剑门关为历代军事要塞。后人为纪念李白、杜甫这两位伟大诗人都先后游过剑门关，故在关上曾建过李杜祠、思贤楼等，宋祝穆《方舆胜览》卷六七《剑门关·楼阁》载：“思贤楼。在水门上。有张孟扬、李太白、杜子美、柳子厚画像。因以为名。”又卷六六载：“李杜祠堂。按剑门题诗以太白、子美为重，而世未有并祠之者。会从李参预壁得所赐阜陵御书《蜀道难》，又从李左史得赵忠定汝愚大书《剑门》诗，因建祠，刻二诗于前，榜其堂曰‘文焰’，取韩退之诗语也。”王象之《舆地纪胜·隆庆府古迹》、明《大明一统志》卷六八“保宁府”、曹学佺《蜀中广记》卷二六都有同样的记载。

李白还访过茂州石泉县（北川县）的禹穴。汉代学者扬雄在《蜀王本纪》中认定“禹本汶山郡广柔县（今北川县属之）人也，生于石纽，其地名刳儿坪”。以后魏晋学者也认为禹出生于北川禹穴沟。李白前去探访，题写了“禹穴”二字，系楷书，字径1.8米，据《升庵外集》载：“蜀之石泉，禹生之地，有‘禹穴’二字，乃李白所书。”《大清一统志》、《龙安府志》、《石泉县志》等都有类似记载。题字在禹穴沟金锣崖峭壁上，笔力遒劲，豪放雄浑，确有李白笔风，刻字至今犹存。禹穴沟口建有太白亭，北川还有太白乡、太白庵，都是纪念李白的。

李白第一次隐居匡山的期间，正值“开元盛世”，国内政治统一，社会安宁，经济繁荣，达到了开国以来未有的高峰，文化也有长足的发展和相当成就，中外文化交流出现了空前未有的盛况，真是“海晏天空，万方来同。虽秦皇与汉武兮，复何足以争雄！”胸怀大志的李白，处于这样的时代，当然不甘于老死林泉，十年隐居，勤奋攻读，为积极入世做好了充分准备；大鹏鸟的羽翼已经长成，将要在无限广阔的寰宇中翱翔！

开元十二年（724），二十四岁的李白，怀着“四方之志”，“仗剑去国，辞亲远游”。在他辞别家乡的亲人，离开隐居的匡山时，写了一首《别匡山》：“晓峰如画参差碧，藤影摇风拂槛垂。

野径来多将犬伴，人间归晚带樵随。看云客依啼猿树，洗钵僧临失鹤池。莫怪无心恋清境，已将书剑许明时。”诗中表现了对故乡依依不舍的情感，也抒发了雄心壮志。虽然故乡的美景吸引着他，亲友们也劝告他、挽留他，他本人在隐居匡山的过程中也曾有过“少年早欲五湖去”，“去合到三清”，远避尘世的想法，但这一切都压抑不住他许身报国建功立业的强烈愿望。他向亲友们说：“莫怪无心恋清境，已将书剑许明时。”大鹏鸟终于飞离了故土。

李白从十五岁辞去昌明县之职，上匡山隐居，至二十四岁辞亲远游，这十年黄金般的青春时期并没有白白度过。在这段时期他勤奋攻读、寻师访友、求仙学道，获得了渊博的知识，为他诗歌创作上的辉煌成就打下了扎扎实实的基础；他学习剑术，登山涉水，锻炼了强健的体魄；他还饱赏了故乡秀丽的景色，雄奇的窦圌山，巍峨的太华山，清幽的戴天山，广阔肥沃的川西平原，绿波荡漾的涪江水……这一切陶冶了诗人豪放的性格，孕育了诗人瑰丽的诗魂，为李白成为伟大诗人打下了坚实基础。

开元十二年夏，李白离别匡山后，到成都峨眉山等地作过短暂停留，然后乘船沿岷江而下，写了《峨眉山月歌》：

峨眉山月半轮秋，影入平羌江水流。
夜发清溪向三峡，思君不见下渝州。

诗中表现了远游的喜悦和对故乡亲人的深切依恋。应当是写于从清溪出发，经峨眉山下，向渝州前行的船中。平羌江即岷江下游，《乐山县志》：“平羌江：岷江下游。自平羌峡至乐山城东四十五里一段，旧名平羌江。”这段江也叫青衣江，苏轼诗云：“慈姥岩前人唤渡，青衣江畔人争扶。”陆游诗云：“瑞草桥边水乱流，青衣渡口山如画。”张船山诗云：“平羌江水绿迢遥，梦冷峨眉雪未消。爱看汉嘉山万重，一山奇处一停桡。”李白诗中的平羌江也指的这一段。清溪是平羌江边的一个驿站，《乐山县志》：“板桥溪出平羌峡口五里，廛居十余家，高临大江傍岸。清邑宰迎大僚于此。盖唐时清溪驿，即宋平羌驿也。”诗中的三峡应指长江三峡。岷江也有从北到南的三峡：犁头峡、背峨峡、平羌峡。诗云：“夜发清溪向三峡”，说明他已经走过岷江三峡了，清溪在平羌峡下游五里，他从清溪出发当然不是逆水而上，向着岷江三峡，只能是顺流而下经渝州，向长江三峡，后人为纪念李白游平羌江，在平羌峡上面的锦冈山顶建太白亭。

李白出三峡之前曾在万县停留约半年，在万县留下了太白岩遗迹。明代曹学佺《万县西太白祠堂记》云：“县西有太白岩，在西山，即绝尘龛也……相传李太白读书于此，有‘大醉西岩一局棋’之语。”《万县志》（同治版）云：“李白，字太白，彰明人，往来夔州，题咏甚多，万邑西山名太白岩，相传太白读书于此……距岩数里有天仙桥，亦以谪仙曾经得名，后人于岩置祠以祀，明曹学佺有太白祠记。”李白到开元十三年春三月才出三峡，写了《自巴东舟行经瞿塘峡登巫山最高峰晚还题壁》、《宿巫山下》、《巴女词》等诗。李白出三峡时，曾经过巫山阳台，相传为楚王之行宫。李白曾在此题诗：“我到巫山渚，寻古登阳台。”（《古风其五十八》）又有题词：“山高水长，物象万千，非有老笔，清壮何穷？十八日上阳台书，太白。”阳台即阳云台，在巫山县西约一公里。据《大明一统志》卷七〇《夔州府》载：“阳台。在巫山县西北。南枕大江，宋玉赋云：‘楚王游于阳云之台，望高唐之观’即此。”阳台现仍有遗迹可寻。据《巫山县志》卷三〇《文物胜迹》（四川人民出版社 1991 年）载：“高唐观遗址，县西 2 里许，传为楚王行宫，始建年代不详。光绪年间重修，仅存玉皇阁，木结构，单檐硬山式屋顶，抬梁式 3 柱 17 架梁……今为巫山党校。”

李白《万愤词投魏郎中》云：“兄九江兮弟三峡，悲羽化之难齐。”说李白有个弟弟在三峡。据奉节县的民间传说李白的弟弟在奉节东三十里的石马河畔经商。这个弟弟应当是李白攀亲所认。李白出蜀时在他弟弟这里住过一段时间，后来将这里的一驿站改名青莲铺，将青莲铺以下的石马河改名青莲河，以纪念李白。据清修《奉节县志》卷八八“四疆域”载：“青莲河距城三十里。”又卷八“水利”载：“青莲河大堰在治东三十里……农民以河岸为防，蓄水以灌青莲铺一带之田……青莲河因李青莲得名。”

李白二十五岁出蜀后，未再回故乡，虽有学者认为李白在开元二十一年曾归蜀，逗留过两年，但证据很不充分。

综上所述，李白诞生于蜀，二十五岁离开蜀，生命旅程有将近一半是在蜀中度过的，在蜀中留下了三十多处遗迹。

第二节　李白“少为小吏”考辨

李白曾在十五岁时做过小吏，并对以后的生活道路产生重大影响。然而有不少学者对李白曾为小吏的事，持否定态度，其否定理由是：(1) 依据的史料不可靠，《彰明逸事》算不上史料，是不可靠的传闻；(2)《彰明逸事》记李白续诗是低级趣味的调笑诗篇，绝非李白所作；(3) 李白家为富商，没有必要去做小吏；(4) 李白十四五岁的小小年纪，没有能力去做小吏；(5) 李白从小志向远大，连科举考试都不屑于参加，更不会去当小吏。

对以上诸多质疑，作如下答辩：

一、《彰明逸事》是可信的史料

把《逸事》视为茶余饭后随意编造的事故，排除在史料之外，这是不妥的。唐代著名的史学评论家刘知几在《史通》中，专门论述过“逸事”：“偏记小说自成一家，而能与正史参行，其所由来尚矣……史氏流别有十焉……三曰逸事……国史之任，记事记言，视听不该，必有遗逸，于是好奇之士，补其所亡，若和峤《汲冢纪年》，葛洪《西京杂记》……此谓之逸事者也，街谈巷议，时有可观，小说卮言，犹贤于己，故好事君子，无所弃诸……逸事者皆前史所遗，后人所记，求诸异说，为益实多……故学者有博闻旧事，多识其物，若不窥别录，不讨异书，专治周孔之章句，直守迁固之纪传，亦何能自致于此乎！”刘知几对逸事的史料价值评价是很高的，列为史氏流派之一，可以补正史之不足，而且正史本身也采集了不少的“逸事”为史料。被赞为“史家之绝唱”的《史记》也曾“广采民间逸存，网罗天下放失旧闻”。司马迁在写《史记》时，不仅查阅了国家收藏的图书典籍，各种档案材料，还多次出游，采访遗文逸事，收集民间传说，才能成书。若仅靠国家收藏的史料，不收民间遗文逸事，《史记》也就写不出来。司马光的《资治通鉴》也是“遍阅旧史，旁采小说，抉擿幽隐，荟萃为书”。除正史外，所采杂史多至二百二十二种。他还说“实录正史未必皆可据，野史小说未必皆无凭”。胡三省给《资治通鉴》作注，也自称“有异书异人，必就而正焉”。清人王士祯说：“野史奇闻往往存三代之真，反胜秽史曲笔者倍蓰……礼失而求诸野，惟史亦然。”他认为野史比正史的史料价值还高。就以研究李白所依据的史料来说，正史所记未必都是真实，如《旧唐书·李白传》：“李白，字太白，山东人……父为任城尉，因家焉。”早就被学者否定了。《彰明逸事》也不能因其为野史，就一概否定其史料价值。如果传闻不算史料，远古时还没有文字记载，全靠口头世代相传，那时的历史就会一笔抹掉，变成空白。李白在蜀中的史料本来就少，再把逸事、传闻、碑碣、方志都排除在史料之外，那就无法研究，或随自己的主观意志去推测想象，那就很难恢复历史本来面目。

刘知几在《史通·杂述》中也说过，如果“逸事”是“妄者为之，则苟载传闻，而无诠释，事是真伪不别，是非相乱”。但杨天惠并非“妄者”。杨天惠是梓州郪县（今四川三台县内）人，距李白故里仅几十公里，后来他又做了彰明县令，对李白的事迹当然是很感兴趣，又很熟悉的。他不仅是一位了解民情的县官，也是一个实事求是的学者，生平著作很多，据《宋史·艺文志》载有

《杨天惠集》六十卷，现存的《彰明附子记》就是他对附子生产深入实际、全面考察之后写的科学价值很高的著作，他写《彰明逸事》也绝非胡乱编造。他是“从学士大夫求问遗事”而后写了《彰明逸事》，家乡父老对少年李白干过些什么事，是最清楚的，家乡既然出这样一位闻名天下的伟大诗人，对他少年时代就显露才华的事，当然会津津乐道，世代传颂。杨天惠把这些口碑史料收集起来，变成了文字史料。杨天惠说李白当小吏的事，还有宋碑可以印证，早在杨天惠写《彰明逸事》前30年，北宋熙宁戊申年（1068），立在大匡山上的《中和大明寺住持记》碑就说“翰林学士李白字太白，少为当县小吏，后止此山，读书于乔松滴翠之坪有十载”。这两者绝非偶然巧合，也不是杨天惠简单地抄袭碑刻，因为他记的比碑文更详细，更具体。北宋宣和五年（1123）彰明县令在大匡山立的《谪仙祠堂记》碑也说李白做过小吏，但非简单地因袭前两种说法，碑文云：“敕建大匡山李白祠堂记：彰明县之西数十里，有群山巍然，孤峰秀拔，盖不减岷峨气象……考之图经，详之地志，实曰匡山，而唐谪仙之祠堂在焉……观绵州刺史高枧记之于前，县令杨遂记之于后，崔令钦之文泛论其出处，杨天惠作石刻于县廨之西厅，盖必得其详矣。”然后才谈到李白的简历：“尝为邑小吏，其成立时始从学于潼江，而观礼于赵蕤，逆旅于成都，而见知于苏颋。”由此可知，这位北宋宣和年间的彰明县令在写这篇碑文时，看过四种材料：（1）“绵州刺史高枧记”，据郁贤浩先生的《唐刺史考》，高枧在中和、光启年间（881—888）任绵州刺史，上距李白去世120多年；（2）“杨遂记”，杨遂北宋淳化年间任彰明县令，上距李白逝世230多年；（3）“崔令钦文”，崔与李白同时代，与李白还有过交往；（4）“杨天惠石刻”，立于李白曾做过小吏的彰明县廨之西。总之，《谪仙祠堂记》说李白“尝为邑小吏”是有充足根据的。曹学佺是明末学者，曾在四川为官，深入各地调查研究，曾写《蜀中广记》，他在《万县西太白祠堂记》碑文中云："太白先生，金行之精，陇西帝裔，产于昌明，起家小吏，不习逢迎。"以上这些史料都可相互印证，不能因有相同记载就简单地说是相互抄袭而予以否定。

有学者说《彰明逸事》所记李白的那些诗是低级趣味的调笑诗篇，不可能是李白所写，其实这是冤枉了李白，我们再来看看《彰明逸事》的这段记载："白本邑人，微时募县小吏，入令卧内，尝驱牛经堂下，令妻怒，将加诘责。太白亟以诗谢云：'素面倚栏钩，娇声出外头。若非是织女，何必问牵牛？'令惊异不问。稍亲，招引侍砚席，令一日赋山火诗云：'野火烧山后，人归火不归'，思轧不属。太白从旁缀其下句云：'焰随红日远，烟逐暮云飞。'令惭止。顷之，从令观涨，有女子溺死江上，令复苦吟云：'二八谁家女，飘来依岸芦。鸟窥眉上翠，鱼弄口旁朱。'太白辄应声继之云：'绿发随波散，红颜逐浪无。因何逢伍相？应是想秋胡。'令滋不悦。太白恐，弃去，隐居戴天大匡山。"李白回答县令妻的诗，信口妙语，寓庄于谐。不能说用了牛郎织女的典故就是"轻薄"或"调戏"，须知唐代是一个开放的社会，妇女经常在外抛头露面，男女之间交谈、开玩笑是常有的事，若真是"调戏"，县令又怎会"惊异不问"。《观涨》的前四句为县令所吟："二八谁家女，飘来依岸芦，鸟窥眉上翠，鱼弄口旁朱。"身为父母官，对溺死的姑娘并未表示悲怜之情，反而以"鸟窥"、"鱼弄"来调戏已死的女子，的确是"只有毫无心肝的人才会这样做"。李白面对这个毫无人性的糊涂官，义愤填膺，"应声继之云：'绿发随波散，红颜逐浪无，因何逢伍相？应是想秋胡。'"前两句写"绿发"、"红颜"随波浪而"散"、"无"，把悲惨之状勾画了出来，也表达了作者对少女不幸溺死的同情，接着追寻死因，引用"伍相"、"秋胡"两个典故，说明少女可能是遇上了"秋胡"式的好色之徒的凌辱，才如"伍相"那样含冤而死。或谓"因何逢伍相"是用典不伦不类，窃以为没有什么不当之处，伍子胥含冤被迫自杀后，遗体抛入江水中，此句说少女溺死于水与伍相相逢，暗指少女也与伍相一样受了冤屈而死。很显然李白是借“秋胡”来讽刺县令，秋胡调戏活着的佳人，行为可鄙，县令戏弄溺死的少女，更为可恨！所以李白的续句使县令大为恼火，因而“令滋不悦，太白恐，弃去”。从《彰明逸事》所记少年李白做小吏时所吟的诗句，不仅看出他才思敏捷，知识丰富，而且可以看出他富有正义感，敢于讽刺卑劣庸俗的县官，这与他的任侠性格是一致的。我们不可将县官吟的调戏溺水女子的诗句，误会成李白的诗句，更不能以此来否定李白曾做过小吏。

二、李白做小吏是为家庭环境所迫

有学者认为：李白出身富商，不会去做一个政治地位低下的小吏。前面已经论述：李白家庭不是富商，出身寒微。“富商说”是近代人的推测，并无史料依据。而“小吏说”是有史料依据的，不能以没有史料依据的“富商说”去推翻“小吏说”，而应以有史料依据的“小吏说”去否定“富商说”。李白“少为小吏”是家庭环境所迫。王琦说过：“李白诗绝无思亲之句，疑其迁化已久。”在李白故里有李白胞妹李月圆墓，而无父母之墓，说明李白之妹死于李白出名之后，爱兄及妹，其墓能保存下来。李白之父死于李白出名之前，因出身寒微，在青莲只是“孤门细族”，无祖茔归葬，默默去世，草草埋葬，后世也就无墓可寻。据当地民间传说李白做小吏是因家庭发生变故，父亲去世，不得不应募去做小吏以维持生计。李白的家庭环境是他直接碰到的、既定的、无法摆脱的条件，是这些条件决定了去做小吏，李白虽从小心怀大志，“心雄万夫”，但也不能全凭主观愿望选择干什么，不干什么。

李白做小吏的时间应当是15岁，他自述“十五学剑术，遍干诸侯”，这含有当小吏而与地方官打交道的意思。有学者认为李白才十四五岁，小小年纪何能去当小吏。其实十五岁的李白已经很成熟了，他读书很早，“五岁诵六甲，十岁观百家”，“十五观奇书，作赋凌相如”，他的学识已足够应付小吏的差使。《新唐书·百官志》载："上县有司户、司法而已。"李白当小吏就是做司户或司法，处理文案的具体工作，对他并无多大难度，只是在处理人际关系上当然不如官场老吏，所以他从春到夏干了大约半年时间的小吏，得罪了县令，只得上匡山隐居。

三、李白曾为小吏是不走科举道路的原因之一

有学者认为李白从小心怀大志，想"一鸣惊人，一飞冲天"，对科举不屑一顾，也不愿求小官，怎么会去当地位低贱的小吏？这是把因果关系颠倒了。李白从小心怀大志，勤奋学习，很想有一番作为，后来不得已当了小吏，他看到县令这类小官的昏庸无能，不屑于当小官，自负其才，想平步青云，走非常之路，做帝王之师，从另一方面来说正因为他当过小吏没有资格参加科举考试，也很难求得小官。据《新唐书·选举志》："唐取士之科……大要有三：由学馆者曰生徒，由州县者曰乡贡……其天子自诏者曰制举，所以待非常之才焉……每岁仲冬，州县馆监举其成者，送之尚书省，而举拔不由馆学者，谓之乡贡，皆怀牒自列于州县。"李白不是郡县学馆的生徒，学馆不会推荐他；乡贡更不行，因为本州县都知道他出身寒微当过小吏，不能推荐他去参加科举考试。据《新唐书·选举志》载："其尝坐法及为州县小吏，虽艺文可举，勿举。"《唐会要·贡举》中也有同样的内容，《旧唐书·宪宗纪》载，元和二年(807)重申"曾为官司科罚，曾任州县小吏，虽有辞艺，长吏不得选送，违者选官停任，考官贬黜"。这说明中唐以后，屡次发生违犯贡举对出身限制的事，因而重申禁令，事实上也有一些当过小吏的人冲破禁令，参加科举考试，但当发现之后，则要遭到诘责，受到侮辱。唐人王定保撰的《唐摭言》载："许棠，宣州泾县人，早修业举，乡人汪遵者，幼为小吏，洎棠应二十余举，遵犹在胥徒；然善为诗歌，而深晦密。一旦辞役就贡，会棠送客至灞浐间，忽遇遵于途中，棠讯之曰：'汪都（原注：都者吏之呼也），何事至京？'遵对曰：'此来就贡。'棠怒曰：'小吏无理！'而与棠同砚席，棠甚侮之。”如果李白进入考场也会受到汪遵那样的侮辱。在唐代也有从流外入流，凭自己的才干由小吏一步一步爬到相位的，如像唐玄宗的宰相牛仙客。如果李白在做小吏时碰到的上司也如牛仙客所遇到的县令傅文静、河西节度使王君㚟那样不计出身寒微，尊重人才，委以重任，使牛仙客步步高升，李白也可能走牛仙客的道路。然而李白所遇到的县令却是一个无才又嫉才的昏官，对李白显露的才华不仅未给予重视，反而很不高兴，当然不会提拔李白。唐代的选官制度本身又对流外入流加以限制，虽然唐代已打破士族地主垄断政治的局面，也重用了一些寒族出身的官，但并未完全跳出从魏晋以来形成的重视出身门第和仕途清浊之分的窠臼，官吏仍然有流内流外之分，一至九品为流内官，不入九品的吏员为流外，流外要进入流内必经六至十年的时间和六至十次的考核，流外入流后的升迁也要受到严格的限制，顶多得到流内最低品级的官，很难晋升到八品以上，担任清要之职。即使有少数才能出众的县吏，被提升为高官，也是备受歧视的，当时的风气就是瞧不起那些流外入流的官。李白由于出身寒族，又当过小吏，要做一个流内卑品位的小官也很难，他只有另寻出路了。对于才华横溢，胸怀大志的李白来说，只有走以“非常之才”，待“天子自诏”这条非常的道路了。走这条路是十分艰险的，他需要比走一般的科举考试的道路加倍努力。李白放弃小吏的职务后，为排除尘世的干扰，选择了清幽的大匡山，刻苦学习，为“一鸣惊人，一飞冲天”储备充足的力量。在隐居匡山期间，因他“养奇禽千计，呼皆就掌取食，了无惊猜，广汉太守闻而异之，诣庐亲睹，因举二人以有道，并不起”。这里说的“举有道”是推荐有某种特殊技艺的人才，并非开元二十九年（741）才开始设置的“道举”。据《唐大诏令集》载开元四年（716）七月的诏令：“宜令各巡本管内，人有清介独立，可以标映士林，或文理兼优，可以润益邦政者；百姓中文儒异等，道极专门，或武力超伦，声侔敌国者，并精访，具以名闻。”下这道诏令时，李白十六岁，正是与东岩子隐于岷山之阳（指匡山），根据这个诏令，绵州（汉属广汉）太守将李白看成“道极专门”的人才，予以推荐，但这种“养奇禽”的“道术”再加上他的小吏出身，即使应了举，也不会有多大前途，充其量为统治者表演呼唤小鸟“就掌取食”的绝技以供消遣。李白对此当然是不屑一顾的。此后李白师从赵蕤，学“王霸之略”，谒见苏颋，大受赞赏，更增强了为“帝王师”的信心和“一鸣惊人，一飞冲天”的决心。不过李白纵有天大的本事，在本地是无法施展的，他只有“仗剑去国，辞亲远游”，漫游祖国各地，以诗会友，“干谒诸侯”，“历抵卿相”，与李唐宗室攀亲，同故相的孙女结亲……这一切努力都是想提高知名度，得到地方官的赏识和举荐，以进入仕途。在当时门阀观念比较浓的情况下他绝口不谈“少为当县小吏”的事，所以魏万、李阳冰等也未说过李白曾为小吏。李白谎称“世为右姓”，又与李唐皇室攀亲，但他远离本籍，又无谱牒可凭，而唐代规定被举荐的要“怀牒自列于州县”，开元十九年敕：“诸州贡举皆于本贯籍分信明者。”① 这就给李白带来了麻烦，他拿不出证明他的高贵家族世系的谱牒，更不能说出他小吏的经历，再加上他那恃才傲物的作风，他的干谒活动当然不能取得成效。不过李白毕竟是“非常之才”，他在诗文方面显露的才华，终于使他誉满海内，“名动京师”被诏入京，似乎他所选择的以其“非常之才”受“天子自诏”的道路走通了，所以他曾一度狂喜，“仰天大笑出门去”，去施展他宏伟的政治抱负。但唐玄宗并未重用他，不久被“赐金放还”，逐出京师，这其中的原因很多，已有不少学者论及，窃以为李白当过小吏，出身寒微，也是原因之一。唐玄宗赏识牛仙客的才干，要提为宰相，因其做过小吏而遭许多人的反对。唐玄宗赏识李白的文

① 《唐会要·贡举》。

才，曾“许中书舍人”，“尝三欲命李白官，卒为宫中所捍而止”①，高力士、张垍等权贵对李白的谗毁，必然要说李白出身微贱，不是当官的材料。在这些谗言的包围下，唐玄宗也说李白“固穷相”②，“非廊庙器”③，这与高力士说的“仙客本胥吏，非宰相器”④是一个腔调，都是对出身微贱者的鄙视。

李白一生始终未得到官位，唐代宗登基之后“搜罗俊逸，拜公左拾遗，制下于彤庭，礼降于玄壤，生不及禄，没而称官”⑤，其实这个左拾遗也不过是“从八品上”，比“七品芝麻官”还低。

不过对于一个做过小吏的人，能够得到这样一个流内卑品位的官，也算是对李白灵魂的安慰。

要之，李白出身于寒族，当过小吏，这是因；不走科举道路，未从流外入流，从小官一步步向上爬，这是果。李白持“非常之才”，走“非常之路”，待天子直接诏见的生活轨迹，也反过来证明了李白出身寒微，曾为小吏。

第三节 李白第一次隐居地点考辨

——《李白与青城山》等文质疑

李白《上安州裴长史书》云：“昔与逸人东岩子隐于岷山之阳，白巢居数年不迹城市，养奇禽千计，呼皆就掌取食，了无惊猜。广汉太守闻而异之，诣庐亲睹。因举二人以有道，并不起。”他在隐居期间写了《访戴天山道士不遇》。杜甫在怀念《李白的不见》云：“匡山读书处，头白好归来。”上面提到的“岷山之阳”、

① 乐史：《李翰林别集·序》。
② 段成式：《酉阳杂俎》。
③ 《太平广记》卷二〇一。
④ 《新唐书·牛仙客传》。
⑤ 范传正：《李公新墓碑》。

"戴天山"、"匡山"三者关系怎样？前面已论证了岷山之阳就是指江油的匡山，匡山是戴天山脚下的一座小山。刘友竹先生的《李白与青城山》[1]、《"匡山读书处"与别匡山析疑》[2]、《"伪碑"仍伪，"确证"不确》[3]等文（以下简称"刘文"）坚持认为"岷山之阳"指青城山，戴天山在青城山，匡山指庐山，笔者不同意这种看法。现将理由系统阐述于下：

一、李白说的"岷山之阳"是指匡山

岷山从古至今都是指延绵于甘肃东南部至川西平原西北边缘的山脉。《尚书·禹贡》云："岷山导江，东别为沱。"《山海经·中山经》云："岷山，江水出焉，东北流于海。"我国在徐霞客之前，人们把长江正源看成是岷江，岷江的发源地就是岷山。唐代张守节的《史记正义》引《括地志》："岷山在岷州溢乐县（今甘肃岷县）南一里，连绵至蜀二千里皆名岷山。"五代杜光庭在《青城山记》云："蜀之近江源者通谓之岷山，连峰接岫，千里不绝。"北宋薛季宣说："蜀西之山皆岷山也，自岷、洮、松、叠以南，其大山峻岭斑斑可考者，皆岷山之随地易名者耳！"南宋陆游云："盖自蜀境之西，大山广谷，嶔岈起复，西南走蛮菁中，皆岷山也。"[4]由上所知，在唐宋时人看来川西北的匡山、青城山都属于岷山山脉包括的两座山。匡山、青城山与岷山山脉是部分与整体的关系，承认青城山是岷山山脉的一部分，当然也不能排斥匡山是岷山山脉的一部分。若以去岷山山脉主峰雪宝顶的距离而言，匡山比青城山近得多，匡山与岷山主峰连峰接岫，仅百余公里，中无平原、大川阻隔，毫无疑问它是"岷山之随地易名者"，并非"刘文"所述"远离岷山山脉数百里"。"刘文"还说"匡山在昌明境内，属于涪江

① 《唐代文学论丛》第九辑。
② 《绵阳师专学报》1991年1期。
③ 《绵阳师专学报》1997年4期。
④ 《读史方舆纪要》卷六六。

流域，涪江是嘉陵江支流，该地与岷山绝对不沾边”。此说属于地理常识的错误，涪江发源于岷山主峰雪包顶，从岷山山脉中奔腾而下，怎么能说“与岷山绝对不沾边”，只要查一下地图就不会说“不沾边”的话。《新唐书·李白传》与曾巩《李太白文集后序》直称“李白隐于岷山”，就是隐于岷山之一部分的匡山。

“刘文”说：“岷山作为青城山的同义专用名词早已约定俗成。”把岷山与青城山这两个概念弄成同一关系，这在逻辑上是说不通的，也违背史籍的记载。唐代杜佑《通典·州郡》在“彭州”条下有岷山，“蜀州唐安郡”条下有青城山。李吉甫的《元和郡县图志》“茂州汶山县”条下云：“汶山，即岷山也，南去青城山百里。”

《新唐书·地理志》：“剑南道……其名山：岷、峨、青城、鹤鸣。”在“岷州”、“汶川”、“彭州”条下都列有岷山，在蜀州条下列有青城山。

可见在唐人的习惯上并没有把青城山称为岷山，更没把岷山作为青城山的同义专用名词。

“山之阳”有两种含义，一是位置在山的南面，如《华阳国志》把位于华山南面的整个梁州称为“华阳”；二是山的向阳的南坡，如《山海经·中山经》：“阳华之山，其阳金玉，其阴多青、雄黄。”《周礼·考工记》贾公彦疏：“向日为阳。”杜甫《秦州杂诗》：“阳坡可种瓜。”不论哪一种意思，江油大匡山都可以称为“岷山之阳”。岷山主峰是雪宝顶，在松潘与平武交界处，高5588米，位于北纬32°40′，东经103°50′。岷山主脉向南蜿蜒，纵贯平武、北川县境。江油大匡山紧邻北川县，海拔约800米，位于北纬31°51′，东经104°40′，它与岷山主脉相连，位于主峰之南偏东，当然可称为岷山之阳。李白隐居的中和大明寺（当地简称中和寺），坐落在匡山的东南坡，西北背靠岷山诸峰，东南面向江彰平原，从山坡向阳的意思来说也可称岷山之阳。《江油县志》云：“郡治之北有大匡山焉，于分野，当井鬼之次；在唐书，为岷山之阳。”“刘文”也说“山南为阳”，“岷山之南就是岷山之阳”，但又说：“大匡山远离岷山山脉南端数百里，也不得称之为岷山之阳”，这岂不是自相矛盾吗？

从逻辑上说，“岷山之阳”是普遍概念，青城山、大匡山是单独概念，后者与前者是从属关系，前者为属概念，后两者为种概念。青城山与大匡山的关系是在同一属概念下的并列关系，承认青城山为岷山之阳，不能否定大匡山也是岷山之阳。那么究竟李白隐居于哪一个岷山之阳呢？可以肯定地说李白隐居于江油大匡山而不是青城山，理由如下：

（1）李白本人说他与东岩子隐于岷山之阳，曾被广汉太守“举二人以有道”。这说明这个岷山之阳是在“广汉太守”管辖之下。这个广汉并非现在距青城山较近的广汉市，而是沿用汉代广汉郡之名，绵州曾是广汉郡的一部分，而且一度是郡治所在地，李白说的广汉太守显然是指唐代的绵州巴西郡太守，而匡山正是在这位太守管辖范围之内，青城山从汉至唐都不属广汉郡。《新唐书·选举志》云：“唐制取士之科……由学馆者曰生徒，由州县者曰乡贡，皆升于有司而进退之。”《通典·选举典》云：“大唐贡士之法，多循隋制，上郡贡三人，中郡二人，下郡一人，有才能者无常数。”绵州巴西郡属上郡，每岁向朝廷至少要推荐三个人才。这是州刺史的职责。“诣庐亲睹，因举二人以有道”。正是在履行州刺史的职责。绵州刺史跑到非他所管的青城山去推举人才，岂不是越权吗？“刘文”说：“无论两汉或蜀汉，广汉郡均治雒县，广汉太守即驻该地。按雒县即今四川广汉市，在唐代为汉州治所。因此，李白所说‘广汉太守’必指汉州刺史。绵州虽属广汉旧境，但从来就不是广汉太守驻地，与龙、剑、梓、遂等州刺史一样，均不得称‘广汉太守’。”这段话与史实大有出入。据《汉书·地理志》载：“广汉郡……高帝置，莽曰就都，属益州……有工官，县十三：梓潼……

莽曰子同。”按该志排列惯例，郡治所在地的县排为第一。广汉郡治所设工官，是官营手工业作坊，王莽统治时称子同工官，在王莽始建国五年的漆器铭文上就明白写着“子同工官”，这件出土文物是广汉郡治在梓潼的铁证。任乃强先生在《四川上古史新探》一书中说：“广汉郡……郡治不在平原沃野，而在山瘠水浅的红土丘陵内之梓潼县，后汉才徙郡治到新都……梓潼是一个民族聚居地，族大人众，历史悠久……族性顽强，不可能以武力征服，只可以高度的经济文化去抚绥他们，使之逐步融合，所以秦汉必须在这个民族核心的故国都邑，加强示范领导。”任先生把梓潼设郡治的理由说得很清楚。

《华阳国志》说广汉郡治的具体地点在绳乡，《梓潼县志》（1999 年版）已翔实地考证了绳乡在今梓潼县城北的连枝坝，有历史文物为证，否定了《华阳国志》的注解中说的在今广汉之北之说。汉高祖分蜀郡北部为广汉郡，当然是要把郡治设在广汉郡的腹心之地，而雒城（今广汉市）与成都相距不到百里，在这里设郡治布局显然不合理。从西汉初至东汉前期广汉郡治一直在今梓潼连枝坝，东汉后期，羌民大起义，公元 115 年攻陷阴平、汉中、巴西、广汉等地，广汉郡治才迁到涪县城（即今绵阳市），东汉王朝与羌民起义军在川西北形成长期拉锯战的态势，再后来才不得不又迁到雒城（即今广汉市）。汉代的广汉太守绝大部分时间驻在梓潼、涪县，只有少部分时间驻雒城。李白将唐代的绵州刺史（当时管辖梓潼县）称之为广汉太守是情理中事。“刘文”将李白说的广汉太守换成汉州刺史，并说他到非管辖地的青城山去荐举人才也合理，举出了李邕、苏颋、韩荆州等都有资格举荐李白，其实这是两码事。广汉太守去他的辖区举荐本郡人才，是他应尽职责，执行诏书。而后者是李白前去干谒，请求他们推荐自己。总之，从“广汉太守……诣庐亲睹”这件事只能证明岷山之阳指江油匡山。

（2）青城山在唐代是很有名的道教圣地，唐玄宗还下诏书保护道教在青城山的权益。《新唐书·地理志》把青城山与岷山、峨眉山、鹤鸣山并列为剑南四大名山。如果李白确曾隐居于青城山，他可以直呼其名，何须转一个弯称之为“岷山之阳”？倒是因为匡山在当时还无多大名气，于是就抬出一个赫赫有名的岷山来。

（3）匡山有确凿的大量的李白遗迹可寻。李贽说：“李白生时无所容入，死而百余年，慕而争者无时而已……死之处亦荣，生之处亦荣，流之处亦荣，囚之处亦荣。”（《焚书》卷五）因匡山是李白读书处，故引来了无数人的瞻仰凭吊。五代杜光庭曾在江油住过一段时间，写了《窦圌山记》[1]，窦圌山与匡山遥遥相对，他望见匡山，怀念李白，写了：“山中犹有读书台，风扫晴岚画障开。华月冰壶依旧在，青莲居士几时来？”据现存的北宋宣和年间立的《谪仙祠堂记》碑可知，在立此碑之前早就有了谪仙祠，后经历代重建扩建，至清代时规模已经相当大了，共有九个院落，龙安知府还在此地设了匡山书院。历代诗人墨客在匡山留下了大量诗文，在《绵州志》、《龙安府志》、《江油县志》、《彰明县志》以及历代保留至今的匡山碑刻上俯拾皆是，仅《江油县志》上就有37首，其内容都是怀念李白。如明代进士戴仁《匡山》诗云：“青莲居士读书堂，万古山名重大匡。故宅已非唐土地，残碑犹有宋文章。蝉鸣远树宫袍烂，蜂酿寒泉斗酒香。白发萧萧归未得，空余猿鸣怨凄凉。”又如郭文涓《游大匡山读书台》：“词客西游访谪仙，风流遗像俨依然。调高和寡真堪恸，大才难容更可怜。”从宋代以来的碑刻、地方志上，已经确认江油大匡山是李白的隐居处。

反观青城山，找不到一处李白隐居读书的遗迹，李白遗留下来的上千首诗，无一首是咏青城山的，历代诗人墨客游过青城山的，写过不少的诗，仅《青城山志》（王文才撰）上收集的就有88首，其中无一首提到李白。杜甫上青城游览，写了好几首诗，无一句提

① 《全唐文》卷九三四。

到李白。若李白真的在青城隐居过，杜甫一定会去瞻仰挚友的故居，写诗怀念，然而没有，这只能证明李白未隐居过青城。杜光庭的《读书台》也不是写的青城山，《青城山志》专门作了考辨："按旧志误题陆游《读书台》诗，不见于《剑南稿》中，实是杜光庭作，见《全唐诗》卷八五四，诗云：'犹有读书台'，'依旧在'，乃言'青莲居士'之故台，非光庭之台甚明。诗亦不言台在青城，蜀中传为李白读书处所在，非只一地，更不得附会李白遗址于此山。"刘友竹先生在《青城山志·画目》中找到一句话："李蕃，成都人，工画……翻天王二壁于青莲院"，说"此宋代道观中之青莲院，当为纪念李白而建修"，李白号青莲居士，但青莲与李白不能画等号。青莲在佛书中比譬眼目，也借指僧寺，李白诗中有"恰然青莲宫，永愿恣游眺"（《与元丹丘方城寺谈玄作》）。李白自己诗中的青莲宫绝不是纪念他的。宋之问《宿云门寺》："夤缘绿筱岸，遂得青莲宫。"宋之问写此诗时，李白还没出名，因此不能一见到青莲院或宫就说纪念李白。

二、《别匡山》、《不见》是李白隐居匡山的确证

北宁熙宁元年（1068）立在大匡山上的《敕赐中和大明寺住持记》碑，记载了该寺的历史，谈到了李白在山上读书的情况及《别匡山》诗。碑文如下：

太白旧山，大明古寺，靠戴天之山……地连兽目，名茶雅载于陆经[①]，往来多好鸟珍兽，下生台兮略无悚惕……挂薜萝之老桧参天，泻瀑布之寒泓浴日，□□□唐而兴建，鱼鼓喧阗，迄我宋而葺修，钟梵铺响，仅五百载星霜□□历七八代焚点住持，古碑□□□□昔贞观中，始祖师法云，不知姓氏，号长眉僧骇智，识以孤高□□□，卜基创止宅，此乔林跨谷凭危界成梵苑，频当时之德望，为护法之宗师，□□□□□岁之后，唐第七主玄宗朝，翰林学

① 陆羽：《茶经》。

士李白字太白，少为当县小吏，后止此山，读书于乔松滴翠之平有十载□□□□□□诏銮殿殊荣，脱白衣而入翰林，草檄蕃而喧紫禁。厥初，有题是寺诗云："晓峰如画参差碧，藤影摇风拂槛垂。野径来多将犬伴，人间归晚带樵随。看云客依啼猿树，洗钵僧临失□□□□□□心恋清境，已将书剑许明时。"丁丑中（977）内翰太原公禹称尝有谪仙序曰："观谪仙之容，态秀迯清，融融春露，晓濯金茎。谪仙之奇，才俊气清，泠泠碧江，下寖秋石。"……中和三年（883）癸卯僖皇在蜀，邑人何宗敏诣阙进状，称当寺有观音泉，江流不断，迦叶盖足以长存……敕赐中和大明寺额……大宋乾德六年戊辰（968）十二月三日释迦大像放光庆喜……戊申熙宁改元，渐及纵之岁又铸蒲牢一架，创立璇球一斤……时熙宁元祀龙集戊申（1068）十月十日立谨记。

此碑文乃研究匡山历史的第一手资料，其中很清楚地记载了匡山创建寺庙的时间是唐贞观年间，创建者是长眉僧骇智，唐玄宗开元年间，李白上山读书，唐末中和年间逃到四川的僖宗"敕赐中和大明寺额"，北宋时又经几次扩建，至立碑时上距寺庙创建已有五百年历史了。

"刘文"说："这里有一个明显的破绽：大明寺乃在唐僖宗中和年间敕赐兴建，早在120年前就已经去世的李白怎么会到寺里来题诗呢?"很可能是刘先生没有读过"住持碑"的全文，如果读过碑文，决不会提出这种质疑。碑文上明明写着建寺在唐太宗时，而李白在该寺读书是唐玄宗时，有何破绽？怎么能把僖宗题寺额看成该寺兴建之时呢？《别匡山》是否为李白所写？碑文中也说得很清楚。先叙述李白少年当小吏，再谈上山读书，再说李白入翰林，草和蕃书，然后说："厥初有题是寺诗云。"厥者，其也，是个代词，指代谁呢？当然是指李白告别匡山，出蜀之初。绝非刘先生理解的"先前就有了这首诗"，试问"先前"又是谁题这首诗呢？难道寺内的和尚能题得这首有远大政治抱负的诗吗？刘先生给这首诗安了一个题目:《题敕赐中和大明寺》,这就有些题不对文了,诗中毫未谈到皇帝赐寺名的事,而且赐寺名是在唐末,距兴建该寺已二百多年了,怎么会是“厥初”呢?

在大匡山上还有一块北宋碑,也很明确地指出是李白题《别匡山》。北宋宣和五年癸卯(1123)彰明知县立了《谪仙祠堂记》,正面叙述了匡山的历史:

敕建大匡山李太白祠堂记。彰明县之西北数十里,群山巍峨,孤峰秀拔,盖不减岷峨气象意其英灵秀行,□气蟠郁于此,考之《图经》,详之地志,实曰匡山,而唐谪仙祠堂在焉,其然乎,其不然乎?杜甫所谓匡山读书处岂其是耶?或谓谪仙实李唐宗室,以罪徙西域,后遁还,生于巴西。……初观绵州刺史高□记之于前,县令杨遂记之于后崔令钦之文泛论其出处,□□杨天惠作石刻于县廨之西厅,盖必得其详矣……在彰明之旧第,其迹显然,历历可考,则匡山之遗迹,能信之可也。山旧有读书台,其侧有僧寺曰大明寺,名存实亡,废久不治,宣和己亥之仲秋……命鸠材作屋四十椽,前□敞轩楹,中设□绘像,英灵似在,美哉,佳哉!吾乡盛事,庶几不泯也。

此碑背面碑文是:

晓峰如画参差碧,藤影摇风拂槛垂。□□来多将犬伴,人间归晚待樵随。看云客依啼猿树,洗钵僧临失鹭池。莫怪无心恋清境,已将书剑许明时。观太白辞匡山时,咏此其感赋何为哉!今但有空山故迹令人想叹。僧道寂将结亭大桧下,刻诗于石,遂宁杨世芳为之书,简池刘伯熊跋。癸卯孟夏。

此碑是李白读书于匡山的明证,也肯定了李白离山时写了《别匡山》。

“刘文”说:“李白生平不喜作七律,而这首七律问题颇多……格调平庸,不类太白手笔。”李白平生不喜作七律,并不等于没有作过七律,现存的一千多首李白诗中有十几首七律。李白学诗还是从律诗入手的，据《彰明逸事》云："时太白齿方少，英气溢发，诸为诗文，微类宫中行乐词体。今邑人所藏百篇，大抵皆格律也。虽颇体弱，然短羽褵褷，已有凤雏态。"李白的青少年时期正是"沈宋"体律诗流行之时，他不能不受当时文风的影响，因而少作"大体皆格律也"。这首《别匡山》是七律，恰好证明是李白早期作品。这首诗格调绝非平庸，而是气势非凡。诗的前几句给我们展现了一幅雄奇而幽美的匡山美景，从中透露出诗人对匡山的一片深情，但匡山虽美，却无心留恋，因为诗人已下决心把自已的文才武艺奉献给伟大的时代。"莫怪无心恋清境，已将书剑许明时"，表现了李白远大的政治抱负和强烈的献身热忱，与《上安州裴长史书》所说的"大丈夫必有四方之志"的思想情感是完全一致的，李白的一生既酷爱大自然，又充满政治热情，这首诗恰好表现了这种性格，可以说不是李白就写不出这首诗。若要从这首诗个别地方挑剔一点平仄对仗不工来否定它是李白的作品，不过是舍本逐末。何况个别字在流传过程中出现一些差异也不足为奇，如"刘文"说诗中有"两个晚字犯复"，按北宋《谪仙祠堂记》碑为"晓峰如画参差碧……人间归晚待樵随"，从早晨写到黄昏，没有两晚字犯复的问题。

"刘文"说《全唐诗》、《李太白文集》均未收，李调元、史炳没有说李白有咏匡山的诗，因此《别匡山》非李白作品。如果说前人没有发现的就不允许后人再发现，那么历史就不会前进，学术也不会发展了。前人没有将《别匡山》收入李白诗集，今天我们发现并证明了确为李白作品，为李白集增添新的内容，又有何不可！安旗、薛天纬先生编的《李诗咀华》不是把《别匡山》列为该书的第一首吗？其实《别匡山》诗宋人早就发现了，王象之撰写，李调元补记的《蜀碑记补》卷六就指出："匡山碑，镌李白出山诗。"后来的《四川通志》也提到了李白的出山诗。总之，《别匡山》绝对是李白所作，也是他隐居于匡山的确证。

杜甫的《不见》也是李白隐居读书于匡山的证据。诗中云：“匡山读书处，头白好归来。”这个匡山究竟在哪里，历来有所争议。“刘文”引了一些否认匡山在江油的说法，其实主张匡山在江油的还大有人在。早在宋代的《绵州图经》、《能改斋漫录》、《彰明逸事》、《方舆胜览》、《蜀碑补记》、《九家集注杜诗》等书都认为匡山在蜀，非匡庐。其后，明代的杨慎、曹学佺，清代的杨伦，现代的郭沫若、肖涤非、安旗、郁贤浩、邓魁英、徐放……诸位先生都认定杜诗中的匡山在蜀，他们都有精辟的论证。“刘文”中说仇兆鳌认为匡山指庐山，那是误解，查《杜诗详注》卷一〇，仇兆鳌在《不见》下注云：“此怀李白而作也，敏捷千篇，见才可怜，飘零纵酒，见狂可哀，归老匡山，盖悯其放逐而望其生还，始终是哀怜意……太白蜀人，而公亦在蜀，故云归来。《丹铅录》谓指彰明县南之匡山，若以为匡庐，太白非九江人，何得言归来乎！”这段话明明是仇兆鳌本人的意思。为了诸说并存，又在其后的“附考”中引用了洪迈《客斋三笔》转引的吴曾《能改斋漫录》，杜田《杜诗补遗》等的看法：“匡山在蜀，非庐山也。”最后才列了黄鹤的看法：匡山指庐山。我们怎能把黄鹤的看法强加在仇兆鳌的头上呢？“刘文”还引用了姚宽《西溪丛语》：“杜诗云：‘匡山读书处，头白好归来。’李太白青州人，多游匡庐，故谓之匡山。《绵州图经》云：‘戴天山在县北五十里，有大明寺，开元中李白读书于此寺，又名大康山，即杜甫所谓康山读书处也。’恐《图经》之妄。”“刘文”接着说：“姚宽本意在指出《绵州图经》是胡说八道。”其实这明明是姚宽见解谬误，他相信了《旧唐书》的说法，认李白为青州（山东境）人，在这一错误前提下否定《绵州图经》，岂不谬哉！

“刘文”据杜诗钱谦益和仇兆鳌注本中的“好一云始”，把“头白好归来”改为“头白始归来”，又说杜甫写《不见》是“他此次（上元元年）重上庐山，杜甫是知道的”。因此才说“‘匡山读书处，头白始归来’，即李白已经回到匡（庐）山了”。这么一改把《不见》弄得面目全非了，直接违背了诗人本意。《不见》的注明明写着“近无李白消息”，怎么能说杜甫知道李白重返庐山呢？此时杜甫正在李白故乡，希望李白“叶落归根”，回到故乡来与之见面，乃人之常情。“刘文”硬说“李白这时不想归蜀”，“他怎么会产生要李白归蜀的不情之请呢？”“刘文”中列举的李白不想归蜀的理由是：（1）长流夜郎遇赦后未回故里；（2）“西蜀士大夫阶层”“皆欲杀”李白，杜甫不会“贸然敦劝李白回到危机四伏的故乡来”。此两点理由都站不住脚。李白遇赦东下距杜甫写《不见》已经三年多了，初遇赦时他的政治雄心尚未泯灭，在《自汉阳病酒归，寄王明府》中云：“今年敕放巫山阳，蛟龙笔翰生辉光。圣主还听《子虚赋》，相如却欲论文章。”他未回故乡，而去江夏一带，是想得到韦良宰等人的推荐，得到皇帝的重用，施展他的政治抱负，与他的“莫怪无心恋清境，已将书剑许明时”的思想情感是一致的。这不能说他不留恋故乡。李白思蜀、颂蜀之诗有三十余首，在他去世前一二年，贫病交加，穷愁潦倒，自感报国无门时，对故乡的思念就更为强烈，他在宝应元年暮春写的《宣城见杜鹃花》：“蜀国曾闻子规鸟，宣城还见杜鹃花。一叫一回肠一断，三春三月忆三巴。”其思乡之情何等强烈！如果当时他的健康情况和经济条件允许的话，肯定他会回故乡来的，这首诗与杜甫的“匡山读书处，头白好归来”可以说是心心相印。再说“世人皆欲杀”也不能理解为“西蜀士大夫想杀李白”，“世人”明明是指长着世俗的势利眼之人，这种人在李白晚年流浪处又何尝没有？而李白故乡的人民却是和杜甫的心情一样，欢迎李白回乡安度晚年。远离尘世干扰的清幽的匡山，绝非“危机四伏”的险地。

这里还要特别指出的《庐山志》并没有将“匡山读书处”争到庐山，而是客观地说：“杜子美诗云：‘匡山读书处，头白好归来’，此言匡山乃彰明之大匡山，非浔阳庐江郡之匡庐山……杜公之诗或祝其生于斯者归于斯，又或以已之客望客之归。”

三、戴天山、大匡山是同一山脉的两座山头

“刘文”说，“绵州昌明县大匡山，唐代未见著录”，此话不确。如上所述，最早提出匡山之名的就是唐人杜甫。他曾几次路过绵州，还住过大半年，曾登绵州越王楼，在那里能清楚地看到西北方向的戴天山、大匡山，对他亲密朋友的读书处当然是有所了解。到北宋初期为避赵匡胤之讳，才改大匡山为大康山。在《住持记》碑文中又称“太白旧山”，此又与李白诗《冬日归旧山》相符合，可见匡山有三个名，康山之名在后，从改“匡”为“康”就已经说明早在赵匡胤之前就有匡山之名了。到了北宋末年，距赵匡胤的时代已经很远了，才重提匡山之名，如《谪仙祠堂记》碑。南宋高宗时吴曾《能改斋漫录》和孝宗时的郭知达《九家集注杜诗》都引用了杜田的《杜诗补遗》：“范传正李白新墓碑云：‘白本宗室子，厥先避仇，客居蜀之彰明，太白生焉。’彰明，绵州之属，邑有大、小匡山，白读书于大匡山，有读书堂尚存，其宅在清廉乡，后废为僧房，号陇西院，盖以太白得名，院有太白像及绵州刺史高枧及崔令钦记。”王琦说：“当涂所刊太白集，其首载新墓碑，宣、歙、池等州观察使范传正撰，凡千五百字，初无补遗所记七十余言，岂非好事者伪为此书。”“刘文”又据王琦的意思说杜田伪造“范碑”，这实在是枉冤了杜田。细读杜田的“七十余言”只有前十余字来自“范碑”，虽未引原文，而意思是一致的。从“彰明”以后乃是他自己调查得来，并非“范碑”上的。这段话与《谪仙祠堂记》碑文及杨天惠的《彰明逸事》有共同之处，三者都提到了唐绵州刺史高枧，说他在李白故里立有碑记。高枧实有其人，据《桂苑笔耕集》卷四《谢弟兄枧再刺绵州刺史状》所载他是唐末中和、光启年间任绵州刺史，他在李白故里立碑是完全可能的。《杜诗补遗》和《谪仙祠堂记》都提到“崔令钦记”，崔令钦与李白同时，他曾到西蜀，在李白故里写碑记也是可能的，可惜这两通唐人碑记现在还没找到，不过宋代杨遂的《旧宅记》和杨天惠的《彰明逸事》还在，可与杜田的说法相印证，不应轻易贬为伪造。

戴天山、匡山都是客观存在，谁也伪造不了，否认不了。从宋代的《绵州图经》到明清时的《四川省志》、《绵州志》、《龙安府志》、《江油县志》、《彰明县志》等都记载了戴天山、匡山上的李白遗迹。不过对于戴天山与匡山是否是同一座山有不同的提法，实际情况是匡山是戴天山脚下的一座小山头，从匡山到戴天山主峰约五十华里，戴天山与匡山都是岷山山脉中大小不同而又紧密联结的两座山，所以杨遂《旧宅碑》说："先生旧宅在清廉乡，后往县北戴天山读书。"只说戴天山而未说大匡山，不过指出位置在"县北"，《彰明逸事》称"戴天大匡山"，《四川通志》说"大匡山又名戴天山"，《绵州志》（同治版）："大匡山避讳作康山，其山颠名戴天山，李白读书匡山，有访戴天山道士不遇诗。"《江油县志》："戴天山，在大匡山顶，上有饲鹤池故迹，即李白访道士不遇处，瓦砾累累皆是，其为当日寺观可知。"《彰明县志》："大匡山治北三十里，宋杨天惠避讳作康山，其山巅名戴天山，李太白读书匡山有《访戴天山道士不遇》诗，杜子美'匡山读书处，头白好归来'俱指此，今入江油。"《绵州志》、《江油县志》和《彰明县志》的记载是符合实际的。笔者从小生活在匡山之麓，多次游匡山，曾专程考察戴天山，二者位置已经弄清。

匡山是指大明寺所在地的那座山。山腰有几十亩宽的一块平地，即"住持碑"上说的"李白……读书于乔松滴翠之平"。也就是大明寺、匡山书院的遗址所在地，背靠佛爷包，面向江彰平原，左右各有一座较矮的山梁，左边叫凤凰岭，右边叫桃子山，这三座山恰似一把巨大的椅子，大明寺正好坐落在椅子上。《名胜志》云："高耸亭亭，形如匡字"，又一说"山形如筐"。总之，匡山之名从山的形状得来。匡山又名旧山，"住持碑"云："太白旧山，大明古寺，靠戴天之山"，这说得很确切。匡山只不过是戴天山前一座小山，海拔约800米，匡山背后连峰接岫，一峰更比一峰高，从匡山大明寺遗迹往上爬，到魏门关，海拔1500多米，过魏门关进入吴家后山的范围，今属江油市大康镇旱丰村九组，上有74户人家，大多数姓吴，是清初大移民时从陕西省迁来，才将此处取名吴家后山，吴家后山由许多山峰山峦组成，其中最高峰至今仍名戴天山，又叫尖包顶、挂宝山、盖天山，顶峰达2100米。在顶峰之南面有一块约200平方米的平地，原有房基，周围箭竹根不能窜入，只长矮草，有层积的灶灰，厚60多厘米。其位置与《江油县志》记载相符合，应是旧日道观遗址。1991年道教徒根据他们的祖师的启示，披荆斩棘找到这处遗址，重建了一座道教小庙，内供太白星君。据住此庙的王道士、张道士说："唐代此处已有道观，李白曾在此求仙寻道。李白乃太白星君下凡，所以要供奉他的像。"此庙坐北向南，正对蓥华山和乾元山金光洞，蓥华山相传为蓥华老祖修炼之地，金光洞相传为太乙真人修炼之处，唐宋已有道教徒居住，金光洞内至今仍存有数十尊宋代道教石刻造像。每年都有海内外的道教信徒前来朝拜，可见此地自唐宋以来一千余年，"道风未沦落"。从大匡山至戴天山需半天路程，沿途瀑布飞泉，烂漫山花、翠竹、青松、碧峰、翠峦，与《访戴天山道士不遇》描写的风光可以一一对应。"刘文"说："1984年春节专程往江油考察，亲自攀登了大、小匡山……此山乃石头山，只有很薄的零星的风化土，山腰以上没有树木，也不大可能生长树木，这是一个单调的秃头山，没有碧峰，没有飞泉，也没有水池——连痕迹也没有。我认为，这样的大匡山绝不可能是戴天山。"这些记叙只是反映了大匡山一个短暂的时期，一个片断的情况。这种情况绝不是1958年大炼钢铁，大砍森林之前的情况，也不是改革开放，封山育林以来，今日大匡山的情况。"刘文"仅仅记叙了登上800米高的大匡山看到的情况，大匡山后，连峰接岫，山路险峻，一直到海拔2000多米的戴天山，这沿途风光，刘先生还未涉足，怎能轻易判断"绝不可能是戴天山”。

“刘文”否定了戴天山在江油，又将它搬到青城山。其依据是《山海经·大荒北经》上的一句话：“大荒之中有山名曰成都载天。”“刘文”认为逸事、传说、碑碣、方志都算不得史料，不可作为依据，而又将《山海经》奉为典经，其实《山海经》也不过是周秦至汉代的一些人伪托禹、益，收集、整理的古代神话、民间传说，其中的贯胸国、小人国、三首国、奇肱国、人面鸡、九尾狐、三足龟、无口羊……夸父追日、精卫填海等，当然不是历史真实。硬要在这本古代神话集中找出一句话，证明戴天山在青城山，实在是没有多大说服力。《山海经》也反映了古代历史、地理、物产等情况，但也不能证明李白访道的戴天山就是青城山。《大荒北经》记的显然不在西蜀范围。“刘文”引用的那句话的前后文是：“东北海之外，大荒之间，附禺之山……大荒之中，有山曰不咸，有肃慎氏之国……有北齐之国，姜姓……大荒之中，有山名先槛大逢之山，河济所入，海北注焉，其西有山，名曰禹所积石……大荒之中有山名成都载天，有人珥两黄蛇，把两黄蛇，名曰夸父……夸父不量力，欲追日景，将饮海而不足也，将至大泽，未至死于此。”其中能查到的“肃慎氏之国”为满族祖先，在黑龙江中下游，积石山在黄河上游，河、济都在北方，“大泽”，据毕沅注解指瀚海，在今蒙古人民共和国，与四川相距万里，“刘文”将《大荒北经》中的成都载天山搬到四川来，搬得也太远了。在《山海经·中山经》中记载有四川的山，如“岷山，江水出焉，东北流注入海”。在记四川的《中山经》里却找不出成都载天山。这说明《大荒北经》里的“成都载天山”根本就不在四川。再说“载”与“戴”，形音义都不同，也不是那么随便就可通假的。“刘文”在成都载天山、成都山、青城山、戴天山之间随意画上等号，是没有可靠依据的。“刘文”引用的北宋张俞诗句“元真戴天坐，执印朝轩辕”，硬要解释成元真坐在戴天山上，其实这句话意思很明白，元真顶天而坐，说明他高大。“刘文”又引《全唐文》徐太亨《青城山丈人祠庙碑》：五岳丈人“服朱光之袍，戴盖天之冠，佩三庭之印”也与戴天山有关，这就是很明显的牵强附会了，这个“戴”明明是个动词，“戴冠”怎么扯到“戴天山”呢？“刘文”一方面说，宋代以后的人写的都不可靠，“根据后代的图经、方志，说‘江油有个戴天山’，这是继续传讹”，另一方面自己又在引用宋人的诗，甚至是现代人写《道教论稿》、《青城山志》，来证明“青城山又名戴天山”，这不是自相矛盾吗？再说《青城山志》也有几种，王文才先生写的《青城山志》就对李白未隐青城作了考辨（引文前见），结论是“不得附会李白遗址于此山”，王先生结论是有充分依据的。“刘文”引用的王纯五主编的《青城山志》虽认为“大面山支脉古称‘成都载天山’”，但并未说李白曾隐于青城山，在“古遗迹”这一节中，只字未提李白。王家佑先生的《道教论稿》，两次提到江油境内道教名山代天山，特别在一处说：“江油有天仓山……有代天山（大匡山顶），与青城的成都代天山同名。”[①]“刘文”只承认青城山有戴天山，而否定江油有戴天山，这是违背了王家佑先生的原意。

总之，李白隐居的岷山之阳就是江油大匡山，戴天山就在大匡山的后面。

第四节 李白蜀中诗作

李白在蜀中生活了25年，诗作肯定不少，据《彰明逸事》载：“时太白齿方少，英气溢发，诸为诗文甚多，微类《宫中行乐词》体。今邑人所藏百篇，大抵皆格律也。虽颇体弱，然短羽褵褷，已

① 王家佑：《道教论稿》，巴蜀书社，1987年，5页。

有凤雏态。淳化中，县令杨遂为之引，谓是少作是也。”可见在北宋初，李白少作尚存留百篇。后来晁公武《郡斋读书志》说：“蜀本太白集，附人左绵邑人所裒白隐处少年所作诗六十篇，尤为浅俗。”王琦在编《李太白全集》后附《年谱》中，确定为蜀中所作的有《蟾蜍薄太清》、《访戴天山道士不遇》、《登峨眉山》、《登锦城散花楼》、《大猎赋》、《明堂赋》等六篇，在《诗文补遗》中收入《赠江油尉》、《题窦圌山》、《春感》、《谢令妻》、《山火续句》、《观涨续句》等，可能为蜀中所作的有《初月》、《雨后望月》、《对雨》、《晓晴》、《望夫石》、《冬日归旧山》等六首，还有一首《题峰顶寺》，在注中引用《太仓稊米集》说这首诗是“李白在襁褓中”作“上楼诗”，总共诗十四首，赋二篇，题句或续句三则。此外还有两则杂题：《题上阳台》：“山高水长，物象千万，非有老笔，清壮何穷?”阳台在巫山，应是出蜀时所题。“夜来月下卧醒，花影零乱，满人衿袖，疑如濯魄于冰壶也”。据《方舆胜览》记载是李白在眉州彭山县象耳山所题。

清代的《彰明县志》收李白在故乡诗作有《题普照寺》、《赠窦主簿》、《访戴天山道士不遇》、《太华观》、《题江油县尉厅》、《冬日归旧山》、《别匡山》等七首。《江油县志》(光绪版)与《彰明县志》小有出入，无《题普照寺》、《冬日归旧山》，增加了《题窦圌山》，共六首。《龙安府志》（道光版）收有《赠窦主簿》、《访戴天山道士不遇》、《别匡山》、《太华观》、《题江油尉厅》等五首。地方志比《李太白全集》多了《别匡山》和《太华观》两首。《题普照寺》很明显是题浙江天台山普照寺，江油虽有普照寺，但是明代所建，显然李白不会在此题诗。《赠窦主簿》是李白在安徽敬亭山所写，也不是蜀中少年之作。

安旗先生主编《李白全集编年注释》确定为李白蜀中诗作有：《初月》、《雨后望月》、《对雨》、《晚晴》、《望夫石》、《题窦圌山》、《访戴天山道士不遇》、《赠江油尉》、《寻雍尊师隐居》、《登锦城散花楼》、《春感》、《上李邕》、《酬宇文少府见赠桃竹书筒》、《登峨眉山》、《冬日归旧山》、《别匡山》、《峨眉山月歌》、《巴女词》、《自巴东舟行经瞿塘峡登巫山最高峰晚还题壁》、《宿巫山下》等二十首，《拟恨赋》、《明堂赋》、《大猎赋》等三篇。收集比较全面，但也还有需补充论述的。

李白少作在故乡一直流传，有些已选入李白集或收入地方志，大部分失传，还有一部分保留在青莲场萧吉洲老人的手抄本上，其中有李白少作《石牛诗》、《萤火虫》、《上楼诗》等，还有作这几首诗的传说故事。

《石牛诗》又名《咏石牛》：

此石巍巍活像牛，埋藏是地数千秋。
风吹遍体无毛动，雨滴浑身似汗流。
芳草齐眉难入口，牧童扳角不回头。
自来鼻上无绳索，天地为栏夜不收。

这首诗各李白诗集上都没有，一直在民间流传。李白所咏的石牛的确存在，《彰明县志》载：“石牛沟，其石状如牛，每作祟践食田苗，为世人窥见击损，今石尚存。”石牛沟在青莲镇武家坡西南二华里，有一头在天然长成的基础上加以人工刻饰的石牛，考古专家鉴定为唐代雕刻风格，粗犷质朴，列为一级文物，陈列在李白纪念馆。李白的这首诗天真自然，语言清新，表现了诗人追求自由的理想。这首诗大约作于十岁左右，同时期还有一首《萤火虫》：

雨打灯难灭，风吹色更明。
若飞天上去，好作月边星。

这首诗从一个儿童的眼光和心态观察世界，抓住了萤火虫的特点，并天真地幻想要到天边去陪伴明月。这首诗在一般的诗集中都未收集，而在英国翟理斯教授编的《汉诗英译》中却收了李白的这首诗，只是诗题叫《萤火》，第四句为“定作月边星”，仅一字之差，诗后注明：“李白十岁时即席作。”这与青莲民间传说相符，李白十岁时随父参加友人宴会，大家要考一下这位神童的诗才，命题作诗，即席吟得。

在《汉诗英译》中还有一首注明为李白十岁时即席作的五言诗《即景》，丁稚鸿先生还原成汉诗：

龟栖莲叶上，鸟筑荻花洲。

桂棹谁家女，渔歌逐水流。

据丁稚鸿先生考证，这首诗从风格上看，属李白少作，后人在编《李白集》时，将这首诗稍加改动，抄成了《姑熟十咏》中之《丹阳湖》的后四句①。《丹阳湖》："湖与元气连，风波浩难止。天外贾客归，云间片帆起。龟游莲叶上，鸟宿芦花里。少女棹轻舟，歌声逐流水。"前四句气势恢宏，风格豪放，又是一首完整的五言绝句，是李白的成熟之作。而后四句实写小景，语言浅近，显系少作。

传说李白少作的还有一首《上楼诗》：

危楼高百尺，手可摘星辰。

不敢高声语，恐惊天上人。

据周紫芝《太仓稊米集》卷三四："唐人载：李白襁褓中，其家人携之上楼，问颇能诗否？即应声作绝句一首。"按这种说法，这首《上楼诗》应是李白最早的创作，"襁褓中"即能作诗未免夸大了李白的天才，不尽合情理。据青莲民间传说，《上楼诗》与《萤火虫》同样是李白随父赴宴时所作，有一定可信度。诗中表现了儿童的天真与大胆想象，与《萤火虫》风格一致。邵博《邵氏闻见后录》卷一八："舒州峰顶寺有李太白题诗：'夜宿峰顶寺，举手扪星辰。不敢高声语，恐惊天上人。'曾子山始见之，不出于集中，恐少作耳。"此外赵德麟《侯鲭录》又说是："曾阜为蕲州

---

① 丁稚鸿：《翟理斯〈英译汉诗〉中两首李白少作考》，载《中国李白研究》1995—1996年集，《即景》是丁先生从《汉诗英译》中还原成汉诗与《丹阳湖》后四句，文字上小有出入。

黄梅县令，有峰顶寺，去城百余里，在乱山群峰间，人迹所不到。阜按田偶至其上，梁间小榜，流尘昏晦，乃李白所题诗也。其字亦豪放可爱。"诗与邵博记载相同。蕲州黄梅县与舒州相邻，峰顶寺可能属舒州管辖，故邵博说是舒州峰顶寺。此诗与《上楼诗》第一句不同，很可能是李白少年时作《上楼诗》，后游峰顶寺，见景生情，将少作改了一句，题于寺中。

《石牛诗》、《萤火虫》、《即景》、《上楼诗》应是李白十岁左右的诗作，语言浅直，未用典故，自然天真，且带有儿童式的幻想。

王琦注《李太白文集》的《诗文拾遗》中录自《文苑英华》有五首，认为是李白少作。

初月

玉蟾离海上，白露湿花时。
云畔风生爪，沙头水浸眉。
乐哉弦管客，愁杀战征儿。
因绝西园赏，临风一咏诗。

雨后望月

四郊阴霭散，开户半蟾生。
万里舒霜合，一条江练横。
出时山眼白，高后海心明。
为惜如团扇，长吟到五更。

晓晴

野凉疏雨歇，春色偏萋萋。
鱼跃青池满，莺吟绿树低。
野花妆面湿，山草纽斜齐。
零落残云片，风吹挂竹溪。

对雨

卷帘聊举目，露湿草绵绵。
古岫披云毳，空庭织碎烟。
水红愁不起，风线重难牵。
尽日扶犁叟，往来江树前。

望夫石

仿佛古容仪，含愁带曙辉。
露如今日泪，苔似昔日衣。
有恨同湘女，无言类楚妃。
寂然芳霭内，犹若待夫归。

宋代晁公武在蜀中做官时，写了《郡斋读书志》，其中说："蜀本太白集附入左绵邑人所裒白隐处少年所作诗六十篇，尤为浅俗。"这说明他曾看到过李白故乡人为李白少作编的诗集，但这本集子已失传。王琦说："今蜀本李集亦不可见，疑《文苑英华》所载五律数首或即是欤?"对于《初月》等五首律诗是否为李白少作，历来有争议。晁公武对李白少作是否出自李白之手表示怀疑，其主要理由是说这些诗"浅俗"，"白天才英丽，其辞逸荡隽伟，飘然有超世之心，非常人所及。读者自可别其真伪也"。这种看法是不妥的，他忽略了诗人的成长过程，似乎李白天生下来作的诗就不浅俗，就具有"逸荡隽伟，飘然有超世之心"的风格，否则就不是李白作的诗。这不是以变化发展的观点看问题。鲁迅先生说："即使天才，在生下来的时候的第一声啼哭，也和平常的儿童的一样，决不会就是一首好诗。"（《未有天才之前》）正因为它"浅俗"，说明它是李白少年的不成熟之作。其实杨天惠的评价是公允的，一方面说李白少作"虽颇体弱，短羽褵褷"，即羽毛初长，尚未成熟，但另一方面是"已有凤雏态"。《初月》等五首律诗正有这些特点：（1）语言平直，不够隽永；（2）造句有人工雕琢痕迹，明显看出是少年习作；（3）开始用典故，如“玉蟾”、“西园”、“湘女”、“楚妃”这是说明他已经读了不少书，与他前一阶段的《萤火虫》、《咏石牛》、《上楼诗》不同；（4）直接写景，而且景物形象重复率很高，看不出诗人情感活动，没有做到情景交融；（5）都是五言律诗，合符杨天惠说的李白少作“大抵皆格律也”；唐人学诗，律诗是必修课，李白也不会例外。如学书法，先学楷书，循规蹈矩，“戴着镣铐跳舞”，而后才可能“随心所欲不逾矩”。这五篇都是五律，也可证明为少作，不能因为后来李白不喜欢写律诗，就说李白少年也未写过律诗。（6）清新流畅，不乏佳句，“已有凤雏态”。如“万里舒霜合，一条江练横”，“鱼跃青池满，莺吟绿树低”，“零落残云片，风吹挂竹溪”。安旗主编《李白全集编年注释》将这五首诗系于开元三年（715）李白十五岁时，有一定道理。当然也不必看为全都是那一年所作，大约在十五岁前一二年，还未离开青莲乡时。从诗中描写的景色看，与青莲乡环境相符合，如“一条江练横”应指盘江，“古岫披云毳”指远望大匡山、戴天山、紫云山上的薄雾云纱。“尽日扶犁叟，往来江树前”描写盘江之滨，青莲坝的农民。

李白十五岁做小吏，有《谢令妻》、《山火续句》、《观涨续句》，已如前述，当小吏仅半年，到匡山隐居，不时寻仙访道，创作诗歌。其中最有名的是《访戴天山道士不遇》：

犬吠水声中，桃花带露浓。
树深时见鹿，溪午不闻钟。
野竹分青霭，飞泉挂碧峰。
无人知所去，愁倚两三松。

这是一首工整的五言律诗，通过景色的变换写山行的过程，以清新明丽的笔调，展开了一幅清幽秀丽的山水画卷。全诗合律，对仗工整，而又是信手写来，不露斧凿雕饰之痕，写作造诣已达很高水平，因此许多李白诗选，几乎都把这首诗选为李白早期创作的第一首。

在李白写《访戴天山道士不遇》的同一时期还写了《寻雍尊师隐居》：

群峭碧摩天，逍遥不记年。
拨云寻古道，倚树听流泉。
花暖青牛卧，松高白鹤眠。
语来江色暮，独自下寒烟。

苏仲翔先生的《李杜诗选》认为这首诗与《访戴天山道士不遇》“皆李白早年作品，自然淡泊，不着痕迹，已非后来面目”是很有见地的。两首诗内容相近，都是写当天的见闻，写山林美景。两诗意境相同，以求师访友为中心，而寻访的人物都未出场，着力渲染有声有色，有动有静的山水花木，峭壁飞泉。幽美绚丽的景色烘托出淡淡的愁思与怅然。两首诗都是五律，对仗工整，格律严谨，与《彰明逸事》所说，李白少作，“大抵皆格律也”相合。两首诗写的地点相近，《寻雍尊师隐居》应当是与戴天山相邻的太华山，诗中的景色与太华山完全相同，太华山上唐宋时有道观。《龙安府志》云：“太华山在县西北四十里，山峰奇秀，有似西岳，上有太华观。”太华山下平通河边有雍村，历来是雍姓所居，《江油县志》云：“雍村在县西北，宋进士雍繁孙所居。”至今这里的雍姓还是大姓。李白去雍村上面的太华山访问一位姓雍的尊师，完全符合情理。也有学者说这首诗作于开元十年，中有“拨云寻古道”，“拨云：山峰名。今浙江新昌县，天姥山最高峰为拨云尖……此句疑指此峰。古道：指由谢灵运所开的山路。如今翻越天姥山时仍可看到这一陡峭的羊肠小道。”① 笔者认为此种看法不妥。因为李白从未上过天姥山，更不用说去爬顶峰拨云尖。天宝五载他写的《梦

① 郁贤浩：《李白选集》，上海古籍出版社，1990 年，29 页。

游天姥吟留别》:“越人语天姥，云霞明灭或可睹。”其后写的是梦境，而不是实游，开元年间李白哪里上过天姥山呢?《寻雍尊师隐居》所写之山景也与天姥山不同，天姥山上并无“群峭碧摩天”，山下也无“江色暮”。“拨云”在诗句中显然是动词，而非名词，与下句“倚树”才能相对。李白少年时从学律诗人手，对仗工整，不可能以名词对动词。“拨云”与“拨云尖”不过偶然巧合而已，“古道”不一定是谢灵运开的道才叫古道。总之，《访戴天山道士不遇》与《寻雍尊师隐居》都是在李白十七八岁隐居大匡山，寻仙访道时所作，同时期还作有一首《太华观》:

石磴层层上太华，白云深处有人家。
道童对月闲吹笛，仙子乘云远驾车。
怪石堆山如坐虎，老藤缠树似腾蛇。
曾闻玉井今何在，会见蓬莱十丈花。

此诗在《龙安府志》、《彰明县志》、《江油县志》(光绪版)都收录了。《龙安府志·人物志》载:“唐，毛真人，在太华山修炼，道成仙去，今太华观乃其遗迹。”大匡山与太华山乃同一山脉，紧紧相依，从大匡山大明寺逶迤西北上，走十余里即到太华观。好仙游的李白不仅与隐居于太华山中的雍尊师有来往，与太华观中修炼的道士也常有来往，《太华观》就是写访拜太华观道士的见闻，展现了古朴清幽的山中景色，描写了深山月下，笛声悠扬，仙子乘云的神仙境界，暗示观主外出云游，访仙未遇。“玉井”在太华观，井水甘美清冽，传说从井水中可照见前身和来世。这首七律诗格律严谨，对仗工整，应属李白的早期诗作。李白在隐居匡山期间还作过赋，《拟恨赋》是模仿前人之作，王琦说:“古《恨赋》，齐梁间江淹所作，为古人志愿未遂，抱恨而死者致慨，太白此篇，段落句法，盖全拟之，无少差异。”[①] 李白此赋，虽属模拟前人的习作，但却独具特色，高出江赋一筹。《明堂赋》作于开元五年（717）之前，因玄宗开元五年将明堂拆改为乾元殿。《大猎赋》当作于开元八年（720）后，因这年十月玄宗猎于下邽，与该赋序中说“以孟冬十月大猎于秦”相符。李白的赋继承了司马相如、扬雄诸赋的风格，通过祭明堂、猎渭滨，把大唐的繁荣、强大写得有声有色，气势豪迈，想象丰富，语句典雅，表现了少年李白才华横溢，“作赋凌相如”之言不虚。

开元八年春，李白带上自己创作的《明堂赋》、《拟恨赋》、《春感》去见苏颋，得到苏颋好评，“天才英丽，下笔不休，虽风力未成，且见专车之骨，若广之以学，可以相如比肩也”。李白此次游成都还写了一首《登锦城散花楼》：

日照锦城头，朝光散花楼。
金窗夹绣户，珠箔悬银钩。
飞梯绿云中，极目散我忧。
暮雨向三峡，春江绕双流。
今来一登望，如上九天游。

诗中描写了散花楼气势雄伟，建筑精美，还写了楼上看到的美景，表达了诗人心旷神怡的愉悦之情。散花楼是隋代蜀王杨秀所建，《舆地纪胜》：“散花楼隋开皇建，乃天女散花之处。”其位置应在成都东部，原为东城楼。此楼在明代尚存，明曹学佺《蜀中广记》卷二《成都府》：“东门之胜：禹庙、大慈寺、散花楼、合江亭、薛涛井、海云寺……东城楼即散花楼也。李白有《登锦城散花楼》诗。”后毁于明末战火，已无遗迹可寻。

《白头吟》很可能是此次游成都，瞻仰“相如台”有感而作。

① 转引自瞿蜕园、朱金城校注：《李白集校注》，上海古籍出版社，1980年，19页。

李白此次游成都虽受到苏颋的夸奖，但未被重用，继续南游，在眉山象耳山曾作短期停留，留下了“李白读书台”遗迹和《夜来月下卧醒》题句，再顺江而下，去渝州，拜访李邕，干谒失败，写了《上李邕》：

大鹏一日同风起，抟摇直上九万里。
假令风歇下来时，犹能簸却沧溟水。
时人见我恒殊调，见余大言皆冷笑。
宣父犹能畏后生，丈夫未可轻年少。

李邕曾在开元六年至九年间任渝州刺史，在当时文坛上很有名声，故李白前去拜访，但干谒失败，诗中表现了少年气盛，怀才不遇的心情。《酬宇文少府见赠桃竹书筒》也是作于此时。

桃竹书筒绮绣文，良工巧妙称绝群。
灵心圆映三江月，彩质叠成五色云。
中藏宝诀峨眉去，千里提携长忆君。

桃竹，乃巴渝特产，宇文少府当为渝州县尉。诗中透露出李白将上峨眉山的信息。

李白从渝州返回游峨眉山，有《登峨眉山》：

蜀国多仙山，峨眉邈难匹。
周流试登览，绝怪安可悉？
青冥倚天开，彩错疑画出。
泠然紫霞赏，果得锦囊术。
云间鸣琼箫，石上弄宝瑟。
平生有微尚，欢笑自此毕。
烟容如在颜，尘累忽相失。
傥逢骑羊子，携手凌白日。

诗中突出了峨眉山雄伟秀丽的特色，展现了远绝尘嚣的神仙境界，表达了诗人好道求仙，是李白早期创作中的优秀诗篇。峨眉山万年寺传说是李白听蜀僧濬弹琴处。池中有蛙，鸣声如琴，传说是从蜀僧和李白那里学得的琴技。这个美丽的传说表现了人们对李白的敬慕。不过李白诗《听蜀僧浚弹琴》中说："蜀僧抱绿绮，西下峨眉峰"，可见弹琴处不在峨眉，詹锳将此诗系于天宝十二载，可从。

开元八年冬，李白干谒失败，游完峨眉山，又回到匡山，写过一首《冬日归旧山》：

未洗染尘缨，归来芳草坪。
一条藤径绿，万点雪峰晴。
地冷叶先尽，谷寒云不行。
嫩篁侵舍密，古树倒江横。
白犬离村吠，苍苔上壁生。
穿厨狐雉过，临屋旧猿鸣。
木落禽巢在，篱疏兽路成。
拂床苍鼠走，倒箧素鱼惊。
洗砚修良策，敲松拟素贞。
此时重一去，去合到三清。

此诗最早收录在《文苑英华》中，《李太白全集》、《彰明县志》也有记载。旧山就是匡山，在"住持碑"中有："太白旧山大明古寺，靠戴天之山。"诗中所描写的景色也非大匡山莫属，李白以后定居的安陆、任城都无这种景色。这首诗的写作时间应当是在开元八年（720）冬，他在这一年出游成都、渝州，干谒苏颋、李邕未得重用，重返隐居处，诗中描写冬日旧居一片萧索、荒凉、破败的景象，透露出未受重用的不愉快心情。不过他并没有灰心丧气，他在十分艰苦的环境中，振作精神，"洗砚修良策，敲松拟素贞"，他要像挺拔的青松，不畏风寒，坚忍不拔，继续追求自己的理想世界。李白隐居匡山时期经阴平道到江油县城（今平武南坝）访江油县尉，写了《题江油尉厅》，至今尚保留有北宋米元章手书此诗的石刻。

李白在大匡山的最后一首诗是《别匡山》：

晓峰如画参差碧，藤影摇风拂槛垂。
野径来多将犬伴，人间归晚带樵随。
看云客依啼猿树，洗钵僧临失鹤池。
莫怪无心恋清境，已将书剑许明时。

这首诗最早见于北宋“住持碑”，继后“祠堂碑”的碑阴也刻有这首诗，并在附记中明确说：“太白辞山时咏此。”在《龙安府志》、《彰明县志》、《江油县志》中都录了这首诗并加了诗题：《别匡山》。王琦编的《李太白全集》未收此诗，可能出于政治原因，当时文字狱非常厉害，“莫怪无心恋清境，已将书剑许明时”。可以曲解为借李白之口反清复明，“清风不识字，何故乱翻书”就遭来杀头之祸，何况这两句乎！我们不能因王琦未收录就否定为李白所作。这首七律描写了匡山的雄奇、秀丽、清幽的美景，表达了对匡山的依恋之情和报效国家的雄心壮志，表现了李白既热爱大自然，热爱故乡又有宏伟的政治抱负的心态。现在绝大多数学者都认定这是李白早期诗作。詹锳主编的《李白全集校注汇释集评》与安旗主编的《李白全集编年注释》都收录了此诗，并系于开元十二年，李白离开匡山时所作。

开元十二年夏，曾到成都、峨眉山等地停留，秋天离开峨眉山，写了著名的《峨眉山月歌》，后在万县停留。《蟾蜍薄太清》应写于这年的下半年，诗中讽唐玄宗废王皇后事，《旧唐书》载：“开元十二年秋七月壬申月食，既。已卯，废皇后王氏为庶人。”开元十三年春，离开万县，出峡东游，写了《自巴东舟行经瞿塘峡登最高峰晚还题壁》、《宿巫山下》、《巴女词》，还题了《上阳台》。还有一些诗，如《蜀道难》、《送袁明府任长江》等，有学者认为是蜀中之作，但证据不足，不好确定。《蜀道难》的素材是在李白游金牛道、阴平道时积累的，最后完成是离开西蜀之后。

总计，李白 25 岁以前在蜀中创作，流传至今的，有诗二十八首，赋三篇，题句、续句五则。

第五节 李白与赵蕤

李白在蜀中交游最深，受影响最大的是赵蕤，他们既是师生关系又是挚友，在研究李白时，不能不对李白与赵蕤的交往情况及赵蕤对李白的影响认真加以探讨。

一、关于赵蕤的生平及与李白的交往

关于赵蕤的生平事迹的史料甚少，兹排比于下：

《长短经·序》自称："梓州郪县长平山安昌岩草莽臣。"

《新唐书·艺文志》："赵蕤，《长短要术》十卷。字太宾，梓州人。开元中，召之不赴。"

《北梦琐言》（五代、北宋初孙光宪撰）："赵蕤者，梓州盐亭县人也。博学韬钤，长于经世，夫妇俱有节操，不受交辟。撰《长短经》十卷，王霸之道，见行于世。"

《唐诗纪事》引北宋杨天惠《彰明逸事》："太白……隐居戴天大匡山。往来旁郡，依潼江赵征君蕤，蕤亦节士，任侠有气，善为纵横学，著书号《长短经》。太白从学岁余，去游成都。"

《蜀中广记》（明代曹学佺撰）："赵蕤盐亭人，好学不仕，著书属文，隐于梓州长平山。"《三台县志》（清乾隆时修纂）除引用《北梦琐言》关于赵蕤的记载外，还对赵蕤隐居处作了记载："长平山在州北，岗垅延袤而平广，因名。""安昌岩在北坝千佛洞之左，为赵蕤隐居之所"。录有陈谦赵蕤故址诗："奇士栖幽处，青山空复青。高踪来吊望，遗址并飘零。王霸天人学，纵横长短经。呼之当欲出，慨想此精灵。""濯笔溪在县西，即今九曲河是也，相传为唐赵征君习书处"。据笔者实地考察，长平山在今三台县城北，涪水西岸，是一座长而顶平的小山。北周刺州安昌公在这里创建安

昌寺，唐代改名惠义寺，后名琴泉寺。寺旁有洞窟，其中有唐代雕刻的上千躯佛像，故名千佛洞，此洞旁又有一洞穴，题名赵岩洞，至今字迹尚存，赵蕤逝世后，后人为纪念他，曾在此洞外树有“赵处士碑”，民国初年，在此修建有赵征君祠，后被毁，山下濯笔溪至今犹存。

《盐亭县志》（清乾隆时修纂）：“赵蕤字太宾，又字云卿，号东岩子，汉儒赵宾之后。”

《光绪盐亭县志续编·逸行》：“蕤，字太宾，盐亭人。后徙居郪，居长平山安昌岩。开元中三诏召之不起。”

《四川总志》：“蕤，盐亭人，隐于郪县长平山安昌岩，博考六经诸家异同，著《长短经》，又注《关朗易传》。明皇屡征不起。李白尝造庐以请。”

清同治年间盐亭县令郭尔建撰《东关书院记》云：“金鸡场诸君子……合资修建书院，其址即唐贤赵蕤别业也。”在盐亭金鸡场嫘祖山嫘祖宫有赵蕤撰写的《嫘祖圣地碑》，其中说：“学优则仕，于我如浮云，高卧长平，抚琴弄鹤，漱石枕流，乐在其中矣！”其后有“赵蕤谨题，大唐开元二□□年二月”①。

在盐亭永泰乡三岔村发现清道光十三年修的《赵氏族谱》，追溯先祖始于万定、黄金。下夹注：赵芬、赵蕤属万定宗支，“芬公居北宕渠郡，即今盐亭县治；蕤公居县南二十里赵村”②。赵村亦称赵家坝，在今盐亭县两河镇，潼江在此流过，与杨天惠说的“潼江赵蕤”相符合。

综合以上史料可知，赵蕤是梓州盐亭县两河乡人，在金鸡场（今盐亭南部）置有别业，可见家庭比较富裕。后来隐居在梓州（今三台县）长平山安昌岩。赵蕤正是在这里写了《长短经》，李

---

① 引自王德奎主编：《螺祖研究》，成都科技大学出版社，1993年，39页。
② 衡平先生提供资料。

白也是在这里拜赵蕤为师，从学岁余。赵蕤是典型的隐士，虽有渊博的学问而不愿为官，几次征召不赴，乐意过“抚琴弄鹤、漱石枕流”的隐居生活。

赵蕤的生卒年不详，从他写作《长短经》和为《关朗易传》作注来看，应当生于武则天执政时期，去世于“安史之乱”平定后，年龄应在八十左右。赵蕤在《长短经·三国权》云：“自隋开皇十年庚戌岁灭陈，至今开元四年丙辰岁凡一百二十六年。”可见开元四年（716）正是写《长短经》时。李白拜赵蕤为师应是开元七年初，“从学岁余，去游成都”是开元八年春夏之交，这时苏颋入川作益州大都督府长史，李白前去拜谒。苏颋在《荐西蜀人才疏》中，提到“赵蕤术数，李白文章”。此后唐玄宗下诏征辟赵蕤做官，赵蕤不就，故有“征君”之称。李白与赵蕤师友情谊很深，出蜀后曾写《淮南卧病书怀，寄蜀中赵征君蕤》，表达了深切的思念之情，这大约是开元十五年秋。赵蕤撰写的《螺祖圣地》碑，后署时间是“大唐开元二□□年二月”，“二”字后缺两字，肯定不是开元二年，而是二十几年，这时赵蕤住盐亭东关别业。赵蕤在完成《长短经》后又开始研究《易经》，为《关朗易传》作注，他在《注》序中云：“蕤非圣人，五十安知天命，然从事于《易》。虽乱离中未曾释卷。”这段话应解读为，五十岁时还勤奋研读《易》，开始为《关朗易传》作注，一直到离乱中——安史之乱，他仍然坚持《易经》研究。梓州一带发生战乱是“安史之乱”后期，公元761年4月，东川节度使兼梓州刺史段子璋发动叛乱，攻打绵州、遂州等地，战祸波及川西北。赵蕤此时应当是年近八旬了。有学者将《关朗易传》注序解读为作注时为五十岁，时值“安史之乱”，那么作《长短经》时才几岁，因而推论，为《关朗易传》作注的是另外一人，这是对“注序”的误解。再说《关朗易传》注的基本观点是“一必有二”，与充满辩证法的《长短经》的观点一致，应当是出于一人之手。

二、赵蕤对李白的深远影响

李白拜赵蕤为师是十七八岁时，正是一个人的世界观、人生观、价值观、伦理观以及创作风格定型之时，定型后不容易有大的改变。因此赵蕤对李白的影响是十分深远的，而且具有决定性的意义。

1. 赵蕤对李白人生理想和生活道路的影响

赵蕤是一个“高卧长平”，视富贵如浮云的隐士，但并非脱离现实、漠视民间疾苦的世外超人，而是一个关心国家命运，关注现实社会的进步思想家。从《长短经》就可以看出他忧国忧民的一片赤诚之心，在书中的自序说：“大旨在乎宁固根蒂，革易时弊，兴亡治乱，具载诸篇，为沿袭之远图，作经济之至道，非欲矫世夸俗，希声慕名。”他写这本书就是为了探讨治国济民的道理，使国家根基得到巩固，社稷长治久安。在书中展现了从上古以来至隋几千年历史，尽情地讴歌了为国家富强，为民众造福，品德高尚的足智多谋的杰出人物。在《品目篇》中，集中歌颂了一批俊杰，“德行高妙，容止可法，是谓清节延陵，晏婴是也；建法立志，强国富人，是谓法孚，管仲、商鞅是也；思通道化，策谋奇妙，是谓术家，范蠡、张良是也；其德足以厉风俗，其法足以正天下，其术足以谋庙胜，是谓国体，伊尹、吕望是也；其德足以率一国，其治法足以正乡邑，其术足以权事宜，是谓器能，子产、西门豹是也；……能文著述，是谓文章，司马迁、班固是也；……胆力绝众，材略过人，是谓骁雄，白起、韩信是也。”《长短经》中还多次称颂傅说、屈原、鲁仲连、诸葛亮、谢安等杰出人物。这对于李白确立人生理想，起了决定性作用，李白把这些历史上的英雄人物，作为崇拜的偶像，学习的楷模，希望自己也能成为品德高尚，为苍生社稷建功立业的人。他曾自述其宏伟的理想：“申管、晏之谈，谋帝王之术，奋其智能，愿为辅弼，使寰区大定，海县清一。”（《代寿山答孟少府移文书》）在他的诗中，多次以管仲、诸葛亮、鲁仲连、谢安等人自况，如：“自言管葛竟谁许，长吁莫错还闭关”

(《驾去温泉宫后赠杨山人》)；“武侯立岷蜀，壮志吞咸京，……余亦草间人，颇怀拯物情”（《读诸葛武侯传书怀》)；“齐有倜傥生，鲁连特高妙……吾亦淡荡人，拂衣可同调”（《古风》其十)；“尝高谢太傅，携妓东山门……暂因苍生起，谈笑安黎元。余亦爱此人，丹霄冀飞翻”（《书情赠蔡舍人雄》)；“余亦南阳子，时为《梁父吟》，愿一佐明主，功成还自林”（《留别王司马嵩》)。尽管李白有时也表达出想做隐士、当神仙的消极出世思想，但占主导地位的，贯穿一生的人生理想仍是积极奉献，建功立业。虽多次受挫折，仍然“一朝复一朝，发白心不改”。李白即使在冤狱之中，还在读《留侯传》，勉励前来探监的张秀才，在国家多事之秋，像张良那样建功立业。在流放途中他还想“何时入宣室，更问洛阳才”（《放后遇恩不沾》)，希望能像贾谊那样，流放后还能被皇帝征召。

流放遇赦之后，贫病交加，年过花甲，但报国热情未减，“中夜四五叹，常为大国忧，安得羿善射，一箭落旄头”，希望得到韦良宰的引荐，“君登凤池去，勿弃贾生才”（《经乱离后天恩流夜郎忆旧游书怀赠江夏韦太守良宰》)。当他听说李光弼出征，立即去投军，“恨无左车略，多愧鲁连生。拂剑照严霜，雕戈鬘胡缨。愿雪会稽耻，将期报恩荣”（《闻李太尉大举秦兵百万出征东南懦夫请缨冀申一割之用半道病还留别金陵崔侍御十九》)。李白在临终前一年，还是以李左车、鲁仲连等英雄人物为榜样，以天下国家为己任，建功立业之心终生不渝。

李白为国建功立业的积极入世的人生观的树立，除受历史上的英雄人物鼓舞外，还受到赵蕤的命运观的影响。《长短经》在《命运》篇中，以唯物的观点论述了人不应当消极地靠天，听任命运的摆布。命运是由人事决定的，君子应自强不息，修身立德，争取好的命运。他说：“《传》曰：‘祸福无门，唯人自招’，谓立事以应休咎，故曰人事。”意思是说怎样为人处世，就会有怎样的命运，所以说命运在于人为。他还引证了《易经》及荀子、墨子、尉缭子、司马迁等人的话，作出了“吉凶祸福在于人”的结论。“言兴亡，长短必于德矣……命也者，天之授也，德也者，命之本也……若德循于曩，则命之于今，然则今之命，皆曩之德也。明夫命之在德，则吉凶祸福不由天也，命之于今则贤圣鬼神不能迁也。故君子尽心焉，尽力焉，以邀命也，此运命之至矣。《易》曰：‘穷理尽性以致于命’此之谓也。”也就是说不靠上天，不靠鬼神，要自己修身立德，竭尽自己的力量和心智，去争取好的命运。李白树立以天下社稷为己任的人生理想，屡经挫折而初衷不改，正是他牢牢地记住了赵蕤的教导：“君子尽心焉，尽力焉，以邀命也。”

李白的生活道路也深受赵蕤的影响，在《长短经》中讲了许多历史上出身微贱的杰出人物，当他们的才华得到帝王赏识后，一步登天，成为宰辅，建立殊勋。如奴隶出身的傅说、百里奚，屠夫出身的姜太公等。在《七雄略》中，详细讲述了苏秦、张仪如何游说诸侯，取得信任，以布衣而卿相。在《钓情》中讲述了游说君主的技巧，列举了许多先秦的纵横之士，如何试探君主的好恶——“钓情”，达到游说成功、受到重用的目的。李白从《长短经》上学到的这些，使他不以自己出身寒微而自卑，决心走一条不同于一般知识分子的生活道路，不参加科举考试，而是“遍干诸侯，历抵卿相”，结交群雄，显示才华，最终得到皇帝的赏识和重用。他“常欲一鸣惊人，一飞冲天”，“不求小官，以当世之务自负”。在《鞠歌行》中说：“听曲知宁戚，夷吾因小妻，秦穆五羊皮，买死百里奚。洗拂青云上，当时贱如泥。朝歌鼓刀手，虎变蟠溪中，一举钓六合，遂荒营丘中，平生渭水曲，谁识此老翁。”他所歌颂的人物都是小人物，逢时虎变，一步登天，成为匡扶社稷的重臣。李白正是以他们作为自己生活道路的样板。

2. 赵蕤的学术思想对李白的影响

巴蜀文化在学术思想方面的显著特点是不拘泥于正统思想，兼收并蓄，博采众家之长。赵蕤在学术思想方面也体现了这一特点。《长短经》对先秦诸子如儒、道、法、墨、兵、农、名、杂、阴阳、纵横等家的学说以及汉晋以来司马迁、班固、荀悦、范晔等史学家的观点，都在引用，以“一必有二”的观点加以评论。可以说是兼容并包，他并不偏爱某一家，而是超脱于各家之上，取其所长，避其所短，反对拘泥于一家，否定另一家。他在《适变》篇中说：“治天下者，有王霸焉，有黄老焉，有孔墨焉，有申商焉，此其所以异也。虽经纬殊制，救弊不同，然康济群生，皆有以矣！今议者或引长代之法，诘救弊之言，或引帝王之风，讥霸者之政，不论时变，而务以饰说，故是非之论纷然作矣。言伪而辩，顺非而泽，此罪人也，故君子禁之。”接着他在《正论》篇中，引用了《汉书·艺文志》对儒、道、墨、法、阴阳、纵横、杂、农等八家的长处与弊端的评论，然后他说：“数子之言，当世失得，皆悉究矣。然多谬通方之训，好申一隅之说。贵清净者，以席上为腐议，束名实者，以柱下为诞辞，或推前王之风，可行于当年，有引救弊之规，宜流于长世，稽之笃论，将为弊矣。由此言之，故知有法无法，因时为业，时止则止，时行则行，动不失其时，其道光明，非至精者孰能通于变哉！”赵蕤认为各家学说都有长处和短处，不能一概肯定或否定，应当全面研究各派学说，根据现实情况变通取舍。

赵蕤博采众家之长，兼容并包的学术思想，对李白影响是很深的。李白少年时，在父亲教导下，博览群书，“五岁读六甲，十岁观百家，轩辕以来，颇得闻矣”。在拜赵蕤为师后，读了《长短经》这部奇书，又进一步打开了眼界，不是束缚在正统的儒家思想中，也不是完全沉迷在某一个宗教中，而是对各家各派学说都进行了研究，对佛教、道教都感兴趣，与三教九流的人都有交往，形成了李白兼收并蓄的开放型的思想体系。

3. 赵蕤的政治思想对李白的影响

赵蕤的政治思想博采众家之长，针对“时弊”，提出了自己的主张。

(1) 以民为本。《孟子·尽心下篇》:“民为贵,社稷次之,君为轻。是故得乎丘民而为天子。”《吕氏春秋·贵公》有云:“天下非一人之天下也,天下之天下也。……万民之主,不阿一人。”秦始皇建立了封建君主专制制度后,皇帝拥有无上权威,天下臣民绝对服从君主,天下财富归皇帝一家私有。西汉董仲舒改造发展儒学,纳入法家、阴阳家观点,鼓吹“君权神授”、“三纲五常”,君尊臣卑成了天经地义。赵蕤继承先秦诸子的优秀思想遗产,否定君权神授,反对君主把天下作为自己的私产,坚持以民为本的主张,认为只有为民造福的人,才有资格当君主。他说:“古之立帝王者非以养奉其欲也,为天下之人强掩弱,诈欺愚,故立天子以齐一之,谓一人之明不能偏照海内,故立三公九卿以辅翼之,为绝国殊俗不得被泽,故立诸侯以教诲之。”(《惧戒》)帝王并非上天所派,而是社会需要而立,天子并非万能,而需君臣辅佐。《长短经》中反复讲:“天下者非一人之天下也,天下人之天下。”他还说:“取天下若逐野兽,得之而天下皆有分肉。若同舟而济,皆同其利,舟败,皆同其害,然则皆有启之,无有闭之者矣。……与天下同利者,得天下;擅天下之利者,失天下。”(《惧戒》)赵蕤的思想较之荀子更为进步,荀子说:“君者,舟也,庶人者,水也,水则载舟,水则覆舟。”① 君民关系还是压迫与被压迫关系,压迫过度,人民就要反抗。而赵蕤把君民看成共坐一条船上的旅客,共在一起打猎的伴伙,没有什么尊卑贵贱,而是利害相同、休戚与共的平等关系。天下之利不能君主独占,而是天下之人共享,君主要能统治天下,就要使天下人民都得到利益。“治国有常,而利人为本”,“政之所行,在顺人心,政之所废,在逆人心”(《政体》)。若危害百姓,必遭百姓唾弃,“君不可以无德,无德则臣叛”;“易姓改

① 《荀子·王制》。

代，天命无常”（《惧戒》）。以民为本，重民、利民思想在《长短经》表达得十分鲜明、充分。

（2）选贤任能。历史上凡是进步思想家都主张尚贤，如墨子就提倡“尚贤”，赵蕤进一步发挥了尚贤思想，特别强调选贤任能的重要性，在《长短经》的第一卷就讲的君主如何使用人才，识别人才。他说：“料才任能，治世之要”，“君以能用人为能”，“得人则兴，失士则崩”（《论士》）。他总结秦至隋兴亡的历史教训，指出“大抵得之者，皆因得贤豪，为人兴利除弊，其失之也，莫不因任用群小，奢汰无度”（《霸图》）。赵蕤认为要做到任贤，必须有一个贤明的君主，“非贤者莫能用贤”（《量才》）。君主要能得到贤者的辅佐，首先要尊重贤才，把贤才当做师友。“上主以师为佐，中主以友为佐，下主以吏为佐，危亡之主以隶为佐”（《量才》）。也就是说，明主把人才尊重为老师，昏君只能使用奴才。赵蕤一再强调贤明的君主要礼贤下士，他引用《战国策》的故事：“齐宣王见颜触曰：‘触前。’触亦曰：‘王前。’议曰：‘夫触前为慕势，王前为趋士，与使触为慕势，不若使王为趋士。’宣王作色曰：‘王者贵乎？士者贵乎？’对曰：‘昔秦攻齐，令曰：有能得齐王头者封万户侯，赐金千镒。由是言之，生王之头，曾不如死士之陇。’宣王竟师之。”（《论士》）赵蕤对君臣关系的论述显然突破了“君为臣纲”的正统观念。他认为君臣只是分工不同，责任不同，而不是尊卑不同。君主首先要尊重贤才，才能得到贤才的辅佐。在《傲礼》篇，专门讲了古人以傲为礼，侯生对信陵君，王生对张释之，汲黯对卫青故意傲慢，而对方能礼贤下士，尊重人才。以此说明君臣之间，大官与小官之间，官与平民之间，人格是平等的，不应当有森严的尊卑等级。人才得到尊重，各种人才的长处得以发挥，天下才能治理好。

（3）足衣食，教礼仪，明刑堂，慎甲兵。《长短经·适变》云：“夫王道之治，先除人害，而足其衣食，然后教以礼仪，而威刑诛，使知好恶去就。”要足衣食就必须重视农业生产，“积于不涸之仓，务五谷也，藏于不竭之府，养桑麻，育六畜也”（《政体》）。重本抑末，提倡节俭，他引用汉景帝的话：“农天下之本也，黄金珠玉饥不可食，寒不可衣。”“雕文刻镂，伤农事也，锦绣纂组，害女红也，农事伤则饥之本也，女红害，则寒之原也，夫饥寒并至而能毋为非者寡矣！”（《政体》）在教化与刑罚的问题上，赵蕤兼采儒、法两家主张，两者并重，他说：“夫仁义礼智者，法之本也，法令刑罚者，治之末也。无本者不立，无末者不成。何则？夫礼教之法，先之以仁义，示之以礼让，使之迁善，日用而不知。儒者见其如此，因为治国不须刑法。不知刑法承于下，而后仁义兴于上也。法令者，赏善禁淫，居理之要，商韩见其如此，因曰治国不待仁义为体，故法令行于下也。故有刑法而无仁义则人怨，怨则怒也。有仁义而无刑法则人慢，慢则奸起也。本之以仁，成之以法，使两道而无偏重，则治之至也。”（《政体》）他主张赏罚必须分明，“当赏者不赏，而当罚者不罚，则为善者失其本，望而疑其所行；为恶者轻于国法，而怙其所守”（《政体》）。赵蕤主张慎甲兵，反对穷兵黩武，加重人民负担，他说：“夫兵者，凶器也。战者，危事也。兵战之场，立尸之所，帝王不得已而用之矣！”但他并不是反对一切战争，他说：“救乱诛暴，谓之义兵，兵义者王；敌加于己，不得已而用之，谓之应兵，兵应者胜……利人土地宝货者，谓之贪兵，兵贪者破；恃国之大，矜人之众，欲见威于敌，谓之骄兵，兵骄者灭。是知圣人之用兵也，非好乐之，将以诛暴讨乱矣。”（《出军》）他把战争分为两大类，除乱诛暴，抵御侵略的正义战争必须要打，而且必然取得胜利，而掠夺性的战争必然失败。《长短经》第九卷专门讨论兵法，论述了从出军、练兵、布阵到还师的全过程。

赵蕤总结他的政治措施是：“明版籍、审什伍、限夫田、定刑名、立君长、急农桑、去末作、敦学教、核才艺、简精悍、修武

备、严禁令、信赏罚、纠游戏、察苛尅，此十五者，虽圣人复起，必此言也。”（《政体》）

赵蕤的政治思想对李白影响很深。他从《长短经》学到一整套经国济世之学，增强了当一个杰出政治家的自信心。他常自诩“怀经济之策”，“报国有长策”。虽然他并未实现当政治家的理想，也没有提出过一套完整的政治主张，但可以从他的诗文中看出他的政治思想。其来源很杂，有儒家的、道家的、法家的，而其直接来源就是《长短经》。

李白希望的帝王是能够以民为本，选贤任能，礼贤下士的有道明君。他自己愿意做有道明君的师友，辅佐帝王治理天下。他具体希望皇帝“下明诏，班旧章。赈穷乏，散敖仓，毁玉沉珠，卑宫颓墙。使山泽无间，往来相望。帝躬耕乎天田，后亲于郊桑。弃末反本，人和时康”（《明堂赋》）。“使天人晏如，草木繁殖。六宫斥其珠玉，百姓乐于耕织，寝郑卫之声，却靡曼之色”（《大猎赋》）。他希望地方官能做到“宽猛相济，弦韦适中，一之岁肃而教之，二之岁惠而安之，三之岁富而乐之。然后青衿向训，黄发履礼。耒耜就役，农无游手之夫；杼轴和鸣，机罕嚬蛾之女。物不知化，陶然自春。权贵锄纵暴之心，黠吏返淳和之性。行者让于道路，任者并于轻重，扶老携幼，尊尊亲亲，千载百年，再复鲁道”（《任城县厅壁记》）。李白的这些政治主张基本上来自《长短经》。李白对战争的态度与赵蕤也是相同的，《战城南》：“乃知兵者是凶器，圣人不得已而用之。”这一句诗则是《长短经·出军》第一句话的翻版。李白对唐王朝穷兵黩武，对周边民族发动不义战争严厉谴责，如《古风》十四、三十四，就是谴责对西南少数民族用兵。李白对于反击异族入侵，平定安史之乱的战争，即赵蕤所谓的“应兵”、“义兵”，不仅颂扬，而且愿意亲自参加。

唐玄宗在后期不再是励精图治、尊重贤才的英明君主，而是沉湎于享乐，将政务交给李林甫、杨国忠等奸臣，忠臣贤士横遭迫害，按《长短经》对帝王的分类属于“亡主”：“亲用谗邪，放逐忠贤，纵横逞欲，不顾礼度，出入游放，不拘仪禁，赏赐行私，以越公用，忿怒施罚，以逾法理，遂非文过，而不知改，忠言壅塞，直谏诛戮，是谓亡主……亡主必亡而已矣。”李白发现他寄予莫大希望的皇帝，竟是“亡主”，满怀悲愤，写诗揭发是非颠倒、贤愚莫辨的黑暗现实。《长短经》云：“夫既朽之木不雕，衰世之朝难佐。若欲辅难佐之朝，雕朽败之木，犹逆坂走丸，迎流纵棹，岂云易哉！……故智者不为暗主谋。”（《惧戒》）李白根据这一教导，认为玄宗也是“弱植不足援”的昏君，只得请求还山，离开宫廷。

4. 李白从政的失败与《长短经》

李白学了《长短经》自认为有经世济民的本领，可以做帝王之师，但他从政却失败了。他“遍干诸侯，历抵卿相”，到42岁才入宫，不到二年被“赐金还山”。后从李璘不到二月就被捕，又长流夜郎，他向赵蕤学的那一套“经济之才”未得施展，这是为什么？

首先我们要看赵蕤的政治思想是否适合当时的统治者的需要？赵蕤继承先秦诸子的优秀思想遗产，否定君权神授，批判君主独裁专制，强调士的重要作用，要求君主礼贤下士，以贤士为师友，与贤士共治天下，他说：“夫独行之贤，不足以成化；独能之事，不足以周务，出群之辨，不可为户说；绝众之勇，不可与征阵。凡此四者，乱之所由生也……故所贵圣人之理，不贵其独治，贵其能与众共治也。”（《卑政》）赵蕤反对君主专制独裁的思想无疑是进步的，可以说是一种超前意识，他的这种思想到封建社会衰落时期，在杰出的思想家黄宗羲那里，得到进一步发展，成为民主主义的先驱。但赵蕤所处的时代是封建专制主义高度成熟时期，皇权至高无上，只能是皇帝独治，而不是共治。皇帝需要的是忠顺的奴才，而不是指手画脚的老师。封建社会君尊臣卑，等级森严，绝对不允许臣下的傲气。而赵蕤认为士可以傲视君王，可以师友的身份与君主共治天下，这是当时的统治者绝对不能接受的。赵蕤之所以三次征召而不应，就是自知自己的这套主张太高超了，不可能为当时统治者所接受。

李白建功立业的心太切，总想把《长短经》的这种高超理论付诸实施。他又深受赵蕤的“以傲为礼”的影响，以帝王之师自居，傲气十足，“戏万乘若僚友，视俦列为草芥”，使贵妃捧砚、力士脱靴的传说，姑且不论是否真实，也的确反映了李白的傲气，在等级森严的封建社会，只能是处处碰壁。

李白从政失败还不能完全归咎于《长短经》理论太高超，也还有李白对《长短经》学习不够，运用不好的地方。《长短经》很重要的思想是“讲时宜”，根据形势的变化，采取不同对策，不可执一守旧。在序言中就讲“通于时变”，引管子的话：“圣人能辅时，不能违时，智者善谋，过则舍之。”在《时宜篇》引证了许多历史事件，说明决策要从实际出发，“夫立策决胜之术，其要有三：一曰形，二曰势，三曰情。形者，言其大体得失之数也。势者，言其临时之势，进退之机也。情者，言其心志可否之实也。故策同事者，三术不同也。……此情与形势之异者也，随时变通，不可执一矣。”又说：“权不可预设，变不可先图，与时迁移，应物变化，计策之机也。”一切决策要从客观实际和主观条件出发，这种思想无疑是符合唯物辩证法的。然而李白对此领会不够。从大的形势看，李白学成后，急于建功立业之时，唐玄宗统治已经巩固，四海晏然，天下太平，正是“开元全盛日”，选拔人才的一套办法已经规范化。而李白想学的那些逢时虎变，诸侯们为扩大势力，激烈地争夺人才，只要适合自己需要，立即得到重用。《长短经·序》云：“匠成舆者，忧人不贵；作箭者，恐人不伤……驰骛之曹，书读纵横，则思诸侯之变，艺长奇正，则念风尘之会。”也就是纵横家、兵家，希望在天下大乱时施展本领。而李白要在天下太平之时来学纵横之士，这就是最大的不合时宜。

李白经过漫长的曲折的道路，终于“名动京师”，被召入京，本来这是他施展政治抱负的很好的机会，但他对当时的“形”与“势”认识不足，对玄宗企望太高，自己又傲气十足，终不为所用。若是一个成功的政治家，他会对朝廷中的各派力量作冷静分析，团结一切可团结的力量，使自己站稳脚跟后，纵横捭阖于各派之间，逐个地收拾自己的政敌，实现自己的政治主张，李白缺乏的就是这一套政治家的本事，他为人太“方”，性情直率，近于天真，不会韬光养晦，从他供奉翰林期间所写的一些诗来看，公开讽刺皇帝，抨击权臣，还给同事传看，虽说明李白为人正直，有叛逆精神，终不免被人抓住把柄，谗言陷害，被逐出京。“安史之乱”爆发，李白说，“此乃猛士奋剑之秋，谋臣运筹之日”，应当是李白学的纵横之术施展之时，但李白对形、势、情的认识还是错误的，提出的计策也就不能用。李白虽然自比诸葛亮，只能说忧国忧民之心可比，但政治才能无法相比。诸葛亮对刘备再三观察、考验，才决定出山辅佐，结成了鱼水般的君臣关系，还未出茅庐就对天下形势作出了的分析，提出了《隆中对》，以后按预定战略行事，形成三国鼎立。而李白对李璘认识不够，据《新唐书·李璘传》载：“璘生宫中，于事不通晓，见富且强，遂有窥江左意……其子襄成王偒，刚鸷乏谋，亦乐乱。”[①] 李璘父子，生长宫中，不知世事之艰难，缺乏政治远见，只知争权夺利，李白却贸然从之，违背了赵蕤的“智者不为暗主谋”的教诲。李白从璘后没有明确地看到他献的策，不过从《永王东巡歌》中可以看出，他要永王以“龙蟠虎踞帝王州”的金陵作为帝业之基，把永王比为东晋偏安王朝的皇帝，把自己比为谢安，这只能鼓动永王的野心，促进与肃宗的分裂。后来李白《为宋中丞请都金陵表》中，要求肃宗迁都金陵，必然将北方放弃给叛军，形成南北朝那样的分裂混乱局面，他的错误决策出于对形势的错误分析，比之诸葛亮对形势的分析并提出正确的战略决策，真是

---

① 《新唐书·永王璘传》卷八二。

有天壤之别。

或许说李白本来是有政治才能的，只是未遇明主，生不逢时，无法施展，未成政治家。此说也不妥，与李白同时代的李泌，也是幼小时即显现才华横溢，曾被玄宗看重，待诏翰林，供奉东宫，后因写诗讥讽杨国忠、安禄山，被逐出宫廷，这些经历与李白有惊人的相似。安史乱起，李泌主动去灵武投奔肃宗，为平定“安史之乱”，贡献出了许多很好的谋略。李泌经历了玄宗、肃宗、代宗、德宗四朝，尽管君王并非明主，也遭奸佞嫉恨，但他却能在复杂的政治环境中，纵横捭阖，进退自如，用智术避免祸患，为国家屡建奇勋。《新唐书·李泌传》：“赞曰：泌之为人也，异哉！其谋事近忠，其轻去近高，其自全近智，卒而建上宰近立功立名者。”而李白从政，其理想脱离现实，性格又很高傲，有为国为民建功立业的良好动机，而缺乏合于时宜的见识和谋略，他的确不能称为政治家。不过正因为他从政的失败，使他成为一位伟大的诗人。若他真的成为杰出的政治家，就不会写出那么多的好诗。裴斐先生在《文学原理》中说过：“诗与世俗功利不可兼得……屈原、李白、杜甫在功利追求中都不是强者，而他们成为诗人又正是从遭疏，被放逐和沦落开始。”这正是历史的辩证法。

5. 赵蕤对李白诗歌散文创作的影响

《长短经》虽然讲的是经国济世之学，没有讲诗歌创作，但对李白诗歌散文的思想内容及艺术风格的影响仍然是不可忽视的。“诗言志”，李白在赵蕤的教导下，树立了远大的志向，积极的人生追求，济世安民的宏伟抱负，因而在诗歌中表现出强烈的爱国主义精神，充满着忧国忧民的积极健康的内容。赵蕤的重民、利民，以民为本的思想，对专制独裁的批判深深地影响着李白，加之李白出身寒微，当过小吏，广泛接触下层社会，看到了人民的苦难，看透了统治者的腐败，因而在他的诗歌中有很明显的平民性。笔者从李白一千多篇诗文中统计：他与388人有过交往，这些人中，县令以下的官吏151人，占39%；未当官吏的平民百姓184人，占48%；五品以上的官员仅53人，约占13%。从这些数字看出，李白接触的社会下层的人士远远超过社会上层人士。他对生活在社会下层的人充满了真挚的情感。如对五松山下的农民老大娘荀媪，善酿酒的纪叟，秋浦的冶炼工，拖船的纤夫，刈蒲的老农，采莲的少女，普通士兵的妻子等，充满了爱心，写诗赞扬他们心灵和外形的美，歌颂他们勤劳纯朴的品质。李白与流外的吏和流内的卑品官，交往很多，情感也深厚，而对身居高位而又祸国殃民的权贵敢于藐视，大胆地揭露他们的腐败，咒骂他们是“蹇驴”、“青蝇”、“葹绿”（毒草），表现出鲜明的爱憎情感，对封建礼教的大胆叛逆精神。李白诗歌忧国忧民的积极健康的内容，扫尽梁陈颓风。正是他的创作实践，完成了陈子昂开创的诗歌革新运动，“陈拾遗横制颓波，天下质文翕然一变，至今朝诗体，尚有梁陈宫掖之风，至公大变，扫地并尽”①。

在李白的诗歌中，有相当篇幅是借写历史人物、历史事件来抒发自己的情感、抱负的，而李白吟咏的这些历史人物和事件几乎在《长短经》中都论述过。如在李白诗中多次歌颂的姜太公、管仲、鲁仲连、诸葛亮、谢安等杰出人物，在《长短经》中多次讲他们的事迹，引用他们的言论，可以说《长短经》大大充实了李白诗歌的内容。

《长短经》继承了先秦诸子散文的优良文风。《四库全书总目提要》说：“此书辨析事势，其源盖出于纵横家，故以《长短》为名。”《长短经》的整个框架以谋略为经，历史为纬，交错纵横，气势恢宏。或引经据典，滔滔雄辩；或陈述史实，引出结论；或双方争论，唇枪舌剑。结构谨严，议论精辟，语言生动，很富于鼓动性和说服力，的确具有纵横家、雄辩家的风范。李白的诗歌散文，

① 李阳冰：《草堂集序》。

豪迈、奔放、雄浑、高昂，就是深受《长短经》文风之影响。李白的《与韩荆州书》、《为宋中丞请都金陵表》等，就有很浓的纵横家之书的味道。“太白之诗，超然飞腾，不愧仙才，是为纵横家之诗”[①]。元人范德机说，李白诗“如兵家之阵，方以为正，又复为奇，方以为奇，忽复是正，奇正出入，变化不可纪极”[②]。《长短经》64 篇中有 24 篇是专讲兵法的，这对李白文风当然是有影响的。

总之，李白的人生态度、生活道路、学术思想、政治主张以及创作的内容和风格都深受赵蕤的影响。

第六节　李白蜀中交游杂考

从李白诗文和方志记载中，李白蜀中交游的人，指得出姓名的，除赵蕤外，还有苏颋、李邕、吴指南。无确切姓名的有东岩子、戴天山道士、雍尊师、太华山道士、江油县尉、彰明县令等，其中信道教的多。李白自称“十五游神仙，仙游未曾歇”。这是因为川西北本来就是道教的发祥地，“道风未沦落”。李白青少年时期与道教人士交往，对他的思想和生活道路，产生了重大影响。李白在蜀中与游侠之士交往甚密，情义很深。他自己说：“忆昔少年时，结交赵与燕”（《留别广陵诸公》）；“结发未识事，所交尽豪雄”（《赠从兄襄阳少府皓》）。“魏序”和刘全白《唐故翰林学士李君碣记》都说李白“少任侠”。“范碑”说，李白“少以侠自任，而门多长者车”。这些游侠之士如浮萍，往来无常，且多隐名埋姓，很难考证李白与他们交往的实情。李白一生疏财仗义，好打抱不平，

① 刘师培：《论文杂记》其十二。

② 转引自《李白集校注·丛说》，上海古籍出版社，1980 年，1877 页。

同情受压迫的弱者，就是受这些豪侠之士的影响。李白出蜀的路费，应当是这些侠义之士的资助，吴指南很可能是这些豪侠朋友之一。李白在《上安州裴长史书》中说："昔与蜀中友人吴指南同游于楚，指南死于洞庭之上，白禫服恸哭，若丧天伦，炎月伏尸，泣尽而继之以血，行路闻者，悉皆伤心。猛虎前临，坚守不动。遂权殡于湖侧，便之金陵，数年来观，筋肉尚在。白雪泣持刃，躬身洗削，裹骨徒步，负之而趋，寝兴携持，无辍身手。遂丐贷营葬于鄂城之东。故乡路遥，魂魄无主，礼以迁窆，式昭朋情。此则是白存交重义也。"从这段叙述来看，李白与吴指南可谓生死之交，义重如山，很可能李白与他在蜀中一起行侠仗义，同生死，共患难，所以吴指南死后，李白那么的悲痛，又以蜀中少数民族的葬法，给予迁葬。

2007年出版的《大唐第一古惑仔李白实录》对吴指南另有说法："吴指南怎么死的？我猜测，根据李白的行事风格，恐怕是两群古惑仔群殴致死的。强龙不压地头蛇，你四川的一群古惑仔，跑到湖南横行霸道，那是没有好下场的。"他又从李白《叙旧赠江阳宰陆调》诗中推论："从这首诗来看，吴指南很可能是和李白组织了一群四川的古惑仔，到了湖南，碰到当地的流氓，两组人为了斗鸡，或者为了抢美女，发生火并，结果吴指南被打死了。"此说使人愕然！李白说得很清楚，吴指南是在刚出蜀不久死于洞庭湖边的。《叙旧赠江阳宰陆调》一诗中关于"北门受厄"事件是这样说的："我昔斗鸡徒，连延五陵豪。邀遮相组织，呵吓来煎熬。君开万丛人，鞍马皆辟易。告急清宪台，脱余北门厄。"此事发生的时间是李白三十岁第一次入长安，地点是在长安北门即玄武门。李白行侠仗义，"路见不平一声吼"，与斗鸡走狗的"五陵豪"，即一群长安恶少发生冲突，得到陆调的援救，最后清宪台即御史台的官兵出面，才解救了李白。此事与吴指南毫不相干，因为他已死了五年。把时间、地点都不同的事硬拉扯在一起，又无中生有的硬说吴指南和李白"组织了一群四川的古惑仔"。这种"猜测"实在是太不靠谱了。

李白蜀中的交游，史料有限，详情难知，有的学者作了些考证，如葛景春先生考证李白曾去渝州拜见过李邕，写有《上李邕》，考证依据充分，可从。郁贤浩先生考证过，李白在峨眉山可能与元丹丘相结识，此种说法也可从，不过还需发掘更有力的证据。关于李白蜀中交游，除前面已论证赵蕤与东岩子是两人外，再补充考证一个问题：窦主簿与窦子明是两个人。

李白在隐居大匡山时，多次游过窦圌山。窦圌山在江油市武都镇东北十里，与大匡山遥遥相对，山势雄伟奇特，三峰鼎立，壁立千仞，仅一峰有路可通，其他二峰有索桥联结。根据《蜀中广记·高僧传》载，早在南朝梁大同年间（535—545）山上就建有神祠，并有竹索桥架在东西二峰间。唐末杜光庭《录异记·窦圌山记》云："窦圌山，真人窦子明修道之所也。……其顶有天尊古殿，不知始建年月。"《方舆胜览》云："窦圌山在江油县，窦名圌，字子石，隐此山故名。李白送窦主簿诗即此。"《龙安府志》云："窦子明，名圌，江油人，为彰明主簿，后弃官修道于此山，故名窦圌山。李白有送窦主簿诗即此。"在《彰明县志》、《江油县志》中有同样记载，并收录有《赠窦主簿》诗，此诗在宋刻《李太白文集》及其他李白集中皆作《登敬亭山南望怀古赠窦主簿》，那么这个"窦主簿"是不是在窦圌山上隐居的窦子明呢？否！最早见"窦圌山"之名在唐武则天长寿三年（694）陈子昂写的《陈该石人铭》中已经出现，其中云："陈该去世于天授二年（691），归葬于窦圌山之阳。"若以窦圌字子明这位真人命名其隐居之山，窦子明就应是唐高宗时的人。民间传说他生于江油窦坪坝（九河湾），曾任彰明主簿，后弃官隐居于窦圌山，创建铁索桥，因负债无力偿还，跳岩升天，后人为纪念其苦行，以其名命山。在此之前窦圌山有猿门山、豆子山、豆圌山之称，此后一直称窦圌山。在山峰上建有窦真殿，内奉窦真人（子明）及夫人之像，至今仍存。在窦圌山命名时，李白尚未出世，因此李白写的《登敬亭山南望怀古赠窦主簿》显系另外一人。清代江油知县桂星在《窦圌山前说》："按《陈子昂集·陈该石人铭》已有窦圌山之名，陈子昂者，唐高宗时进士，卒于武周圣历年间。而谓窦子明与李太白同时，太白则开元、天宝人，何以《太白全集》亦有窦圌山之名？即谓子明已仙，而窦圌山待何以不及子明？况余读太白集有赠窦主簿者，《登敬亭山》诗也。太白开元十三年离陇西出游襄汉，时年二十五，天宝十二年，由梁园至敬亭，年五十余。夫以相去数十年，相届数千里，而曰主簿，且赠以诗所谓子明者，其果仙乎？非仙乎？既仙何以诗赠？既仙于陇西，何赠诗于敬亭？"① 他认为李白诗《赠窦主簿》不是赠给曾隐居于圌山的窦子明，诗也不是在家乡所写。詹锳《李白诗文系年》将此诗系于天宝十二载（753），可从。因诗中说"百岁落半途"，也就说已年过半百，时在宣城，登敬亭山时写的这首诗。诗中说的窦主簿据詹锳说：可能是《溧阳濑水贞义女碑铭》中的主簿扶风窦嘉宾。"子明"据《水经注》云："昔县人阳子明钓得白龙，后三年，龙迎子明上陵阳山……后百余年，呼山下人令上山半，与语溪中。"这个"子明"并不姓窦，是传说中的神仙，与彰明窦主簿无关。另据《一统志》："丹台在陵阳山中峰之半，平夷可容数人，相传窦子明尝炼丹其上。"这个"子明"虽姓窦，但事迹与隐居圌山的窦子明也大不相同。总之《赠窦主簿》不是李白青少年时在家乡写的诗，不过李白的确游过窦圌山，并留下题句："樵夫与耕者，出入画屏中"，《方舆胜览》已收入此题句，后又收入《李太白全集》中。这两句题诗浅近明快，对窦圌山雄奇秀丽的景色作了高度概括，的确是画龙点睛之笔！

① 《江油县志·艺文志》（光绪版），卷二四。

第四章　李白与巴蜀文化

李白生长于蜀，长达二十五年，整个青少年时期是在蜀中度过的，巴蜀文化强烈地影响着李白的一生，塑造着他的世界观、人生观、性格、思维方式以及文学创作的风格，而李白又为巴蜀文化增添异彩，对以后的发展产生深远影响。

第一节　巴蜀文化的形成及其特征

巴蜀是指以四川盆地为中心兼及周边的山地以及汉中盆地、滇东北、黔西北、鄂西南等“与巴蜀同俗”的区域，是中华文明的重要起源地之一，是长江上游的古代文明中心。在这一地域形成的文化称巴蜀文化，是多元一体的中华文化的重要的有机组成部分。

巴蜀文化是在特殊的地理环境中经长时期历史发展形成的。四川盆地古称“天府之国”，四周由高原和山脉环抱，盆地中间的平原与丘陵土地肥美，水利发达，气候温和，比起同纬度的华东，夏天较凉爽而冬天较暖和，雨量充沛，有良好的生态环境，很适于人类居住。

早在人类起源的200多万年前，就有巫山人出现。在10万年前的旧石器时代，有资阳人出现。到新石器时代，在距李白故居青莲不远的绵阳边堆山，有距今5000至4500年前的人类居住的遗迹。在李白访问道士的戴天山上大水洞中，有距今4500年前的人类活动遗址，与在成都平原的以六座古城遗址为代表的“宝墩文化”属于同一时期。特别是距今3000多年前的广汉三星堆和成都金沙遗址的发现，展示了独放异彩的青铜文明，可以与中原的殷周时期的文明并驾齐驱。远古传说“巴蜀同囿，肇于人皇”，之后又有古蜀国五祖：蚕丛、柏濩、鱼凫、杜宇、开明的传说，这些传说与地下考古发掘可一一印证。

公元前316年，秦并巴蜀后，中原文化强烈地影响着巴蜀。秦始皇统一全国，实行中央集权专制主义，中华文化的共性驾驭在地域文化的个性之上，但巴蜀文化仍然延续了一个时期。至汉代，全国出现了稳定的大一统局面，巴蜀文化逐渐与中华文化融为一体，但共性不可能代替个性，巴蜀文化从思想意识、心理素质、思维方式、风习民俗等方面，显示出鲜明的个性特征。故古人说到巴蜀，总是视为“别一世界”，“人情物态，别是一方”，从西晋裴度的《图经》到唐代杜甫的蜀中纪行诗，直到19世纪末法国人古德尔孟的《四川游记》都一致认为巴蜀是“异俗差可怪”的“另一世界”。

关于巴蜀文化的特征已有不少学者论述。蒙文通先生在《巴蜀文化的问题》关于“巴蜀文化的特征”论述中指出：“词赋、黄老和卜筮、历数，这才是巴蜀古文化的特点。”又说：“自西汉末年直到晋代，师承不绝，都是以黄老灾异见长，共有三十余人，这在两汉最为突出。”① 这给我们很大启示，现将巴蜀文化几个侧面的特色加以探索。

巴蜀文化具有开放性和兼容性，从学术思想方面表现出“杂”的特色。

由于巴蜀为崇山峻岭所屏蔽，其独特的地理环境，形成相对独

---

①《巴蜀古史论述》，四川人民出版社，1981年。

立、自具特色的文化区域，自古被称为“四塞之国”。李白惊叹：“尔来四万八千岁，不与秦塞通人烟。”但巴蜀文化并非封闭型的。由于巴蜀据长江上游，四川盆地水路交通方便，沿长江谷地可进行东西文化交流，沿岷江河谷可进行南北文化交流。通过南方丝绸之路可与南亚、中亚与西亚联系。巴蜀不仅农业发达，工商业也发达，很早就有发达的“货贿山积”的工商业城市，具有开拓、开放性因素，有一种冲破盆地的束缚，拓展市场，求得新知的欲望。“从大的文化背景看，四川盆地处于长江、黄河两大文明之间，介于西南、西北民族交汇，东亚与南亚文化交流的走廊之上。各种文化的交融，使盆地就像一个水库一样，接纳各方文明‘来水’”①，或者说四川盆地犹如聚宝盆，使巴蜀文化成为南北文化和东西文化交汇、集结的“多层次、多维度的文化复合体”。②

早在巴蜀文化的初生时期，就与外域文化相交流，显示出开放性。考古发现，巴人的祖先是从鄂西清水流域迁入川东。蜀族中的蚕丛氏是从岷江上游，鱼凫氏是从长江中游，杜宇氏是从今云南北部，开明氏是从荆楚之地，先后迁徙来到川西，与当地土著结合繁衍的。“禹兴于西羌”，夏禹文化兴于西蜀而流播于中原及至东部吴越。三星堆文化一二期出土的铜牌饰与二里头夏文化相同，与夏禹文化的西兴东渐说可以印证。三星堆和金沙遗址的玉琮、牙璋与东方的良渚文化相似，表明东西部不同区域文化的特征交流和集结很早。三星堆青铜尊、罍等酒器和食器和中原殷墟是一致的，这说明它吸纳中原文化并与之交流。它的开放性还体现在很早它就是著名的“南方丝绸之路”传输的集散中心，三星堆遗址的海贝、金杖，表明与中亚、西亚及海洋文明有联系，这些都证明古代的巴蜀文化的开放性、复合性。

春秋战国时期，巴蜀与中原、荆楚的联系进一步加强。公元前

① 陈世松：《天下四川人》，四川人民出版社，1999年。
② 谭继和：《巴蜀文化辨思集》，四川人民出版社，2004年。

316年，秦惠王伐取巴蜀之后，多次从北方向巴蜀移民。秦始皇统一六国后，将原六国的富商大贾迁徙入巴蜀。东汉末，避难入蜀者数万，其中有不少士人。《三国志·蜀志》中入列传者，外籍人士34人，而本籍才17人。西晋惠帝时期，甘肃的略阳、天水有不少的人躲避战乱，举家南移，先至汉中，而后入蜀，这些移民后来都融合到巴蜀原住民中。

大量移民进入巴蜀，使巴蜀能兼容各种文化，博采众家之长，显示出杂交型、复合型的特色。从学术思想来看，巴蜀虽不似中原那样产生著名的思想家，但有博采众家之长的杂家。《鹖冠子》是战国时期巴蜀人所著。陆佃在该书加写的序言中说："初本黄老，而末流迪于刑名"。《四库全书总目提要》说该书"颇杂刑名，而大旨原本于道德"，将其归之于"杂家类"。在《风俗通义》中说该书作者是赍人，也就是嘉陵江一带的巴人，后巴为楚所灭，故《汉书·艺文志》称其为楚人。总之，可以说这本书是巴蜀地区的产物。尸佼曾为商鞅之师，协助商鞅变法，"商鞅被刑，佼恐并诛，乃亡入蜀，自为此二十篇书，凡六万言"①。此书既有儒家思想，又有法家思想，《汉书·艺文志》将其归于"杂家者流"。从战国晚期开始，巴蜀又是秦汉移民之地，这些移民带来了北方文化，使巴蜀文化显得更为博杂。秦王政执政，吕不韦获罪，勒令"其与家属迁处蜀……文信侯（吕不韦）饮鸩死，窃葬，其舍人临者皆逐迁之"②。《华阳国志》载："秦始皇徙吕不韦舍人万家于房陵（当时属于巴）。"这些被迁入巴蜀的舍人必定有参与《吕氏春秋》撰写的，该书是杂家的代表作，《四库全书总目提要》说"是书裒合群言，大抵据儒书者十之八九，参以道家墨家之近理者十之一二"。这种杂家思想随吕不韦门客之迁入巴蜀，必然在巴蜀流传，对巴蜀的学术思想产生深远影响。在汉初黄老之术又传入西蜀。黄老之术

① 《史记·孟子荀卿列传·集解》。
② 《资治通鉴·秦纪》。

形成于战国初期，它的思想特点是“因阴阳之大顺，采儒墨之善，撮名法之要，与时迁移，应物变化，无所不宜”①。这也是博采众家之长。

儒家思想传入巴蜀的时间较晚。汉景帝至武帝时，文翁在蜀首创地方官学，“遣隽士张叔等十八人东诣博士受七经，还以教授，学徒鳞萃，蜀学比于齐鲁”②。汉武帝以儒家思想为全国统治思想，巴蜀也不例外。不过儒学在巴蜀并无深厚的传统，也无著名的经学大师。在巴蜀缺少一整套为专制主义中央集权统治服务的伦理道德观。《汉书·地理志》云：“景武间，文翁为蜀守，教民读书法令，不能笃信道德，反以好文刺讥。”在《汉书·儒林传》所列27人中均无蜀人。西汉著名的蜀中思想家并未局限于儒学，而是善取各家之长，形成自己的思想体系，如严君平，融合道儒两家，“专精大《易》，耽于《老》、《庄》。常卜筑于市，假蓍龟以教，与人子卜，教以孝，与人弟卜，教以悌，与人臣卜，教以忠，于是移风易俗，上下兹和”③。他既精通儒家经典《易》，又深钻道家经典《老子》、《庄子》，教人以儒家经典提倡的伦理道德，这就是融合儒道。严君平的弟子扬雄，思想总体上说是以儒家为主，但也并不局限于儒家，“不为章句，词诂通而已。博览无所不见”④，遍涉各家学说，把道家的宇宙观与儒家的伦理思想相结合，对诸子百家既有所取，又有所不取，既有所肯定，又有所批评。扬雄虽被后世称为“大儒”，而实际上他非单纯的儒家，而是杂采了各家之长。东汉时期巴蜀有几个儒者上了《后汉书·儒林传》，但他们也显示了巴蜀学术思想“博杂”的特点，如杨统及其子杨厚、任安、景鸾、段翳等，都是将当时流行的今文经、谶纬之学与巴蜀传统的黄老之术、

---

① 《史记·自序》。
② 《华阳国志·蜀志》。
③ 同上。
④ 《汉书·扬雄传》。

卜巫、天文推步之术相结合，而形成颇具蜀地特色的地方之学。

唐代巴蜀杰出的思想家赵蕤是典型的杂家，《新唐书·艺文志》和《四库全书总目提要》都将赵蕤的著作《长短经》归为“杂家类”，谓其书“其源出于纵横家，主于因时制变，综核事功，不免于杂霸之学”。书中纵论诸子百家之长短，反对偏好某一种学说，主张全面研究各派学说，根据实际情况的需要变通取舍。在《长短经》中包容了儒、道、法、墨、兵、阴阳、纵横等各家之说，是名副其实的杂家。赵蕤是李白的老师，他对李白的思想产生了重大影响。

从政治上看，独立性、分散性、叛逆性很强。因其远离统治中心，中央政权鞭长莫及，又有既富且险的特殊自然条件，经济发达，可自给自足，地势险要，可凭险拒守，地方偏远，受正统思想之束缚较少，非正统化倾向明显。在政治上往往表现出自为中心、自成体系，“周失纲纪，蜀先称王。七国皆王，蜀又称帝。是以蚕丛自王，杜宇自帝”。巴蜀在历史上多次成为称雄割据者的安身立命之所，或农民起义的据点。《华阳国志·序志》：“西土险固，襟带易守，世乱先违，道治后服，固逋逃必萃，奸雄窥觎。”在南北朝时期就有“蜀人贪乱乐祸”的说法。《通典》曰：“巴蜀之人，少愁苦而轻易淫佚……土肥沃，少凶岁，山重复，四塞险固。王政微缺，跛扈先起。”又有“蜀中斗绝，易动难安”的说法。明人高岱的《鸿猷录》说：“蜀地与中原隔绝。昔人谓其先天下而乱，亦后天下而平。”明末清初欧阳直的《蜀警录》说：“天下未乱蜀先乱，天下已治蜀后治。”郭沫若说：“乱是什么？就是革命……（四川人）先乱是说革命性丰富……地方偏僻则离统治力量的中枢较远，中枢力量鞭长莫及，故能先天下而发难。物产丰富则能闭关自守，支持长久消耗，故可后天下而太平。”①

---

① 转引自陈世松：《天下四川人》，四川人民出版社，1999 年，176—177 页。

从巴蜀的知识分子来看，素以出不遵礼法，蔑视权贵，豪放不羁，傲气十足，特立独行，愤世嫉俗，离经叛道的人物而著称。《汉书·地理志》说巴蜀文人"未能笃信道德，反以好文刺讥"。《隋书·地理志》说"薄于情理"，也即是说受封建传统礼教的束缚少，保持独立的人格，不愿做帝王的奴才。如司马相如敢于冲破封建礼教，偕自己心爱的卓文君私奔，后来又开起了酒店，卓文君当垆，司马相如跑堂，这都是惊世骇俗之举。司马相如被召入京后，不愿与东方朔、枚皋一样当成徘优畜之，"其进仕宦，未尝肯与公卿国家之事，称病闲居，不慕官职"①，与汉武帝保持不即不离关系。严君平一辈子不愿做官，不与统治者合作，可以说是汉代的庄子。扬雄"不汲汲于富贵，不戚戚于贫贱"，闭门著书，自守清贫，不与当权者同流合污。梓潼士人李业面临白帝公孙述的征聘书和毒酒，他说："名可成不可毁，身可杀不可辱"，毅然饮毒酒身亡，拒绝征聘。江原士人王皓、王嘉也是情愿自杀而不应公孙述征聘。李白之师赵蕤为保持自己的独立人格和政治主张而多次拒绝唐玄宗征辟，在他的《长短经》中公然否定封建专制主义和"君权神授"的正统观念。总之，特殊的自然环境和历史条件造成巴蜀人蔑视官府，不愿做皇帝的顺民，富有反抗的精神。

从思维方式看，具有神秘诡异、浪漫奇特、想象丰富的特点。巴山蜀水，雄奇幽丽，奇峰峻岭，鬼斧神工，溶洞幽深，神秘莫测，云海佛光，虚幻缥缈，充满着原始的野性的神奇和诡秘，很容易联想起神仙鬼怪，令人产生敬畏之心，因而宗教气氛较浓。《汉书·地理志》："（楚）信巫鬼，重淫祀……与巴蜀同俗。"刘师培《南北文学不同论》说："大抵北方之地，土厚水深，民生其间，多尚实际。南方之地，水势浩洋，民生其间，多尚虚无。"范文澜说我国古代北方为"史官文化"，"史重人事，长于事实"，南方为

① 《史记·司马相如传》。

"巫官文化","巫事鬼神,富于想象"①。几千年来,在神奇的巴山蜀水流传着许许多多仙与鬼的民间传说。这些神话传说多被保留在《山海经》、《蜀王本纪》、《华阳国志》等书中。其中有大禹出生和治水、古蜀帝王蚕丛与鱼凫、望帝化为杜鹃、鳖灵死而复生、五丁开道、李冰治水、二郎擒孽龙、苌弘之血化碧、彭祖、王乔成仙、廪君与盐水神女、巫山神女瑶姬等传说。在考古发掘中,出土了大量与神话故事相辉映的想象非常丰富,十分夸张的青铜器、陶器、玉器,特别是三星堆、金沙遗址的文物。如半人半神的青铜造像十分奇特怪异,有的眼球突出几十厘米,有的耳朵特别大,有的鼻上饰云雷纹,还有戴冠鸟足人像、人身鸟爪。最大的一尊青铜人高2.6米,一双夸大的手握有法器,说明他有通天的本领。4米高的神树,歇着太阳鸟,与《山海经》上说的"上通于天","沟通神灵"的"建木"可以相互印证。还有金沙遗址中的太阳神鸟金箔,中心为旋转的云气,周围是四只飞行的神鸟。这些有非常的想象力和惊人的创造力的青铜器,与中原造型凝重、写实的青铜器风格显然大不相同。这些考古发掘也证明了巴蜀地区自古巫术流行,巫风弥漫。三星堆出土的大型青铜雕像群、黄金面罩、金杖,各种青铜动物、植物、怪兽群像,以及大量象牙、玉器,均与降神、通神、祈神降福的巫术仪式和巫歌、巫舞有关,也足以显示出巴蜀巫风之盛。延及秦汉,巴蜀"巫鬼"崇拜盛而不衰。

谭继和先生说:"古蜀文化的内涵是重仙的文化,这是与中原不相同的。中原文化重礼化,它的文化元典是《诗经》。南方文化重巫,它的元典是《楚辞》。南方文化又可以分为若干区域,其中的楚重巫化,蜀重仙化,巴重鬼化,这是几种不同的文化想象力与不同的思维方式的体现。"②

巴蜀人神秘诡异的思维产生了原始巫教。西汉初期黄老思想传

① 《中国通史简编》第一册,人民出版社,1978年,259页。

② 谭继和:《巴蜀文脉》,巴蜀书社,2006年,7页。

入巴蜀。东汉顺帝时，沛国（今江苏）人张道陵在西蜀的鹤鸣山、青城山修道。《神仙传》记载："初，（张）天师值中国纷乱，在位者多危……方退身修道，十年间已成道矣。闻蜀民朴素可教化，且多名山，乃将弟子入蜀，于鹤鸣山隐居……先时蜀中鬼魔数万，白昼为市，擅行疫疠，生久罹其害。自六天大魔摧伏之后，陵斥其鬼众，散居西北不毛之地，与之誓曰：'人主于昼，鬼行于夜，各有司存，违者正一有法，必加诛戮。'于是幽冥异域，人鬼殊途。今西蜀青城山有鬼市并天师誓鬼碑石。"张道陵一方面改造巴蜀的原始巫教，收服巫教信众，吸收巴人重鬼、蜀人重仙的思想，同时又吸取阴阳五行、黄老思想，以《道德经》为经典，自撰《老子想尔注》，删损《道德经》，将老子神化，尊其为"太上老君"，奉之为教主，完成了从哲学的道家到宗教的转化，创建了原始道教，在巴蜀及汉中设立24治（教区），入教者需出五斗米，因此又称五斗米教，教徒尊张道陵为天师，又称天师道，巴蜀成为道教的发源地。经过张道陵、张衡、张鲁祖孙三代的传教，道教在巴蜀、汉中有了很大的发展，特别是张鲁建立了政教合一的汉中政权，废除官吏，以祭酒为治；废除严刑峻法；设立义舍，备有米、肉，供行旅之人免费住、吃。张鲁统治汉中近三十年，政局安定，受到汉族和少数民族的拥护，史称"民夷便乐之"，其势力十分强大，影响深远。在汉魏之际，巴蜀的天师道成为全国道教的主干，而在道教的发祥地更是道风千年未沦落。直到李白生活的唐代，李唐统治者为神化其统治地位，攀附老子为其先祖。特别是唐玄宗对道教格外尊崇，蜀中的道风更盛。唐人写的《隋书·地理志》说，巴蜀"崇重道教，犹有张鲁之风焉"①。

道教信奉"自然、无为、重视生命的修炼和永恒"。崇尚玄学，放浪形骸，不拘礼法，自由不羁，张扬个性，提倡及时行乐，追求

① 《隋书·地理志》卷三〇，上海古籍出版社、上海书局，1986年。

空灵飘逸。这些道教的思想理论深刻影响了巴蜀人的思想和生活方式，成为巴蜀文化的重要内容和突出特色。可以说巴蜀的雄奇秀丽的山水和历史、文化孕育了道教的产生，而道教也丰富了巴蜀的地域文化。

巴蜀人富于想象的思维方式与道教的思想深深地影响着巴蜀的文学艺术，造就了想象奇特、夸张、虚构的浪漫主义的表现风格。前述巴蜀的神话传说就是原始的浪漫主义的文学作品。到汉代，巴蜀诞生了全国一流的文学家、辞赋家，领导文坛数百年。苏轼说："文章之风，惟汉为盛，为贵显暴著者，蜀人为多。盖相如唱其前而王褒继其后，峨冠曳佩，大车驷马，徜徉乎乡闾之中，而蜀人始有为文之意，弦歌之声，与邹、鲁比。"（《谢范舍人书》）西汉的司马相如、王褒、扬雄，东汉的李尤都是蜀中著名的辞赋家。可以说巴蜀是中国词赋文化孕育的圣地。司马相如说，辞赋"合纂组以成文，列锦绣而为质，一经一纬，一宫一商，此作赋之迹也。赋家之心，包括宇宙，总览人物，斯乃得之于内，不可得其传"（《答盛览问作赋》）。辞赋铺张扬厉，文采瑰丽，想象奇特，气势豪放，成功地应用了夸张虚构的浪漫主义的创作手法，这也影响了以后的巴蜀文学家。巴蜀文化孕育出许多杰出的文学家、诗人，明代何宇度在《益部谈资》中说，"蜀之文人才士，每出皆表仪一代，领袖百家"，可见对中国文学产生的深远的影响。

第二节　李白接受巴蜀文化的影响

李白生于巴蜀，二十五岁才离开巴蜀，他的青少年时期是在巴蜀度过的。弗洛伊德曾提出一个著名的论点："儿童期经验是成人个性区别的根本来源。”[1] 郭沫若说：“一个人在年轻时可塑性最大，一个人要成为什么，主要就在年轻时的教育。”[2] 青少年时期是一个人的世界观、人生观、性格、气质基本形成的时期，青少年时期接受的影响是终身难以改变的。李白自小就接受巴蜀文化的熏陶，他的思想、个性、气质和诗歌创作风格，都深深地打上了巴蜀文化的烙印。

李白的思想博而杂，显然是受兼容性、开放性很强的巴蜀文化的影响。如上述，巴蜀文化在学术思想方面的显著特点就是“杂”，也就是兼收并蓄、杂采众家之长。这对李白产生了很深的影响，他学习的内容十分博杂，“五岁诵六甲，十岁观百家，轩辕以来，颇得闻矣”（《上安州裴长史书》）；“十五观奇书，作赋凌相如”（《赠张相镐》）；“十五学神仙，仙游未曾歇”（《感兴》）；“十五好剑术”，可见李白少年时代并不像北方士族的子弟那样专攻儒家经典，而是纵览黄帝以来的数千年历史，横观诸子百家的学说，既学文，又练武，“六甲”可能是道教书中的“奇门遁甲”之类，“奇书”应当是赵蕤的杂采群言，融汇百家的《长短经》，李白“依潼江赵征君蕤……从学岁余”。《长短经》成书于开元四年，此时李白十五六岁，拜赵蕤为师，其教科书也就是这本刚写好的《长短经》，也可能还有其他的“奇书”，但绝不会是正统的儒家经典。正因为李白从小接受的教育不拘于一家，而是广泛涉猎各家学说，因而形成他思想的博杂。关于李白思想究竟属哪一家？争论很大，有法家说，有儒家说，有道家说，有内儒外道说等，郭沫若在《李白与杜甫》一书中说：“李的思想……基本上是儒、释、道三家的混合物。”葛景春说：“李白思想有个显著的特点——杂。”“各种

---

① （美）马文·哈里斯：《文化人类学》，第375页。

② 《郭沫若全集》第19卷。

思想在他上互相融合，互相渗透”①。笔者赞成这种看法。李白思想“杂”的特点其形成原因，正是因为他从小就生活在复合型、杂交型的巴蜀文化氛围之中，所受的教育就具有“杂”的特点。这种“杂”使他能吸收各家之长，开阔眼界，解放思想，在诗歌创作上取得辉煌成就。

李白富于叛逆的人文性格，正是受了巴蜀文化的影响。李白以司马相如、扬雄为楷模，特别是受他的老师赵蕤影响很深，而这些人都是不遵礼法，蔑视权贵，豪放不羁，特立独行，离经叛道之人，在这些人思想的影响下李白形成轻慢礼法，蔑视权贵，“戏万乘若僚友，视俦列如草芥”的性格。他希望做帝王之师，而不愿“摧眉折腰事权贵”，不愿意做皇帝和当权者的奴才。他要求保持独立的人格，少年时写的《咏石牛》“自来鼻上无绳索，天地为栏夜不收”。后来他又自称“不屈己，不干人”。“出则以平交王侯，遁则以俯视巢许”。与他同时代的任华说他“平生傲岸，其志不可测，数十年为客，未尝一日低颜色”。唐代人传说：“李白不能屈身，以腰间有傲骨”。他敢于抨击和讥笑当时的最高统治者——皇帝，对于炙手可热的宦官大头目高力士敢于让其脱靴，更不把贵妃王公贵族放在眼里。

风景如画的李白故里，是道教的发祥地，有许多道观和修炼的道士。道教崇尚自然，道观大多选择在风景秀丽的群山之中。在李白家对门有座紫云山，他自述：“家本紫云山，道风未沦落。”（《题嵩山逸人元丹邱山居》）紫云山又称紫山，因峰峦俊秀，林木茂盛，常有紫色云彩郁聚其上，故有此名。唐代时山上有道观，香火很旺，是闻名遐迩的道教圣地。李白隐居读书的大匡山、小匡山、戴天山、太华山都有道观。太华山有三峰状如华岳，与大匡山为同一山脉，两山紧紧相连，在唐代也是道教名山。据《龙安府志

① 葛景春：《李白与中国传统文化和外来文化》，《四川师范大学学报》（社会科学报增刊），1996 年。

·人物》云："唐，毛真人在太华山修炼，道成仙去，今太华观乃其遗迹。"在戴天山南面有乾元山金光洞，唐宋时期是道教圣地，至今尚遗存着几十尊宋代的道教石雕神像。与大匡山遥遥相望的窦圌山，早在南朝梁时就有道观。据五代杜光庭《窦圌山记》："绵州昌明县窦圌山真人窦子明修道之所也。西接长冈犹可通车马；东临峭壁，陡绝一隅。自西壁至东峰，石笋如圌，两崖中断，相去百余丈，跻攀绝险，人所不到。其顶有天尊古宫，不知始建年月。"距李白故居仅二十多公里的绵州西山仙云观、玉女泉，隋唐时期也是道教圣地，至今尚保留着隋唐的道教摩崖石刻，也是我国最早的道教造像。与江油相邻的梓潼七曲山大庙是著名的道教神祇文昌的祖庭。

李白生长于道风一直很盛的道教发祥地，从小就受道风的熏陶。他自称"十五学神仙，仙游未曾歇"。少年李白就经常到道教圣地，游道观、访道士，沉浸在道风之中。紫云山就在他家对面，他肯定在年少之时就上紫云山拜道教的神灵。后来他隐居大匡山，与既是隐士也是道士的东岩子"巢居数年，不迹城市，养奇禽千计"。他还不止一次上戴天山寻仙访道，写下了脍炙人口的《访戴天山道士不遇》。李白曾到与大匡山相邻的太华山寻仙访道，写下了《寻雍尊师隐居》、《太华观》。《方舆胜览》记载："李白《题窦圌山》：'樵夫与耕者，出入画屏中。'又《送窦主簿》诗：'愿随子明去，炼火烧金丹。'窦子明名圌，隐此山，故名。"① 李白与窦圌山的道士交往很深。此外，李白年轻时"往来旁郡"，寻仙访道。如江油（今在平武南坝）的县尉是"焚香读道经"的好道者，李白跋涉百多里前去访问，写了《赠江油县尉》。唐代的峨眉山还不是佛教道场，而是道教名山，至今峨眉山上还保存着一通唐玄宗下诏保护山中道教的碑刻。唐代著名的道士、医药学家孙思邈就曾

① 祝穆：《方舆胜览》卷五四《绵州·山川》。

在峨眉山中炼丹，至今还有药王洞遗迹。青年李白上峨眉山寻仙访道，写了《登峨眉山》，展示了远绝尘寰的神仙境界，表达了“倘逢骑羊子，携手凌白云”的成仙得道的愿望。

由于李白从小受道风很盛的巴蜀文化之影响，与道教有了密不可分的机缘。道教深深地影响着他的精神气质、生活道路和诗歌创作风格。李白出蜀后，在江陵遇到当时最有名的道士司马承祯，夸奖他“有仙风道骨，可与神游八极之表”（《大鹏赋·序》），后来贺知章第一个称他为“谪仙人”。他的精神特质以旷达、风流、洒脱的道家风范著称。这与他从小就受道风的熏陶是分不开的。道教崇尚自然，提倡及时行乐，追求超凡脱俗，空灵飘逸。李白的生活道路也深受道教影响，他不同于当时知识分子走科举之路，而是走入大自然，在道教名山寻仙访道，广泛地与道士交朋友，利用道教的关系网，打通从政之路。后来终于通过道士吴筠、玉真公主的推荐，以“素蓄道义”之名声，被玄宗召入皇宫。入京后，他发现玄宗已经昏庸，不可能实现其政治理想，毅然放弃，出京后不久，在山东接受道录，成为正式的道士，再一次过着闲云野鹤般的道士生活。

道教深深影响着李白的诗歌创作风格。道教中那些神奇浪漫的故事，飘逸的瑰丽的仙境，正好为李白提供了浪漫主义的文学素材。李白的诗歌豪放飘逸，“壮浪纵自态，摆去拘束”①，“飘然而来，忽然而去……自有天马行空，不可羁勒之势”②，充满了神仙之气，故号为“诗仙”。

在研究道教对李白影响很深的原因时，不仅要看到李唐统治者特别是唐玄宗大力提倡道教，还必须注意到李白从小生长在道风特盛的道教发源地。否则就无法解释为什么同时代的杜甫受儒家影响很深，王维受佛教影响很深。这只能从他们所受地域文化影响的不

① 元稹：《元氏长庆集》卷一〇。

② 赵翼：《瓯北诗话》卷一。

同来寻找原因。

巴蜀的文学前辈的生活道路与文学创作也深深地影响着李白。词赋是古巴蜀文化的特点之一，西汉时期巴蜀出了三大汉赋家：司马相如、扬雄、王褒，他们创作的汉赋成功地运用了夸张、想象、虚构的浪漫主义的表现手法。李白从小就仰慕司马相如、扬雄，在他的诗中提到司马相如的有18处，提到扬雄的有12处，他说："余少时大人令诵《子虚赋》，私心慕之。"（《秋于敬亭送从侄游庐山序》）到十五岁时已经能"作赋凌相如"了。《拟恨赋》、《明堂赋》、《大猎赋》就是他在蜀中创作的，这些赋对司马相如、扬雄的赋既有继承也有发展。当时的名人苏颋读了他的诗赋，夸奖鼓励他"天才英丽，下笔不休，虽风力未成，且见专车之骨，若广之以学，可以相如比肩也"（《上安州裴长史书》）。这使他更加奋发地向本地文学前辈学习，继承和发扬他们的浪漫主义手法，充分汲取汉赋铺张扬厉、气势恢宏的特点，而成为杰出的浪漫主义诗人。

司马相如、扬雄都是凭着自己的辞赋名闻天下，感动人主而被召入京，受到皇帝的信任。他们的成功之路深深地影响了李白。他不愿按部就班走科举之路，而是要像自己的前代同乡那样"一鸣惊人，一飞冲天"，凭自己的才华和锦绣文章被天子破格任用，一步登天。他向唐玄宗献赋，就是学的司马相如、扬雄以赋得到天子的重视。他说："昔献长杨赋，天开云雨欢。当时待诏承明里，皆道扬雄才可观。"（《答杜秀才五松山见赠》）他还以司马相如、扬雄自比，如"圣主还听子虚赋，相如却欲论文章"（《自汉阳病酒归寄王明府》），可见受司马相如、扬雄影响之深。

李白从思想意识、性格、文学创作风格等方面受乡人陈子昂影响甚深。陈子昂，射洪人，射洪与绵州相邻，李白与陈子昂的故居相距约一百公里。陈子昂在公元700年去世于射洪，第二年李白出生于江油。他们都受同一地域文化的熏染，有许多惊人的相似之处。陈子昂出身豪族，其父"瑰玮倜傥"，"以豪侠闻"，"山栖饵术"，"究览坟籍，居家园以术其志"（卢藏用《陈氏别传》）。可见是一位行侠仗义，颇有文化修养的隐士，与李白之父“高卧云林，不求禄仕”非常相似。陈子昂与李白都不专攻儒家经典。陈子昂“少好三皇五帝霸王之经”（《谏政理书》），“经史百家，罔不该览。尤善属文，雅有相如、子云之风”（卢藏用《陈氏别传》）；而李白“五岁诵六甲，十岁观百家”（《上安州裴长史书》）。他们都受道教影响很深。陈子昂“家世好服食，昔常饵之”（《观荆玉篇序》），“平生白云志，早爱赤松游”（《答洛阳主人》）。他们都曾学纵横之术，任侠仗义，轻财好施，喜欢击剑，放荡不羁。陈子昂说：“赤丸杀公使，白刃报私仇”（《感遇》三十四）；而李白也是“少以侠自任”，“脱身白刃里，杀人红尘中”。陈子昂“好施轻财而不求报”（《旧唐书·陈子昂传》），而李白也曾“不逾一年，散金三十万，有落魄公子，悉皆济之”（《上安州裴长史书》）。李白对同乡前辈陈子昂很崇拜，他说：“梁有汤惠休，常从鲍照浮。峨眉史怀一，独映陈公出。卓绝二道人，结交凤与麟。”（《赠僧行融》）他把陈子昂比为卓尔不群的凤凰与麒麟，可见十分的敬慕景仰。朱熹说：“李太白诗……《古风》两卷，多效陈子昂，亦有全用其句处。太白去子昂不远，其尊慕之如此。”（《朱子语类》）陈子昂是唐代诗歌革新的先驱者，他秉承了巴蜀人不师故辙、敢于创新的思维方式。当时流行在诗坛上的仍然是形式主义的衰靡文风，“逶迤颓靡，风雅不作”（《修竹篇序》）。他大加抨击，以“复古”为旗号，继承“风雅兴寄”、“汉魏风骨”的传统，主张诗歌要发扬批判现实的作用，要有高尚充沛的思想感情，刚健充实的现实内容，强调诗歌的教化功能。他又以自己的诗歌创作实践体现他的革新主张，从而奠定了盛唐诗歌的坚实基础。李白则是承传了陈子昂的诗歌革新的主张，并加以发扬光大，高举诗歌革新的大旗，尽扫梁、陈衰靡之风。正如李阳冰所说：“陈拾遗（陈子昂）横制颓波，天下质文翕然一变，至今朝诗体，尚有梁陈宫掖之风。至公大变，扫地并尽。今古文集，遏而不行。唯公文章，横被六合，可谓力敌造化欤!”（《草堂集序》）两位巴蜀文化孕育出来的诗人，前后相继，进行盛唐的诗歌革新，迎来了中国诗史上的黄金时代。

第三节　李白为巴蜀文化增添了光彩，深深影响巴蜀世代文人

巴蜀文化孕育了李白，李白又为巴蜀文化增添了光彩，丰富了巴蜀的文化的内容，李白的思想、性格和创作风格对巴蜀后世的文人学士产生了巨大影响。继李白之后，宋代有苏轼，明代有杨慎，清代有李调元，现代有郭沫若……这些“蜀之文人才士，每出皆表仪一代，领袖百家”[①]。这些杰出的巴蜀人物都非常尊崇李白，继承和发扬了李白的思想和创作风格。

苏轼青年时期就“博通经史，属文日数千言”，形成了他思想的博杂，对儒、道、佛兼收并蓄，形成自己的思想体系，被称为“蜀学”。苏轼非常赞赏李白傲岸不羁的性格，他说：“士以气为主，方高力士用事，公卿大夫争事之，而太白使脱靴殿上，固已气盖天下矣！使之得志，必不肯附权幸以取容……戏万乘若僚友，视俦列如草芥，雄节迈伦，高气盖世。”[②] 苏轼以李白为榜样，一生坚持自己的政治主张，绝不阿附新旧两党的权贵。在诗歌创作方面，继承了李白提倡的清新、自然、质朴之美，反对刻意雕琢和模拟；发扬了李白的浪漫主义风格，他的词想象丰富，夸张奇特，比喻巧妙，豪迈奔放，气势磅礴。我们可以看出李白与苏轼之间在文学创作方面有很明显的承传关系。

杨慎，字用修，号升庵，四川新都人。明代著名的诗人和学者。对李白十分景仰，清人叶思庵说：“杨用修好誉其乡人，屡尊太白。”（《龙性堂诗话》）他认为“李白为古今诗圣”（《周受庵诗

---

① 何宇度：《益部谈资》卷上。

② 苏轼：《李太白碑阴记》，《苏轼文集》卷一一。

选序》)。杨慎与李白有许多相似之处。杨慎也是从小就广泛涉猎经史，知识领域非常宽广，《明史》称“明世记诵之博，著作之富，惟慎为第一”。他因仗义执言，遭到贬谪，其身世颇似李白而更为不幸，故对李白这位同乡前贤有更深的理解和感情。面临人生的挫折，他学习李白的乐观豪放，疏狂恣肆，纵酒论诗，逍遥物外，以求自解。他对李白的出生地、家世、生平做了许多很有价值的考证。他的诗歌也是取法于李白，“杨子冠之年也，其修辞荡放流动，沨沨乎入李白”（张含《南中集序》）。他像李白那样喜欢写乐府歌行体，他写的一百多首古乐府，深得李白之遗韵。

清代著名诗人学者李调元是绵州人，与李白可以说是小同乡。对于李白这个同乡前辈诗人推崇备至，他自称：“余自束发授书，即喜太白所为诗歌文章，每手一编，朝吟而夕览。”（《重刻李太白全集序》）他自比李白“余本今之诗狂者，非李太白不取也”。他甚至说“我诗颇向太白偷”，也就是借用或化用李白的诗句。可见李白诗歌对李调元影响之深。李调元与李白有许多惊人的相似之处，甚至在其故乡，传说其是李白转世。李调元也是从小显露才华，博览经史子集，学术思想博大精深。他也当过翰林，他的性格也像李白那样刚直不阿，不畏权势，他也曾怒斥向他索贿的宦官。由于得罪权贵而遭贬谪，又中途遇赦。他赞赏李白“豪气压群凶，能使力士脱靴，贵妃捧砚”[①]。他对李白的不幸遭遇十分同情。他说：“我蜀多才人，皆为文字官，皆不择细行，又皆窜夷蛮。唐之李供奉，长安酒家眠，朝赋清平调，暮窜夜郎天。”

李白一直影响到现代的郭沫若。郭沫若对同乡前贤李白特别推崇，他明确表示“唐代的几位诗人，我比较喜欢李白，这是我的口味，不能拿别人的嘴巴来代替我的嘴巴”[②]。在《李白与杜甫》一

---

① 李调元在李白读书的大匡山题的对联，其下联：“仙才包众美，不让参军俊逸，开府清新。”

② 《郭沫若谈诗》，《羊城晚报》1962年3月7日。

书中，明显地表现了对李白的过分偏爱。郭沫若在青年时代就表现出强烈的叛逆性格，后来他一生好做翻案文章，这不能不说是受李白的影响。特别是他的诗歌创作，深受李白的浪漫主义诗风的影响。在“五四”时期创作的以《女神》为代表的新诗，气势雄浑豪迈，激情汹涌澎湃，敢于冲破旧文化的罗网，大胆追求自由解放，标志着新的诗歌时代的到来。郭沫若的新诗，从思想到艺术风格与李白都有千丝万缕的联系和不可割断的承传关系。郭沫若在李白研究方面是下了深功夫的。在“文革”十年学术界一片荒漠之时，写了专著《李白与杜甫》，尽管其中有一些观点值得商榷，如说李白出生碎叶，李白之父是豪商等；有些是受当时政治风气之影响，如对杜甫诗歌搞断章取义、无限上纲批判，是不可取的。但书中对李白及其诗歌进行了总体的深入的研究，提出“李白的思想……基本上是儒、释、道三家的混合物”，批驳了李白是西域胡人的错误观点，论证李白曾二入长安……他的一些精辟的见解，为李白研究作出了重要贡献。

李白、苏轼、杨慎、李调元、郭沫若等虽生活在不同时代，但他们在思想、性格、文风等方面都有惊人的相似之处，这不能不从“环境之熏习”来看这个问题。陈寅恪在《天师道与滨海地域之关系》与《陶渊明之思想与清谈之关系》（《金明馆丛稿初编》）中一再强调一种思想和风格的形成与“环境之熏习，家世之遗传”有很大关系。从历史上看，任何有独特风格的文学艺术家，都有其浓厚深远的文化承传关系，他们的性格、他们的作品必然会有意识或无意识地带有所在区域文化的鲜明烙印。美国著名人类学家露丝·本尼迪克特说：“个体生命史首先要适应他的共同体世代相传的方式和标准从他出世时候起，他生入其中的风俗习惯就塑造他的经验和行为，到他会讲话时，他已经成为他所属文化的小小创造物，到他长大并且能参加他的活动时，它的习惯就是他的习惯，它的信念就是他的信念。”① 这就是说人在其所生活区域的文化对这个人的影响是难以察觉和无可抗拒的。在特定区域内产生的特定文化一旦形成，就会代代相传，不断积淀固化，并体现在该文化圈内的社会群体特征和个体行为表现上。在巴蜀这块土地上，历史上出现的文化名人，从司马相如、扬雄，到陈子昂、李白，再到苏轼、杨慎、李调元，以至现代的郭沫若、巴金、沙汀等，在他们身上可以找出许多共同特征，这些特征是巴蜀文化在他们身上打下的鲜明烙印。

李白继承了巴蜀文化的优良传统，在他走出夔门遍游天下时又汲取了其他各地域文化的精华，才使他成为唐代诗坛的泰斗。如果他不走出巴蜀，不接受其他地域文化之精华，充其量不过三四流诗人，对此应作出足够的评价。

不过，李白受各地域文化的影响有先有后，有深有浅，有主有次，但影响最大、最深的仍是巴蜀文化，因为李白整个青少年时期都是在蜀中度过的，而青少年时期接受的影响是终身难以改变的。这就使李白形成他独特的个性。如上所述，学术思想方面的“杂”，艺术表现上的浪漫主义以及奔放不羁的人文性格都在青少年时期给李白的思想和创作打下深深的烙印。李白出蜀时已经不是一张白纸，而是涂上了巴蜀文化的特异色彩，后来接受的各地域文化的影响，不过是在已有的色彩上再增异彩，这就使李白不同于同时代的其他诗人。例如李白与杜甫是同时代的伟大诗人，他们同样受中华文化的哺育，他们的确也有不少的相同之处，但他们的个性是很不同的。这是因为李白先生活在南方，后生活在北方，而杜甫先生活在北方后生活在南方，他们在青少年时代所受的地域文化影响不同。杜甫青少年时期受的是北方文化的影响，从小受正统的儒家教育，因而他的思想是以儒家思想为主导，他的创作风格是现实主义的，这与李白有明显的区别。

① 转引自詹姆士·克里斯迪安：《哲学探奇术入门》。

李白蜀中主要活动年表

公元701年 武后长安元年 诞生于蜀之绵州昌隆县青莲乡(今江油市青莲镇)。

公元705年 中宗神龙元年 五岁 在父亲指导下开始读书，“诵六甲”等。

公元710—714年 睿宗景云元年至玄宗开元二年 十至十四岁 在青莲家中博览诸子百家，通观史籍，诵《子虚赋》等诗赋，创作诗歌：《咏石牛》、《萤火虫》、《即景》、《上楼诗》、《初月》、《雨后望月》、《晓晴》、《对雨》、《望夫石》等。

公元715—717年 玄宗开元三年至开元五年 十五至十七岁 公元715年春夏做昌明县小吏，吟《谢令妻》、《山火续句》、《观涨续句》，得罪县令后上匡山与东岩子隐居。观奇书，作诗赋，练剑术，游神仙，养奇禽。创作的赋有《拟恨赋》、《明堂赋》，创作的诗有《太华观》、《寻雍尊师隐居》、《访戴天山道士不遇》等，游窦圌山有题句。绵州举有道，不应。

公元718—719年 玄宗开元六年至七年 十八岁至十九岁到梓州郪县长平山安昌岩，拜赵蕤为师，从学岁余。

公元720年 开元八年 二十岁 春夏之交拜谒苏颋，游成都，创作《春感诗》、《登锦城散花楼》、《白头吟》，夏游眉州象耳山。至渝州，拜见李邕，写《上李邕》、《酬宇文少府见酬桃竹书筒》。秋游峨眉山，创作《登峨眉山》。冬回大匡山，写《冬日归旧山》、《大猎赋》。

公元721—723年 开元九年至十一年 二十一岁至二十三岁 继续隐居大匡山，读书，练剑，游仙。访江油县尉，写《题江油县尉厅》，探禹穴题字，游剑门关。

公元724年 开元十二年 二十四岁 辞亲远游，离大匡山时写《别匡山》，在从岷江清溪驿至渝州途中写《峨眉山月歌》，至万县停留半年，写《蟾蜍薄太清》。

公元725年　开元十三年　二十五岁　春三月离开万县，东出三峡，创作《自巴东舟行经瞿塘峡登巫山最高峰晚还题壁》、《宿巫山下》、《巴女词》等，题《上阳台》。

李白蜀中游踪图

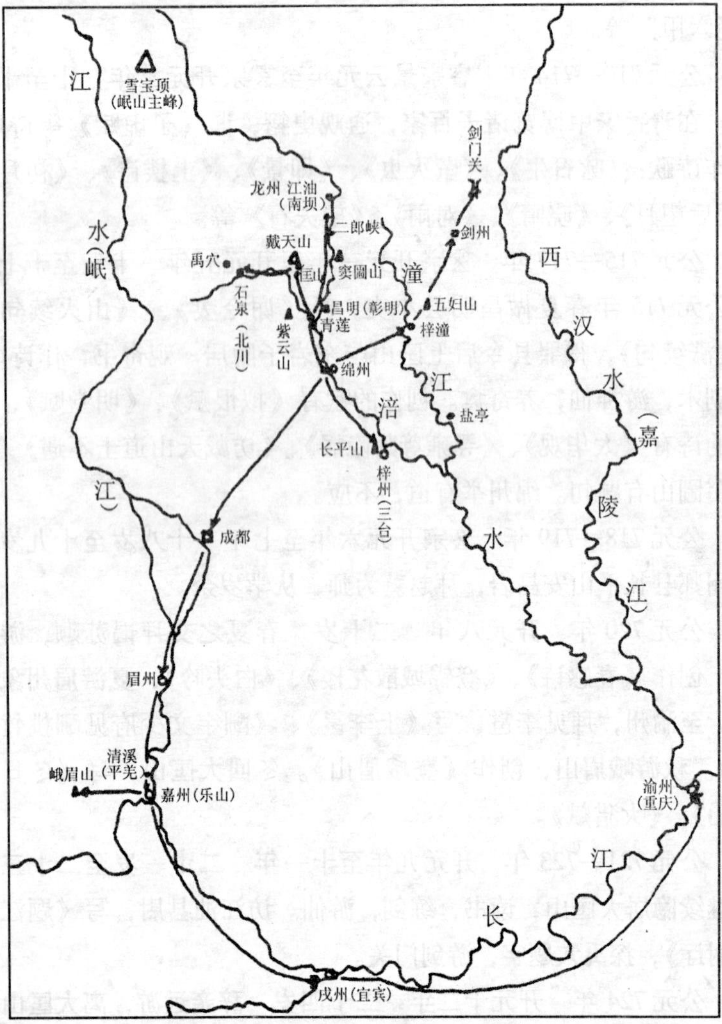

第二编

李白与其他地域文化

第一章 李白与楚文化

李白出蜀后生活较长的地方就是楚。开元十二年（724）告别匡山，辞亲远游，乘船经三峡东下，过荆门、江夏，游洞庭，到浔阳，登庐山；访金陵，游扬州，浪迹吴、会之间；再回舟西上，由江夏溯汉水，过襄樊，走临汝，最后到了安陆。他的文才得到了当过宰相的许圉师的孙女的赏识，并与之结婚。李白与夫人许氏在白兆山的桃花岩下过了一段幸福美满的婚姻生活。他自称“酒隐安陆，蹉跎十年”。在此期间他以楚地为中心，漫游各地，干谒诸侯，求道访友，一直到开元二十八年（740）移家东鲁，才离开楚地。晚年李白从流放到遇赦前后（758—760），又漫游江夏、洞庭一带。李白第一次成家在楚地，又长期生活、漫游在楚地，自称“我本楚狂人”，“少年落魄楚汉间”。可以说李白一生与楚地结下了不解之缘，楚文化对李白的影响是十分深远的。

第一节 楚文化的形成及其特点

近些年对楚文化的研究，成果颇丰。不过对楚文化或荆楚文化这一概念的界定尚有争议。笔者认为楚文化是指产生和发展于古代楚地的一种地域性文化。它起源于荆山，据《左传·昭公十二年》

载："昔我先王熊绎，辟在荆山。"荆山即今湖北西部的武当山东南、汉水西岸一带，春秋战国时期随着楚国的兴盛崛起，楚文化与传统中原文化、齐鲁文化相抗衡，其地域范围包括楚国强盛时期的疆域，覆盖区域扩展至长江中下游及以南地区，西至巫山，东至吴、越，北至淮河流域，东北端达山东南部，西南端达到现在的广西西北部。其影响波及整个南方，其中以两湖地区最盛，江西、安徽次之。公元前223年，秦灭楚后，楚国虽被纳入统一的中国版图，但荆楚文化作为一种地域文化继续存在，其影响延续到今天。只不过原来属楚国的地区，形成新的行政区域，这些新的区域在荆楚文化的基础上，在新的历史条件下，各自发展而形成新的地域文化，如湖北江汉文化（或继续称荆楚文化）、湖南的湘楚文化（或称湖湘文化）。湘楚文化与江汉文化都属于荆楚文化的重要支脉，它们都承传了以屈原为杰出代表的楚文化的主旨，不能从楚文化中割裂出来。

在历史上楚文化一直与荆楚文化同义，因为历史上荆、楚不分。《诗·商颂·殷武》说："维女荆楚，居国南乡。"《竹书纪年》说："昭王十六年，伐楚荆。"东汉许慎《说文解字》卷一，释荆："楚木也，从草，刑声。"卷六，释楚："丛木也，一名荆也。"《广雅·释草》："楚，荆也。"唐代孔颖达《春秋左传正义》："荆、楚一木二名，故以为国号，亦得二名。"看来，荆或楚，荆楚或楚荆联称，成为楚族、楚国和荆楚地域的一个特有的称谓，早已约定俗成，沿袭三千多年了，所以，荆楚文化即楚文化。此处论述的楚文化，又可以称荆楚文化，是指从古代至唐这段时期的两湖地区的地域文化。

楚文化具有与中原文化不同的特质，中原文化是一种理性文化，它以哲理、思辨为特色。楚文化则体现为想象丰富、诗人气质浓厚，表现出一种浪漫与逍遥。

李泽厚、刘纲纪说："北方的神话远逊于南方，其主要原因由于较早进入阶级社会、‘巫’更早被‘史’所取代。”① 胡适说：“越往南，文学越带有神话的分子与想象的能力。我们看《离骚》里的许多神的名字——羲和、望舒等——便可以知道南方民族曾有不少的神话。”② 范文澜先生曾说中国古代北方为“史官文化”，南方为“巫官文化”。“史重人事，长于事实；巫事鬼神，富于想象。”又说“楚国传统文化是巫官文化，民间盛行巫风，祭祀鬼神必用巫歌，《九歌》就是巫师祭神的歌曲……楚辞是巫官文化的最高表现。其特点在于想象力非常丰富，为史官文化的《诗》三百篇所不能及”③。

楚国统治阶级迷信巫术是有传统性的。楚地民间盛行巫风，祭祀鬼神必用巫歌，《九歌》就是巫师祭神的歌曲。《吕氏春秋·侈乐篇》说“楚之衰也，作为巫音”。春秋以后，巫风在北方各国就大大地削弱了，而这时南方的楚国巫风却很流行。即使实现了大一统的秦汉以后楚地的巫风仍盛，《汉书·地理志》“楚有江汉川泽山林之饶。江南地广或火耕水耨，民…… 信巫鬼，重淫祀”。这一风俗一直保持到唐宋以后，唐人写的《隋书·地理志》说荆楚“其人率多劲悍决烈，盖亦天性然也……大抵荆州率敬鬼，尤重祠祀之事，昔屈原为制《九歌》，盖由此也”。元稹《赛神》：“楚俗不事事，巫风事妖神，事妖结妖社，不问疏与亲。”王建的《赛神曲》形象地描述了荆楚民间隆重而欢乐的祭神活动。清代顾炎武《天下郡国利病书》说：“湘楚之俗尚鬼，自古为然。”总之，楚文化在民族心理层面的特征是亲鬼好巫、神人合一、力求浪漫，与中原文化敬鬼远神、力主现实形成鲜明对照。

在巫风很盛的文化氛围中产生的《楚辞》，其特点在于想象力非常丰富，且富有神话色彩。李泽厚先生在讲到《楚辞》的审美特

① 李泽厚、刘纲纪：《中国美术史》，中国社会科学出版社，1984 年，1 卷。
② 胡适：《白话文学史》，中国书店，1985 年，76 页。
③ 范文澜：《中国通史简编》第一册，人民出版社 1978 年，263 页。

征时也说："其词激宕淋漓，异于风雅，亦即感情的抒发爽快淋漓，想象丰富奇异，还没受到严格束缚，尚未承受儒家实践理性的洗礼，从而不像所谓诗教之类有那么多的道德规范和理智约束。相反多原始活力、狂放的意绪、无羁的想象在这里表现得更为自由和充分。"①

屈原是《楚辞》的主要创作者，他一生留下《离骚》、《九章》、《天问》、《九歌》等许多不朽的诗篇，他借用楚地的神话材料，以奇丽的幻想，使诗歌的境界大为扩展，显示恢宏瑰丽的特征，"逸响伟辞，卓绝一世"，为中国古典诗歌的创作，开辟出一条新的道路。《楚辞》既是楚文化的杰出代表，也是中国文学史上的璀璨明珠。

楚人的先辈艰苦创业，公元前 11 世纪，夏商更替之际，先祖辗转迁徙到了荆楚地区。"先王熊绎，辟在荆山，筚路蓝缕以处草莽，跋涉山林以事天子，唯是桃弧棘矢，以共王事"（《左传·昭公十二年》）。周初，周成王盟会诸侯，熊绎受到冷遇，回来后立志发愤图强，在这块蛮荒之地，披荆斩棘，耕耘、繁衍、生息，顽强地求发展。历尽五百余年的艰辛，疆域不断扩展，国力不断增强，由一个方圆不足百里的小国发展成泱泱大国。春秋时期，楚庄王饮马黄河，问鼎中原，成为春秋五霸之一，到战国时期，楚国成为雄视秦、齐的南方大国。同时，楚人不断吸收、融合中原文化和南方蛮夷文化，创造了独特的能与其他地域文化并驾齐驱的楚文化。楚人在长期奋斗中养成了以民族利益至重至上的心理，民族自豪感和民族自尊心异常强烈，念祖、爱国、忠君十分突出。屈原正是在这样的文化氛围中成为中国历史上第一个伟大的爱国诗人，在《楚辞》中表现了强烈的爱国精神，他与祖国同休戚、共存亡，至死不离楚国。战国是历史大变动的时期，"邦无定土，士无定主"，士人

---

① 李泽厚：《美的历程》，文物出版社，1981 年，69 页。

奔走各国，以求实现自己的人生价值和理想。在这样的情势下，屈原虽在楚国受到排斥打击，经历了痛苦的折磨，却没有离开楚国，以致最后自沉而死。屈原以极顽强的精神坚持自己对人格理想的追求，“亦余心之所善兮，虽九死其犹未悔”，“虽体解吾犹未变兮，岂余心之可惩?”司马迁评论屈原其文其人时说：“屈平正道直行，竭忠尽智，以事其君……其文约，其辞微，其志洁，其行廉，其称文小而其指极大，举类迩而见义远。其志洁，故其称物芳；其行廉，故死而不容自疏。濯淖污泥之中，蝉蜕于浊秽，以浮游尘埃之外，不获世之滋垢，皭然泥而不滓者也。推此志也，虽与日月争光可也。”① 屈原正是楚文化的最杰出的代表。

第二节　楚文化与道家

一提到楚文化，必然要谈到老子与庄子。近代著名学者梁启超就把老庄的道家与孔孟的儒家并提，称之为“孔北老南，对垒互峙”。孔孟的儒家代表北方文化，老庄的道家代表南方文化。有不少研究楚文化的著作中认为老子、庄子是楚人，因此道家发祥于楚地，楚文化以道家思想为主导。仔细研究起来，这种观点尚可商榷。据《史记·老庄申韩列传》：“老子者，楚苦县厉乡曲仁里人也。”《史记·正义》：“苦县本属陈，春秋时楚灭陈，而苦又属楚，故云楚苦县。”陈国是舜的后裔，为周武王所封，都宛丘（今河南淮阳），公元前479年为楚国所灭。老子是与孔子同时代的人，比孔子年长，曾做过东周守藏史，后西出函谷，不知所终。孔子去世那年恰好楚灭陈。这就是说老子绝不可能生长于陈国灭亡后的楚地。庄子也非楚国人。《史记·老庄申韩列传》：“庄子者，蒙人

① 司马迁：《史记·屈原贾生列传》卷八四，上海古籍出版社，1986年。

也。名周，尝为蒙漆园史。与梁惠王、齐宣王同时。”《史记索隐》：“刘向别录云：宋之蒙人也。”《史记正义》：“《括地志》云：漆园故城在曹州冤句县北十七里。此云庄周为漆园吏即此，按其城古属蒙县。”① 有学者认为宋为齐、魏、楚三国瓜分，蒙地归楚，故庄周为楚人，此说不确切。齐灭宋是公元前286年。庄子与梁惠王、齐宣王同时，大约生卒于公元前380至公元前295年之间（一说生于公元前369年，死于公元前286年）。也就是说庄子在世时，恰好宋国还存在，他并未生长于楚国。再说齐灭宋之役，并没有魏、楚二国参加，也不可能分其国。据《荀子·议兵篇》：“齐能并宋而不能凝也，故魏夺之。”公元前284年，燕、秦、魏、赵、韩五国伐齐，魏国乘机攻齐国新得之宋地，楚国也乘机攻取原宋国的淮北之地。《汉书·地理志》说，宋灭后“楚得其沛”。庄周故里在宋之东北（今属山东东明县），宋灭后应属齐，不可能归楚。因此，《齐鲁思想文化史》一书将庄子纳入齐鲁文化。② 窃以为将老庄纳入楚文化或齐鲁文化都不确切。老子生长于陈国，庄子生长于宋国，属于淮河流域，介于中国的北方与南方之间，也可以称他们为陈宋学派，属于一种独具特色的，不同于齐鲁文化与楚文化的地域文化。陈国与宋国都是弱小国家，夹在晋（后分为韩、赵、魏）、秦、齐、楚等强国之间，在夹缝中求生存。几百年的争霸战争，使陈、宋等小国处于被侵略、被征服、被奴役的地位，小国人民陷入了苦难的深渊。宋国就发生过被楚军长期围困，“易子而食，析骸以爨”的惨剧。平时他们要准备至少两份贡品，同时向几个大国进贡。在这样的环境中成长的老子和庄子，产生了强烈的反战情绪。他们的学说代表了受侵略、被奴役的弱小国家和弱势群体的利益和愿望。把他们说成代表没落的奴隶主贵族的利益也是不妥的。

① 《史记·老庄申韩列传》卷六三。

② 孟祥才、胡新生：《齐鲁思想文化史》，山东大学出版社，2002年，402页。

老庄反对争霸战争，反对统治者贪得无厌，站在弱势群体的立场，求得生存之道，提出了“柔弱胜刚强”的应对策略和“小国寡民”的政治理想。老庄与强国的统治者采取不合作的态度。老子最后归隐，庄子拒绝了楚国的高官厚禄，穷困终生。老庄生长的淮河流域，历来水患严重，深切感到水的力量。老子说：“天下莫柔弱于水，而攻坚强者莫之能胜。”（《道德经·第七十八章》）老子从他生活的地理环境和社会环境中感悟出“弱之胜强，柔之胜刚”，“弱者道之用”等哲理。由于老庄处于中国南北之间，因而既汲取了北方中原文化之精华，又受到南方楚文化之深刻影响，如道家文化中的神秘文化部分就受到楚地巫祝之风的影响。相比较而言，陈宋两国被楚国征服、侵略的时间更长，陈国后来又被楚所灭，曾一度成为楚之国都。宋国的一部分被楚占领，因而陈、宋两国受楚文化影响更深一些，道家学说又深深影响楚文化。在战国中期的郭店楚墓竹简中发现了《老子》，这说明楚墓主喜欢老子及其学派，同时也说明道家对楚文化的影响，故有的学者把老庄的道家归入南方的楚文化也有一定道理。特别是庄子的散文体现的汪洋恣肆、奇谲瑰丽、气势奔放的浪漫主义风格和飘逸之美，与《楚辞》是一致的，屈原的《远游》与庄子的《逍遥游》，风格非常相近。从上述可知，楚文化中包容了道家思想，或者说道家思想影响了楚文化，但不能说老子、庄子是楚国人，道家产生于楚地。

道家的老庄学说是道教的理论基础和思想根源。在道家思想的影响下，在荆楚文化的氛围中，从东汉至隋唐，道教在楚地一直很兴盛。衡山、武当山都是道教圣地，还出过一些著名的道士，如修炼于衡山的司马承祯和随州的胡紫阳。古老楚文化中的自然神，如太乙、风伯、雨神、山神（山鬼）、水神、河伯等成为道教的神祇。楚地的巫卜之风也是道教的源头之一，可以说，荆楚地区是道教生长的沃土，道教是楚文化的重要组成部分。

第三节 楚文化对李白的思想性格、创作风格的重大影响

荆楚文化与巴蜀文化同属南方文化系统，楚文化重巫，蜀文化重仙，巴文化重鬼。它们的共同性都是想象力非常丰富，追求浪漫、不师故辙，冲破旧规矩的束缚，都属于发散型的球型思维。李白在接受巴蜀文化熏陶的基础上，很容易接受楚文化的影响。李白在蜀中“五岁诵六甲，十岁观百家”，“十五观奇书，作赋凌相如”，博览群书，肯定已经读过《楚辞》，接触了楚文化，但这毕竟是间接的。李白在蜀中就很向往楚地，他说：“余小时，大人令诵《子虚赋》，私心慕之。及长，南游云梦，览七泽之壮观。酒隐安陆，蹉跎十年。”（《秋于敬亭送从侄耑游庐山序》）他生活于楚地十余年，漫游三楚大地，亲身感受楚地的风土人情，接受楚文化氛围的熏陶，对其思想性格、创作风格产生了重大影响。

李白到了屈原的故乡，感受到屈原故乡人民对屈原的崇敬之情，对屈原更加崇拜。他在《江上吟》中表达了对屈原高度崇敬之情：“屈平词赋悬日月，楚王台榭空山丘。兴酣落笔摇五岳，诗成笑傲凌沧洲。功名富贵若长在，汉水亦应西北流。”在李白的眼中，权倾一时的统治者不过一抔黄土，功名富贵不过是过眼云烟。只有屈原的词赋才是光照万代的日月，永远发出绚烂的光彩。李白言及屈原的诗有十七首之多，倾慕其文学才华，赞颂其高尚品德，同情其不幸遭遇。屈原的志向高远、忠于祖国的献身精神；对黑暗现实敢于批判的精神；为追求理想，“虽九死其犹未悔”的执著精神；想象奇特、感情奔放的浪漫精神；“自铸伟辞”的创新精神，对李白的思想与诗歌创作产生了深远的影响，或者说起到了导航的作用。

李白在蜀中已经树立了远大的理想，告别故乡时高唱："莫怪无心恋清境，已将书剑许明时。"而他具体的人生理想正是在定居楚地后确立的，在《代寿山答孟少府移文书》中说："申管晏之谈，谋帝王之术，奋其智能，愿为辅弼，使寰区大定，海县清一。事君之道成，荣亲之义毕，然后与陶朱留侯，浮五湖，戌沧海。"李白为他的这一人生理想终生奋斗不息。他的人生理想吸收了屈原的积极入世的思想，要辅佐君王，使国家富强，天下安定。同时也汲取了道家"功成身退"的思想。老子说："功遂，身退，天之道哉。"（《道德经·第九章》）李白在楚地最终定型了他的人生理想，不能不说是受到了楚文化的影响。

李白"酒隐安陆"期间，美好的夫妻生活并没有令李白外出漫游以图功业的心志有所减退。他为实现人生理想，而干谒诸侯，曾上书当地的长官李长史、裴长史、韩荆州，表达了强烈的用世愿望，热烈的进取精神，希望得到他们的推荐，可是没有结果。他又"西入秦海，一观国风"，"历抵卿相"，广交诗友，希得到援引；另一方面，求仙访道。李白生长于道教的发祥地川西北，从小受道教文化的熏陶，"十五游神仙，仙游未曾歇"。访过不少蜀中道教名山，结交过不少道友。到荆楚这片道教沃土后，又继续求仙访道。在入楚的第一年就在江陵见了著名道士司马承祯，赞赏他"有仙风道骨，可与神游八极之表"。这大大地鼓励了他求道成仙的热忱。在楚地他与元丹丘、元演过从甚密，一同拜访了著名道士胡紫阳。在隐居寿山、白兆山时也曾苦读道经、服丹饵食。李白的求仙访道活动不仅是追求超尘脱凡、长生久视、身心得到彻底解放的绝对自由的理想境界，也有广交朋友，提高知名度，希望得到援引而从政的目的，但是在楚地的这些活动并未达到目的。他自己曾说："富贵与神仙，蹉跎成两失。"（《长歌行》）统治者并不看重他的才华，更不容他那傲岸的性格，多次碰壁而回，落得个"孤剑谁托，悲歌自怜。迫于凄惶，席不暇暖。寄绝国而何仰？若浮云而无依。南徙莫从，北游失路”（《上安州李长史书》）。远大的人生理想与残酷的现实发生了激烈冲突，他的悲愤的心情需要宣泄，不能满足于平实的写作手法，而从楚文学中吸收营养，像《离骚》那样，淋漓尽致、激昂慷慨、悲凉豪壮的抒发自己强烈的情感。这段时期创作出了《蜀道难》、《行路难》、《梁甫吟》、《梁园吟》、《将进酒》等作品。这些诗歌显然受到楚文化传统的影响，《梁甫吟》中“阊阖九门不可通，以额扣关阍者怒”直接化用了《离骚》中的句子：“吾令帝阍开关兮，倚阊阖而望予。”《寄远》中“美人美人兮归去来，莫作朝云暮雨兮飞阳台”引了宋玉《高唐赋》的典故，用了《楚辞》的句式。《蜀道难》的写作时期、地点争议很大，有说写于蜀中的，有说写于应诏入京时。笔者认为李白游蜀中山水，北上游过阴平道、金牛道，到过剑门关、江油关，为《蜀道难》积累了丰富的创作素材，真正完成《蜀道难》的写作，应当是一入长安，仕途碰壁以后，以蜀道之艰险象征仕途之可畏。诗中展开丰富的想象，以夸张的手法，援引历史故事、神话传说，艺术地再现了蜀道峥嵘、崎岖，展示出蜀中山水的雄伟壮丽和磅礴的气势。诗风宏伟，句法灵活多变，韵散兼用，文句参差，笔意纵横，豪放洒脱，是典型的浪漫主义风格，也是李白的代表作。这篇千古绝唱，应当是李白在巴蜀文化的孕育和荆楚文化的影响下完成的杰作。

李白在楚地的求仙访道活动也大大地影响了他的诗歌创作。神仙世界的腾云驾雾、呼风唤雨、乘龙驭凤激发了李白丰富的想象力。他这段时间中创作了不少游仙诗，把对现实的不满和对自由的追求，倾注在神仙世界中。这些诗中充满了大胆的夸张、奇特的想象、跳跃的思维，“神思超迈，飘然而来，忽然而去，不屑于雕章琢句，亦不劳劳于镂心刻骨，自有天马行空，不可羁勒之势”（赵翼《瓯北诗话》）。如《元丹丘歌》：“朝饮颍川之清流，暮还嵩岑之紫烟，三十六峰长周旋，长周旋，蹑星虹，身骑飞龙耳生风。横河跨海与天通，我知尔游心无穷。”诗中充满了道教的浪漫精神。

《赠嵩山焦炼师》、《嵩山采菖蒲者》、《古风》（其七）等都是以浪漫主义手法描写了神仙世界。《题元丹丘山居》把对神仙世界的追求与对山水自然之美的追求统一起来。《梁甫吟》则是以道教中的奇幻世界来抒发心中的愤懑不平。李白在楚地创作的游仙诗形成了自己的独特风格。

李白在楚地学习了荆楚的民间歌谣。荆楚的民歌有悠久的历史传统。《诗经》中的《汉广》、《江有汜》等篇就是产生于楚地的民歌。《楚人歌》、《沧浪歌》等都是楚地的民歌。楚地祭神的巫歌十分盛行。《楚辞》正是汲取了楚地民间文学的营养，屈原《九歌》的前身就是楚国各地民间祭神的歌曲。秦汉时荆楚地方的民歌一般是五句式的唱和式的“相”，到六朝时发展为西曲，其句式生动活泼，语言清新自然。李白生活在楚地，继承了荆楚民歌传统，汲取了相、西曲的长处。如他创作的《荆州歌》：“白帝城边足风波，瞿塘五月谁敢过。荆州麦熟茧成蛾，缲丝忆君头绪多。拨谷飞鸣奈妾何。”其中“丝”双关“思”，就是采用了西曲双关含蓄的修辞手法。他在荆楚写的《江夏行》、《长干行》、《襄阳歌》、《襄阳曲》、《大堤曲》都是学习的当地民歌，汲取了荆楚民间文化的营养。胡震亨《李诗通》说，《江夏行》、《长干行》“并为商人妇咏，而其源似出《西曲》。盖古者吴俗好贾，荆、郢、樊、邓间尤盛。男女怨旷哀吟，清商诸《西曲》所由作也。第其辞，五言二韵节短而情有未尽。白往来襄、汉、金陵，悉其土俗人情，因采而演之为长什”。《襄阳歌》则是在《襄阳儿童歌》的基础上的创新之作，据《晋书·山简传》载：“简每出游嬉，多之池上，置酒辄醉，名之曰高阳池。时有童儿歌曰：‘山公出何许？往至高阳池。日夕倒载归。酩酊无所知，时时能骑马，倒着白接䍦。’”李白《襄阳歌》也是咏山简之醉态，却加大了篇幅，抒发出怀才不遇，人生无常的愤懑之情。

李白在蜀中创作的诗、赋流传下来的不多，还没有形成自己独特的风格。杨天惠《彰明逸事》云："时太白齿方少，英气溢发，诸为诗文甚多，微类宫中行乐词体。今邑人所藏百篇，大抵皆格律也。虽颇体弱，然短羽褵褷，已成凤刍态。"唐人学诗，律诗是必修课，李白也不例外。如学书法，先必须学楷书，循规蹈矩，"戴着镣铐跳舞"，而后才"随心所欲不逾矩"。李白在蜀中诗作多律诗，其中最具代表性的《访戴天山道士不遇》、《寻雍尊师隐居》，都是完美的五律诗，平仄对仗都合规矩。在蜀中写的《明堂赋》、《大猎赋》、《拟恨赋》等，也基本上是模仿汉赋，还没有形成自己独特的风格。

李白在楚地生活，直接接受了楚文化的影响之后，诗风大变。李白在安陆十年创作的诗歌，绝大部分是歌行，《蜀道难》、《行路难》、《梁甫吟》、《襄阳歌》等的创作，标志着他的诗歌创作进入了成熟时期，形成了自己的独特风格。"李白以他真率天成的性格和无与伦比的才气，将歌行这一新兴诗歌种类的艺术特质发挥到了极致。"①

李白的青年时期是在蜀中和楚地度过的，这一时期正是他世界观、人生观、价值观、思想性格、创作风格定型和成熟的时期，因而，巴蜀文化和楚文化对李白的思想性格和诗歌创作的影响是决定性的。李白诗歌的独特风格正是在巴蜀文化的基础上，受荆楚文化的影响而定型的，这也是他与同时代诗人不同的重要原因。

第四节　李白与孟浩然

李白在楚地结交了许多朋友，其中最崇敬孟浩然，《赠孟浩然》诗云："吾爱孟夫子，风流天下闻。红颜弃轩冕，白首卧松云。醉

① 薛天纬：《唐代歌行论》，人民文学出版社，2006年，197页。

月频中圣，迷花不事君。高山安可仰，从此揖清芬。”“高山安可仰”出自《诗经·小雅》：“高山仰止，景行行止。”司马迁曾在《史记·孔子世家》中引用此诗赞扬孔子：“太史公曰：‘诗有之：高山仰止，景行行止’虽不能至，心向往之。”把孔子比喻为崇高的山岳，而在李白这首诗中又以仰望高山来比喻对孟浩然的景仰，恃才傲物的李白很难得有对同辈人这样尊重，在他赠友人的诗中没有其他类似的。李白与孟浩然的交往怎样？李白为何如此崇敬孟浩然？李白和孟浩然的思想性格及创作风格有何异同？对这些问题应当深入探索。

关于李白与孟浩然的交往与赠诗，王辉斌先生在《孟浩然研究》一书中作了十分精当的考辨，可从。这里只作一些补正，李白与孟浩然第一次相识是开元十四年（726）秋，地点在溧阳，有诗《游溧阳北湖亭瓦屋山怀古赠孟浩然》为证，这首诗在一般的李白诗选集中，题为《游溧阳北湖亭瓦屋山怀古赠同旅》，而在两宋本、缪本、《文苑英华》、《全唐诗》中俱云：“一作赠孟浩然”，这合符李孟二人的行止，有论者认为李孟初识于开元十三年或十四年在襄阳，这与李孟二人的行止不合。李白在《上安州裴长史书》中说：“仗剑去国，辞亲远游，南穷苍梧，东涉溟海，见乡人相如大夸云梦之事，云楚有七泽，遂来观焉，而许相公家见招，妻以孙女，便憩迹于此。”后面又云：“同伴吴指南于炎月病逝，权葬于湖侧，便之金陵。”可见李白出蜀后并未到过襄阳，而是从长江顺流而下到金陵一带，再南下游吴越，金陵距溧阳很近，正是在溧阳与孟浩然初识。有论者引用李白《上安州李长史书》：“远客汝海，近还郧城。”说李白去汝海路过襄阳与孟浩然相识，其实这是李白于郧城安家，即开元十五年以后的事，才能说“还”。总之，李白于开元十三年或十四年没有去过襄阳。再看，孟浩然这时也未在襄阳，王辉斌先生考证，开元十三年至十五年孟浩然在吴越一带漫游（见《孟浩然研究》）正好在溧阳与李白结识。开元十四年冬，孟浩然在友人张子容处，并在那里过年，有孟浩然的《永嘉上浦馆逢张八子容》、《除夜乐城会张少府》、《岁除夜会张少府宅》等诗可证，其中有诗句云："平生复能几，一别十余春。"张子容是先天元年中进士，赴京前孟浩然曾赠诗告别，至开元十四年正是"一别十余春"。张子容又有《乐城岁赠孟浩然》，诗云："土地穷瓯越，风光肇建寅。"开元十四年为丙寅年，正是岁在建寅。总之，开元十四年李白与孟浩然都在吴越漫游，在这年秋天在溧阳相识同游是完全可能的事。这年冬天，孟浩然在张子容处，李白这时已从剡中漫游回扬州，生过一场病，有《淮南卧病书怀寄蜀中赵征君蕤》为证，后仍滞留于扬州，写了《淮南对雪赠孟浩然》，这首诗在一般选本上作《淮南对雪赠傅霭》，但在两宋本、肖本、缪本、咸本、王琦本上都注有"一作《淮南对雪赠孟浩然》"，詹锳《李白诗文系年》、安旗《李白全集编年注释》，均否认是赠孟浩然之诗，把它系于天宝六年，詹说："诗云：兴从剡溪起，思绕梁园发，似当作于客梁园之后"，其实"思绕梁园发"是用的典故。在谢灵运《雪赋》中说的是梁孝王于梁园召司马相如作赋之事，以后文人学士雅集赋诗叫"梁园春雪"，不一定是李白从梁园而来，或所赠诗的人在梁园，"傅霭"不可考。倒是李白与孟浩然曾相会赋诗。李白面对雪景回忆与孟浩然相会赋诗之事，故有"思绕梁园发"之句。据两宋本、缪本、王本俱谓后四句一作："剡溪空兴在，郢路歌未歇。寄君梁父吟，曲尽心断绝。"这说明李白在这年夏天已游了剡溪，"郢路"是指他们都从楚地而来，"梁父吟"是同情孟浩然怀才不遇，未能施展抱负，故有"曲尽心断绝"之悲叹。这首诗的另一版本是"寄君郢中歌"，指郢人唱"阳春白雪"，曲高和寡，也有才高知遇很难之意，与孟浩然从楚地而来相合。总之，不论哪种版本都应当是赠给孟浩然的。李白赠孟浩然的第三首诗便是脍炙人口的《黄鹤楼送孟浩然之广陵》，一般注家都是把这首诗系于开元十六年暮春，这与孟浩然行踪不合；这一年孟浩然实在没有功夫下扬州，新旧《唐书》中的《孟浩然传》都说，这一年孟浩然年四十，去京师参加科举考试。按唐代的科举制度规定，考试在每年二月，而在头一年士子就要忙碌起来，据《新唐书·选举志》云：“每岁仲冬州县馆监举其成者，送之尚书省，而选举不由馆学者谓之乡贡，皆怀牒自列于州县，试已，长吏以乡饮酒之礼会属僚，设宾主，陈俎豆，备管弦，牲用少牢，歌鹿鸣之诗，因与耆艾叙长少焉。至省，由户部集阅，而关于考功员外郎试之。”按制度孟浩然在开元十六年仲冬十一月就要到京城，在此之前还得“自怀牒于州县”，经过乡贡这一关，按《通典》：“大唐贡士之法，多循旧制，上郡贡三人，中郡二人，下郡一人。”襄阳郡应贡三人，孟浩然为得到这三人之一的名额，必须要在这年夏秋忙于应付乡试。胡震亨《唐音癸签》中说，每年夏天“士子从府州觅解纷纷，故其有‘槐花黄举子忙’之谚语”。孟浩然也不例外，他在对付科举考试时，的确没有那个闲心和时间下扬州。有论者说，孟浩然在开元十六年暮春下扬州，冬天回家乡，再赶到京城参加科举考试，以《溯江至武昌》诗为证，诗云：“家本洞庭上，岁时归思催……残冻因风解，新梅变腊井。行看武昌柳，仿佛映楼台。”这应当是冬末春初之景。孟浩然这时还在武昌，若回家后，再去京城，二月份的科考就赶不上了，更不用说这之前的乡贡以及仲冬到尚书省集中等过程都错过了，所以，《溯江至武昌》这首诗绝不是他参加科考那年冬天写的。再说，从孟浩然的《送辛大不及》诗中看出，开元十六年秋，孟浩然在襄阳，辛大即辛之谔，据徐枚《登科记考》，辛之谔是开元十七年进士，授职长社尉，他赴京必然是开元十六年，孟浩然是在这年秋在襄阳写的这首诗，这说明孟浩然这年未去扬州。也有论者认为《黄鹤楼送孟浩然之广陵》写于开元十五年暮春，也不确，前面说过，十四年冬孟浩然还在越地乐城，第二年才返回故乡，准备下一年参加科举考试，怎么可能刚一回家就往扬州去呢？那么李白这首诗究竟写于何年呢？王辉斌先生认为写于开元二十三年，可从。

开元二十二年韩朝宗任荆州刺史兼山南东道采访使，驻节襄阳。二十三年春，玄宗下诏要各地刺史推荐人才，韩朝宗推荐了孟浩然而未成行。李白此时也到了襄阳请韩朝宗举荐，写了著名的《与韩荆州书》，李白在襄阳的期间必然拜访故人孟浩然，一起游览交谈，感情愈加深厚，至暮春时孟浩然应山阴崔国辅之邀，从江夏上船东去，有孟浩然《江上寄山阴崔少府国辅》等诗为证。李白至黄鹤楼为孟浩然送行，情深意切，难舍难分，写下了千古绝唱《黄鹤楼送孟浩然之广陵》。开元二十七年，李白第二次游吴越之后，于秋天溯江而上，至巴陵与王昌龄相会，王昌龄写了《巴陵别李十二》。之后，李白回安陆家中，于开元二十八年春，再次到襄阳访孟浩然，写下了《春日归山寄孟浩然》，从这首诗的意思看，标题应当是“与孟浩然春日游山”。诗中有“朱绂遗尘境，青山谒梵筵”之句，“朱绂”代指官职，孟浩然在开元二十五年，被左迁荆州大都督府长史的张九龄辟入幕府，第一次入官场，第二年他又辞去了这个职务，可以说是“朱绂遗尘境”。若把这首诗说成是孟浩然入幕府之前或之时，诗意则不可解。李白在告别孟浩然时，写了《赠孟浩然》，此时孟浩然已有 52 岁，经过了若干挫折已无入官场之念了，故而有“红颜弃轩冕，白首卧松云”之说。有论者将此诗系于开元二十四年，窃以为不妥，那时孟浩然才四十余岁，也还没有泯灭入仕之念，还不能说是“白首卧松云”。李白写了这首诗后即北上，于开元二十八年五月，定居于东鲁，这年下半年孟浩然去世。可以说李白《赠孟浩然》是诀别之诗，记录了他俩的深厚友谊，表达了李白对孟浩然的无限崇敬之情。

为什么李白那样崇敬孟浩然呢？这是因为李白与孟浩然有相同的政治抱负和思想性格，或者说在孟浩然身上李白看到了自己理想的人格。李白与孟浩然共同生活在盛唐时期，他们都想建功立业，都有饱满的政治热情，远大的理想，愿把自己的才智献给太平盛世。李白怀着“济苍生”、“安社稷”的宏伟抱负，想做帝王之师，

“申管晏之谈，谋帝王之术，奋其智能，愿为辅弼，使寰宇大定，海县清一”（《代寿山答孟少府移文书》）。孟浩然为孟子之后裔，受儒家入世思想之熏陶，也具有积极入世之心，有远大的抱负，他说：“吾与二三子，平生交结深。俱怀鸿鹄志，共有鹡鸰心”（《洗然弟竹亭》），“杳冥云海去，谁不羡鹏飞”（《同曹三御史行泛湖归越》），“谓余搏扶桑，轻举振六翮”（《山中逢道士云公》），“再飞鹏击水，一举鹤冲天”（《岘山送肖员外之荆州》），“安能与斥鷃，决起但枪榆”（《送吴悦游韶阳》）。孟浩然这一类诗把自己比为大鹏、鸿鹄，把胸无大志的世俗小人比为斥鷃，这与李白极其相似。李白也是以大鹏自喻，“不鸣则已，一鸣惊人”。“大鹏一日同风起，抟摇直上九万里”（《上李邕》）。他的《大鹏赋》更是把大鹏作为自己理想的化身，把胸无大志的小人讥笑为“斥鷃之辈”，这说明李白与孟浩然都有共同的宏伟抱负。

李白与孟浩然都采取了“养望待时”，以隐逸求仕的方式，来实现自己的伟大抱负，他们都有过隐居的经历，李白曾在蜀中隐于岷山之阳（大匡山），后又与“竹溪六逸”隐于徂徕山。孟浩然更是长期隐于鹿门山，但他们都不是为隐居而隐居，而是要通过隐居获得较高的声誉，求得有力者的推荐。李白说：“达则兼济天下，穷则独善一身，安能食君紫霞，荫君青松，乘君鸾鹤，驾君虬龙，一朝飞腾，为方丈蓬莱之人耳，此则未可也。乃相与卷其丹书，匣其瑶琴，申管晏之谈，谋帝王之术。”（《代寿山答孟少府移文书》）孟浩然虽隐居于田园也是以隐居为手段，以出仕为目的，他“常恐填沟壑，无由振羽仪”（《晚春卧病寄张八》），只要一有机会他就要结束隐居，实现报国之志，“一闻边烽动，万里忽争先。余亦赴京国，何当献凯还”（《送陈七赴西军》）。李白与孟浩然都是身在山林而心怀朝廷，这方面有许多内容相似的诗歌。孟浩然：“魏阙心恒在，金门诏不忘。途怜上林雁，冰判已回翔。”（《自浔阳泛舟经明海》）“未能忘魏阙，空此滞秦稽”（《久滞越中贻谢甫池会稽贺少府》),“寄语朝廷当事人,何时重见长安道?”(《卢明府送郑十三还秦兼寄之什》)李白在这方面的情感更强烈,“客自长安来,还归长安去。狂风吹我心,西挂咸阳树”(《金乡送韦八之西京》),“遥望长安日,不见长安人。长安宫阙九天上,此地曾经为近臣。一朝复一朝,发白心不改”(《单父东楼秋夜送族弟沈之秦》),他盼望着“何当赤车使,再往召相如”(《赠崔侍御》)。

李白和孟浩然虽然用世心切,但并不趋炎附势,苟取富贵,他们都卓然傲世,鄙视权贵,决不与腐败势力同流合污,始终保持着自己的独立人格。正因为如此,他们在仕途上很不得意,陷于想入世而又历经挫折,想出世而又不甘心老死于林泉的双重矛盾之中,因而他们的内心都充满着牢骚幽愤。孟浩然一方面是“冲天羡鸿鹄”,另一方面又“争食羞鸡鹜”,他想入世做官,但又不愿与像鸡鸭那样的小人去争食,不愿去走后门投靠权贵,他说:“欲徇五斗禄,其如七不堪。早朝非晏起,束带异抽簪。”(《京还赠张淮》)用陶渊明不肯为五斗米折腰,和嵇康自称“七不堪”的典故,表明自己不愿去趋奉长官,忍受官场对个性的约束。他说:“世途皆自媚,流俗寡相知。”(《晚春卧病寄张八》)他认为世人只顾自我吹嘘,社会陋俗使人知音很少。他埋怨“乡曲无知己,朝端乏故亲”(《田园作》),“惜无金张援,十上空归来”(《送金大凤进士赴举》),“当路谁相假,知音世所稀”(《留别王维》),“不才明主弃,多病故人疏”(《岁暮归南山》),实际上是说自己怀才不遇,无人援引,未得明主所用。李白在这方面感情表达得更加强烈,他高呼:“大道如青天,我独不得出。羞逐长安社中儿,赤鸡白狗赌梨栗。弹剑作歌奏苦声,曳裾王门不称情”(《行路难》),“我本不弃世,世人自弃我”(《送蔡山人》),“我欲攀龙见明主,雷公砰訇震天鼓……阊阖九门不可通,以额扣关阍者怒”(《梁甫吟》)。他始终要保持自己的独立人格,高尚情操,他说:“松柏本孤直,难为桃李颜”(《古风》其十二),“安能摧眉折腰事权贵,使我不得开心颜”（《梦游天姥吟留别》）。李白与孟浩然在超出俗流，保持高尚节操方面，是完全一致的。

李白与孟浩然都非常热爱大自然，对大自然有一种亲和力，他们理想的人生道路是功成身退，在建功立业之后，回归到大自然。他们在入世的过程中颇受挫折，心灵上创伤累累，又在大自然中寻找医治心灵创伤的灵药，追求人与自然的和谐，求得心理上的平衡和恬静，因而他们创作了许多描绘自然美景的山水诗篇。孟浩然《自洛之越》云：“皇皇三十载，书剑两无成。山水寻吴越，风尘厌洛京。扁舟泛湖海，长揖谢公卿。”又云：“寄言当路者，去矣北山岑。”（《秦中苦雨思归》）表明他要告别尘世间污浊的名利场，到山水中去寻找乐趣，“隐鹿门以诗自适”，陶醉于大自然的美景之中，他在《涧南即事贻皎上人》中云：“敝庐在郭外，素产唯田园。左右林野旷，不闻朝市喧。钓竿垂北涧，樵歌唱南轩。”《秋登万山寄张五》：“北山白云里，隐者自怡悦。相望试登高，心随雁飞天。愁因薄暮起，兴是清秋发。时见归村人，平沙渡头歇。天边树若荠，江畔洲如月。何当载酒来，共醉重阳节。”他的这类诗表达了在美好的大自然中恬静自适的心境，《夜归鹿门歌》云：“山寺鸣钟昼已昏，渔梁渡头争渡喧。人随沙岸向江村，余亦乘舟归鹿门。鹿门月照开烟树，忽到庞公栖隐处。岩扉松径长寂寥，唯有幽人自来去。”在诗中表现了人与自然浑一的清幽境界。他有一首脍炙人口的《春晓》：“春眠不觉晓，处处闻啼鸟。夜来风雨声，花落知多少。”幽美静谧的环境与怡然自得的心情相互融合，表现了一种“天人合一”的意境，李白生长在景色幽美的西蜀，隐居于山势雄奇、飞瀑流泉的大匡山，故乡的奇山秀水使他热爱大自然，他希望在建功立业之后功成身退，投入大自然的怀抱。在他从政失败后，“脱屣轩冕，释羁韁锁，因肆情性，大放宇宙间……优游没身，偶乘扁舟，一日千里，或遇胜景，终年不移，长江远山，一泉一石，无往而不自得也”（《李公新墓碑》）。他一生“心爱名山游，身随名山远”，经常沉醉在大自然中，忘掉怀才不遇的苦闷。他的《独坐敬亭山》：“众鸟高飞尽，白云独去闲。相看两不厌，只有敬亭山。”山成了心心相印的好朋友。《月下独酌》：“花间一壶酒，独酌无相亲。举杯邀明月，对影成三人。月既不解饮，影徒随我身。暂将月伴影，行乐须及春。我歌月徘徊，我舞影凌乱。醒时同交欢，醉后各分散。永结无情游，相期邈云汉。”明月和影以及鲜花都成了他的好朋交，他与大自然融为一体了。《下终南山过斛斯山人宿置酒》：“暮从碧山下，山月随人归。却顾所来径，苍苍横翠微。相携及田家，童稚开荆扉。绿竹入幽径，青萝拂行衣。欢言得所憩，美酒聊共挥。长歌吟松风，曲尽河星稀。我醉君复乐，陶然共忘机。”王夫之《唐诗选评》评此诗：“清旷中无英气，不可效陶，以此作视孟浩然，真山人诗尔。”这首诗飘逸清旷，与孟浩然的《夜归鹿门歌》风格非常相似。

李白与孟浩然在诗歌创作上都主张“贵清真”，自然浑成，反对刻意雕饰，历代的许多文学评论家都认为孟浩然的诗歌艺术特色是“清淡”，也有“清新”、“清远”、“清旷”、“清雅”、“清真”之说，总之，围绕一个“清”字，杜甫称赞孟浩然“清诗句句尽堪传”（《解闷》）。所谓“清，朗也，澄水之貌”（《说文》），也就是明净澄澈之意。“清”还包含着风骨的内涵，王运熙、杨明先生说：“结合盛唐不少诗人力追建安风骨的倾向看，其所谓清或清新，一部分与风骨相通。”（《隋唐五代文学批评史》）孟浩然清新、清淡的诗风，是对南朝至唐初诗坛上流行的“绮靡”之风的否定。闻一多先生对此有很高评价：“到孟浩然手里，对初唐的宫体诗产生了思想和文学两重净化作用，所以我们读孟的诗觉得文字干净极了，他在思想净化方面所起的作用，当与陈子昂平分秋色，而文字的净化，尤推盛唐第一人，由初唐荒淫的宫体跳到杜甫严肃的人生描写，这中间必然有一段净化过程，这就是孟浩然所代表的风格……在文字净化方面，只有摩诘、太白、香山可以敌他，但论纯自然不事雕琢这一点，那只有在他以前的陶渊明到此境界了。”（郑临川《闻一多先生说唐诗》）闻先生说孟浩然是“宫体诗的净化者”，“盛唐初期诗的清道者”，在这一方面可以说李白与孟浩然是志同道合。李白继承了陈子昂的诗歌革新思想，更高地举起诗歌革新的旗帜，批评了自从汉赋以来过于浮艳的创作风气，主张恢复《诗经》、《楚辞》文质并茂的文学传统。在诗歌审美风格上明确地提出了追求清新、自然、真切之美。他向往“清水出芙蓉，天然去雕饰”，反对盲目模仿前人和雕琢藻饰的创作倾向，反对“东施效颦”。李阳冰说：“陈拾遗横制颓波，天下质文，翕然一变，至今朝诗体，尚有陈宫掖之风，至公大变，扫地并尽，今古文集，遏而不行，唯公文章，横被六合，可谓力敌造化。”（《草堂集序》）李白对唐代诗歌革新，不仅继承了陈子昂的事业，也与孟浩然一道，共同努力才取得了伟大成就。

正因为李白与孟浩然在理想抱负、思想性格和创作风格等方面的一致，孟浩然又比李白年长 12 岁，李白就对这位兄长般的知音非常尊重和崇敬。

李白与孟浩然都是中华文化孕育的盛唐时代产生的伟大诗人，因而有上述相同之处，这些相同之处也就是那个时代诗人的共性。但由于李白与孟浩然的青少年时期，是生活在不同的地域文化背景之下，在不同的家庭环境中，因而他们的思想性格和创作风格又有许多的不同之处，也就是说各有其个性特征。人们总是生存在一定的自然环境和社会环境之中，在特殊的环境中创造具有特色的地域文化，而这种地域文化必然影响到每一个家庭及其成员。人们在青少年期间所受到的家庭教育和环境影响，会在他一生中起到决定性的作用。弗洛伊德说：“儿童期经验是成人个性区别的根本来源。”（见哈里斯《文化人类学》）我们在研究李白与孟浩然的不同时，不能不研究他们的家庭教育与地域文化背景的不同。

孟浩然在《书怀贻京邑好友》中说：“维先自周鲁，家世重儒风，诗礼袭遗训，趋庭沾末躬，昼夜常自强，词翰颇亦工。”他是孟子的后裔，世世代代以诗礼传家，从小受传统的儒家思想教育。再看其地域文化背景：襄阳虽属楚地，应当是楚文化圈，但他不是楚文化的腹心地，它的地理位置紧靠河南，中无大山阻隔，受河洛文化影响很大。河洛文化指以洛阳为中心的河南地区的文化，洛阳是周朝的王畿之地，周公旦曾在此制礼作乐，可以说是“周礼”的发源地。孔子曾到洛阳学习周礼，而后创立儒家学说，可以说洛阳是儒家的发源地。从东汉至隋唐，洛阳一直设有太学，传授儒家经典，成为全国传播儒家思想的中心之一。东汉末，北方战乱不已，笃信儒术的刘表作荆州刺史近二十年，驻节于襄阳，河南南阳一带也属他管辖，他十分重视教育，尊重儒家。北方关西、兖、豫等地的经学大师，为躲避战乱，云集于相对安定的襄阳，研究经学，教育后生，襄阳成为当时全国经学研究的中心。全国一流的学者，经学大师宋仲子、司马徽、颖容等都曾在襄阳讲学，远在西蜀的尹默、李仁也到襄阳求学，可见当时襄阳的儒风盛极一时。孟浩然的祖辈很可能就是这个时期迁移定居到襄阳的。总之，孟浩然的一生主要是生活在儒风较盛的襄阳，接受的是正统的儒家教育，孟浩然的思想中儒家思想占有主导地位。

由于李白与孟浩然生长的地域文化环境和家庭教育不同，因而在思想性格与创作风格上也有以下的不同：

李白的叛逆性格很明显，在他的诗歌中敢怒敢骂，其笔锋之犀利，抨击之猛烈，在古代诗歌中是罕见的，他公开辱骂唐玄宗周围的权贵们是“蟊贼”、“苍蝇”、“鸡狗”、“魑魅”，在《雪谗诗》里大骂杨贵妃是祸国殃民的妲己、褒姒。在《古风》其五十一中以殷纣王、楚怀王这类昏君来影射唐玄宗，在《为宋中丞请都金陵表》中更大胆地提出“社稷无常奉，明者守之；君臣无定位，暗者失之”。他并没有把皇帝看成神圣不可侵犯的上天的代表，认为祸国殃民的昏君就应当垮台。孟浩然深受儒家的“温良恭俭让”的教育，崇尚中庸之道，在诗歌中“怨而不怒”，“哀而不伤”，虽有牢骚而“绝不张怒”，感情十分平和，找不出像李白那样情绪激烈的诗句，即使最激烈的也不过是“不才明主弃，多病故人疏”。这也不过是一种谦谦君子的反话，并不是直率的抗争。

李白诗歌的风格主要是浪漫主义，善于运用想象、虚构、夸张的表现手法，引进大量的神话传说，使诗歌显得飘逸、豪放、瑰丽，“飘飘然有凌空驭风之意”。这是受巴蜀传统文化影响之故。孟浩然的诗歌主要是现实主义的风格，对于客观景物和思想情感以写实的白描手法来表现，这是继承了《诗经》的现实主义的传统。

李白与孟浩然生活经历不同。李白走遍南北各地，广泛接受各地域文化之熏陶，生活道路大起大落，曾十分荣耀地被唐玄宗“降辇步迎”，供奉于翰林，也曾坐过监牢，披枷戴锁流放于夜郎。李白广泛深入地接触了社会各阶层，孟浩然虽然也漫游吴越巴蜀等地，但游踪远无李白那样远，生活的道路也比较平缓，生活的面比较狭窄，因而孟浩然诗歌创作的题材和内容远比李白的诗歌狭窄单薄得多，没有像李白那样的鸿篇巨制。苏轼说：“浩然之诗韵高而才短，如造内法酒手，而无材料耳。”（《后山诗话》）这个评价还是比较中肯的，一方面肯定孟诗“韵高”；一方面说“才短”，“无材料”，其意思是说孟诗表达技巧不足，素材积累较少，题材比较狭窄。

李白与孟浩然都是中国文学史上占有重要地位的诗人，都是唐代诗坛上的明星，而各自又不同，李白像是奔腾咆哮，一泻千里的大江，而孟浩然像清澈澄碧，平缓流淌的小河，都是中华文化中的一道靓丽的风景线。

第二章 李白与吴越文化

第一节 吴越文化的形成及特点

吴越文化是长江下游，包括今天苏、浙、皖在内的区域文化。早在原始社会就出现了以河姆渡文化、马家浜文化、良渚文化为代表的非常发达的新石器时代文化。先秦古籍分“天下”为九州，其中的“扬州”，约当长江下游地区。《尚书·禹贡》说这里是：“三江既入，震泽底定。”也就是江湖密布、山川秀美之地。春秋战国时期，在这片土地上先后崛起吴、越二霸，以此为标志，形成吴文化与越文化。吴文化一般说来即是以太湖流域为核心的江苏一带。越文化是以会稽（今绍兴）为中心的浙江一带。在历史发展过程中，吴文化和越文化相互吸纳，相互交融，“同俗并土、同气共俗”，逐渐形成统一的文化类型——吴越文化，与长江中游的荆楚文化、长江上游的巴蜀文化、黄河流域的中原文化交相辉映。吴越文化古朴粗犷，尚武刚韧，所谓“吴王金戈越王剑”（这两件文物都已出土）就是代表性的标志。秦汉实现大一统后，吴越文化与中华文化融为一体，但仍然保留着它的个性特征，成为中华文化的重要组成部分。《汉书·地理志》将吴越之地统归为吴地。“吴地……今之会稽、九江、丹阳、豫章、庐江、广陵、六安、临淮郡，尽吴分也……本吴粤与楚接比，数相并兼，故民俗略同。东有海盐、章山之铜，三江五湖之利”。东汉末，北方大乱，孙吴的势力在江南发展，建都于建业（今南京）。此后，经永嘉之乱，北方士族大量南迁，“中州士女避乱江左者十六七”。东晋、宋、齐、梁、陈，皆建都于建康（即建业）。六朝时期，吴越文化得到了加速发展的机会，经历了由尚武到崇文的转变，有学者称这一时期的吴越文化为“江左文化”，与北方的关陇文化、山东文化鼎足而立，各具特色。江左文化在文学十分繁盛，异彩纷呈，尤其是在诗歌方面成就斐然，山水诗就产生在吴越之地。在诗的领域中，《诗经》、《楚辞》也有对自然环境的描写，但只是给社会生活的描写提供背景，还不是以自然山水为题材的山水诗。直到东晋末刘宋初才兴起山水诗，《文心雕龙·明诗》：“宋初文咏，体有因革，庄老告退，而山水方滋。”

吴越山水主要特色是秀美。山不险峻而层峦叠嶂，峰不尖锐而妩媚丰满，水不湍急而澄碧如玉。吴越为“三江五湖”之地，降雨丰沛，水资源十分丰富，河湖众多，水网密布。水性柔，显示出一种阴柔之美。北方士人在吴越宁静秀美的自然山水的陶冶之下，审美情趣、文化风格发生变化，追求一种旷淡的理想人格，热爱山水，崇尚自然。在文学语言形式上也以自然、质朴为美。吴越舒缓柔美的山水走入他们文学创作的视野，成为吟咏的对象，产生了真正意义上的山水诗。这种山水诗，带有清新、自然、秀丽、俊逸、恬淡、细腻的风格，具有一种虚幻飘逸之美。谢灵运正是山水诗兴起时期的杰出代表。谢朓促进了山水诗的成熟。二谢可以说是真正意义上的山水诗的开创者。

第二节　李白在吴越的行踪及诗作

李白青少年时，在蜀中就热爱山水，崇尚自然。读了《文选》，对南朝诗人所游所写的吴越山水早已向往。他出蜀漫游的重要目的地就是吴越，“此行不为鲈鱼鲙，自爱名山入剡中”（《秋下荆门》）。开元十三年（725）李白出蜀后，下荆门，过江陵，经江夏，沿江而下，直达金陵、扬州。第二年夏，离开扬州去越中一带漫游。此间李白在吴越一带写下了许多名作，如《望天门山》、《长干行》、《夜下征虏亭》、《金陵城西楼月下吟》、《金陵酒肆留别》、《杨叛儿》、《别储邕之剡中》、《越女词五首》、《浣纱石上女》、《渌水曲》、《采莲曲》、《西施》、《王右军》、《夜泊牛渚怀古》等。这年秋天，李白返回扬州，生了一场病，写了《淮南卧病书怀寄蜀中赵征君蕤》。这是李白第一次游吴越。

开元二十七年（739），李白第二次漫游吴越，辗转安宜、吴郡、杭州、东阳、当涂、宣州等地，写了《见京兆韦参军量移东阳》、《送从侄良携二妓赴会稽戏有此赠》、《送鞠十少府》等，这次很可能会见了吴筠。

天宝六载至九载，约三年多时间，李白第三次游历吴越，又到了扬州、金陵、宣城等处。这时写了许多描绘吴楚风物和民情风俗的作品，如《丁都护歌》、《题瓜洲新河饯族叔舍人贲》、《留别广陵诸公》、《金陵三首》、《登金陵凤凰台》、《秋夜板桥浦泛月独酌怀谢朓》、《金陵城西楼月下吟》、《答王十二寒夜独酌有怀》、《乌栖曲》、《苏台览古》、《对酒忆贺监二首》、《重忆》、《越中秋怀》。

“安史之乱”爆发前后，天宝十二载至十五载，李白又一次漫游吴越之地，在溧阳、金陵、杭州、宣城等地写了大量诗篇。如《横江词》、《经乱后将避剡中留赠崔宣城》、《扶风豪士歌》、《猛虎行》、《赠从弟宣州长史昭》、《独坐敬亭山》、《宣州谢朓楼饯别校书叔云》、《送王屋山人魏万还王屋》、《秋浦歌》等名作，这期间李白在宣州创作的诗歌特别多。

李白流放夜郎被赦之后，贫病交加，最后流落于吴越之地，写了《闻李太尉大举秦兵百万出征东南懦夫请缨》、《献从叔当涂宰阳冰》、《醉后赠王历阳》、《笑歌行》、《悲歌行》、《临路歌》等名篇，最终依当涂县令从叔李阳冰，“悦谢家青山”，最终长眠于吴越之地。可见李白一生与吴越关系十分密切，先后五次，共约十二年时间在吴越，最后长眠于此。李白在吴越所创作的诗共三百余篇，占其诗歌总数的30%。

第三节 吴越文化对李白诗歌创作的影响

吴越秀美的自然山水和南朝诗人的山水诗对李白的诗歌创作产生了很深的影响。

李白漫游吴越，寻南朝诗人之遗踪，赏南朝诗人曾描绘过的秀丽山水，吟诵南朝诗人写的山水诗，学习南朝诗人观赏、吟咏山水的审美方式。李白极为推崇谢灵运、谢朓。如他说：“我乘素舸同康乐，朗咏清川飞夜霜。”（《劳劳亭歌》）他对谢灵运的诗句“池塘生春草”反复吟诵，以之为范例。李白对谢朓更是推崇备至，“一生低首谢宣城”。对谢朓走过的地方他都要亲自去考察和体验，并写诗怀念。如他到谢朓游过的谢公亭，写了“谢亭离别处，风景每生愁。客散青天月，山空碧水流。池花春映日，窗花夜鸣秋。今古一相接，长歌怀旧游”。他到谢朓曾停留的板桥浦时，写了“独酌板桥浦，古人谁可征？玄晖难再得，洒酒气填膺”。对谢朓北楼更是多次登临，写了《秋登宣城谢朓北楼》、《宣州谢朓楼饯别校书叔云》等诗。谢朓的诗句“澄江静如练”，李白特别喜爱，多次化用在自己的诗中。如《金陵城西楼月下吟》：“解道澄江静如练，令人长忆谢玄晖。”在李白诗中引用、点化谢朓诗句多达十多处。谢朓诗自然秀逸的风格为李白所汲取。

鲍照对李白影响也很深，他的诗清新俊逸，继承了汉魏乐府的优良传统，《拟行路难》是他的杰出代表作。李白的《行路难》显然是受其影响。杜甫诗云："白也诗无敌，飘然思不群。清新庾开府，俊逸鲍参军。"（《春日忆李白》）就是说李白的诗风如鲍照那样俊秀潇洒，不同凡俗。

李白在吴越山水和南朝诗人的影响下，在吴越这样的文化生态环境中，写了大量的山水诗。虽然李白在蜀中也写过《访戴天山道士不遇》、《寻雍尊师隐居》这样清新自然的山水诗，但数量不多。《初月》、《晓晴》、《对雨》、《太华观》等写自然山水的诗，用语比较平直，不够隽永，人工雕琢痕迹很明显，"颇体弱，短羽褵褷"，是尚未成熟的少年习作。李白入吴越后所写的山水诗较之蜀中写的山水诗发生了飞跃的进步。他在继承六朝山水诗清新自然风格的基础上，把山水诗的创作推向了更高的境界。

李白以敏锐的审美感受，抓住吴越山水的特色加以描绘，如"两岸青山相对出，孤帆一片日边来"（《望天门山》），"竹色溪下绿，荷花镜里香"（《别储邕之剡中》），"山花如绣颊，江火似流萤"（《夜下征虏亭》）等成为描绘吴越山水的名句。李白写吴越山水不是单纯写景，而是将美景与美人相互映衬。如《渌水曲》："渌水明秋日，南湖采白蘋。荷花娇欲语，愁杀荡舟人。"《越女词》："镜湖水如月，耶溪女如雪。新妆荡新波，光景两奇绝。"《采莲曲》、《西施》、《子夜吴歌·夏》等也是情景交融，使人感受到不仅吴越山水美，人更美。

《诗格》说："诗有三境：一曰物境，欲为山水诗，则张泉、石、云、峰之境，极丽绝秀者，神之于心，处身于境，视境于心，莹然掌中，然后用思，了然境象，故得形似。二曰情境，娱乐愁怨，而张于意，而处于身，然后驰思，深得其情。三曰意境，亦张之于意，而思之于心，则得其真也。"① 如果说六朝的山水诗进入

---

① 《吟窗杂录》本王昌龄《诗格》，转引自张少康主编：《中国历代文论精品》，时代文艺出版社，1995 年，262 页。

了物境，求形似而多雕琢，模山范水，仅为山水写貌，而李白山水诗“三境”都已进入，不仅诗中善于描绘自然山水之美，而且寓情于景，情景交融，借自然山水抒发自己的情感，把描绘客观的山水与抒发主观情感合而为一。在他们笔下的山水不仅是自然美、形象美打动人，而是把自己思想情感融会其中的一种艺术美，以作者的真情感动人。

李白山水诗的杰作《梦游天姥吟留别》，极写天姥山的高大险峻，横天连亘，气势磅礴，已非天姥山的原貌，把自己的思想情感对象化到天姥山上，把天姥山改造成为表现自己傲岸个性的意象，正如王国维说的：“有我之境，以我观物，故物皆着我之色彩。”李白胸怀“济苍生，安社稷”的凌云壮志，但冷酷的现实使他宏伟的抱负无法实现，政治上一再遭受打击，他便寄情于自然山水，在大自然中找到了医治心灵创伤的良药。让自然美景驱散他胸中的幽愤，把大自然当成他患难与共的知心朋友。如《独坐敬亭山》：“众鸟高飞尽，孤云独去闲。相看两不厌，只有敬亭山。”在他的许多山水诗中，表现出与自然物情感相通，如“雁引愁心去，山衔好月来”，“我寄愁心与明月”，“白云南山来，就我檐下宿”，“花枝拂人来，山鸟向我鸣”……山水、明月、白云、花鸟都成了李白喜乐忧愁相通的朋友。他常常沉醉于山水美景之中，达到物我两忘、人与自然浑一的境界。

总之，李白在继承六朝山水诗的基础上，又为山水诗开辟了新的境界，达到了后人难以超越的高峰。

李白除受六朝和吴越文化影响，尤其二谢等文人诗歌外，还有一个重要影响是乐府民歌。李白在吴越乐于同基层民众交往，“混游渔商，隐不绝俗”（《与贾少公书》）。喜好民间歌舞，尤好吴歌。他在吴越写的诗歌中描述的，有以热情质朴的“踏歌”欢送他的汪伦，一边唱歌一边炼铁的工匠——“赧郎”，喊着劳动号子拉船的船工，还有以菇米饭招待他的荀媪，酝酿美酒的纪叟，地位卑贱的歌伎…… 这些下层民众都与他有深厚的交情。李白正是从他们那里学习民歌。吴越民歌真纯自然、明朗朴实的特点，正好符合李白开朗的性格和率真的情感，因而他常常陶醉于吴越歌舞之中。如他在金陵漫游时所写的诗："醉客回挠去，吴歌且自欢"（《金陵三首》），"子夜吴歌动君心"（《白纻辞》），"吴歌白纻飞梁尘"（《猛虎行》），"吴歌赵舞香风吹"（《扶风豪士歌》）等等。吴越民歌对李白诗歌的语言风格产生了积极影响。他正是汲取了吴越民歌的养料，创作出了许多乐府民歌。如《杨叛儿》、《长干行》、《估客行》、《白纻辞》、《越女词》、《采莲曲》、《渌水曲》、《子夜吴歌四首》、《秋浦歌十七首》等。这些诗歌有些原本就是六朝乐府，如《杨叛儿》本《西曲歌》曲调名，源于南齐故事，本为情歌，仅二十字。李白加以改作，衍为四十多字，使民间的情爱之语得到了升华。《采莲曲》源于南梁西曲。《子夜吴歌》由六朝乐府《吴声歌曲 》中《子夜歌》、《子夜四时歌》改作而来。李白创作的这些乐府民歌，反映了吴越的民情风俗，生动地描绘了吴越风光。在李白的诗歌中还学习了吴越民歌的艺术特色。《大子夜歌》："歌谣数百种，子夜最堪怜。慷慨吐清音，明转出自然。"吴越民歌清新自然，情真意切，音节和谐流畅，语言婉转动人，呈现出成熟的艺术技巧。这些对李白的诗歌创作产生了很深的影响。李白诗歌中还直接化用了民歌中的句子，如《西洲曲》结句："南风知我意，吹梦到西洲。"李白的名句："我寄愁心与明月，随风直到夜郎西。"就是从此句化出。他正是在吴越自然风光的陶冶和乐府民歌的哺育下，发扬了吴越民歌清新自然的艺术特色，达到了"清水出芙蓉，天然去雕饰"的崇高境界。

吴越的茅山和天台山是道教圣地。茅山道教，在中国道教史上享有很高的声望和地位，曾享有"秦汉神仙府，梁唐宰相家"、"第一福地，第八洞天"等美誉。著名的道士葛洪、陶弘景、王远知、潘师正都曾长住茅山修炼。道教别具江南特色的教派——上清派就是在茅山创立的，这一教派成为隋唐时期道教的主流。

李白从小生活在道教发祥地——西蜀，深受道教影响，“五岳寻仙不辞远，一生好入名山游”。李白之所以热衷于漫游吴越，不仅是观赏自然山水，还因为吴越的茅山、天台山、赤城山、金华山等处是道教圣地，他要在吴越求仙访道，与吴越的道士们交往切磋。《旧唐书·李白传》云：“天宝初，客游会稽，与道士吴筠隐于剡中。”《旧唐书·吴筠传》又说：“吴筠……开元中，南游金陵，访道茅山……尝于天台剡中往来，与诗人李白、孔巢父诗篇酬和，逍遥泉石，人多从之。”有学者依据权德舆的《唐故中岳宗元先生吴尊师集序》记载，认为吴筠在天宝元年前隐居于南阳倚帝山，不可能在吴越与李白交往。[①] 其实吴筠隐居于倚帝山并不排斥他去吴越漫游，道士不可能几十年待在一个地方修炼。出外云游，求仙访道是常事。茅山是吴筠的前辈王远知、潘师正曾经长住之地，他前去访道也是情理中事。他写的《登北固山望海》显然是开元盛世所作。开元中漫游吴越，与李白交往的事，不能轻易被否定。李白在吴越与道士们交往，对其思想与诗歌创作也是有影响的。上清派信徒多是知识分子、士大夫等，极看重精神的修养，“主静去欲，重内轻外”，主张通过炼神的方法达到炼形的目的，将斋醮祈禳、符咒、炼丹等外向修炼重点转向人的自身修养，也就是炼内丹。上清派注重道教形象的脱俗高雅，致力于理论的建构，不仅吸收道教内部其他各派修行方法，还将佛门炼神的义理汲取进来，主张三教合一，将道、佛、玄融为一体。李白对上清派的这些主张是很乐于接受的。他虽炼丹，但并不完全迷信丹药。他既结交道士，如他最知己的朋友元丹丘就是茅山上清派，同时又与佛教高僧来往密切，对上清派将道、佛、玄融为一体的理论很感兴趣，从中寻求超然世外，崇尚自然，不受世俗束缚，不汲汲于功名利禄，

---

① 郁贤皓：《李白丛考·吴筠荐李白说辨疑》，陕西人民出版社，1982 年，68 页。

使心灵获得自由与解放。在闲雅、玄远的处世态度中，又有清俊飘逸之气。他在吴越创作了许多超凡脱俗的既清新而飘逸的游仙诗。这些诗通过对神仙世界的描绘与想象，表达他对摆脱世俗束缚的自由理想境界的追求。如《至陵阳山登石柱山酬韩侍御见招隐黄山》："韩众骑白鹿，西往华山中。玉女千余人，相随在云空……何日可携手，遗形入无穷。"《古风》其二十："萧飒古仙人，了知是赤松。借予一白鹿，自挟两青龙。含笑凌倒景，欣然愿相从。"

吴越丰厚的文化积淀造就了无数历史名人，他们或生长于吴越，或长期寓居于吴越，为吴越增添了光彩。李白到吴越来，仰慕这里的名人，从他们那里汲取了精神养料，丰富了诗歌的内容，提升了诗歌的境界。

严子陵为东汉隐士，曾与东汉光武帝同学，不慕功名利禄，不畏权势，拒绝光武帝的高官厚禄，隐居于富春江边。李白将严子陵视为理想人物，羡慕"严陵不从万乘游，归卧空山钓碧流"（《酬崔侍御》）。他不止一次游严子陵隐居处，写诗凭吊，称赞其高尚的品德："松柏本孤直，难为桃李颜。昭昭严子陵，垂钓沧波间。身将客星隐，心与浮云闲。长揖万乘君，还归富春山。清风洒六合，邈然不可攀。使我长叹息，冥栖岩石间。"（《古风》其十二）

东晋谢安也是李白很仰慕的人物，"咏歌之间，屡称东山"（李阳冰《草堂集序》）。李白在吴越时多次寻访谢安的遗迹游踪，写诗怀念，如《登金陵冶城西北谢安墩》："冶城访古迹，犹有谢安墩。凭览周地险，高标绝人喧。想象东山姿，缅怀右军言。梧桐识嘉树，蕙草留芳根。"又如《书情赠蔡舍人雄》："尝高谢太傅，携妓东山门。楚舞醉碧云，吴歌断新猿。暂因苍生起，谈笑安黎元。余亦爱此人，丹霄冀飞翻。"李白既羡慕谢安挟妓饮酒的潇洒，更崇拜谢安在强敌当前，从容镇定指挥淝水之战取得胜利，建立了不朽之功。他甚至以谢安自居，"但用东山谢安石，为君谈笑静胡沙"（《永王东巡歌》）。

东晋王羲之是书法大师，淡泊名利，辞官职，长期隐居山阴（今浙江绍兴）。他喜爱山水，崇尚自然，常与士人尽山水之游，“与道士许迈共修服食，采药石不远千里，遍游东中诸郡，穷诸名山，泛沧海”[①]。他在山水中体悟玄理，寻找人生的乐趣，将山水作为颐养身心之所。他的散文名篇、书法绝品《兰亭序》，就记录了他召集同好在会稽山阴兰亭宴饮咏诗的盛大的集会。李白对王羲之十分仰慕，在他写的《王右军》中称赞王羲之“右军本清真，潇洒在风尘”，这也是李白自己的写照。

盛唐时期，吴越文人再次崛起。《旧唐书·贺知章传》云：“先是神龙中，知章与越州贺朝、万齐融，扬州张若虚、邢巨，湖州包融，俱以吴、越之士，文词俊秀，名扬上京。”吴越文人继承了魏晋名士风流的文化风格：放旷、清狂、纵逸。《旧唐书·贺知章传》又云：“知章性放旷，善谈笑，当时贤达皆倾慕之……工部尚书陆象先……常谓人曰：‘贺兄言论倜傥，真可谓风流之士。吾与子弟……一日不见贺兄，则鄙吝生矣。’知章晚年尤加纵诞，无复规检，自号‘四明狂客’，又称‘秘书外监’，遨游里巷。醉后属词，动成卷轴，文不加点，咸有可观。”又云：“（张）旭善草书，而好酒，每醉后号呼狂走，索笔挥洒，变化无穷，若有神助，时人号为张颠。”贺知章是李白的前辈知己，也是李白的举荐人。李白与贺知章、张旭同为“饮中八仙”，交往密切。贺知章、张旭等吴越名士的风流倜傥、清狂纵逸对李白影响甚大。李白在天宝六年漫游吴越时，贺知章已去世，面对其故乡遗迹，十分怀念。《对酒忆贺监二首序》云：“太子宾客贺公，于长安紫极宫一见余，呼余为‘谪仙人’，因解金龟，换酒为乐。”其诗云：“四明有狂客，风流贺季真。长安一相见，呼我谪仙人。”忆其与贺公相得甚欢之状。

---

① 《晋书·王羲之传》卷八〇。

李白生于巴蜀，二十五岁后在祖国各地漫游，以广阔的眼界和胸襟吸纳各地域文化之精华。他在吴越漫游的时间最长，受吴越文化影响很深，继承了六朝至隋唐的优秀文化传统，使其诗歌创作达到了更高境界。如果他不漫游各地，不善于吸收各地域文化之精华，仅仅凝滞于巴蜀一隅，则不免偏陋，诗歌成就决不会那么高。

我们也要看到，李白对各地域文化的学习是有选择的，或者说是有扬弃的。他曾说过："自从建安来，绮丽不足珍。"（《古风》其一）又云："梁陈以来，艳薄斯极，沈休文又尚以声律。"（孟棨《本事诗·高逸》）六朝江左文人的诗歌追求形式美，其优点是审美细腻，表现精巧，词藻华丽；缺点则是风力不足，萎靡不振，由于过分雕饰而矫揉失真，特别是齐梁以后，宫体诗盛行，形式主义诗风统治诗坛，内容空虚堕落，这种淫靡浮艳的文风一直影响到隋和初唐。《隋书·文学传》云："江左宫商发越，贵于清绮；河朔词义贞刚，重乎气质。气质则理胜其词，清绮则文过其意。理深者便于时用，文华者宜于咏歌。此其南北词人得失之大较也。若能掇彼清音，简兹累句，各去所短，合其两长，则文质彬彬，尽善尽美矣！梁自大同之后，雅道沦缺，渐乖典则，争驰新巧……其意浅而繁，其文匿而彩，词尚轻险，情多哀思，格以延陵之听，盖亦亡国之音乎！周氏吞梁荆，此风扇于关右，狂简斐然成俗流宕忘反，无所取裁。高祖初统万机，每念斫雕为朴，发号施令，咸去浮华，然时俗词藻，犹多淫丽。"① 蜀人陈子昂提出诗歌革新的主张，坚决反对齐梁以来的淫靡诗风，但并没有完成这一历史任务。李白善于吸收各地域文化之所长，去其所短。他一方面汲取六朝吴越优秀诗歌中的养料，另一方面反对"绮丽"文风，取其文采声律之美而不伤于柔弱，取其丽而去其靡，主张天真、自然，反对模仿、雕琢，做到了《隋书》提出的"各去所短，合其两长，则文质彬彬，尽

① 《隋书·文学传》卷七六。

善尽美”。所以李阳冰说：“陈拾遗横制颓波，天下质文翕然一变。至今朝诗体，尚有梁陈宫掖之风，至公大变，扫地以尽。今古文集，遏而不行。唯公文章，横被六合。”（《草堂集序》）

第三章　李白对鲁文化的接受与排斥

第一节　鲁文化的形成与特点

李白于开元末迁居任城，长期居家于鲁地，在鲁地写过不少的诗文，鲁文化与李白之关系十分密切。

在春秋战国时期，以各重要的诸侯封国为中心，逐渐形成了各具特色的地域文化。鲁文化是产生在鲁国的一支很重要的地域文化。鲁文化有广义与狭义之分。狭义的鲁文化指鲁国分封之时至公元前256年被楚国所灭这一段时期的文化，也就是鲁国文化。广义的鲁文化不仅包括鲁国文化，还指鲁国亡后延续于后世的鲁国这一地域贯通古今的文化。本处说的鲁文化指广义的鲁文化，但又必须先从狭义的鲁文化说起。

鲁为西周初期周公旦的封国，辖今山东省东南部，北面以泰山与齐分界，东过龟蒙，南边包括凫、峄诸山，处于洙水与泗水之间的丘陵地带，适于农业生产。此地原为东方重要的少昊部落的故地，后来是奄国，武王去世后，东方发生武庚叛乱，有奄国参与。周公东征，平定叛乱，为稳定东方局势，将奄国故地（今曲阜一带）作为周公封地，因他本人要辅佐年幼的成王，让其子伯禽赶赴封地。周公是武王的亲弟弟，成王的叔父，又是开国第一功臣，封赏特别重。不仅将鲁地和殷商六族分封给周公，又得到大批宝器、典籍。鲁国在各诸侯国中地位排列顺序上居于首位，享有其他诸侯国不可能享有的特权。如可以郊祭文王；祭祀周公时可以奏天子礼乐。鲁国是周公的封国，周公制礼作乐，创建了中国礼乐文化。当然要把西周的礼仪、典章制度较为完整地搬到了鲁国。鲁国的文化便是在周朝“礼乐”文化的基础上建立起来的。

西周末，镐京曾遭到戎人的烧杀抢掠，大量文物典籍被毁；国都东迁之后，进入春秋时期，王室衰微，礼崩乐坏，而这时鲁国却保留着最丰富最完整的礼乐文化，居于宗周礼乐文化的正统地位，成为宗周衰落之后礼乐文化的代表。晋国使臣至鲁，感慨地说：“周礼尽在鲁矣。”

孔子在“周礼”保存比较完整的鲁国创立了儒家学说，儒家学说直接承续了周人的礼乐文化，成了鲁文化的核心内容。孔子的三千弟子成为传播鲁文化的基本队伍。秦始皇“焚书坑儒”，儒学受到了沉重打击，但在其发祥处鲁地的影响还是根深蒂固，表现了强大的生命力。《史记·儒林列传》记载：“高皇帝（刘邦）诛项籍，举兵围鲁，鲁中诸儒尚讲诵习礼乐，弦歌之音不绝。岂非圣人之遗化，好礼乐之国哉！”汉武帝“罢黜百家，独尊儒术”，儒学变成了中国大一统的封建社会的占统治地位的思想。以儒家思想为主要特征的鲁文化辐射到其他地区，影响到全国，成为中国的主流文化。两汉时期鲁地的经学大师频出，在鲁地一直保持着尊崇儒学的传统。《史记·游侠列传》说：“鲁人皆以儒教。”《史记·货殖列传》中又说：“邹、鲁滨洙泗，犹有周公遗风，俗好儒，备于礼。”《汉书·地理志》云：“其民有圣人之教化……其民好学，上礼仪，重廉耻……今去圣久远，周公遗化稍微，然其好学犹愈于它俗。”南北朝时期，玄学兴起，儒学的主体地位受到冲击，学术重心南移。而鲁地的尚儒之风继续保持，至隋唐时仍然如此。《隋书·地理志》云：“兖州……兼得邹、鲁、齐、卫之交，旧传太公、唐叔之教，亦有周孔遗风。今此数郡，其人尚多好儒学，性质直怀义，有古之风烈矣。”孟浩然说：“惟先自邹鲁，家世重儒风。”（《书怀贻京邑同好》）隋唐的统治者实行儒、释、道三教并举的政策。儒学再次受到官方重视，儒家经典成为科举考试的基本内容。鲁地儒生保持传统，谨遵师训，钻研儒家经典，走“学而优则仕”的道路。唐代著名的儒学大师颜师古祖籍就是临沂，其“父思鲁，以儒学显”（《新唐书·儒学传》）。祖父颜之推写的《颜氏家训》丰富了儒家伦理教育思想。可见颜师古正是有其家学渊源。另一位儒学大师萧德言也是鲁地的兰陵（今山东苍山县）人，“明《左氏春秋》……每开经，辄祓濯束带……曰对先圣之言何复惮劳”（《新唐书·儒学传》）。李白《任城县厅壁记》描述鲁地风俗：“土俗古远，风流清高，贤良间生，掩映天下……代变豪侈，家传文章”，“千载百年，再复鲁道”。《春于姑熟送赵四流炎方序》云：“白以邹鲁多鸿儒，燕赵饶壮士，盖风土之然乎。”可见鲁地在唐代仍然是儒风很盛，崇尚儒学，有周孔遗风、洙泗遗俗。而鲁地的儒生们仍然谨遵先圣之言，谨守礼教。朱熹也说：“鲁则重礼教，崇信义，犹有先王之遗风焉。”（《论语集注·雍也》）

鲁文化在文学方面也有杰出的成就。孔子删定的《诗经》是我国第一部诗歌总集，收录周代各地民歌三百余首，后代奉之为儒家经典。《论语》记录了孔子及其弟子的言行，为我国早期语录体散文，言辞简约而含义丰富。孔子文学思想的核心内容是注重文学的社会功能，主张文学的内容与形式相辅相成，“质胜文则野，文胜质则史，文质彬彬，然后君子”（《论语·雍也》）。他的这些观点为后世所尊崇并加以阐发。产生于鲁地的另一部儒家经典《孟子》的文学性很强，富于强烈的感情色彩，逻辑性很强，气势宏大，善于用比喻和寓言说明道理。

汉末“建安七子”有三人为鲁地人。王粲，山阳高平（山东邹城西南）人，他的诗歌涉及了广阔的社会内容，反映了东汉末年的离乱景象，抒发了以身报国的豪情壮志。他的代表作《七哀诗》

真实地描述了战乱造成的惨景，表达了对苦难的民众深切的同情。孔融为孔子第二十代嫡孙，其散文情感充沛，气势纵横，文采斐然。其诗作虽不多，但达到相当高的水平，情感真挚，直抒胸臆，毫不矫揉造作。刘桢，山东东平宁阳人，钟嵘的《诗品》将其诗列为上品，赞其诗“仗气爱奇，动多振绝，真骨凌霜，高风跨俗”，《赠从弟》三首为其代表作。鲍照祖籍郯城，颜延之祖籍临沂，刘勰祖籍莒县，都属鲁地，在文学上都有很大贡献。

文化是一个综合体，其结构分为物质文化、制度文化、行为文化和精神文化四个层面。精神文化是指人们的思想观念、信仰、伦理道德、思维方式、审美情趣、风俗习惯等。精神文化是文化中起决定性作用的核心的部分，一旦形成，很不易改变。鲁文化的精神文化的基本内容是以儒学为指导思想，推崇儒家提倡的伦理道德，尊崇礼乐文化传统，遵循礼制，以礼教治国。

鲁文化的先进方面，一是仁爱精神，“仁者爱人”，尊重人的价值。儒家经典中就周公制礼作乐的基本指导思想就是“敬德保民”，从敬鬼神转到重人事。孔子继承了西周以来的民本思想之精华，在此基础上确立了人的主体性地位，关注人的生活，提出“民为邦本，本固邦宁”。“仁者爱人”，“泛爱众”，创建了关于“仁”的学说，主张“礼乐之治”（或曰“王政”）。二是积极进取的精神。儒家主张修身、齐家、治国、平天下，以天下为己任，建功立业，振世济民。《易》曰：“天行健，君子以自强不息。”孔子、孟子周游列国，推行自己的学说，百折而不回，明知不可为而为之，这种奋发进取的精神，成为中华民族生生不息、数千年屹立于世界东方的精神之源。但是鲁文化的也有保守性一面，鲁国为著名的礼仪之邦，要求懂礼、知礼、好礼，言语行动合符于礼。“不学礼，无以立”（《论语·季氏》）。“非礼勿视，非礼勿听，非礼勿言，非礼勿动”（《论语·颜渊》）。把社会生活的方方面面都归之于礼，尊敬其“先君”、“先人”，言必称“先王之训”，事必尊“先王之业”。

这就形成一种保守的心理，比较死板，不灵活，妨碍人们继续探索、创造、变革，不能不影响社会的发展和进步。梁启超说："鲁是孔子所居的地方，从地理方面看，在泰山以内，壤地偏小，风俗严谨；从历史方面看，自周公以来，素称守礼之国。又有孔子诞生，门弟子极多。鲁派家法，严正呆板狭小，有他的长处，同时亦有他的短处。"① 这短处就是文化保守主义。

第二节　李白对鲁文化的接受

李白在开元二十八年，移居东鲁，安家于山东沙丘（在今兖州）二十余年（其中有些时间去其他地方漫游），这里距孔子故乡曲阜、孟子故乡邹县很近，可以说他就生活在儒家的发祥地，鲁文化的核心地带。李白在鲁地创作诗歌约 80 首，文 6 篇。李白在鲁文化氛围中生活，必然有受其影响的一面。

李白生长于西蜀，在西蜀度过的青少年时期，间接受到鲁文化的影响。因为儒学在汉武帝"罢黜百家，独尊儒术"以来，变成了中国封建社会的占统治地位的思想。以儒家思想为主要特征的鲁文化也辐射到其他地区，也影响到西蜀。汉景帝至武帝时期，文翁为蜀郡守"乃立学，选吏子弟就学，遣隽士张叔等十八人东诣博士受七经，还以教授。学徒鳞萃，蜀学比于齐鲁"②，意味着巴蜀接受了鲁文化。唐初，唐太宗派"十八学士"之一的高士廉，担任益州大都督府长史，十分重视教化，推崇儒学，大兴学校，"又因暇日，汲引辞人，以为文会，兼令儒生讲论经史，勉励后进，蜀中学校粲然复兴"。在唐代，蜀中儒学大兴。李白自述"五岁诵六甲，十岁

① 《儒家哲学》，《饮冰室诸子论集》，江苏广陵古籍刻印社，1990 年，27 页。
② 刘琳：《华阳国志校注·蜀志》卷三，巴蜀书社，1984 年。

观百家”，“常横经籍书，制作不倦”。这里的“百家”、“经”当然包括儒家经典，这是间接受鲁文化的影响。后来，“我家寄东鲁”，安家于山东沙丘，儒家的发祥地，鲁文化的核心地带，就是直接受鲁文化的熏陶。

首先，李白接受了儒家的修身、齐家、治国、平天下的思想，以天下为己任，忠君爱民，忧国忧民，积极进取，为社稷苍生而建功立业。儒家思想核心的“忠”、“爱”精神以及入世精神和仁政学说铸就了李白诗中的的主旋律。在李白的许多诗中表现出儒家的忠君爱国的思想和积极入世的精神。他离别故乡时高唱：“莫怪无心恋清境，已将书剑许明时。”他怀着“四方之志”，“仗剑去国，辞亲远游”，以实现其宏伟的志向：“申管晏之谈，谋帝王之术，奋其智能，愿为辅弼使寰宇大定，海县清一。事君之道成，荣亲之义毕，然后与陶朱、留侯浮五湖，戏沧洲，不足为难矣!”（《代寿山答孟少府移文书》）他的政治理想基本上是儒家大同思想、行仁政，再加上道家的无为而治，使百姓安居乐业，官吏清正廉洁，天下太平，国泰民安。他为实现这个理想，终生奋斗不息。李白之所以选择在鲁地安家，是因为这里是他崇拜的孔圣人的故乡。他自称“顾余不及仕，学剑来山东”。在李白诗中的“剑”是建功立业的象征。“学剑”也就是追求建功立业。李白在鲁地的干谒、交友、隐居等活动也就是为了扩大影响，提高知名度，得到皇帝的重视。他终于在中年之时，在鲁地得到了玄宗的诏书，请他进京。他兴高采烈，“仰天大笑出门去”，以为辅佐帝王、安邦治国的理想即将实现。入宫以后，看到了上层统治者的腐败，他的治国安民的宏伟抱负根本无法实现，只得离开朝廷，再次回到鲁地，但他积极入世之心并未泯灭，总希望能为国建功立业，他在鲁地写了不少关心祖国命运，渴望为国效力的诗篇，念念不忘受过皇帝的恩宠，如“遥望长安日，不见长安人，长安宫阙九天上，此地曾经为近臣，一朝复一朝，发白心不改”（《单父东楼秋夜送族弟沈之秦》），“狂风吹我心，西挂咸阳树”（《金乡送韦八之西京》），“鲁客向西笑，君门若梦中。霜凋逐臣发，日忆明光宫”（《鲁中送二从弟赴举之西京》），幻想“何当赤车使，再往诏相如”，他相信“天生我材必有用”。他还说，“待吾尽节报明主”，“丈夫赌命报天子”。“安史之乱”发生，国难当头激起他救国救民的满腔热情。他认为“此乃猛士奋剑之秋，谋臣运筹之日”，正是为国建功，英雄用武之时，投入了永王幕中，写了《永王东巡歌》等鼓舞士气的诗篇。但是他的满腔报国热情很快被一桶冰水浇灭，救国之志未能实现，反倒成了李氏兄弟争夺帝位的牺牲品，被加上了“附逆”的罪名投入监狱，后被流放。但他想的却是“何日金鸡放赦回”，“何日入宣室，更问洛阳才”。李白被赦后他那一颗忠君报国之心还在燃烧。“中夜四五叹，常为大国忧”。那时他年届花甲，贫病交加，穷困潦倒，还要去投入李光弼帐下，参军平叛。“拂剑照严霜，雕戈鬘胡缨，愿雪会稽耻，将期报荣恩”（《闻李太尉大举秦兵百万出征东南，懦夫请缨，冀申一割之用，半道病还，留别金陵崔侍御十九韵》）。笔者以为，尽管李白的思想很博杂，但儒家的积极入世、忠君爱国的思想才是李白贯彻一生的主导思想。有外国学者认为李白是异族人，是中华大地上的“客寓者”、“旅人”，“不是持久的责任承担者”，“济世安民不是他的终极的理念意识”①，把李白说成对国家、对家庭不负责任的外来的旅游者，是非常荒谬的。

李白身处孔子故乡，对孔子十分崇敬。在《崇明寺佛顶尊胜陀罗尼幢颂并序》中说：“共工不触山，娲皇不补天，其鸿波汩汩流；伯禹不治水，万人其鱼乎？礼乐大坏，仲尼不作，王道其昏乎？”李白把孔子的功绩比作“娲皇补天”、“大禹治水”，可谓对孔子推崇备至。在《送方士赵叟之东平》中，拜托赵叟“西过获麟台，为我吊孔丘”也表达了对孔子的崇敬。李白对孔子积极用世、百折

---

① 松浦友久：《李白的客寓意识及其诗思——李白评传》，中华书局，2001 年。

不回的精神很赞赏，对孔子一生坎坷、政治理想不能实现非常同情。如他在鲁地写的“荆人泣美玉，鲁叟悲匏瓜”（《早秋赠裴十七仲堪》），“宋人不辨玉，鲁贱东家丘”（《送薛九被谗去鲁》），“鲁国一杯水，难容横海鳞。仲尼且不敬，况且寻常人。白玉换斗粟，黄金买尺薪”（《送鲁郡刘长史迁弘农长史》），在李白诗文中有二十多处提到孔子，全是尊重、敬慕与同情，看不出有鄙薄之意。有人抓住“我本楚狂人，凤歌笑孔丘”（《庐山谣》）的诗句，说李白反孔，嘲笑孔子，其实是误解了楚狂接舆的意思，接舆说：“凤兮，凤兮，何德之衰？往者不可谏，来者犹可追。已而！已而！今之从政者殆而。”（《论语·微子》）意思是天下无道之时从政十分危险。他出于好意，劝孔子不要在乱世奔忙于仕途，并无瞧不起孔子的意思。“凤兮，凤兮”，将孔子比喻为吉祥神圣的凤，怎么是鄙薄嘲笑呢？不过李白不是把孔子当成神，而是作为学习的榜样和异代知己。这同鲁地儒生对孔子的态度是有区别的。

李白在鲁地，对儒家的政治理想十分向往，对行仁政的官吏给以颂扬。在《任城县厅壁记》中，先叙述了鲁地的历史及风土人情，接着歌颂了任城县令贺公实践儒家学说，以“礼乐”治邦取得的政绩。“一之岁肃而教之，二之岁惠而安之，三之岁富而乐之。然后青衿向训，黄发履礼。耒耜就役，农无游手之夫；杼轴和鸣，机罕嚬蛾之女……行者让于道路，任者并于轻重。扶老携幼，尊尊亲亲，千载百年，再复鲁道”。在《崇明寺佛顶尊胜陀罗尼幢颂并序》中，称赞鲁郡太守李辅“其从政也，肃而宽，仁而惠，五镇方牧，声闻于天，帝乃加剖竹于鲁，鲁道粲然可观，方将和阴阳于太阶，致吾君于尧舜”。这也是称颂的儒家主张的仁政。《赠范金乡·其二》：“范宰不买名，弦歌对前楹。为邦默自化，日觉冰壶清。百里鸡犬静，千庐机杼鸣。浮人少荡析，爱客多逢迎。游子睹嘉政，因之听颂声。”此诗赞扬范金乡的治绩，也是赞颂儒家的政治主张。“弦歌”就是指儒家的礼乐教化，典出《论语·阳货》：“子之武城，闻弦歌之声，夫子莞尔而笑曰：‘割鸡焉用牛刀。’”“为邦默自化”，也就是“无为而治”，这既是道家主张，也是儒家的主张。《论语·卫灵公》：“无为而治者，其舜也与？夫何为哉？恭己正南面而已。”只要为官者清正廉洁，不扰民，百姓自然会安居乐业。

李白在诗歌创作上继承和发扬了鲁文化崇实、质朴的传统。他对孔子整理编辑的《诗经》十分推崇，以继承和弘扬《诗经》开创的诗歌优秀传统为自己的历史责任，《古风》第一中说：“大雅久不作，吾衰竟谁陈？王风委蔓草，战国多荆榛……正声何微茫，哀怨起骚人。扬马激颓波，开流荡无垠。废兴虽万变，宪章亦已沦。自从建安来，绮丽不足珍。圣代复元古，垂衣贵清真。群才属休明，乘运共跃鳞。文质相炳焕，众星罗秋旻。我志在删述，垂辉映千春。希圣如有立，绝笔于获麟。”这首表现李白文艺思想的诗，说明其是奉《诗经》为正统，以孔子为榜样，竭力主张恢复《诗经》的正声，遏止背弃《诗经》传统的颓靡文风，提倡诗歌要反映现实，重视诗歌的社会作用，主张继承《诗经》的现实主义诗风；主张情辞相副、文质兼胜；倡导清新、质朴的风格，反对虚夸浮华，雕饰绮靡的文风。李白对于出生于鲁地的建安诗人王粲、孔融、刘桢和祖籍是鲁地的鲍照的诗歌很推崇。他赞扬和倡导“建安风骨”。《渔隐丛话》说：“李太白亦多建安句法，而罕全篇。多杂以鲍明远体。”总之，李白继承和发扬了鲁文化淳厚质朴纯真的优良传统。

李白对于鲁地纯朴的民风，勤劳好客的普通百姓，历史上的杰出人物，壮丽秀美的风光是很赞赏的。他在鲁地写的诗中有很多这方面的内容。如《五月东鲁行答汶上翁》的开头四句：“五月梅始黄，蚕凋桑柘空。鲁人重织作，机杼鸣帘栊。”描写和颂扬了鲁地的百姓在农忙时勤于耕织，一片织机的扎扎之声，给初游鲁地的他留下了良好的印象。《鲁东门观刈蒲》更是一首赞美鲁地劳动人民的颂歌。“挥镰若转月，拂水生连珠”描绘了刈蒲人优美的动作和愉快的心情。《酬中都小吏携斗酒双鱼于逆旅见赠》描述了他与一个社会地位不高的小吏的友情，赞美了这位山东朋友质朴豪爽的性格。《客中作》："兰陵美酒夜光杯，玉碗盛来琥珀光。但使主人能醉客，不知何处是他乡。"不仅赞扬了鲁地的美酒，还称赞了主人的热情，面临好客的主人盛来的美酒使人流连忘返。在李白诗中非常赞扬的鲁仲连，是战国时齐人，与鲁同属齐鲁文化圈。李白以他为榜样，建立奇功，不受封赏，功成身退。李白在诗中还赞扬秦汉之际鲁地的著名豪侠朱家，"历抵海岱豪，结交鲁朱家"（《早秋赠裴十七仲堪》）。李白对于出生于鲁地的诸葛亮更是十分崇拜，将其作为自己的榜样。李白在鲁地写了不少诗歌描绘和歌颂鲁地的壮丽河山，如《游泰山六首》、《东鲁门泛舟二首》、《大庭库》、《登单父陶少府半月台》等。总之，李白在鲁文化氛围中写的这些诗，也为鲁文化增添了光彩。

第三节　李白对鲁文化的保守主义的排斥

从地域文化的角度看，李白与鲁文化既有受其影响的一面，也有排斥、冲突的一面。

李白青少年时期生活在巴蜀文化的氛围中，巴蜀与东鲁在文化上的地域性差异是存在的。巴蜀地势险要，可凭险拒守，物产丰饶，可自给自足，因而表现出很强的独立性、分散性，常为割据者安身立命之所，或农民起义军的据点。自来有"天下未乱蜀先乱，天下已治蜀未治"的说法。蜀中的文人也表现出一种独行特立，不愿与统治者合作的高傲性格。从学术思想来看，鲁文化以儒家学说为主导；巴蜀文化的学术思想则博而杂，巴蜀虽"其地四塞，山川重阻"，但在文化交流来说，并非是封闭的，自古以来有冲破盆地束缚，勇于接纳外来文化，博采众家之长的传统。巴蜀多次接纳外来移民，秦王政执政时，吕不韦获罪。吕不韦的亲属、舍人约万家迁于巴蜀。这些人不少是参加过《吕氏春秋》编撰的，该书是杂家的代表作。杂家的学术思想必然随之在巴蜀传播。汉代蜀中的几位思想家，如严遵、扬雄、杨统等，都不是局限于儒家思想，而是融合道儒，博采众家，独具一格。唐代蜀中著名的思想家赵蕤，更是博采众家之长，是典型的“杂家”。在《长短经·正论》中，引用了《汉书·艺文志》对儒、道、墨、法、阴阳、纵横、杂、农等家的长处与弊端的评论，其中对儒家的评论是：“儒家者，盖出于司徒之官，助明君顺阴阳，明教化者也。游文于六经之中，留意于仁义之际，祖述尧舜，宪章文武，崇师仲尼，此其最高也。然惑者既失精微，而僻者又随时抑扬，违离道本，苟以哗众取宠，此僻儒之患也。”赵蕤认为各家学说都有长处和短处，不能一概肯定或否定，应当全面研究各派学说，根据实际情况变通取舍。赵蕤是李白的老师。李白跟着他“从学岁余”，对李白影响很深，所以李白能超越于各派之上，对各家学说都进行研究，博采众家之长。他对儒家思想之精华是接受的，但他不像鲁地的儒生那样完全束缚在儒家思想之中，不能变通。他博览群书，对佛教、道教也都感兴趣，与三教九流的人都有交往，形成了兼收并蓄的开放型的思想体系。

从思维模式来看，巴人“尚鬼信巫”，以巫教为特征；蜀人重仙，比较虚幻，与鲁文化重礼不同。从三星堆、金沙遗址出土文物中有人面鸟身像、人身鸟足像以及太阳鸟形象看，这表现了蜀人最初羽化成仙的想象力。巴蜀的神话传说非常丰富，蚕丛、柏灌、鱼凫“此三代皆神化不死，皆得仙道”。彭祖，王乔成仙，鳖灵死而复生，杜宇魂化杜鹃，开明上天为开明兽，都是仙化。不仅蜀王仙化，他们统治的部族也“随王化去”，成了仙。正是在富于神话传说的巴蜀产生了道教，道教的那些法力无边而又飘逸的神仙，虚无缥缈而又瑰丽的仙境，表现出了非常丰富的想象力。可以说，富于想象，善于夸张的浪漫性、发散性的思维模式是巴蜀文化的特色。

李白从出生到二十五岁出蜀，整个青少年时期在巴蜀度过，而这段时期正是他世界观、价值观、人生观形成的时期。巴蜀文化不能不在他身上打下深深的烙印。李白思想的博杂，有强烈的自我意识，具有蔑视权贵、豪迈不羁、孤高自傲的人文性格和富于想象、善于夸张的思维模式，与儒家反对走极端的“中庸之道”格格不入。李白不愿循规蹈矩走科举的路子，而是要“一鸣惊人，一飞冲天”。他中年才到鲁地定居，这时他的性格已经定型，在东鲁必然要与当地的文化发生冲突，《嘲鲁儒》一诗就是他与鲁文化冲突的直接表白，诗云：“鲁叟谈五经，白发死章句。问以经济策，茫然坠烟雾。足著远行履，首戴方山巾。缓步从直道，未行先起尘。秦家丞相府，不重褒衣人。君非叔孙通，与我本殊伦。时事且未达，归耕汶水滨。”他还说：“羞作济南生，九十诵古文。”（《赠何七判官昌浩》）表示了对皓首穷经的儒生的鄙视。他还认为鲁儒保守狭隘，“鲁国一杯水，难容横海鲸”（《送鲁郡刘长史迁弘农长史》）。他还有一首《五月东鲁行答汶上翁》，“顾余不及仕，学剑来山东。举鞭访前途，获笑汶上翁”，说明鲁地的文人在嘲笑李白。为什么会这样呢？因为鲁地有浓厚的周孔遗风、洙泗遗俗，要求懂礼、知礼、好礼，言语行动合符于礼，社会生活的方方面面都要归之于礼，比较保守、死板。鲁地的一些儒生只知死读儒家经典，走的是“学而优则仕”的路子，通过科举考试，取得一官半职。这恰好与李白的人生道路与思维方式不同，李白的行为举止、想法不符合鲁人的习惯，而被鲁人嘲笑，反过来李白对保守的只知读死书的鲁儒也看不惯，加以嘲笑。这反映了两种地域文化的差异和不同地域文化的冲突与碰撞。

李白在鲁地婚姻的失败也反映出李白对鲁文化的排斥的一面。魏颢《李翰林集序》云：“白始娶于许，生一女一男，曰明月奴，女既嫁而卒。又合于刘。刘诀，次合于鲁一妇人，生子曰颇黎，终娶于宋。”刘氏与鲁妇人是李白在鲁地先后“合”（应当是没有正式结婚而同居）过的两个女人，她们的关系与李白不好。李白在奉诏入京时说：“游说万乘苦不早，著鞭跨马涉远道。会稽愚妇轻买臣，余亦辞家西入秦。仰天大笑出门去，我辈岂是蓬蒿人。”（《南陵别儿童入京》）从此诗看出李白对曾与他同居的妇人深恶痛绝。婚姻的不幸有多种原因，通常讲是因为生活习惯的不同，而从本质上看也是文化的冲突。与李白同居的妇人及其家人，深受鲁文化熏陶，他们要求李白应当熟读儒家经典，走科举考试之路，同时为家庭生活计，治置田产，守着家业。而李白却不能治置产业，不参加科举考试，喜嗜酒浪游，与孔巢父等人隐居徂徕山中。对李白的这些行为，其同居妇人与亲戚或屡有劝阻。李白与鲁地女人的冲突正是两种文化的冲突。

不过，我们不能从上述的事实得出李白对鲁文化是一概排斥的结论。我们在论证李白对鲁文化态度时，不能不涉及李白对儒学的态度，因为儒学是鲁文化的核心和灵魂，鲁文化以儒家礼乐观念为其文化特征。若说李白对鲁文化是一概冲突与排斥的，那当然不合事实。如果李白对鲁文化是完全排斥的，他就不可能在这个地方安家二十年。事实上李白并未对整个儒家思想进行批判，而是对于处处拘泥于礼法，严格遵守上下尊卑的等级制度不接受，对中庸的处世态度不接受。李白并未排斥整个鲁文化，只排斥鲁文化的保守主义一面。李白并未嘲讽鲁地所有儒生，他还自称是“小儒”。他只是嘲讽死读书本、不知时务的腐儒、鄙儒，也就是他的老师赵蕤批评的那些丢掉儒家学说之精微，违离儒家的本旨，只会哗众取宠的“僻儒”。他在《嘲鲁儒》中推崇的叔孙通，也是出生于鲁地的儒生。叔孙通为汉王朝议定朝仪，当时有两个儒生不肯前去，说：“公所为不合古，吾不行。”叔孙通批评他们“若真鄙儒也，不知时变”。他征召了“知时变”的鲁地儒生三十人进京，为朝廷制订了一整套礼仪，得到了汉高祖的重赏。李白对于以叔孙通为代表的通达时事的鲁地儒生十分赞赏，而且也希望自己像叔孙通那样得到皇帝重用，“奋其智能，愿为辅弼”，为国家建功立业。

李白之所以成为伟大诗人，就在于他能兼收并蓄，汲取各地域文化中最健康、最鲜活的因素，博采各地域文化之长，去其所短，从而形成自己的特色。可以说李白诗歌是大开放的盛唐时期，各地域文化大融合、大繁荣的产物。

第四章　李白与中原文化

——兼论李杜异同的地域文化原因

说到李白，不能不说他的挚友杜甫。他们都是中华文化哺育出来的伟大诗人。他们有许多共同点，也存在着差异。本章从地域文化的角度，比较其异同。

第一节　中原文化的基本特质

中原文化，主要是指中原地区的文化。中原地区从狭义讲指今河南省一带，为华夏族最早活动的地区。“昔夏人都河东，殷人都河内，周人都河南，夫三河在天下之中”①。这中原的概念指的是“三河”一带，即指今天的黄河洛阳一段，豫、晋两省交界一带。河南、山西交界处的王屋山以西，黄河以东为河东。洛阳段的黄河的北边，太行山南边，为河内。洛阳为河南。我们讲的河洛文化也就是狭义的中原文化，即以洛阳为中心的河南一带的传统文化。其后，华夏族活动扩大到整个黄河中下游，广义的中原指黄河中下游，与最初的“中国”、“中华”的含义相同。因此广义的中原文

① 司马迁：《史记·货殖列传》卷一二九，上海古籍出版社、上海书店。

化在某种意义上说也相当于中华文化，确切地说中原文化是中华文化的骨干和核心部分。它源远流长，早在五十万年前的旧石器时代，中原就有人类居住。8000 年前的裴里岗文化说明，中原已进入新石器时代，过着农耕定居生活。其后又有仰韶文化、龙山文化，这是中原文化的孕育与萌芽阶段。夏商周时期，中原是统治者的腹心之地，长期在此建立都城，成为政治、经济、文化的中心，这一时期是中原文化的形成与发展的重要时期。春秋战国时期，由于诸侯割据，中原文化分成为以洛阳为中心的河洛文化，关中的秦文化、三晋文化以及齐鲁文化、燕赵文化。秦汉至隋唐，在全国统一的局面下，中原仍然是全国统治中心，中原文化得到进一步兴盛与繁荣。

中原文化的基本特质表现在：

（一）正统性。中原居中华之中，自古就是华夏族活动的腹心之地。夏商周三代在此建都，是统治者直接控制的王畿之地。中央的典籍、档案长期存放于洛阳，周公旦在此制礼作乐。老子做过东周"守藏室之史"，掌管国家档案、典籍。孔子曾到洛阳问礼于老子，问乐于苌弘，还阅读了大量的中央馆藏文献典籍，学习了周公旦制定的礼乐，这之后才创立了儒家学说。可以说，儒家学说的源头在洛阳，形成于鲁地，成为鲁文化的主导思想，而鲁文化应属于广义的中原文化的一部分。汉武帝"独尊儒术，罢黜百家"，儒家学说上升为占统治地位的思想，也成为中原文化的主导思想。重礼仪，尊诗教也是中原文化的特征。东汉设太学于洛阳，又置五经博士，传授儒家经典，此后数百年，洛阳成为传播儒家思想的中心。在隋唐时期，在首都长安和东都的洛阳都设有太学、国子学，为学习和传播儒家学说的最高学府，国内和国外留学生都在此学习儒家经典。中原文化在整个中华文化中处于正统的地位，或者说处于支配地位，这种地位一直持续到北宋。

（二）崇实性。刘师培先生说："大抵北方之地土厚水深，民生其间多尚实际……民崇实际，故所作之文不外记事、析理二端。”① 范文澜先生说：“黄炎族掌文化的人叫做史，苗黎族掌文化的人叫做巫……史重人事，长于征实；巫事鬼神，富于想象……周朝重史不重巫，史官掌记事也兼诗歌（诗三百篇不少是史官所作）。史官世代专业，儒家所传经书，其原始部分大都是两周史官旧藏的典册。经书文辞分散文与诗歌两类。散文分质言文言两体。质言如《周书·大诰》、《康诰》、《酒诰》等篇，直录周公口语，辞句质朴，不加文饰。文言如《周书·洪范》、《顾命》以及《礼仪》十七篇，都是史官精心制作，条理细密，文字明白。”② 这两位大师从地理和历史条件谈到中原文化的一个重要特性，那就是崇实、质朴，从文学风格来说就是现实主义。孔子继承和发扬了周朝崇实、质朴的传统，否定“巧言令色”，“不语怪力乱神”。推引到文学艺术上提倡朴实、严谨的风格，反对浮华虚夸。他说：“质胜文则野，文胜质则史。文质彬彬，然后君子。”③ 他编定的《诗经》语言质朴优美，深入全面地反映了社会现实，成为我国文学史上现实主义精神的光辉起点。孟子、墨子、荀子和韩非子等北方的诸子也都是以质朴为美，墨子力倡“先质而后文”、“尚用尚质”，荀子主张“文以致实”，韩非子也力主文章“致实”。从西汉至北朝，北方文学一直保持了重实、质朴的传统风格。

（三）先导性。中原文化作为中国历史文化的重要骨干，在中国古代文化中长期处于先导地位。在中原产生过许多文化名人和文化成果，老子在这里做守藏史，阅读了中央的典籍、档案，这之后才创立了道家学说。此外，先秦百家中的道家庄周，名家的惠施，墨家的墨翟，兵家的吴起，法家商鞅、申不害、韩非，纵横家苏秦、张仪，杂家吕不韦皆中原人。儒、墨、道、法、名等家的思想

---

① 刘师培：《南北学派不同论·总论》。

② 《中国通史》第一册，人民出版社，1978年，259—260页。

③ 《论语·雍也》。

的产生与发展都与中原地区有紧密的联系。两汉时期，中原产生了伟大的科学家、文学家张衡，医学家张仲景、华佗，史学家司马迁、班固，发明家蔡伦，文字学家许慎……他们都是中华文化史上的领军人物，为中华文明增添了异彩。东汉末的“建安七子”、“三曹”，更是开创文学一代新风。中原文化的这种先导的作用，对整个中华文化有重要贡献和影响。

（四）兼容性。中原处于九州之中，与各地域文化都有交流，与外域往来不断。历史上周边少数民族屡屡进入中原，源于印度的佛教文化最早在中原地区传播，丝绸之路不断传来中亚、南亚的文化，这些都推动了中原文化的多样化，使其兼容并蓄，博采众长。特别是在唐代，全国大一统，版图空前扩大，与亚、欧、非各国交流频繁，边疆各族文化和外域文化传入中原，大大丰富了占统治地位的中原文化。

（五）辐射性。中原文化有极强的辐射性和扩散力。在几千年历史的变迁中，由于中原处于统治中心，通过行政管辖和经济、文化交往以及因战乱出现人口的大迁徙，中原文化不断向周边渗透移植，辐射于祖国各地，直至海外。巴蜀文化、荆楚文化无不受中原文化的影响。道家原本产生于中原，在传入楚地后，深深地影响了楚文化；传入巴蜀后，产生了以道家学说为指导思想的道教。又如岭南的客家文化也是在中原文化母体上产生的，是中原文化与岭南文化融合而成的，客家文化的根在中原。总之，中原文化在中华民族的形成与发展中起着极其重要的作用。

第二节　中原文化对李白杜甫的影响

杜甫是在中原文化的孕育下产生的伟大诗人。杜甫出生于河南巩县，生母早逝，依洛阳二姑母家长大。从小受以儒家思想为主导的中原文化的熏陶。杜甫的先辈一直生活在中原，祖籍京兆杜陵，曾祖父杜依艺做巩县令，定居于巩县。祖父杜审言做过洛阳丞，父亲杜闲做过郾城尉、奉天令。杜甫自称“吾祖也，吾知之，远自周室，迄于圣代。传之以仁义礼智信，列之以公侯伯子男”（《唐故万年县君京兆儒氏墓志》）。又说“自先君恕、预以降，奉儒守官，未坠素志”（《进雕赋表》）。杜预是晋代著名的儒将，杜甫第十三代祖，著有《左氏春秋传集解》。杜甫家世代做官，恪守儒家伦理道德，先辈中出了一些实践儒家伦理道德的“孝烈”之士，杜审言的曾祖杜叔毗事母至孝，为兄报仇，一时传为美谈。杜甫的叔父杜并，十六岁时刺杀诬陷其父的仇人周季重而牺牲自己，使父亲杜审言得救。杜甫生活在这样一个儒家思想传统很浓的家庭，从小苦读儒家经典，“读书破万卷”。少年时尝交往洛阳名士，“往昔十四五，出游翰墨场。斯文崔魏徒，以我似班扬”（《壮游》）。他交往的崔尚、魏启心都是饱读儒家经典的进士。儒家重视诗教，产生于中原大地的《诗经》是他的必修课，也是他创作的样板。他的祖父杜审言是著名的诗人，与李峤、崔融、苏味道共同被称为“文章四友”，是五言诗的奠基人。杜甫以“吾祖诗冠古”自傲，还告诉他儿子说：“诗是吾家事。”“诗书传家”正是杜甫家庭的特色。总之，杜甫出生在受中原文化熏陶的一个典型的儒家思想很浓的家庭，因而杜甫自己一直以儒者自居，早年自称为“儒”，如“有儒愁饿死”（《奉赠鲜于京兆》），年老了还自称“老儒”，如“社稷缠妖气，干戈送老儒”（《出江陵南埔》），他执著地追求儒家的理想，“自谓颇挺出，立登要路津。致君尧舜上，再使风俗淳”（《奉赠韦左丞丈二十二韵》）。

李白出生于西蜀，从小受巴蜀文化的熏陶，他与中原文化的关系虽没有杜甫那样直接，那样密切，但仍然受到中原文化的影响。由于中原文化的正统性、辐射性的特点，在中华大地上任何一个地方都会受到中原文化的影响。从三星堆出土文物看，早在3000年前巴蜀就接受了中原文化的礼器、酒器的青铜铸造技艺和玉器制造工艺。秦灭巴蜀后，“迁秦民万家实之”，“始皇克定六国，辄徙其豪侠于蜀”。秦国多次从中原移民到巴蜀，带来了中原文化。汉景帝至武帝时，文翁为蜀郡守“乃立学，选吏子弟就学，遣隽士张叔等十八人东诣博士受七经，还以教授。学徒鳞萃，蜀学比于齐鲁”①。文翁在地方办学，学习儒家经典的办法，汉武帝在全国推广，“乃令天下郡国皆立学校官，自文翁为之始”②。文翁办学意味着巴蜀接受了中原文化，“学比于齐鲁”，也就是说巴蜀文化与中原文化的差距缩小，开始融合。也可以说在秦汉建立了大一统的中央集权专制主义封建帝国之后，由于巴蜀文化与中原文化的交流与融合，巴蜀文化不再具有地域与民族的双重独立性，而是中华文化这个大系统中一支有地域特色的子文化。李白二十五岁之前都是生活在巴蜀，这时的巴蜀是统一的唐王朝统治下的一部分。唐初的统治者非常重视巴蜀，派遣元老重臣来治理。唐太宗派“十八学士”之一的高士廉，担任益州大都督府长史，十分重视教化，推崇儒学，大兴学校，“又因暇日，汲引辞人，以为文会，兼令儒生讲论经史，勉励后进，蜀中学校粲然复兴”。后来他的儿子高履行，又在“显庆元年（656）出为益州大都督府长史，先是士廉居此职，颇著能名，至是履行继之，亦有善政，大为人吏所称”③。由于中原文化的正统性和强大的辐射性，生长在大一统的盛唐时期的李白，虽身在西蜀，仍然能受到中原文化的影响。如果说李白在巴蜀是间接受中原文化的影响，那么他后来是直接受中原文化的影响。李白曾两次入长安，多次到洛阳，“十载客梁园”（《书情题蔡舍人雄》），“我家寄东鲁”（《寄东鲁二稚子》），他还北游晋阳、幽州，中原大地遍布他的足迹，特别是他安家于山东沙丘（从兖州出土的北齐碑

---

① 刘琳：《华阳国志校注·蜀志》卷三，巴蜀书社，1984年。

② 班固：《汉书·文翁传》卷八九。

③《旧唐书·高士廉传》，上海古籍出版社、上海书店，1986年。

刻证实沙丘就在兖州）二十余年，这里距孔子故乡曲阜，孟子故乡邹县很近，可以说他就生活在儒家的发祥地，鲁文学的核心地带。《汉书·地理志》说："鲁地……其民有圣人之教化……是以其民好学，尚礼义，重廉耻……今去圣久远，周公遗化稍微，然其好学犹愈于它俗。"李白在这样的文化氛围中生活，不可能不受其影响。

正因为李白与杜甫都受到中原文化的影响，所以有许多相同之处。首先，他们都接受了儒家的修身、齐家、治国、平天下的思想，以天下为己任，忠君爱民，忧国忧民，积极进取，为社稷苍生而建功立业。儒家思想核心的"忠"、"爱"精神以及入世精神和仁政学说铸就了李白杜甫诗中的的主旋律。杜甫早年的志向是"致君尧舜上，再使风俗淳"（《奉赠韦左丞丈二十二韵》），直到临终，仍在惦念"公孙仍持险，侯景未生擒……战血流依旧，军声动至今"（《风疾舟中伏枕书怀》）。无论是顺境，还是逆境，杜甫的忧国忧民的拳拳之心始终如一，"穷年忧黎元"，"济时肯杀身"，是他的一贯精神。苏轼说杜甫"一饭不忘君"（当时的"君"就是"国"的代表）。杜甫不仅自己忠君爱国，忧国忧民，还勉励朋友。他表彰元结说，"道州忧黎庶，词气浩纵横"，他对严武说，"公若登台辅，临危莫爱身"，他对裴虬也说，"致君尧舜付公等，早据要路思捐躯"。他在《自京赴奉先县咏怀五百字》中说："葵藿向太阳，物性固难夺!"可见忠君爱国之情已成为杜甫生命的一部分。

李白的许多诗中也表现出儒家的忠君爱国的思想和积极入世的精神，他离别故乡时高唱："莫怪无心恋清境，已将书剑许明时。"他怀着"四方之志"，"仗剑去国，辞亲远游"，以实现其宏伟的济世安民的志向。他的政治理想基本上是儒家大同思想，再加上道家的无为而治，使百姓安居乐业，官吏清正廉洁，天下太平，国泰民安。他为实现这个理想，终生奋斗不息。当玄宗下诏请李白进京时，他兴高采烈，以为辅佐帝王、安邦治国的理想即将实现。入宫以后，看到了上层统治者的腐败，他的治国安民的宏伟抱负根本无法实现，只得离开朝廷，但他积极入世之心并未泯灭，总希望能为国建功立业，写了不少关心祖国命运，渴望为国效力的诗篇。“安史之乱”发生，国难当头激起他救国救民的满腔热情，投入了永王幕中，但是救国之志未能实现，反倒成了李氏兄弟争夺帝位的牺牲品，被以“附逆”的罪名投入监狱，后被流放，李白被赦后，他那一颗忠君报国之心还在燃烧，“中夜四五叹，常为大国忧”。那时他年届花甲，贫病交加，穷愁潦倒，还要去投入李光弼帐下，参军平叛。笔者以为，尽管李白的思想很博杂，但儒家的积极入世、忠君爱国的思想才是李白贯穿一生的主导思想。有外国学者认为李白与杜甫不同的是，杜甫的忠君爱国是“主体者即责任承担者参与其中为最终目的”，而李白是异族人，是中华大地上的“客寓者”、“旅人”，“不是持久的责任承担者”，“济世安民不是他的终极的理念意识”①。把李白说成对国家对家庭不负责任的外来的旅游者，是非常荒谬的。事实上，李白与杜甫都是以天下为己任的爱国诗人。

李白、杜甫在诗歌创作上都继承和发扬了中原文化崇实、质朴的传统。他们都重视诗歌的社会作用，主张继承《诗经》开创的现实主义诗歌传统；主张情辞相副、文质兼胜；都倡导清新、质朴的风格，反对虚夸浮华，雕饰绮靡的文风。

众所周知，杜甫是杰出的现实主义诗人，他敢于直面人生，善于用写实的手法，深刻地反映现实社会，反映民间疾苦，客观地描写了玄宗、肃宗、代宗三朝有关政治、经济、军事以及人民生活的重大实际问题，所以他的诗被称为“诗史”。“史”正是北方中原文化的特点，“史重人事，长于征实”。杜甫的诗正是“重人事，长于征实”。他从现实出发并忠实于现实，对现实中的民生大事作真实客观的描写。

---

① ［日］松浦友久：《李白的客寓意识及其诗思——李白评传》，中华书局，2001年。

李白是伟大的浪漫主义诗人，但也有现实主义的诗歌。他对《诗经》十分推崇，并以继承《诗经》的优秀传统为自己的历史责任，“大雅久不作，吾衰竟谁陈？王风委蔓草，战国多荆榛……正声何微茫，哀怨起骚人。扬马激颓波，开流荡无垠。废兴虽万变，宪章亦已沦。自从建安来，绮丽不足珍。圣代复元古，垂衣贵清真。群才属休明，乘运共跃鳞。文质相炳焕，众星罗秋旻。我志在删述，垂辉映千春。希圣如有立，绝笔于获麟。”（《古风》其一）这首表现李白文艺思想的诗，说明李白是奉《诗经》为正统，以孔子为榜样，竭力主张恢复《诗经》的正声，遏止背弃《诗经》传统的颓靡文风，提倡诗歌要反映现实。这都说明李白是以继承和发扬中原文化淳厚质朴纯真的优良传统为己任的。

李白、杜甫的政治思想和文艺思想基本是一致的，都是受到了占正统地位的中原文化的影响，都是中华文化的杰出的代表。这就是他们的共同性，也是他们深厚友谊的基础。

第三节　李杜异同的地域文化原因

李白与杜甫又表现出不同的个性。对李白杜甫相异的比较已经有不少的论述了，笔者曾在《李杜异同与地域文化》中提出：“李白、杜甫由于青少年时期所受的地域文化熏陶的不同，因而在思想、性格、创作风格方面产生差异，形成各自独特的个性。”① 葛景春先生也说：“李杜诗歌风貌之不同，除了其时代因素之外，在相当大程度上，是由于其少年时所受不同的地域文化的影响，以本地域文化为底色，对全国其他地域文化甚至于外来文化做了博采与

① 蒋志：《李杜异同与地域文化》，《中国李白研究》1995—1996 年集，安徽文艺出版社，1996 年。

融合，使其诗歌既有鲜明的地域特征，又有中华大文化的丰富多彩。”① 他提出的“底色说”十分生动形象。也有学者认为：“以地域关系区分文学派别，本来无可非议，不过只适宜用于交通不便、政治不统一的时候，如南北朝时便是一例：北朝多产经师及散文家，而南朝多产诗人……自交通便利政治统一以后，以地理作区分是靠不住的。”② 在政治统一、交通便利的情况下是否还有地域文化的差异？笔者认为，即使在政治统一、交通便利的情况下，在不同的地理环境中的文化差异仍然是存在的。文化的内涵是非常纷繁复杂的，文化的结构也是多层次的，大致可分为物态文化、制度文化、行为文化和心态文化四个层次。一般地说，物质的、有形的改变较易，精神的、无形的改变较难。统一的中央集权专制主义国家，可以通过行政手段强制推行各种统一的制度，甚至强行推行一种思想，如秦朝的“焚书坑儒”，汉武帝“独尊儒术”。但是，由于中华大地十分辽阔，各地域的自然地理环境、历史条件相异，经济发展也不平衡，因而在不同地域生活的人们的思维方式、行为方式、风俗习惯也就不同，要想用行政命令的手段强制统一是不可能的。汉武帝“独尊儒术”，蜀郡守文翁在成都办学，意味着巴蜀接受了中原文化，“学比于齐鲁”，可以说巴蜀文化与中原文化的差距缩小，开始融合。但中原文化并未代替巴蜀文化，巴蜀文化的独特性在盛唐时期仍然存在，本书第一编第四章中已有详细论述。

隋唐时期的洛阳仍然是中原文化的腹心地带，是全国传播儒家文化的中心，与巴蜀显然存在着地域文化的差异。

李白思想的博杂，不遵礼法、蔑视权贵、豪迈不羁、大胆叛逆的人文性格以及诗歌创作上富于想象，善于夸张的浪漫主义风格都可以从巴蜀文化中找到其根源。杜甫终身追求儒家的政治理想，他

---

① 葛景春：《继承与超越》，《中国李白研究》2005 年集，黄山书社。

② 胡小石：《李杜诗之比较》，《20 世纪李杜研究论文精选集》，太白文艺出版社，2000 年。

的性格是儒家提倡的“温良恭俭让”，与李白的叛逆性格显然不同，他的创作风格是质朴的现实主义。这是因为他青少年受的是正统的中原文化的熏陶。

弗洛伊德说：“儿童期经验是成人个性区别的根本来源。”① 郭沫若也说过：“一个人在年轻时的可塑性最大，一个人要成为什么，主要就在年轻时的教育。”② 因为青少年时期是一个人世界观、人生观、价值观、性格形成的时期，一旦定型，很难改变。也可以说，青少年时期受到的本地域文化的熏陶，犹如在白纸上打上了一道底色。正是有这一道底色，使他们存在着个性差异，在性格、思维模式和创作风格上各不相同。

当然，形成诗人个性特征的因素是复杂的，即使受同一地域文化熏陶的诗人也有其个性，这还有时代背景、家庭教育等因素。不过，诗人青少年时期受到的地域文化的影响，应当是形成这个诗人个性特征的决定性因素。因此，我们在研究、评价一个诗人或诗派时，不能不研究其地域文化的影响。

应当看到，李白与杜甫并没有局限于青少年时期所受的本地域文化的影响，他们都曾经漫游天下。李白走出巴蜀，到过荆楚、吴越，然后走向北方。杜甫在北方生活，曾漫游过吴越，后来入蜀定居，最后去世于楚地。正因为在漫游过程中接受了各地域文化之精华，才在诗歌创作上取得了伟大成就。如果他们仅仅接受本地域文化的熏陶，而不汲取其他地域文化的精华也不可能成为伟大的诗人，或者说仅仅只有一种底色，就不能够出现绚丽多彩的画面。

---

① 转引自［美］马文·哈里斯：《文化人类学》375 页。

② 《郭沫若全集》第十九卷，人民出版社，1982 年。

第五章　李白与西域文化

第一节　西域与西域文化

西域是指汉以来对玉门关以西地区的总称。狭义专指玉门关以西、葱岭以东地区；广义则指葱岭东、西地区，包括亚洲中、西部、印度半岛，甚至更广的地域。本处西域主要指狭义的，也包括历史上曾是汉唐中央政权管辖过的中亚地区。李白虽未出生于西域，但李白的祖父辈流寓西域一百余年，有西域民族之血缘并接受西域文化之影响，这是毫无疑问的。

早在先秦时期，西域与中原已有联系。西汉张骞两次出使西域，打通了汉与西域的道路。公元前60年，汉设西域都护，巴尔喀什湖以东、以南的地区都属汉王朝的版图。此后，西域与汉民族的政治、经济、文化的联系日益加强。魏晋南北朝时朝，中原分崩离析，战乱不已，行政管辖权虽未及西域，但仍然保持着政治、经济和文化上的联系。有中原汉人移居西域，也有西域人移居中原，《洛阳伽蓝记》载，北魏首都洛阳“永桥以南，圜丘以北，伊洛之间，夹御道有四夷馆……西夷来附者处崦嵫馆，赐宅慕义里。自葱岭以西，至于大秦，百国千域莫不欢附，商胡贩客日奔塞下。所谓尽中国之区也，乐中国土风，因而宅者，不可胜数，是以附化之民万有余家”。5世纪中叶，突厥强盛，统治了西域。隋统一全国，版图达到且末、伊吾一带，即已达西域的东部。隋末，中原大乱，大量中原汉人迁往西域。据《新唐书·高昌传》："大业末，华民多奔突厥。"李白的祖先也正是此时辗转迁到中亚碎叶。唐太宗时，西突厥向唐王朝进贡，承认唐朝的宗主国地位。贞观十四年（640）设安西都护府于交河城，后又迁于龟兹，统领龟兹、焉耆、于阗、疏勒四镇，号称"安西四镇"。唐太宗逝世后，西突厥首领阿史那贺鲁发动叛乱。唐高宗"显庆二年（657），平贺鲁，析其地置濛池、昆陵二都护府，分种列置州县，西尽波斯，皆隶安西"（《新唐书·地理志》），"安西四镇"中的焉耆被碎叶替代。原役属于西突厥的中亚诸国归附于唐，唐王朝在此设都督府和州。武则天长安二年（702）又在天山以北设北庭都护府，管辖天山、碎叶河以北的地区；安西都护府管辖天山碎叶河以南，里海以东的广大地区，包括中亚在内的西域成为唐王朝版图。李白父祖辈居住的碎叶，是唐王朝的"安西四镇"之一，可见李白的父辈虽在西域，仍是唐朝的子民，不能称之为"外国人"①。

既然西域曾是汉唐王朝的版图，西域文化是中华文化之有机组成部分，是中华文化这个大系统的一个子系统，那么西域文化和中华文化是一体多元的关系，所以西域文化自古就与中华内地各地域文化有着互相影响、融合、渗透的血脉联系，是整个中华民族文化大家庭中不可缺少的重要成员，具有中华文化之共性。因此，对中原文化来说，可以称西域文化为外来文化，而对中华文化来说，不能称为外来文化。由于西域特殊的地理位置和历史条件，因而西域文化具有其独特性。西域处于欧亚大陆的腹心地带，属于大陆性气候，干旱少雨，"地热、多沙、冬大寒"（《居延汉简》），"五月天山雪，无花只有寒"。雪山横亘，流沙漫漫，环境恶劣，气候严酷，大部分地方不宜农耕，而宜于游牧，因而形成有别于中原农耕文化

---

① 蒋志：《"李白是外国人"说质疑》，《绵阳师专学报》2002年3期。

的游牧文化，与所谓的“胡文化”的概念大体重合。游牧民族因其生活方式而形成勇武、剽悍、豪迈、侠爽、耿直、劲健之气，这也是西域人的人文性格。《大唐西域记》说，西域“气序风寒，人性刚勇”，“人性犷暴”，“风俗犷勇”，不同于中原农业民族的人文性格。

西域虽环境恶劣，但却处于连接东西方的“丝绸之路”的中心地段，是中西陆路交通之要冲，东西方使者、商贾、僧侣来往的必经之地，不仅从波斯、阿拉伯、欧洲东来，就是从南方印度来中国，通常也是先北上进入西域，然后再折向东方，所以在东西交通史上或东西文明传播史上，西域具有很重要的意义。如季羡林先生所归类的那样，西域是世界四大文化体系，亦即中国文化体系，印度文化体系，阿拉伯伊斯兰文化体系，古希腊、罗马文化体系的结合点。由于东西方各种文化在这里汇聚和交融，形成西域文化多元性、开放性、包容性的特色，它超越了民族、地域和东西方的局限，博采众长，兼收并蓄，在本土文化的基础上，将许多外来文化的因素吸纳为自己的成分，从而变得生机勃勃。从思想意识、宗教信仰来看，不仅有中原传去的儒家思想和道教，还有从南亚传入的佛教，更有从西边传入的景教、祆教、摩尼教、伊斯兰教等。从语言上看，古代西域除使用汉语外，还曾使用吐蕃藏文、粟特语、犍陀罗语、大夏语、梵语、叙利亚语、婆罗钵语、帕提亚语、希伯来语、犹太波斯语、阿拉伯语等等。从音乐舞蹈和美术上看，更是绚丽多彩，中西辉映。著名的龟兹乐、高昌乐、于阗乐、安国乐、康国乐以及胡腾舞、胡旋舞、柘枝舞、苏幕遮等西域乐舞，就是吸收了东西文化之精华后的杰作。从这些乐舞中既可以看到印度、波斯文化的影子，也可以听到中原汉文化的乐音。又如龟兹石窟中的雕塑与壁画，既洋溢着汉文化的风范，又汲取着印度、犍陀罗、波斯等文化艺术的养料。

第二节 李白与西域文化

根据李白的好友魏万的《李翰林集序》、李阳冰的《草堂集序》以及范传正的《李公新墓碑序》等权威性的史料表明李白是在其家从西域迁入西蜀后才出生的。所以李白“生于碎叶说”、“生于焉耆说”、“生于条支说”、“生于哈密说”等，证据都不充分。在本书第一编第一章中以及此前拙作《李白蜀中论考》、《李白出生地诸说质疑》、《李白出生哈密说质疑》曾作论述[1]，在此不赘述。虽然李白不生于西域，不过其祖父辈的确在西域生活百余年。李白祖籍陇西成纪，“隋末多难，一房被窜于碎叶”。那时中原大乱，“大业末，华民多奔突厥”（《新唐书·高昌传》），“亡命甚多，走胡奔越，书生不少，中国之礼，并在诸夷”（《大唐创业起居注》）。李白的先辈流徙到西域，也将汉文化带到西域，同时也接受西域文化的影响，甚至与西域人通婚。在李白身上很可能有着西域人的血缘。李氏一家在隋末流徙于西域，到了武则天统治时期才迁至西蜀，在西域传了三四代，至李客这一代，已在西域住了百余年，所受西域文化的影响毋庸置疑，不过在李客身上还保留着中原汉文化的传统，有较高的汉文化修养。李白自述：“余小时，大人令诵《子虚赋》，私心慕之”（《秋于敬亭送从侄耑游庐山序》），“五岁诵六甲，十岁观百家，轩辕以来，颇得闻矣。常横经籍书，制作不倦”（《上安州裴长史书》），说明李白的父亲汉文化修养很高，对李白的学习进行指导督促。另一方面李白从小也在其父辈处接受西域文化之影响。首先是语言文字的影响，前面说道，西域是

---

① 蒋志：《李白蜀中论考》，绵阳社科丛书 2001 年；《李白出生地诸说质疑》，人民大学报刊复印资料《中国古代近代文学月刊》1987 年 1 期；《李白出生哈密说质疑》，《荆门大学学报》1988 年 1 期。

多民族杂居、交融之地，除使用汉语外，还曾使用吐蕃藏文、粟特语、梵语、波斯语、阿拉伯语等等。李白的父辈在西域生活了很长时期，自然熟悉各种语言，李白从小在这样的语言环境中长大，就不仅只掌握一种语言，所以后来到长安时，爱去胡人店铺中饮酒，可以用西域人的语言同他们交流；在翰林院时，"论当事务，草答蕃书，辩若悬河，笔不停辍"（范传正《李公新墓碑序》)。"蕃"是唐代对西边的少数民族和外国人的泛称。李白的《寄远十二首》有："鲁缟如玉霜，笔题月支书。寄书白鹦鹉，西海慰离居。行数虽不多，字字有委屈。"说他用月支文给住在西海（应指里海、咸海一带）的友人写信。月支人原生活于河西走廊，西汉时受匈奴之压迫，迁至中亚，"昭武九姓诸国"即属月支族。李客居碎叶时，必然与"昭武九姓诸国"之人有交往，懂得他们的语言。李白从他父亲那里学得这种月支文，当然也可称蕃文。

李白从父辈那里也接受了西域的人文性格的影响。魏万《李翰林集序》说李白之父"因放形，因家于绵"。放形即放浪形骸之简称，指摆脱各种拘束，放荡不羁，纵情于山水之间。显然是受到西域人放荡不羁、豪爽的人文性格的影响，而这又影响到李白。李白"少任侠，手刃数人"（魏万《李翰林集序》)，"结发未识事，所交尽豪雄"（《赠从兄襄阳少府皓》)。李白少有豪侠之气，这既是受巴蜀文化的影响，也是受到从西域而来的父亲的影响。安旗先生说李白之父是侠客，有一定道理。笔者认为李白之父是隐士①，与侠客说并不矛盾。李客受西域文化的影响，尚武、行侠仗义、放荡不羁，不愿与统治者合作，这些性格对李白的影响是深远的。李白不是一个仅仅受传统的儒家教育、谨遵礼法、循规蹈矩的文人，而是文武双全、豪迈侠爽、放荡不羁的诗人。这种性格特征的形成，与他出生在深受西域文化影响的家庭，又生长在巴蜀文化氛围中是有

① 蒋志：《李白之父考异》，《西南师范大学学报》1991年2期。

密切联系的。

李白不仅从父辈那里接受西域文化的影响，后来还在漫游各地时，受到西域文化的影响。唐朝是一个在长期民族大融合的基础上建立的王朝，李唐皇族就有异族的血缘，因而唐王朝实行开放、开明的民族政策和对外政策，广泛而大胆地接受异族文化，对各少数民族和外国人来内地居住，不仅未予限制，还给与许多方便。在这种情况下，许多西域人进入内地各大城市定居，在洛阳、扬州、广州、成都等城市都有西域人，特别是首都长安，有数万西域人居住。西域文化渗透到唐朝社会各阶层和日常生活的各方面。元稹《法曲》云："自从胡骑起烟尘，毛毳腥膻满咸洛。女为胡妇学胡妆，伎进胡音务胡乐。"李白漫游全国，在长安、洛阳、扬州等地都与许多西域人交往，在此过程也必然接受了西域文化之影响。

第三节　西域文化对李白诗歌创作的影响

西域文化丰富了李白诗歌创作的内容。西域风光、西域歌舞、西域服饰、胡客、胡姬、胡马、胡雁、胡鹰、胡床、胡麻等都是李白诗歌描写的内容。脍炙人口的《关山月》就是描写雄浑壮阔的西域风光。在李白诗歌中多处提到西域的许多地方。如《战城南》："去年战，桑干源，今年战，葱河道。洗兵条支海上波，放马天山雪中草。"葱河道、条支海、天山都在西域。《上云乐》生动地描写了西域康国人"康老胡雏"的奇特相貌和他们献的西域歌舞。《经乱离后天恩流夜郎忆旧游书怀赠江夏韦太守良宰》描写在黄鹤楼上欣赏歌舞："吴娃与越艳，窈窕夸铅红，呼来上云梯，含笑出帘栊。对客小垂手，罗衣舞春风。""小垂手"就是西域舞蹈中的一种舞姿。《观胡人吹笛》、《猛虎行》描写了西域人吹笛。《司马将军歌》："羌笛横吹阿亸迴，向月楼中吹落梅。""梅花落"是胡笳曲，“阿辨迴”也应当是一种汉化了的西域乐曲。《侍从宜春苑奉诏赋龙池柳色初青听新莺百啭歌》中的“春莺啭”就是西域乐师白明达所写。李白自己也会西域歌舞，如《东山吟》：“酣来自作青海舞，秋风吹落紫金冠。”“青海舞”也是一种西域歌舞。在李白诗歌中写胡姬的不少，如《前有樽酒行》：“胡姬貌如花，当垆笑春风。笑春风，舞罗衣，君今不醉将安归?”《少年行》：“落花踏尽归何处，笑入胡姬酒肆中。”从西域传来的珍禽异兽、奇花异卉、珍宝玉器也采入了李白诗歌。如《天马歌》描写了来自西域的汗血宝马。《秋浦歌》其三：“秋浦锦驼鸟，人间天上稀。山鸡羞渌水，不敢照毛衣。”“锦驼鸟”就是来自西域的鸵鸟。《客中作》：“兰陵美酒郁金香，玉碗盛来琥珀光。”郁金香和琥珀都来自西域。据笔者粗略统计，李白诗中涉及西域风物的有45首之多。

李白描写月的诗歌很多，提到月的诗有三百余首。在李白心目中，“月”是光明和圣洁的象征，对月有一种特别的崇敬和热爱的感情。他的胞妹名月圆，儿子的乳名为明月奴，女儿平阳的意思也是月。李白爱月与他受西域宗教的影响有关。西域流行祆教，南北朝时传入中国。唐朝对各种宗教兼容并包。在长安、洛阳及河西走廊等地都有祆祠。祆教崇拜光明，崇拜火光、日、月、星辰。李白对月的崇敬和热爱的感情，与来自西域的祆教的影响是分不开的。

李白诗歌豪放飘逸，如天马行空，如白云舒卷。这种诗歌风格之形成，与他的父亲从西域游牧民族那里带来的那种豪放、侠爽、刚健之气对他的影响是分不开的。李白是一位站在时代潮头，有超前意识的伟大诗人，自幼又受西域文化之影响，因而他能很敏锐地捕捉到西域乐舞中新奇的旋律和美妙的韵味，并在他的诗歌创作中反映出来。西域音乐的风格粗犷豪放，一般是“多急拍，声诗多合俗舞，繁声、缠声极盛”①。急拍可造成热烈欢快的气氛，以应和

① 任半塘：《唐声诗》下编，上海古籍出版社，1982年。

动作迅急的舞蹈。繁声也指“促拍快唱之声”，缠声指本腔之外的花腔。西域的舞蹈豪放矫健，如《胡旋舞》和《胡腾舞》，挪腾跳跃，急转如飞，激越活泼，动人心魄。唐人刘言史《王中丞宅夜观舞胡腾》诗云：“石国胡儿人见少，蹲舞樽前急如鸟……手中抛下葡萄盏，西顾忽思乡路远。跳身转毂宝带鸣，弄脚缤纷锦靴软。四座无言皆瞠目，横笛琵琶遍头促。乱腾新毯雪朱毛，傍棺轻花下红烛……”白居易《胡旋女》云：“胡旋女，胡旋女，心应弦，手应鼓。弦鼓一声双袖举，回雪飘飘转蓬舞，左旋右旋不知疲，千匝万周无已时。人间物类无可比，奔车轮缓旋风迟……”段安先《乐府杂录》云：“舞者乐之容也。有大垂手、小垂手：或如惊鸿，或如飞燕。”从这些诗歌中描写的西域舞蹈，节奏和旋律非常急促而矫健，回旋腾跃，飘忽不定。李白喜爱西域舞蹈，不仅观赏而且自己也能舞，这对他的诗歌创作必然产生影响。他的诗歌韵律节奏富于变化，就是受到了西域音乐舞蹈之影响。如李白的《天马歌》是写来自西域的天马，可以从中明显地看到受西域乐舞的影响，采用三、五、七言的句式，韵脚多次变化，节奏很快而不规则，以这样新奇的旋律来抒发他内心的愤懑不平。《蜀道难》、《梦游天姥吟留别》、《将进酒》、《行路难》、《长相思》、《梁园吟》、《梁甫吟》、《远别离》等乐府歌行，节奏和韵律活泼多变，忽而急促，忽而舒缓，急促时有如西域舞蹈那样，急转如飞，动人心魄。美国艾龙先生说，李白诗“多变的韵脚和不规则的节奏，是和唐代中亚音乐有关系的”①。

李白词之真伪一直争议不休，笔者以为李白创作的词应是“百代词曲之祖”。他的这种创造也是受西域乐舞之影响。西域音乐最初传入中原时有声无词，随着西域乐舞的普及，乐工歌伎们将诗人新作与民谣填入曲中歌唱，这就刺激了词的产生。《旧唐书·音乐

① 转引自葛景春《李白与唐代文化》，中州古籍出版社，1994年。

志》说："自开元以来，歌者杂用胡夷、里巷之曲。"由于西域乐曲形式多样，节奏较快，传统的五言、七言诗难以适应，故而打破五言、七言句法，写出便于歌唱的长短句，这就是词。李白为西域乐曲作词有《摩多楼子》、《舍利佛》，不过这还算是五言诗，不是长短句，真正的词作是《菩萨蛮》、《忆秦娥》。李白的好友崔令钦所作《教坊记》载有当时流行的词调，其中就有《菩萨蛮》。在敦煌藏经洞中发现的唐代曲子词中，也有《菩萨蛮》这一曲调，就是从西域传入的乐曲。李白善于从西域文化和民间文化中汲取营养，完全可能依曲调填写《菩萨蛮》。其词意境宏大，情感深沉，达到了高浑纯熟的艺术境界，故被尊为"百代词曲之祖"。

中华文化是包容了许多各具特色的地域文化的多元一体的文化。西域文化是中华文化中的一朵奇葩。李白的父辈从西域而来，他又遍游祖国各地，接受了各地域文化，包括西域文化之精华，故而在诗歌创作上取得了辉煌成就，成为闻名中外的伟大诗人。

结论 中华多元文化孕育了李白

中华文化是多元一体的大文化。由于地域辽阔，各地历史背景、经济发展水平、地理环境各有不同，因而形成各具特色的地域文化。各地域文化相互交流、吸收、碰撞、融合，推动着整个中华民族文化的不断发展，孕育出了中华民族一代又一代的杰出人物。

李白正是中华多元一体文化孕育出来的伟大诗人。他青少年时期在蜀中度过，巴蜀文化对他产生了决定性影响。后来又漫游祖国各地，先后接受了楚文化、吴越文化、中原文化、齐鲁文化的影响。李白父辈从西域而来，也接受了西域文化的影响。李白正是接受了各地域文化之精华，才成为伟大的诗人。我们在看到巴蜀文化对李白的决定性影响的同时，也要看到其他地域文化对李白的影响。如果李白不出巴蜀，仅仅受巴蜀文化的影响，或许难以成为伟大诗人。

任何一种文化的发展都必须借助于交流。如果一种文化在一个封闭的环境中，不与另外一种文化交流，或者摩擦、碰撞，它就会僵化，失去发展动力而自生自灭。中华文化正是在各地域文化以及外来文化的交流、融合、碰撞中生生不息，蓬勃发展的。文化交流的具体代表就是特定的文化人之间的交流。在特定地域文化中成长的人，如果仅仅接受本土文化的熏陶、哺育，不外出与其他地域文化接触，不亲身生活在那种文化环境中去感受那里的风土人情、民间生活，只凭书本间接的了解，是不可能接受其深远影响的。或者说，在盛唐之世，全国统一，天下太平，已经打破了地域文化的局限，无论原生于哪一地域的哲理学说、文艺创作，都可以足不出户接触到，吸收到，但这种接触必定是间接的，书本上的，与直接到它的原生地去亲身感受那种地域文化的熏陶，是大不一样的。

曾有人说过："四川人关在盆地里只能是条虫，冲出盆地才能成龙。"在巴蜀历史上有不少名扬天下的杰出人物，都是从盆地走出去，与异地文化交流，而大有成就。李白的好友魏万说："蜀之人无闻则已，闻则杰出。"他举出了司马相如、扬雄、陈子昂等人。唐代以后还有杰出的文人学者如苏轼、欧阳修（生于绵州，幼年随父母离蜀）、杨慎等；现代有巴金、郭沫若、沙汀、艾芜……这些人都是走出巴蜀后，在与其他地域文化的交流之中，虚心体悟，兼收并蓄，广泛接纳各种文化的长处终取得伟大的成就。

李白生活在大一统的唐代。隋唐以前，我国经历了近四百年的分裂割据，南北文化在相对隔离状态中各自发展。隋唐实现大一统，特别是在盛唐时，疆域空前辽阔，西至中亚，东至大海，北至西伯利亚，南至安南。唐朝初期的一百多年，天下太平，社会安定，经济繁荣，各个地方的人外出旅游十分方便。杜甫有诗："忆昔开元全盛日，小邑犹藏万家室。稻米流脂粟米白，公私仓廪俱丰实。九州道路无豺虎，远行不劳吉日出。"漫游各地，成为当时文人的一种风尚，这也促进了文化交流。李白正是生活在这样一个大一统的时代。他有大开放的博大胸怀，有涵盖广阔的大家风范，他漫游全国各地，广泛接触，亲身感受各地域文化。他善于兼收并蓄，汲取各地域文化中最健康、最鲜活的文化因子，然后熔铸成他那"垂辉映千春"的伟大诗篇，因而他在诗歌创作上取得空前辉煌的成就，成为盛唐时期诗歌王国中的一座丰碑。

第三编

李白文化及其现代价值

第一章 李白文化及其现代价值概说

第一节 李白文化概念的界定

李白是我国历史上最伟大的诗人之一，也是世界文化名人之一。他的诗歌一千多年来盛传不衰，其传播之广泛，影响之深远，在中国古代文学史上堪称第一。他传奇般的经历、丰富的情感、独特的个性和追求自由、崇尚自然的精神也越来越引起人们的浓厚兴趣。与李白相关的遗迹游踪、传说、轶闻趣事为人们津津乐道。凡是会说话的小朋友，几乎都会背诵他的《静夜思》；“铁杵磨针”的传说，已成为激励刻苦学习而经常引用的成语；在神州大地上，有无数的酒店打着“太白遗风”的招牌；有无数的地方以李白命名，如“太白路”、“太白大道”、“太白小道”、“太白桥”、“太白岩”、“太白中学”……在李白漫游过的地方留下许多遗迹游踪，有些地方还为他建祠、立庙、塑像，纪念他的太白祠、太白楼、李白纪念馆全国就有近二十处；唐宋以来，历代研究李白其人其诗的学者和著述层出不穷。可以说，李白是我国历代诗人中最受人民欢迎知名度最高的诗人。明代思想家李贽曾说，李白“死之处亦荣，生之处亦荣，流之处亦荣，囚之处亦荣，不游不囚不流不到之处，读其书，见其人，亦荣亦荣”。一千多年来，李白其人其诗历久不衰的影响，已大大超过了文学诗歌的范围，成为中华传统文化中特有的文化现象，对于这种文化现象应不应当称为李白文化，或者说，以个人命名一种文化是否妥当？一个人的影响能否构成一个文化单元？李白文化现象的确是客观存在的，何念龙先生还专门撰文《“李白文化现象”论纲》，论述了李白文化现象的生成机制及其意义，但又不同意提“李白文化”概念①。其理由是“文化是一个具有集群性、广泛性的概念……个体的人在一定的社会环境条件下，也可能成为某个文化现象的生成源……但将某个人与文化并列，并称之为‘××文化’是不妥的”②。笔者以为承认“李白文化现象”而又不承认“李白文化”这是不符合辩证逻辑的。现象与本质是相互区别，相互对立又相互依存的关系，不可能没有本质的现象。

我们既然承认在客观上存在着李白文化现象，必然有隐伏在这种李白文化现象下的本质，研究者的任务就是透过对种种李白文化现象对其本质作深入系统的研究。“李白文化”这一概念正是对李白文化现象及其本质的全面的概括。如果只承认“李白文化现象”这一概念，而不承认“李白文化”这一概念，那就是说我们只需客观的陈述各种各样的李白文化现象，而不必通过现象去研究本质，发现规律性的东西，这就减轻了研究者的责任。

以个人命名一种文化是否妥当呢？文化具有集群性、广泛性，但文化是由一个个具体的人创造的，当某个人创造或者说参与创造某种文化，而这个具体的人又在其中起了主导的作用，这种文化以这个具体的人命名又有何不可呢？如许多地方为发掘与弘扬传统文化，纷纷打“名人牌”，提出“大禹文化”、“文昌文化”、“嫘祖文化”……谁也没有提出异议。何先生担心：“如果以某一在文化史上较有影响的人来命名一种文化，那么‘文化’是否有太多太滥的危险。”命名了“李白文化”，“那就可以有孔子文化、孟子文化、

① 何念龙：《“李白文化现象”论纲》，《中国李白研究》2001—2002年集，黄山书社。

② 何念龙：《李白与“文化”臆说》，2006年“李白与当代文化研讨会”论文。

老子文化、庄子文化、屈原文化、司马迁文化、杜甫文化、陆游文化……”孔子文化、孟子文化、老子文化、庄子文化因已经有了“儒家文化”、“道家文化”的概念为大家所公认，当然不必再以个人命名。屈原文化、司马迁文化、杜甫文化、陆游文化等概念，在某种特定的范围仍然是可以存在的，例如在他们的家乡要打“名人牌”，提出要弘扬以他们命名的文化，又未尝不可。但在全国以至世界的范围并未通行这些概念，这是为什么？这是因为李白的影响大大超过了他们。何念龙先生说得好：“从李白所处的盛唐时代开始，与李白其人其诗相关的历代故事传说，甚至直到今天有关李白的文艺作品（如小说、电视剧等），这一切构成了一个内容十分广阔，历史异常悠久的文化景观。在几千年的中国文学史上，这几乎是一个绝无仅有、极为奇特的个案。从生时的无比辉煌和轰动效应，到死后广泛、巨大久远的影响，再加上历代文人和普通民众不停地对李白予以接受、阐释、传播，特别是根据自己的喜好和美学理想对李白加以改塑、再创……所有这些，就传播地区之广泛、传播层面之多样性、传播内涵之再创性而言，在中国几千年的文学史上，有哪一位文学家能与之相比较？”何先生还列举了杜甫、庄子、陶渊明、屈原“在其影响的广泛与多维上也无法与李白相比”。苏轼、陆游与李白“不在一个档次”。关汉卿、汤显祖等，“较之李白，则未免有小巫见大巫之感了”。其结论是“李白在中国文学史上所产生影响之广泛和久远，的确是无人可比的特例”①。既然李白是一个“特例”，那么以李白命名一种“文化”又怎能造成“太多太滥的危险”呢？现在的问题是已经在客观上存在的李白文化现象及其本质够不够得上一种相对独立存在的文化单元？

古今中外的学者对“文化”下过上百个定义。当代我国学者公

---

① 何念龙：《“李白文化现象”论纲》，《中国李白研究》2001—2002年集，黄山书社。

认的定义是："从广义来说指人类社会历史实践过程中所创造的物质财富和精神财富的总和。从狭义来说，指社会的意识形态以及相适应的制度和组织机构。"① 从文化的结构来看，可分为三个层次：第一层次是物质文化，或称物态文化，指可以感知的物质实体的文化事物；第二层次是行为文化，约定俗成的行为规范，也就是风俗习惯，有的已形成为规范化的制度。也有学者把这一层次细分为行为文化与制度文化；第三层次是抽象的精神文化。指理想信仰、价值观念、思维方式、伦理道德、审美情趣等。人类文化丰富多彩，类型与模式千差万别，但不同的文化都具有上述相同的结构。每一个大的文化系统又包含若干子系统，或者说在主流文化之下又有亚文化，亚文化又被称作次文化、副文化，是相对于占主导地位的中华传统文化的一种亚文化，或者说它是中华文化这个大系统下的一个子系统。它是在崇敬李白的这一社会群体中形成的，既包含中华传统文化的特征，又具有自己独特要素的文化。李白文化的形成有一个长时期的历史过程。作为历史人物的李白，他的生平、思想意识、行为方式和他创作的诗歌，是李白文化的原生体。李白在世时已经名闻全国，他的诗歌在全国各地传唱。崇拜他的人很多，用现在的话说，他有一大群"粉丝"。李白去世后，其诗歌流传千余年，愈传愈广，人们在崇敬李白、接受李白、传播李白、研究李白的过程中，产生了对李白生平事迹及其诗歌进行研究的各种著作；宣传李白及其诗歌的各种文学艺术作品；还形成了崇敬李白的民俗文化，这些可总称为李白文化。按文化结构来说，李白文化可以分为三个层次：

（1）物质文化：能用视觉和听觉感知到的物质实体，指在李白的遗迹游踪所及之地的纪念李白的祠堂、庙宇、雕塑及其传说、戏剧等。李白一生漫游全国各地，留下了大量的遗迹游踪，人民出于

① 《辞海》，上海辞书出版社，1980年，1533页。

对李白的崇敬和怀念，在这些地方建祠、立庙，供李白塑像，挂李白画像，传说李白的故事，上演李白的戏剧；文人墨客前来凭吊，又留下怀念李白的诗文。经千余年来的积淀，形成了若干李白文化景观。据王琦《李太白文集》附录的李白遗迹有40余处。《李白大词典》收录李白胜迹50处。事实上远远不止此数。在李白故里江油就有20余处；青年李白在蜀中“来往旁郡”，留有遗迹10余处；在李白成婚的安陆有18处；在李白寓家的山东有10余处；在李白终老之地马鞍山有22处；在李白流放地夜郎（今贵州桐梓）有太白宅、太白井、太白桥、太白闻莺处、怀白堂、太白书院和太白碑亭等7处。此外在李白足迹所到的甘肃、陕西、河南、河北、山西、湖南、湖北、江苏、浙江还有大量的李白遗迹，总计不下百处，其遗迹之多，在历代文人中是绝无仅有的。纪念李白的太白祠、太白楼就有14处。新中国成立以后，特别是改革开放以来，全国兴建和扩建了四川江油、安徽马鞍山、山东济宁、湖北安陆等四大李白纪念馆。

在李白传说故事的基础上，文人们写成戏剧，在民间久演不衰，使李白故事在民间流传更广。据现在所知，早在元代就有《李太白贬夜郎》、《李太白匹配金钱记》等6部戏曲作品。明清两代各有10部[①]。据不完全统计，在京剧、川剧、秦腔、豫剧、汉剧、湘剧、徽剧、桂剧、粤剧、滇剧、昆曲、河北梆子、并州梆子等十多个剧种中，都有以李白为题材的戏目。除改编，还有新创作的，如京剧《太白进京》，川剧《诗酒长安》、《峨眉山月》、《坎坷太白》、《太白下凡》等。此外，还在北京隆重推出了话剧《李白》，得到了很高的评价。改革开放以来，以李白为主题的小说、电视剧不断出现，如安旗的《李白传》、马昭的《醉卧长安》、王慧清的

① 朱玉麒：《戏曲作品中的李白形象研究》，《千年诗魂　蜀道李白》，四川大学出版社，2003年。

《李白》、李子龙的《残阳》等。李白在民间的传说很多，1986 年，江油文化部门组织人深入民间进行收集整理，共得 31 则故事，编印成册。1997 年，又印发了《李太白的故事》，其中收集李白故事 46 则。这些书的发行，使李白的故事在更广的范围内流传，使伟大诗人李白的光辉形象更加深入人心。

（2）行为文化：民众为表达对李白的崇敬之情，每年定期举行隆重的祭祀典礼和庙会。据马鞍山市地方志记载，每年清明节有上万民众到当涂青山李白墓祭祀、扫墓。南宋绍兴年间，郡守赵松年规定每年清明节前一天为李白墓的扫墓日，此后当地士庶前往李白墓祭祀扫墓成为习惯性的民俗活动。《李白在安陆》一书中收录有清代《祭唐供奉翰林李青莲先生文》，可见在安陆也有祭祀李白的活动。李白故里江油的祭祀李白活动非常隆重、热闹。根据《彰明县志》记载，每年农历十一月十五日，是李白的诞辰，彰明县的地方官出面，带领百姓举行隆重的祭祀李白的典礼。正月初一，远近百姓要到陇西院中拜李白。这一天在天宝山上人山人海，各地小商贩和各种小食也在这里营业，这实际上是陇西院的庙会，称为迎春会。正月十六的太白长寿会，属民间纪念活动。从上午到晚上，抬着雕有李白像的太白架，举行数万人参加的游行，烟花闪耀，鞭炮齐鸣，龙灯、狮灯翻腾跳跃，至深夜方休。农历三月初一至初三，在青莲太华山罗汉洞举行庙会，也是为纪念李白和胞妹李月圆每年三月初三要到太华山罗汉洞踏青。青莲罗汉洞庙会一直延续至今。改革开放以来，在李白故里江油和李白的终老之地马鞍山，多次举行国际李白吟诗节、李白文化节，恢复了李白祭祀典礼和群众性的纪念李白的诗歌吟唱会。江油一些热爱李白的退休职工组成“太白之声”演唱队，为参观李白故里的游人，义务举行李白诗歌演唱会。江油还举办过几次李白文化旅游节和太白灯会。这些属新的历史时期出现的李白行为文化。

（3）精神文化：李白之所以受到中国人民乃至世界人民的崇

敬，是因为他的光辉而传奇的生平事迹，特别是他的诗歌所表达的精神感动了人们。李白自来是中国文人崇拜的偶像。李白傲视权贵，追求个性自由的精神，成为中国文人推崇的精神。在封建专制制度禁锢下的士人，在内心深处有一种争取独立人格和抗衡权贵的愿望，而李白傲视权贵，追求个性自由的精神，恰好代表了他们美好的愿望。“安能摧眉折腰事权贵，使我不得开心颜”，吐露出了中国文人共同的心声，引起士人们的共鸣。广大民众之所以崇敬李白，主要是因为他具有人民大众所理想的各种美德。他行侠好义，扶危济困，蔑视权贵，笑傲王侯。一介布衣凭自己的勤奋和才华，“名动京师”，让最高统治者皇帝“降辇步迎”，“御手调羹”；使炙手可热的高力士脱靴、贵妃捧砚，这真使广大受压迫民众扬眉吐气。世界各国人民热爱李白，就在于他热爱和平，反对非正义战争的精神，崇尚自然，追求人与自然和谐相处的精神。究竟李白精神是什么呢？概括起来应有以下几点：（一）强烈的爱国主义精神，他深情的热爱自己的祖国，希望国家统一富强，“寰宇大定，海县清一”，国泰民安。为“安社稷，济苍生”的宏伟抱负而积极进取，奋斗终生。（二）人本主义精神，以人为本，关心民众疾苦，行侠好义，扶危济困。（三）刚正不阿，敢于蔑视权贵，笑傲王侯，同腐败黑暗势力抗争。（四）热爱和平，反对非正义战争。（五）热爱大自然，追求“天人合一”，人与自然和谐相处。（六）勤奋刻苦，博览群书，善于博采众长，创新独具特色的作品。

李白精神是李白文化中的核心部分，是高层次的不可直接感知的抽象的部分，也可以说是李白文化的本质部分。上述的李白文化的物质层面与行为层面可以说是李白文化现象。有关研究李白生平事迹、诗歌艺术及李白精神的成果，也应当属于李白文化的最高层次。既然李白文化具有自身的较为完整的结构，其影响又广泛而深远，当然可以成为一个相对独立的文化单元，以“李白”命名这一文化单元，也是顺理成章的。

有不少学者提出建立“李白学”，窃以为李白学研究的对象就是李白文化。笔者认为，现在李白的研究者应当是扩大视野，超出诗歌评论和鉴赏的范围，从文化学的角度，在更广阔的文化层面上来研究李白文化，而不是争论存不存在李白文化，该不该以李白来命名的问题。存在决定意识，总是先有事实，而后才有界定这种事实的概念。李白文化在客观上已经存在，提出“李白文化”这个概念，就是研究者们从主观上承认这种事实，并深入、系统地研究它。

第二节 李白文化在全球化浪潮中的价值

千余年来积淀下来的李白文化，在当代有什么价值？现在人类面临的是世界性潮流的现代化和经济全球化。经济全球化促进政治、文化等方面在全球范围的一体化。全球化要求不同种族、国家、地区必须谋求共生之道，一起创立和平共存的生命形态。美国学者德鲁克说：“明天受过教育的人将不得不准备生活在一个统一的世界里，这将是一个西化的世界，他们必须会在观念、视野、信息各方面成为世界公民，但他们也必须发扬自己本身原有的传统，反过来去丰富和繁荣自己当地的文化。”[①] 这位西方学者认为未来的世界属于西化世界，挟持着强势的西方文化来统一世界，但他也不得不承认必须发扬本民族原有的传统文化，去丰富和繁荣当地的文化。这也就是说未来的世界文化是多元一体化的文化，是全球化和本土化的统一。2005 年 11 月在杭州举行的“第三届全球化——世界文化多样性”论坛，以“尊重文化多样性，共建和谐世界”为主题，达成了许多重要共识。在《杭州宣言》中表达了这种共识：“文化是一个民族的灵魂与血脉，不同国家与民族独特的文化

① 转引自周立升、颜炳罡：《儒学文化与当代社会》，山东大学出版社，2002 年。

和传统，是其赖以生存、延续的条件，也是世界文化发展的基础。不同文化交流促进了人类文明历史的发展。促进世界文化多样化发展是世界上大多数国家的共同愿望。随着经济全球化的加速，各民族和地域的不同文化会受到不同程度的冲击，但不同民族和地域的文化特点与差异依然会存在。经济越是走向全球化，就越需要重视不同文化间的互相尊重和平等对话，越是应当尊重文化的多样性与差异性。”

我国面临全球化这一不可逆转的趋势，一方面要吸收西方文化的优秀部分，而不是“全盘西化”；一方面要发掘、弘扬本民族的优秀文化传统，振奋民族的精神，自立于世界民族之林，在多元一体的世界文化中，有我们的重要的一席，为人类的进步作出我们应有的贡献。李白文化是中国传统文化的重要组成部分，也是切入全球化浪潮的重要文化资源。事实上，李白文化在全球化的过程中，已经超出国界，走向全世界。早在 16 世纪，李白诗歌就开始传入西方，欧美诸国有 12 种文字翻译介绍了李白诗歌，各种版本的李白诗选有十余种。德国著名的作曲家马勒的交响乐《大地之歌》有六个乐章，用了八首唐诗谱写乐曲，其中五首就是用的李白诗词。这部交响乐在欧洲上演，轰动一时，可见李白诗歌在西方产生的巨大影响力。现在，李白诗歌已经翻译成几十种文字，流传在世界一百多个国家和地区。可以说中国诗人的作品在世界上被翻译得最多的是李白诗歌。德国著名的汉学家、科隆大学教授吕福克 1999 年在浙江举办的国际李白学术会议上说：“李白不仅属于中国的诗人，同时也是属于全世界的诗人，他是世界文学的一部分……‘李白’不仅仅是一个人的名字，而是世界文学史上，一个来自古老中国文化的宝贵遗产。”许多世界名人，对李白都很崇敬，如法国前总统希拉克多次谈到：“李白和杜甫属于同一时代，是伟大的人民诗人，我都很喜欢。但我对李白更有特殊的感情。”① 他听说2006年在李白故里要举办国际李白文化旅游节，就在2005年9月，通过我国驻法大使馆，提前发来了热情洋溢的贺电：“欣悉你们即将在唐代伟大诗人李白故里举办文化节，我相信这一活动必将有助于中国文化走向世界，我预祝文化节取得圆满成功。‘桃花潭水深千尺，不及汪伦送我情’。正像李白诗中所写的那样，法中两国的友谊将地久天长。”② 李白在世界上的地位，与英国的莎士比亚、法国的雨果、丹麦的安徒生等一样的崇高。他是世界文坛上最受崇敬的中国诗人，他的诗歌在世界上有巨大的影响力，可以说，在世界各地，不论哪一个国家的人，知道中国的就知道李白。李白不仅属于中国也属于全人类。中国几千年的历史上出现了许多杰出人物，而被认定为世界文化名人，对全世界产生重大影响的人物并不多，而李白就是其中之一。

李白文化为什么能走向世界？李白的诗歌及其表达的李白精神之所以受到世界进步人类的欢迎，是因为它能对在全球化进程中产生的种种问题的解决作出贡献。近百年科学技术飞跃发展，物质财富巨大增长，但另一方面又出现了物欲横流、精神空虚、道德水准下降，国际上的霸权主义、恐怖主义，使战争、骚乱不断发生。特别是全球性的生态环境的恶化，出现了全人类的生存危机。面临这些问题，西方的一些有识之士提出要在东方寻求人类生存的智慧。1993年，世界宗教大会在美国芝加哥举行，大会发出了《走向全球伦理宣言》，认为人类若没有一个伦理方面的基本共识，迟早会走向混乱，不可能有全球性的美好的秩序。大会通过了两条伦理金律：一是“己所不欲，勿施于人”；二是人道原则，把人当做人，尊重人的价值，使人与人和谐相处。面临全局性生态环境危机，西

---

① 《绵阳晚报》2005年11月12日。

② 同上。

方兴起了环境伦理学，从伦理学的角度研究人与自然的关系，让人类对自己的生存环境承担起道德义务和责任，使人与自然和谐相处。未来的全球化的社会，应当是人与人的和谐，人与自然的和谐。构建这样的和谐社会，早在我国先秦时，儒家和道家的奠基人就已经提出来了。他们的"天人合一"、"天下为公"、"物我一体"等思想，正是闪烁着东方文化的生存智慧。现代西方人提出的"伦理金律"实际上就是中国儒家的伦理观。李白吸收了儒家和道家文化的精华，在他的诗歌里表达了人类共同的美好理想。李白的理想是"使寰宇大定，海县清一"，"海晏天空，万方来同"，"天地皆得一，淡然四海清"，"使天人晏安，草木繁殖"。也就是使天下太平，各族、各国的人民和谐共处，人与大自然和谐相处。李白写了不少诗歌，强烈反对破坏这种和谐的非正义战争，如在《战城南》中，揭露了战争的残酷性，指出"乃知兵者是凶器，圣人不得已而用之"。在《古风》第三十四中揭露了对少数民族发动的不义战争给人民带来的深重灾难，他主张"如何舞干戚，一使有苗平"。也就是罢兵息战，偃武修文，用和平的手段解决各民族之间的矛盾冲突。当今世界的主旋律是争取人类的和平与进步，李白诗歌当然会受到全世界爱好和平的人民的欢迎。

1980 年，新西兰杰出的社会活动家路易·艾黎先生在参观江油李白故里后题词："到李白少年时代的故乡来，看一看保存完好的旧日文献，可以体会一下他的伟大精神。对全世界青年来说，李白的精神告诉他们人是自然的一部分。在当今瞬息万变的世界中，这种精神往往被泯灭。"[①] 这段含义深刻的题词对我们理解李白精神及其现代价值很有启迪。"在当今瞬息万变的世界中"，人们忽视了"人是自然的一部分"这个真理，大搞以人类为中心，向大自然贪婪地索取，以致造成全局性生态环境危机。李白的诗歌体现出"人

① 路易·艾黎先生题词存江油李白纪念馆。

是自然的一部分”的精神，他熟读儒家、道家的经典，接受了“天人合一”的思想，从小生活在自然景色十分幽美的环境中，他一生热爱自然，崇尚自然，以全身心去拥抱自然，把自己融合于大自然中，成为自然的一部分。他“一生好入名山游”，“或遇胜境，终年不移，长江远山，一泉一石，无往而不自得也”。在他的诗歌中有大量的内容歌颂自然山水，展示了大自然的各种美，或雄伟壮阔，或秀丽幽深，或险峻奇特，读了他的山水诗对大自然的热爱之情油然而生。李白的山水诗不仅是一般的“情景交融”，而是把自己的身心与自然融为一体，自然中有我，我中有自然，以拟人化的手法把自己的情感融入自然中。如他的《独坐敬亭山》：“众鸟高飞尽，孤云独去闲。相看两不厌，只有敬亭山。”这类诗歌还有：“雁引愁心去，山衔好月来。”“花枝拂人来，山鸟向我鸣。”“山月随人归，绿竹入幽径。”“白云南山来，就我檐下宿。”……雁、山月、山花、山鸟、白云都成了李白喜忧相通的朋友。读了李白的诗歌，会使人热爱壮丽的河山，热爱大自然的一草一木，向往一个幽美、洁净，没有任何污染的世界。李白的诗是协调人与自然的关系，进行生态伦理道德教育的最好教材。可以预见，随着全球化的进程，李白文化会更广泛地在全世界传播。

第三节　李白文化在伦理教育方面的价值

我国自改革开放以来，发生了天翻地覆的巨大变化，物质生活条件的改善及价值观念的多元嬗变，对人们的道德观、人生观、世界观产生了无可避免的正负两方面的影响，其中既有积极向上、与时俱进的一面，也有消极落后的一面。毋庸讳言，市场经济有其自身的弱点。是非观念、荣辱观念被金钱所左右，极端个人主义、拜金主义泛滥，为了获取金钱不择手段，出现了贪污腐败、损人利己、见利忘义，欺诈造假、坑蒙拐骗等现象。因此，在发展社会主义市场经济的同时，必须重视道德建设，既要发扬革命传统道德和借鉴世界各国道德建设的成功经验，又要继承中华民族几千年形成的传统美德，才能最大限度地消除市场经济在发展中产生的某些消极因素，抵制商品经济的负面影响。

李白文化是中华民族优秀传统文化的组成部分。提倡诵读李白诗歌，学习李白精神，弘扬李白文化，对繁荣和发展社会主义文化，建设社会主义精神文明，提高公民道德素质有重要意义。李白从小有远大的理想和抱负，一心想“安社稷，济苍生”，以天下为己任。他为此理想而积极进取，奋斗终生。李白诗歌中充满人本主义精神，关心民众疾苦，歌颂普通劳动者的勤劳、质朴、好客等优秀品质，如《宿五松山荀媪家》、《秋浦歌》、《越女词》、《赠汪伦》等，表达了对普通民众深厚的情感。李白视富贵如浮云，行侠好义，扶危济困，同情和支持弱者，而对于祸国殃民的腐败黑暗势力敢于蔑视，并与之抗争，表现出铮铮铁骨。他面对腐败荒淫的权贵，刚正不阿，写了不少的诗歌揭露他们的丑行，痛斥他们是“蟊贼”、“苍蝇”、“魑魅”。李白的崇高品质和浩然正气当然是我们今天必须提倡的。李白的爱国爱民精神，正是中华传统美德，我们今天建设社会主义精神文明，必须要继承和发扬。总之，我们的时代需要李白精神。

近几年来，在李白故里的中小学，将李白文化引入校园，特别是在江油的四川师范大学第二附中，以“弘扬李白文化，提高人文素质”为办学特色，校园内有李白诗墙，李白诗碑，充满着浓郁的李白文化氛围。在学生中开展读李白诗、讲李白故事、看李白遗迹，学李白精神的活动，收到了很好的成效。学生们以李白为榜样，“立鹏振九天之志，兴铁杵磨针之风，为中华之崛起而勤奋学习”。形成了优良的校风与学风，多次受到奖励和表彰。这正是李白文化现代价值的具体体现。

第四节 李白文化在发展旅游业方面的价值

经千余年的积淀而形成的李白文化，不仅在建设社会主义精神文明中体现出它的重要价值，在社会主义经济建设中，也能体现出它的重要价值。“李白”本身就成为一张闪亮的名片。现在有不少的企业产品争打“李白品牌”，如重庆万州因李白曾停留过，生产的酒被抢先注册为“太白酒”，李白故里酒厂只好注册为“诗仙阁”。李白故里茶厂则注册为“太白花茶”。有些产品则以李白诗句取名，如“兰陵美酒”。还有不少的酒店、旅馆、公司等用李白诗句、李白画像来作装饰，“李白牌”能提高企业及其产品的知名度，提高品牌的价值。

旅游业是当今世界上发展最迅猛的产业。我国旅游业的发展面临着空前大好的历史机遇。旅游业要以旅游资源为基础，旅游资源主要是指对旅游者具有吸引力的以自然风光为主的自然旅游资源和以历史古迹为主的人文旅游资源。我们在评价人文旅游资源的价值时，要考察其历史价值、影响范围、文学艺术性、民族性等因素。影响范围愈大，知名度愈高，对旅游者的吸引力就愈大。正如柳宗元所说，“美不自美，因人而彰”。如果要更好地去了解一个诗人，就要到他的故乡。中外的李白崇敬者，都希望去李白居住过的地方，寻觅李白遗迹游踪，在李白吟诗的地方品味李白诗的风韵。因此，李白文化旅游资源的魅力是很强的，是具有国际意义的。以李白文化旅游资源开发出来的旅游产品，称之为“李白文化之旅”，这种独特的高品位的旅游产品的客源市场可以扩大到全世界。

李白文化中的物质文化与行为文化，即李白的遗迹游踪及与之相关的诗歌、传说，纪念李白的民俗活动都是旅游资源，可以作为旅游者游览、观光、参与、考察研究的对象。李白文化中的最高层次——精神文化，则是“李白文化之旅”的灵魂，使旅游者通过李白文化之旅感受李白精神，眼界得以开阔，情操得到陶冶，心灵得到净化。李白从小热爱大自然，崇尚大自然，酷爱旅游。他不仅是伟大的诗人，也是出色的旅行家，自述“一生好入名山游”，“十五学神仙，仙游未曾歇”。从青少年时期开始就一边读书写诗，一边旅游，走遍了祖国各地，所到之处都是自然风光很美的地方，有些地方还留下了不朽的诗篇和美丽的传说。这些本来就很美的地方，经过他那如椽之笔的描绘点染，再加上神奇的传说，为旅游景区增色不少。因此，李白文化旅游资源既是高品位人文旅游资源，也是令人陶醉的自然旅游资源，具有自然旅游资源与人文旅游资源高度融合的特点。

目前我国李白文化旅游资源有的已经开发，并产生了很好的社会效益和经济效益。如安徽马鞍山市是李白终老之地，早在1959年就建立了李白纪念馆，纪念馆所在地的采石公园和当涂李白墓经多次整修扩建，成为旅游胜地。在马鞍山每年有中国国际李白吟诗节，已经举办了十余届，2005年又举办了规模空前的中国诗歌节，吸引了数万国内外的李白崇敬者和旅游者。仅日本的吟道团体来参加吟诗节的，每次组团都在百人以上。以“李白文化之旅”为主的旅游业，已成为马鞍山市的支柱产业。李白故里江油市在开发李白文化旅游资源方面也取得了显著成绩。2001年，为纪念李白诞辰1300周年，举办了大规模的李白文化节，出现了台上台下数万人同诵李白诗的盛况。青莲镇的李白遗迹陇西院、太白祠和粉竹楼等，本着修旧如旧的原则进行维修，又焕发出它昔日的光彩。紧邻陇西院新建了别具一格的太白碑林，收集了四千多件海内外著名书法家的作品，吸引了海内外的游客。2004年9月，绵阳举办第二届旅游发展大会和国际李白文化旅游节，举行了祭祀李白的典礼，也是对李白民俗活动的恢复。2006年4月，举办绵阳市第三届旅游发展大会和国际李白文化旅游节。举行了太白故居开园仪式，李白诗歌演唱会。参加这次盛会的有法、韩、泰、加蓬等国的驻中国外交使节；有来自俄、美、澳大利亚、以色列、日本、新加坡等国的嘉宾；有200家中外旅行社负责人，120多家新闻媒体参加，有海内外著名的研究李白的专家学者。这次盛会规模空前，影响深远。通过上述活动大大提高了李白故里的知名度，吸引了更多的旅游者，也可以说把“李白文化之旅”推向海内外跨出了第一步。

第五节 李白文化在当代传播中的一些问题

李白文化在当代的传播中出现了一些值得注意的问题。2007年，檀作文的《大唐第一古惑仔李白实录》出版，在网上引起了激烈的争论，成为当今李白文化传播中的热门话题。在这本书中诗仙李白被改造成吃软饭、搞婚外恋、一夜情、有恋足癖、打群架、混黑社会、梦想是在闹市拿刀砍人的古惑仔形象。作者自称：“我个人更倾向用‘古惑仔精神’来概括李白。‘古惑仔’是一个属于年轻人群的词汇。不了解‘古惑仔精神’的人，或许以为古惑仔是只知砍砍杀杀的小混混。但我以为，‘古惑仔’是一种精神气象，是源自生命的激情，是一曲青春的赞歌。青春自然会有骚动，也难免会犯错误，但却如此动人，如此美丽。”檀作文对“古惑仔精神”大唱赞歌，这简直是到了不顾常识的是非不分了。“古惑仔”一词主要来自于广东和香港，常用来指黑道上的混混，也就是流氓，是地道的贬义词。这一群人无正当职业，估吃霸赊、打架斗殴、酗酒吸毒、组织黑社会、扰乱社会治安，为人民群众深恶痛绝。古代的豪侠是行侠仗义、扶危济困，“路见不平一声吼，该出手时就出手”，保护弱者，敢于同豪强权贵作斗争。《史记》专立《游侠列传》加以歌颂。古惑仔与豪侠是时代不同、内涵相反的两个概念，而檀作文将李白的“豪侠”偷换为当代的地方土语“古惑仔”，然后在李白身上泼上一盆又一盆污水，他说：“古惑仔就是黑社会，讲究拜师父，收徒弟，李白也是。古惑仔一个人是不会有大成就的，需要拉帮结派，这就要求古惑仔们要讲义气。李白就是个讲义气的人，他曾经花很多钱组织黑社会，这也是李白自供出来的。”他所说的“自供”就是《上安州裴长史书》中说的两件事：一是“东游维扬，不逾一年，散金三十余万，有落魄公子，悉皆济之”。二是“与蜀中友人吴指南同游于楚，指南死于洞庭之上”。他毫无任何证据推论“李白的轻财好施，也是战国四公子养门客的办法。黑社会就是靠这个组织起来的，我管你吃、喝、住，没事就算了，到了我有难的时候，你要过来帮忙。这说明李白还是很有心计的，是有领袖气质的大古惑仔”。“吴指南怎么死的？我猜测，根据李白的行事风格，恐怕是两群古惑仔群殴致死的。”檀作文自称“尽量还原真实的李白……这本书的标题，特意加上‘李白实录’字样，表明这是一部学术著作，不是戏说……预想一个结论，然后去验证是做学问的大忌。我在北大接受做学问的系统训练时，就已经学会了‘以识为主，无征不信’。这个征指的就是证据，要以常识、证据为主，不能妄下结论。”檀作文恰好在他的这本所谓“学术著作”的最主要的观点上用了“猜测”、“恐怕”、“很可能”，没有举出任何证据，无中生有、胡拉乱扯就“妄下结论”。这种“学术著作”其学术含量可想而知。

这些年恶搞历史名人的现象并非个别，有人著书《丧家犬——我读论语》，有人说“诸葛亮是分裂国家的罪魁祸首”，有人讲“大禹治水三过家门而不入是与瑶姬搞婚外恋”，有人在《百家讲坛》上大讲“司马相如与卓文君的恋情是有预谋的劫色劫财”（檀作文在书中照搬并发展了这种观点）。这些历史名人都是中华民族的精英，他们的事迹为世世代代的炎黄子孙所传颂，他们的精神汇成中华民族的精神，是我们这个民族能几千年屹立于世界东方的精神支柱。现在的“学者”、“专家”，理应是传承中国传统优秀文化的知识精英，然而他们偏偏要诋毁自己老祖宗，拿历史名人开刀，给历史上的杰出人物扣屎盆。这种现象连外国人都看不下去了。韩国《京乡新闻》发表了题为《中国成了恶搞天国》的文章，称“中国的恶搞之风已愈刮愈烈，不能再让影响青少年成长的这些所谓的‘搞笑’作品泛滥成灾了”。

当今信息时代，互联网技术迅猛发展，为大众文化传播带来了极大便利，也为李白文化的传播提供了广阔的交流平台。据不完全统计，仅在“百度”以“李白”为关键词进行检索的条目就有四千多万。这说明在互联网上，李白的传播面是相当广泛的，影响是很大的。值得注意的是，网络传播的李白，固然有介绍、欣赏李白诗歌，正面颂扬李白文化精神的，但也有一部分用戏说、调侃、插科打诨的搞笑方式，歪曲李白的形象，消解李白文化精神，将李白置于被嘲笑、被戏谑的尴尬处境。如《大话李白》、《李白性事》、《李白令人叫绝的马屁功》等等，《大唐第一古惑仔李白》也在网上广为传播。这些东西往往很容易被青少年迷恋。这种低俗的网络文化，抛弃了传统文化中的最重要的精神品质，导致严重的精神危机。

李白文化旅游资源转化为旅游产品，形成一种文化产业，能使更多的游人感受李白文化，并为当地产生经济效益，这本来是好事，但出现了品牌之争。2009 年 8 月，湖北安陆在央视第四套投放城市宣传片，内容是“李白故里，银杏之乡，湖北安陆欢迎您”。江油市委宣传部致函中央电视台、湖北省安陆市委宣传部，认为江油才是李白的故里，安陆涉嫌“侵权”，要求该宣传片停播。由此打响了一场由官方出面的李白故里争夺战。10 月 29 日，吉尔吉斯斯坦驻中国大使馆商务参赞朱萨耶夫·古邦访问安陆，称李白故里在吉国的托克马克市，希望托克马克与安陆两个城市能够以李白为纽带，共同担负起弘扬李白文化的责任，并进一步拓展经济、贸易等方面的合作，形成了颇似三国“孙刘联盟，共抗曹魏”的阵势。2010 年 3 月，甘肃天水秦安又加入这场争夺战，开展了由万名网友自发组织的“李白故里在秦安县，为李白故里正名”的签名活动。

事实上争李白故里的还有哈萨克斯坦共和国。2007年，中国李白学会国际学术研究会上，哈萨克斯坦的汉学家，声称李白出生地在今哈萨克共和国境内，并要召开国际性李白学术研究会来论证。还有学者撰文论证李白生于哈密。在乌鲁木齐市内的公园中建立了一座汉白玉李白塑像，底座上铭刻着“李白生于天山之麓”。也有学者论证李白生于洛阳爽明街一带。看来李白故里之争一共是“三国五方”参加了。李白故里之争如此热闹，说明李白的影响愈来愈大了，争相弘扬李白文化，这是好事，遗憾的是这种争论超出了学术界的范围，偏离了实事求是的态度，不是以求真理，而是因经济利益的驱动争夺李白这个品牌。因为在“李白故里”这个品牌下面蕴含着巨大的旅游价值和商机，这就把学术之争变成了经济利益之争。如“李白生于洛阳说”是《洛阳市古代文化名人研究与旅游资源开发系列报告》这一科研项目中提出来的，他们为开发洛阳市的旅游，不仅提出了李白生于洛阳，还提出“初唐四杰”之一的骆宾王在扬州兵败之后并非被杀或下落不明，而是隐居在今河南省洛阳市新安县；王维的出生地和故乡不在山西，而是在唐代东都河南府河阳南城（今洛阳市孟津县）；还论证杜甫、白居易的出生地和故乡均在洛阳。不难看出这种所谓的“学术研究”完全是为洛阳市的文化旅游资源开发服务的，或者说为经济服务。李白故里之争，表面上是文化之争，实际上是经济利益、旅游资源之争，深层是政府政绩的争夺。为战胜对方而相互诋毁，相互贬低，只搜集与己有利的证据，想独占李白的文化价值，结果只能是两败俱伤，破坏李白这一文化品牌，给李白文化旅游带来负面影响。

纵观李白文化在当代的传播状况，既有令人兴奋的一方面，也有令人担忧的一面。我们应当正视现实，自觉地承担起捍卫李白文化、弘扬李白文化的历史责任。如果我们自己贬低自己的传统文化，“颠覆”中华民族历史上的杰出人物，其结果只能是失去了民族文化之根，具有五千年历史的中华民族就该被“开除球籍”了。

大凡严谨的学者往往对“恶搞古人”的狗屁文章不屑一顾，或者认为搭理了这种东西，反而提高了这些人的知名度，恰好中了他们的圈套。但是不予理睬又会让这些邪说泛滥，贻害无穷。因此，有良心的正直的学者还得拍案而起，对于歪曲李白精神，猥亵李白光辉形象的东西，坚决加以抵制，给以抨击，不让其毒害青少年。在网络上我们要以科学的态度，采用轻松活泼的形式从正面传播李白文化。网上可以自由发表自己的意见，我们有信心以正说压倒邪说，正确的引导网民，特别是青少年。我们高兴地看到，《大唐第一古惑仔李白》出笼后，在网上受到绝大多数网民的谴责。那些歪曲亵渎李白的游戏文字也被网民批驳。这真是“李杜文章在，光焰万丈长。不知群儿愚，那用故谤伤。蚍蜉撼大树，可笑不自量”（韩愈《调张籍》）。

现在愈来愈多的地方开发李白文化旅游资源是好事，使李白文化可以从这些旅游景区得到传播。李白的祖籍在陇西（今秦安），先辈流寓于中亚碎叶，李白之父入蜀后，生李白于江油。李白出蜀后在安陆结婚安家，这在学术界已成共识，所以“李白故里之争”学术界基本未卷入。若要在“李白故里”这个名词概念上做文章实在没有多大意义。明代思想家李贽说过一段很风趣的话：“蜀人则以白为蜀产，陇西人则以白为陇西产，山东人又借此以为山东产，而修入《一统志》，盖自唐至今然矣……呜呼！一个李白，生时无所容入，死而百余年，慕而争者无时而已。余谓李白无时不是其生之年，无处不是其生之地。亦是天上星，亦是地上英。亦是巴西人，亦是陇西人，亦是山东人，亦是会稽人，亦是浔阳人，亦是夜郎人。死之处亦荣，生之处亦荣，流之处亦荣，囚之处亦荣，不游不囚不流不到之处，读其书，见其人，亦荣亦荣！莫争莫争！”①现在也应当停止争论，坐下协商。既然大家都崇敬李白，都是李白

① 李贽：《焚书》卷五《李白诗题辞》。

文化产业链条上的重要节点，都要开发李白文化旅游资源，以促进当地的经济、文化的发展，不妨求同存异，携手联合，取长补短，汲取更多能量，获得更大的发展空间，形成更强的竞争力，以达互惠共赢之目的。这方面不乏正面例证：如安徽合肥、河南开封、广东肇庆三地联合共推“包公文化”，携手举办包公文化研讨会，共同策划以包公文化为主题的宣传片，开通包公文化三地联游线路，实施相关旅游项目的优惠政策。秦安、江油、安陆，还有李白第二次安家的兖州，李白的流放地夜郎（今贵州桐梓），终老之地马鞍山……一切有李白文化遗迹的地方都可以携手，共同打造“李白文化之旅”。事实上，现在李白文化旅游资源的开发还远远不够，全国的李白遗迹游踪不下百处，目前开发的仅占少数。要进一步开发李白文化旅游资源，首先要进行普查，摸清家底，做好全局性的规划。以李白故里绵阳市、李白终老之地马鞍山市、李白的寓居地济宁市、兖州市、安陆市等李白文化景观比较集中的地方为重点，整合旅游资源，增添旅游设施，形成旅游线路；还要恢复纪念李白的民俗活动，坚持举办一年一度的李白国际吟诗节和李白文化旅游节，也可以举办李白诗酒文化节、李白文化经济论坛，发展节庆经济和会展经济。总之，要将李白文化旅游资源转化为旅游产业，形成独具特色的“李白文化之旅”，通过各种宣传手段，将其推向海内外，让五湖四海的游客都能感受李白文化。

人类文化是由各民族文化共同构成的，凡是优秀的民族文化都是人类文化宝库中的瑰宝。李白文化既是中华民族的优秀文化遗产，也是全人类的共同精神财富。李白文化不仅在我国社会主义物质文明和精神文明的建设中，有重大的作用和功能，而且在全球化的进程中愈来愈显示出它的重要价值。

第二章 李白精神文化的核心——爱国主义

爱国主义是我国人民的光荣传统，也是我国古典诗歌中的一个重大的、光辉的主题。在我国悠久的历史上一代又一代的诗人谱写了一篇又一篇充满爱国激情的诗篇。除伟大的爱国诗人屈原、杜甫、陆游等外，李白的诗歌也表现出浓烈的爱国主义精神。

第一节 对祖国壮丽河山的热爱和赞颂

故乡和祖国优美的自然环境是爱国主义感情的最初源泉。李白生长在风景如画的四川江油，这里的山山水水熏陶着李白，他从小就热爱大自然，喜欢游览山水，写下了歌颂故乡风光的诗篇。

脍炙人口的《访戴天山道士不遇》就给我们展现了一幅幽美静谧的山水画。雄奇峻险的窦圌山是川西北名山，李白留下了“樵夫与耕者，出入画屏中”的题句。清幽俊秀的匡山是李白第一次隐居的地点，正是在这幽美的环境中李白立下了报国之志，刻苦攻读，为“济苍生”、“安社稷”储备本领。在他离开故乡时写了《别匡山》：“晓峰如画参差碧，藤影随风拂槛垂。野径来多将犬伴，人间归晚带樵随。看云客依啼猿树，洗钵僧临失鹤池。莫怪无心恋清境，已将书剑许明时。”这首诗不仅赞美了家乡的秀丽河山，表达了对故土的依恋，还抒发了为祖国而献身的雄心壮志。这是李白早期作品中饱含爱祖国、爱故乡情感的优秀诗篇。李白离开故乡后曾北上剑阁，南登峨眉，蜀中的壮丽山川培育了他热爱祖国山河的思想感情。二十五岁时，他胸怀“四方之志，仗剑去国，辞亲远游”，曾顺长江而下，泛舟于洞庭、鄱阳，流连于吴越山水，攀登过庐山、黄山、九华山、泰山、衡山、嵩山、华山、太行山……长江南北，大河上下都留下了他的足迹。

范传正说李白“偶乘扁舟，一日千里，或遇胜景，终年不移，长江远山，一泉一石，无往而不自得也”①。可见李白对祖国山水的热爱到了如痴如狂的地步，他把这种深厚的感情注入笔端，写出了大量的描绘和歌颂祖国瑰丽河山的诗篇。黄河是中华民族的摇篮，李白描写了她一泻千里的磅礴气势，“黄河之水天上来，奔流到海不复回。”（《将进酒》）“黄河西来决昆仑，咆哮万里触龙门。”（《公无渡河》）“巨灵咆哮擘两山，洪波喷流射东海。”（《西岳云台歌送丹丘子》）读到这些动人心魄的诗句，使人们深深感受到黄河具有百折不回，敢于冲决一切艰难险阻的力量。长江是哺育我们民族的另一条大江，李白着重描绘了她的雄伟、壮阔。“山随平野尽，江入大荒流。”（《渡荆门送别》）“两岸青山相对出，孤帆一片日边来。”（《望天门山》）他还写了长江的威力：“惊波一起三山动”，“涛似连山喷雪来”（《横江词》）。李白对于辽阔的祖国大地上不同的风貌，以不同风格的诗篇生动逼真地再现出她们的壮美。他最喜欢用雄健奔放的诗句表现雄险奇秀的高山峻岭，他写了“青冥倚天开，彩错疑画出”（《登峨眉山》）的峨眉山，“屏风九叠云锦张”，“翠影红霞映朝日”（《庐山谣寄卢侍御虚舟》）的庐山，“丹崖夹石柱，菡萏金芙蓉”（《送温处士归黄山白鹅峰旧居》）的

① 范传正：《李公新墓碑并序》。

黄山，“千峰争攒聚，万壑绝凌历”（《游泰山》）的泰山，“天河挂绿水，秀出九芙蓉”（《望九华山赠青阳韦仲堪》）的九华山，“石作莲花云作台”（《西岳云台歌送丹丘子》）的华山。至于奇险壮丽的蜀道，他写得更是那样的淋漓尽致，气势磅礴，就仿佛置身于“难于上青天”的蜀道。另外，他不仅以“明月出天山，苍茫云海间”（《关山月》）这类粗犷奔放的诗句描绘北方的边塞风光，还以清新佳丽的诗句给我们展现了南方的绮丽景色。随着他的诗句我们可以欣赏“千岩泉洒落，万壑树萦回”（《送友人寻越中水》）的越中山水，“人行明镜中，鸟渡屏风里”（《清溪行》）的清溪，“竹色溪下绿，荷花镜里香”（《别储邕之剡中》）的剡溪，“青天扫画屏”，“山花拂面香”（《秋浦歌》）的秋浦，“淡扫明湖开玉镜，丹青画出是君山”的洞庭湖。上述众多的诗歌无不洋溢着李白对祖国山川的热爱、颂扬之情。当然，描绘和歌颂祖国河山的诗歌不自李白始，但从数量之繁多，意境之壮阔，风格之雄健，确是超越前人的。他的上述诗歌具有极大的艺术魅力，使祖国山河更增色彩。我们在读他这类诗时对祖国山河热爱的感情就会油然而生。

第二节　满腔热情报效祖国

李白的青少年时期正值“开元盛世”，当时的唐帝国是屹立在世界东方的头等强国，在政治、经济、文化、军事各方面都呈现一派繁荣兴盛的气象。李白在这样的时代长大成人，满怀幻梦，以在盛世大展雄才，为祖国建立不朽勋业。在他的诗歌中热情地赞颂和推崇那些对中华民族历史发展作出过杰出贡献的伟大人物，如管仲、屈原、刘邦、张良、诸葛亮、李世民等。他常以管、亮自比，希望能像他们那样“济苍生”、“安社稷”。他的志向是“申管晏之谈，谋帝王之术，奋其智能，愿为辅弼。使寰区大定，海县清一”

(《代寿山答孟少府移文书》),“使天人晏安，草木繁殖，六宫斥其珠玉，百姓乐其耕织”(《大猎赋》),“耒耜就役，农无游手之夫，抒轴和鸣，机罕颦哦之女”(《任城县厅壁记》),“人和时康……元元淡然”(《明堂赋》),总之，他希望国家富强，社会安定，人民安居乐业，这显然是出于爱国爱民之心的进步的政治理想。李白正是这样，他怀着爱国之情尽自己最大努力来争取进步的政治理想的实现。由于时代和阶级的局限，他只能把实现理想的希望寄托在皇帝身上，争取成为辅佐皇帝的宰相，有了职权才能施展“济苍生”、“安社稷”的抱负。为此他投书献诗，“遍干诸侯”，求仙学道，任侠仗义，这些活动大都服从于一个目标：博得声誉，取得皇帝的赏识与重用。经过长期的努力终于在天宝初年被玄宗征召，他为找到了报效祖国的机会而欢喜若狂（见《南陵别儿童入京》),但冷酷的现实使他大失所望。当时以唐玄宗为首的统治集团日益沉溺在淫乐之中，过着骄奢淫逸的生活，对内加强压榨人民，阶级矛盾日益尖锐。对外轻启边衅，民族矛盾趋于激化。统治阶级内部也展开了激烈的争权夺利的斗争。奸相李林甫、宦官高力士、贵戚杨国忠等把持朝政，打击、排挤、陷害正直有为的朝臣，政治越来越昏暗，大唐帝国在表面繁荣的背后酝酿着严重的社会危机。李白进步的政治理想根本没有实现的可能性。玄宗只不过把李白当成增添宫廷乐趣的御用文人，不可能委以军国重任，让其施展抱负。李白亲眼看到了最高统治集团种种黑暗腐败的情形，深深为祖国的命运担忧。这时期他写了《君子有所思行》:“紫阁连终南，青冥天倪色。凭崖望咸阳，宫阙罗北极。万井惊画出，九衢如弦直。渭水银河清，横天流不息。朝野盛文物，衣冠何翕赩？厩马散连山，军容威绝域。伊皋运元化，卫霍输筋力。歌钟乐未休，荣去老还逼。圆光过满缺，太阳移天昃。不散东海金，何争西辉匿？无作牛山悲，恻怆泪沾臆。”在《古风》第四十六也写了与此相似的内容。诗的前半段热情地歌颂了唐帝国的繁荣富强、巍峨的宫殿、繁荣的京城、发达的文化、强大的军事力量，能安邦定国的文臣武将……李白多么希望祖国能继续繁荣昌盛下去，可是由于统治者沉溺于享乐之中，政治日益昏暗，国势盛极而衰，关心祖国命运的李白怎么不悲伤！如果李白把个人的功名利禄看得比祖国的命运更为重要，他必然会安于御用文人的地位，并进而巴结和攀附权贵，以青云直上，长享富贵。但李白并没有这样做，他不愿同那些祸国殃民的黑暗腐朽势力同流合污，终于被排挤出宫。李白受到了这次沉重的打击，痛感报国无门，“大不满现实，遂为游仙醉”①。他的确写过一些寻仙求道，纵酒挟妓的诗，表现了人生若梦、及时行乐的消极情绪。不过，可贵的是他并没有迷惘于求仙，沉溺于酒色之中，“济苍生”、“安社稷”的政治抱负并未放弃，报效祖国的雄心壮志并未泯灭，他总是把个人的命运与祖国的命运紧密地联系在一起。在他离京漫游祖国各地时写了不少关心祖国命运，急切地希望为国效力的诗篇。他相信“天生我材必有用”（《将进酒》），“东山高卧起来时，欲济苍生应未晚”（《梁园吟》），“何当赤车使，再往召相如”（《赠崔侍御》）。在《赠何七判官昌浩》中写道：“有时忽惆怅，匡坐至夜分。平明空啸咤，思欲解世纷。心随长风去，吹散万里云。羞作济南生，九十诵古文。不然拂剑起，沙漠收奇勋。老死阡陌间，因为扬清芬？夫子今管乐，英才冠三军。终于同出处，岂将沮溺群。”他不愿做独善其身的儒生、隐士，渴望为国建功立业。正是这种“沙漠收奇勋”的想法，促使他北上幽燕，深入虎穴，探安禄山之虚实，“十月到幽州，戈铤若罗星。君王弃北海，扫地借长鲸。呼吸走百川，燕然可摧倾。心知不得语，却欲栖蓬瀛。弯弧惧天狼，挟矢不敢张。揽涕黄金台，呼天哭昭王”（《经乱离后天恩流夜郎忆旧游书怀赠江夏韦太守良宰》）。他看到了安禄山飞扬跋扈，反叛迹象已很明显，他以诗人的敏感预见危机即将爆发，因而

① 《陈毅诗词选集·冬夜杂咏·吾读太白诗》，人民文学出版社，1977年，259页。

忧心如焚。在《远别离》中借舜与二妃生离死别之苦，暗讽玄宗将内外大权交杨国忠、安禄山等人，必然引起亡国大祸，“日惨惨兮云冥冥，猩猩啼兮鬼啸雨。我纵言之将何补？皇穹恐不照余之忠诚。雷凭凭兮欲怒吼，尧舜当之亦禅禹。君失臣兮龙为鱼，权归臣兮鼠变虎”。诗里表露了对国难即将到来的忧虑和忠言无处可诉的悲愤心情。

李白预言的危机终于在公元755年爆发了。这时李白的爱国主义思想上升到了一个新的高度，他写了许多关心国家命运，同情人民苦难，控诉叛军罪行的诗歌，如《猛虎行》：“朝作《猛虎行》，暮作《猛虎吟》。肠断非关陇头水，泪下不为雍门琴。旌旗缤纷两河道，战鼓惊山欲倾倒。秦人半作燕地囚，胡马翻衔洛阳草。一输一失关下兵，朝降夕叛幽蓟城。巨鳌未斩海水动，鱼龙奔走安得宁？”这里表明了李白不是为个人的不幸遭遇而难过，而是为国家人民的灾难而“肠断”、“泪下”。在《古风》第十九、《扶风豪士歌》、《北上行》等篇中也表现了他因国家破败、人民遭难而痛心疾首。国难当头，他没有消沉逃避，更没有借机钻营，投靠敌人，而是激起了救国救民的满腔热情，他认为“此乃猛士奋剑之秋，谋臣运筹之日”，正是为国建功的大好时机。此时永王璘奉玄宗诏命负责保卫和经营长江流域，路过浔阳派人上庐山聘请李白参加幕府。李白怀着救国平叛的满腔热情投身军中，向永王表示“但用东山谢安石，为君谈笑静胡沙”（《永王东巡歌》）。他渴望为平定叛乱贡献力量，“宁知草间人，腰下有龙泉。浮云在一决，誓欲清幽燕。愿与四座公，静谈《金匮篇》。齐心戴朝恩，不惜微躯捐。所冀旄头灭，功成追鲁连”（《在水军宴赠幕府诸侍御》）。但李白的满腔爱国热情却遭到一盆冷水，救国之志未能实现，反倒成了李氏兄弟夺权争位的牺牲品，被加上“附逆”的罪名投入监狱。这一次从政比上一次受到的打击更残酷。但他“受屈心不改”，身处于冤狱之中仍然对祖国命运怀着高度的责任感。当张秀才来狱中看望他时，他正在读《留侯传》，还写了《送张秀才谒高中丞》、《送张秀才从军》，诗中鼓励张秀才要像张良那样在国家多事之秋建功立业，“壮士怀远略，志存解世纷……长策扫河洛，宁亲归汝坟。当令千古后，麟阁著奇勋”。后来宋若思把他释放出狱，并让他参加幕府，他写了《为宋中丞请都金陵表》、《宋中丞祭九江文》，控诉了安史叛乱的罪行，表示了“扫妖孽于幽燕，斩鲸鲵于河洛”的决心。还写了《为宋中丞自荐表》再次表明了他的积极用世之心。在宋若思幕府中未处多久，因病暂住宿松山，写了《赠张相镐二首》，满怀激情地向张镐表示要为消灭安史叛军贡献力量，“抚剑夜长啸，雄心日千里。誓欲斩鲸鲵，澄清洛阳水。六合洒霖雨，万物无凋枯。我挥一杯水，自笑何区区。”他还表示参加平叛并非为个人的富贵利禄，“灭虏不言功，飘然涉方壶”。当时他出狱不久，年迈多病，还在等待着朝廷对他的最后处分，仍然以国事为重，要求为国效力，但回答他的是流放夜郎，年近花甲的老人抛妻别子，被放逐到不毛之地，这是多么大的打击！但他没有绝望，想的是“何日金鸡放赦回”（《流夜郎赠辛判官》），“何日入宣室，更问洛阳才”（《放后遇恩不沾》）。他以贾谊自比，希望有一天再次得到报国机会。在流放途中仍然关心国家大事，“鲸鲵未剪灭，豺狼屡反复。悲作楚地囚，何由秦庭哭？”（《书怀示易秀才》）他悲痛的是叛乱没有平定，而自己是一个失去自由的囚徒，不能像申包胥那样搬兵救国。可见李白的爱国之情是何其深厚！后来他遇赦得释再次流浪于江南，过着贫病交加，穷愁潦倒，寄人篱下的生活，但他为国建功立业的雄心壮志并未减退。《经乱离后天恩流夜郎忆旧游书怀赠江夏韦太守良宰》这首长诗充分表达了他对国家命运的深切关怀，“中夜四五叹，常为大国忧。……安得羿善射，一箭落旄头”。还希望得到韦太守的推荐，“君登凤池去，勿弃贾生才”，仍想得到报效国家的机会。公元761年李光弼东镇临淮，平定史朝义叛军，李白写了《闻李太尉大举秦兵百万出征东南，懦夫请缨，冀申一割之用，半道病还留别金陵崔侍御十九韵》，诗中说："拂剑照严霜，雕戈鬘胡缨。愿雪会稽耻，将期报恩荣。"这时李白已经年过花甲，重病缠身，操起雕戈，戴上军帽，参军杀敌，这是多么感人的行动！没有深厚的爱国热情，何能有如此气概！何能写出如此激动人心的爱国诗篇！

第三节　对腐败的反动统治者的揭露批判

严酷的现实使李白清楚地看到他的报国之志是因为当时的反动统治者的阻挠、打击而不能实现；强盛繁荣的唐帝国也正是被反动统治者拖向了衰落、分裂、动乱的境地。正是由于对祖国强烈的爱产生了对反动统治者强烈的恨，他用诗歌揭露和批判他们祸国殃民的种种罪行。其笔锋之犀利，抨击之猛烈，在古代诗歌中是罕见的。李白公开辱骂玄宗周围的权贵们是"蟊贼"、"苍蝇"、"蹇驴"、"鸡狗"、"魑魅"、"鸴鸟"（乌鸦）、"绿葹"（毒草）。《古风》第二十四揭露宦官（中贵）依仗皇帝作威作福，横行霸道。《雪谗诗》大骂杨贵妃，比之为祸国殃民的妲己、褒姒。在《古风》第十五、三十七、三十九、五十、五十四，以及《鞠歌行》、《鸣皋歌送岑征君》等诗中，对上层社会昏庸腐败，黑白颠倒，奸佞横行，贤才被斥的现象表示了极大的愤慨，他指责当时是"珠玉买歌笑，糟糠养贤才"，"梧桐巢燕雀，枳棘栖鸳鸾"，"蝘蜓嘲龙，鱼目混珍，嫫母衣锦，西施负薪"。特别是《答王十二寒夜独酌有怀》更是大胆地抨击时事，矛头直指李林甫等权奸们，愤怒地控诉他们穷兵黩武，滥事征伐，屡兴冤狱，陷害忠良。李白对黑暗势力的抗争招来了一次又一次政治上的迫害，但他并未屈服，一直保持着倔强的反抗精神，在他被囚浔阳监狱时还写诗愤怒地谴责统治者陷害忠良，"树榛拔桂，囚鸾宠鸡……子胥鸱夷，彭越醢醢。"

(《万愤词》)在流放途中写的《酬裴侍卿对雨感时见赠》引历史上忠良被害之事后，大胆指出“颇似今之人，蟊贼陷忠说”。

当时政治上出现的种种昏暗腐败的现象，作为最高统治者的皇帝是要负主要责任的。李白也看到了这一点，虽然他也深受“忠君”思想的影响，但在李白的心目中“爱国”比“忠君”有更重的分量。出于爱国之心，在他的诗中也对皇帝进行了讽喻、批评。如《乌栖曲》描写吴王夫差的荒淫腐朽生活，实际上以古喻今，劝谏玄宗不要走夫差覆亡之路。《古风》第四十八以秦始皇不顾农业生产，滥用民力的教训讽喻玄宗。《古风》第五十三以战国时“晋为卿分”，“田氏代齐”的教训警告玄宗不要大权旁落。《经离乱后天恩流夜郎忆旧游书怀赠韦太守良宰》诗中毫无顾忌地指责唐玄宗无知人之明，养痈遗患，导致“安史之乱”。《古风》第五十一以殷纣王、楚怀王这类昏君来影射玄宗。《古风》第三十一借《史记》载华山君预言秦始皇死期不远的故事，暗示唐玄宗统治不会长久。在《为宋中丞请都金陵表》中更大胆地提出“社稷无常奉，明者守之；君臣无定位，暗者失之……功高而福祚长永，德薄而政教凌迟。三姓之后，于今为庶，非一朝也”。可见李白并未把皇帝看成神圣不可侵犯的上天的代表，祸国殃民的昏君垮台是应该的，谁能“济苍生”、“安社稷”，谁就能长坐江山。李白把爱国放在忠君的前面，所以他敢于在诗歌中揭露、讽刺、批判以皇帝为首的昏庸腐败的统治集团。

第四节　维护祖国的统一和民族的团结，反对压迫其他民族的不义战争

唐帝国是一个统一的多民族国家，唐初的统治者对各少数民族实行以恩抚为主的羁縻政策，民族矛盾比较缓和，各民族能和睦相

处于祖国大家庭中。李白热情地歌颂这种统一团结的局面，“海晏天空，万方来同。虽秦皇与汉武兮，复何足以争雄？”（《大猎赋》）“于斯之时，云油雨霈。恩鸿溶兮泽汪涉，四海归兮八荒会”（《明堂赋》）。他希望永远保持“天地皆得一，澹然四海清”（《古风》第三十四）的局面。但是唐玄宗后期奉行穷兵黩武的政策，对少数民族发动了一系列奴役压迫战争，给人们带来了深重的灾难，李白坚决反对这种不义战争。天宝元年和天宝六载唐王朝发动了对西北部奚族和吐蕃的战争，李白为此写了《战城南》：“去年战，桑干源，今年战，葱河道，洗兵条支海上波，放马天山雪中草。万里长征战，三军尽衰老……野战格斗死，败马号鸣向天悲。乌鸢吸人肠，衔飞上挂枯树枝。士卒涂草莽，将军空尔为。乃知兵者是凶器，圣人不得已而用之。”这首诗描写的战争残酷凄惨的景象使人触目惊心，强烈地谴责了不义战争的发动者。天宝十载和十四载杨国忠命令鲜于仲通伐南诏，结果全军覆没，李白为此事写了《古风》第三十四，着重揭露了不义战争给人民带来的灾难，“渡泸及五月，将赴云南征；怯卒非战士，炎方难远行。长号别严亲，日月惨光晶；泣尽继以血，心摧两无声。困兽当猛虎，穷鱼饵奔鲸；千去不一回，投躯岂全生！如何舞干戚，一使有苗平！”诗中把被强迫服兵役的战士与亲人生离死别的场面写得十分悲痛凄惨，这是对唐王朝穷兵黩武政策的严厉批判。后两句明确提出了应以和平手段解决民族间的冲突，反映了多少年来中华民族内部团结的愿望。李白《拟古》、《北风行》等类诗中写了男子出征后妇女在家中的痛苦，实际上也是反对唐王朝对少数民族发动的不义战争。

唐王朝对少数民族进行的战争并不都是非正义的，也有的战争是属于维护国家安全统一，解除少数民族统治者的侵扰，保卫中原的和平生产和保卫中外的贸易交通的正义战争。李白对于这类战争是支持的，他写了不少诗篇歌颂边塞将士的英雄气概和献身精神，鼓励将士们勇敢杀敌立功。如《塞下曲》六首就歌颂了边塞将士不怕艰苦，英勇顽强地反击西北少数民族统治者发动的侵扰。“晓战随金鼓，宵眠抱玉鞍。愿将腰下剑，直为斩楼兰”，“骏马似风飙，鸣鞭出渭桥。弯弓辞汉月，插羽破天骄”，出征战士的英雄形象跃然纸上！《出自蓟北门行》仅以120字写了一场自卫反击战的全过程，“虏阵横北荒，胡星耀精芒。羽书速惊电，烽火昼连光。虎竹救边急，戎车森已行。明主不安席，按剑心飞扬。推毂出猛将，连旗登战场。兵威冲绝漠，杀气凌穹苍。列卒赤山下，开营紫塞旁。孟冬风沙紧，旌旗飒凋伤。画角悲海月，征衣卷天霜。挥刃斩楼兰，弯弓射贤王。单于一平荡，种落自奔亡。收功报天子，行歌归咸阳”。诗中把将士们出征的场面写得十分威武雄壮，也写了战斗的艰苦和最后取得的辉煌胜利，诗的格调很高昂，鼓动性很强。《从军行》、《白马篇》、《发白马》、《塞上曲》等也都歌颂了进行自卫战争，维护祖国统一和安全的边塞战士的英雄精神。这一类充满爱国激情的诗篇激励着炎黄子孙为保卫祖国而献身！

此外李白还有一些诗歌描写了劳动人民的生活和苦难，表达了对人民真诚的热爱，爱祖国和爱人民是不可分割的，他的这类篇目不太多的诗篇也应当属于具有爱国主义精神的诗篇。他的这些诗篇究竟在他的整个诗歌中占什么地位？有学者认为李白诗歌的爱祖国爱人民的一面只是在“安史之乱”后才表现出来，更大的一面是“个人主义的错误的享乐思想”。有学者说，李白“终其一生，占据他整个生活的就是这三件事：任侠、求仙学道、建功立业”，这都是为了“追求一种既非同凡响而又可以随意享乐的生活”，“反映了地主阶级寄生享乐的人生理想”，甚至连李白那些歌颂祖国山河的诗也不是“出于爱国主义的强烈动机”。笔者认为这样的评价太把李白贬低了。热爱祖国的山河不算爱国主义思想又算什么呢？李白渴望建功立业难道能说完全是为了追求个人享乐而不是出于爱国之心吗？若真是如此，在他应诏入宫，得到玄宗宠信之时就会安于御用文人的地位，并进而巴结攀附权贵，以长享荣华富贵。但李白并没有把个人享受看得比国家的命运更为重要，而是和可能给他富贵利禄的祸国殃民的黑暗势力作斗争，以致困顿一生，这正是李白品质高尚的地方，也是他之所以成为受人民永远敬仰的伟大诗人的原因。一个人不可能十全十美，李白也有他的缺点，他的确也写过一些求仙学道、纵酒挟妓的诗，表现了人生若梦、及时行乐的消极颓废思想，但这在他的诗歌中并不占主导地位。从数量上看，李白遗留下来的1064首诗中，经笔者粗略统计，表现爱国主义精神的近500首，而表现沉溺于酒色、宣扬及时行乐的消极颓废的诗约40首，其中《将进酒》这一类诗还不能说完全没有一点积极意义，它还包含着对黑暗统治的强烈不满与愤怒抗议。表现求仙学道迷信思想的诗约60首，另外还有10多首诗又表示了对神仙存在的怀疑和对皇帝求仙的讽刺，可见李白并不是真信神仙。李白的求仙纵酒是由于报国无门，“吾读太白诗，喜有浪漫味。大不满现实，遂为游仙醉”[①]，陈毅同志评价李白的话说得非常深刻、中肯。可贵的是李白并未被道教的精神鸦片弄得麻木不仁，也没有沉溺于酒色之中长醉不醒，他总是把个人命运与祖国的命运联系在一起。“济苍生”、“安社稷”的政治抱负和爱国、报国的思想支配着他一生的行动，占据着他的诗歌的主导地位。处于开元盛世时，希望国家继续繁荣昌盛；“安史之乱”时，希望早日平定叛乱，人民安居乐业；处于顺境得到皇帝宠信时，希望“济苍生”、“安社稷”的抱负得以实现；处于逆境时仍然爱国，特别是在政治上受到沉重打击，贫病交加的晚年爱国之心还是那么坚定！李白的爱国思想洋溢在他的诗歌中，放射出永不磨灭的光辉。

① 《陈毅诗词选集·冬夜杂咏》。人民文学出版社，1977年，259页。

第三章 李白精神文化的重要内容——热爱大自然

1980年5月，新西兰杰出的社会活动家路易·艾黎先生在李白故里题词："到李白少年时代的故乡来，看一看保存完好的旧日文献，可以体会一下他的伟大精神。对全世界青年来说，李白的精神告诉他们：人是自然的一部分。在当今瞬息万变的世界中，这种精神往往被泯没。"这段题词含义深刻，对我们研究李白精神及其现代价值有很大的启迪。李白一生热爱自然，崇尚自然，以自己的身心去拥抱自然，把自己融于自然之中，成为自然的一部分，这是李白最突出的个性特征，把握这个特征，不仅可以深刻理解李白诗歌的精神实质及独特的艺术风格，而且可以发掘其现代价值。

第一节 热爱大自然思想的形成

李白从小生长在自然景色十分幽美的环境里，这里的自然美对李白一生产生了深远的影响。公元701年李白出生于江油青莲乡，这里是涪江、盘江汇合处的一块平坝，近靠天宝山、太华山，远望紫云山、戴天山，山明水秀，风光旖旎，充满着诗情画意。李白在这里度过童年，大约十五年以后隐居大匡山。大匡山是岷山支脉，山势险峻，景色奇特，西北连崇山峻岭，东南望平畴沃野，山中苍松巨柏，郁郁葱葱，飞瀑流泉，万壑争鸣，野鹿觅食于密林，白鹭飞舞于树梢，一直到1958年原始森林被破坏前都是这样的景色。李白在大匡山，“读书于乔松滴翠之平有十载”。这里他深深领悟到大自然之美，把自己融入大自然之中。他曾与东岩子“养奇禽千计，呼皆就掌取食，了无惊猜”（《上安州裴长史书》），他酷爱自然，保护鸟兽，采集野生饲料，以备奇禽取食，与野生动物成了好朋友。李白隐居期间还游历了许多景色幽美的地方，如距大匡山东北20公里的窦圌山，这里的景色秀丽奇特，山峰如削，壁立千仞，林壑深邃，李白题写了“樵夫与耕者，出入画屏中”。李白还去过大匡山上面的戴天山，写过脍炙人口的《访戴天山道士不遇》，从诗里可以看到这里的景色何等幽美、秀丽。李白还“拨云寻古道”，登上“群峭碧摩天”的太华山，上过“峰峦环秀，紫气郁结”的紫云山，“孤峰秀拔”的小匡山……故乡的山山水水熏陶了他崇尚自然的审美情趣，加深了他对自然美的感受能力，产生了他与大自然的亲和力。

李白热爱大自然与他接受的家庭教育和受道家、道教的影响是分不开的。李白的父亲是“高卧云林，不求禄仕”的隐士。李白的好友魏万说李白之父“乃放形，因家于绵”，即是说放浪形骸于山水之间，选择了绵州这样山明水秀的地方隐居下来，使李白从小就陶冶在自然美之中。李白之父还教李白读司马相如的《子虚赋》，赋中描绘云梦泽之壮美秀丽，使李白“私心慕之，及长，南游云梦，览七泽之壮观”（《秋于敬亭送从侄耑游庐山序》），这说明李白从小就在父亲教育下通过文学经典去提高对自然美的感受力，培养崇尚自然美的情趣，李白之父没有把李白送入正统的以儒家经典为教科书的学校去上学，而是让他博览群书，“五岁诵六甲，十岁观百家”，“十五学神仙，仙游未曾歇”，“六甲”是指道教书中的“奇门遁甲”之类，“百家”中必有老、庄的书，“学神仙”就是学道教的神仙之术。李白生长的川西北是道教的发祥地，在风光秀丽的群山中散布着许多道观，如在李白家附近的紫云山有黄录宝宫，太华山上有太华观，窦圌山上有天尊古殿，戴天山上也有道观，李白与这些道观中的道士有密切交往，向他们学神仙之术。道教以老庄哲学为其宗教的哲理内核，以老庄著作为主要宗教经典。老庄哲学主张崇尚自然，顺应自然，回归自然。老子说："人法地，地法天，天法道，道法自然。"庄子说："天地与我并生，而万物与我为一"（《庄子·齐物论》），也就是说人与自然融合为一体，达到物我泯一。道教的服食修炼的思想和老庄的崇尚自然的思想是统一的。在幽美的自然环境中修道炼丹，享受自然之美，最后达到超越生死，物我泯一，与大自然一起得到永生。李白是深受这种思想影响的，他"五岳寻仙不辞远，一生好入名山游"（《庐山谣》）。在《日出入行》中写到："鲁阳何德，驻景挥戈，逆道违天，矫诬实多。吾将囊括大块，浩然与溟涬同科。"也就是说要顺应自然，要与自然元气打成一片，达到与自然泯一的和谐境界。

第二节 热爱大自然的思想与李白的生活道路

李白生长在杂交型、复合型的巴蜀文化氛围之中，在青少年时期接受的教育也比较博杂。他不仅仅是接受道家、道教的影响，还接受了儒、法、墨、纵横等家的影响。积极入世建功立业是他思想的主导，他希望做帝王之师，施展其"济苍生"、"安社稷"的雄伟抱负。如果他只是或主要是接受道家、道教的影响，那他也会像他父亲那样做一个"高卧云林，不求禄仕"的隐者，或在故乡的道观中当一名道士，但他接受道家崇尚自然、回归自然的思想影响又比较深，故而在积极入世的道路上又不同于一般人走的科举考试的道路，而是走了一条特殊的道路，这就是把争取建功立业与漫游名山大川、求仙学道相结合。本来积极入世、投入宦海、建功立业与消极出世、投入大自然的怀抱是矛盾对立的，但李白力求把它们统一起来。李白告别故乡写的《别匡山》："晓峰如画参差碧，藤影摇风拂槛垂。野径来多将犬伴，人间归晚带樵随。看云客依啼猿树，洗钵僧临失鹤池。莫怪无心恋清境，已将书剑许明时。"这首诗表现了李白酷爱大自然与充满政治热情的思想的矛盾和统一。故乡如诗如画的自然景色深深地吸引着他，而大丈夫的"四方之志"又召唤着他"仗剑去国，辞亲远游"，最后还是下决心要把自己的文才武艺奉献给大好时代，但这并不是说他不再"恋清境"，而是说不再恋故乡的清境，要在故乡以外寻求更多的清境。在离开故乡以前他游览了峨眉山，顺江而下，离开巴蜀时，他说："此行不为鲈鱼脍，自爱名山入剡中。"（《秋下荆门》）这之后他一面游览名山大川，一面寻求建功立业的机会。唐代统治者提倡道教，特别是唐玄宗曾多次征辟道士隐者入宫，于是由隐而仕的"终南捷径"为唐代士人入仕的一条通道，走这条道路既可以享受山林之美，又可以直登庙堂，取得功名，这对于酷爱大自然的李白来说，当然是一条十分理想的道路。不过李白并非通过"终南捷径"猎取荣华富贵，而在得到皇帝重用、施展济世安民的政治抱负之后，"功成身退"，回归大自然。他的《代寿山答孟少府移文书》说得很清楚，他隐居山林是为了等待时机，建功立业，"奋其智能，愿为辅弼，使寰区大定，海县清一"，当他"事君之道成，荣亲之义毕"，还是要"与陶朱留侯，浮五湖，戏沧洲"，也即是最终要投入大自然的怀抱。

李白在漫游名山大川的同时，交游干谒，提高知名度，终于"名动京师"，由玄宗召入宫廷。李白登在庙堂之上，并未忘记山林之美，特别是当他看到了宫廷的腐败，玄宗的昏庸，他的政治理想不能实现，又遭权奸的诽谤之时，更想离开纷扰龌龊的尘世，投入纯美的大自然怀抱。《翰林读书言怀呈集贤诸学士》说："青蝇易相点，《白雪》难同调。本是疏散人，屡贻褊促诮。云天属清明，林壑忆游眺。或时清风来，闲倚栏下啸。严光桐庐溪，谢客临海峤。功成谢人间，从此一投钓。"在诗中明确表示了他向往严光那样的隐士生活，沉醉于林壑、清风之中。在《金门答苏秀才》中也表示"愿狎东海鸥，共营西山药……身世如两忘，从君老烟水"。此外在《驾去温泉宫后赠杨山人》、《白云歌送刘十六归山》、《送裴十八图南归嵩山》等诗中，都表现了他身在宫廷而心在山林。他在宫中前后不到两年就请求还山，这之后再次漫游祖国各地。范传正说："脱屣轩冕，释羁缰锁，因肆性情，大放宇宙间……往来于斗牛之分，优游没身。偶乘扁舟，一日千里，或遇胜境，终年不移，长江远山，一泉一石，无往而不自得也。"①李白足迹遍及大河上下，长江南北，北至燕山，南穷苍梧；西至大漠，东至沧海，泛舟于洞庭、鄱阳，流连于吴赵、秋浦，三山五岳都曾有他的身影，可以说李白对自然山水的热爱到了如痴如狂的境地。当然，在沉醉于山水之中时还没有忘记建功立业，在"安史之乱"发生后，抱着"誓欲清幽燕"的雄心壮志，投入永王璘军中，不久即遭冤狱，政治上再次受到沉重打击，被流放虽被赦，而世态炎凉，受不少人白眼，以致晚年穷愁潦倒，贫病交加，此时，大自然成了医治他心灵创伤的良药，成了他患难与共的知心朋友。他说："每思欲遐登蓬莱，极目四海，手弄白日，顶摩青穹，挥斥幽愤。"（《暮春江夏送张祖丞之东都序》）即说郁结在心中的悲愤，只有面对大自然才能驱散。晚年的李白仍然是"心爱名山游，身随名山远"（《金陵江上遇蓬池隐者》），经常沉醉在大自然中，忘却苦闷，《独酌》中写道："落日不尽欢，恐为秋所侵。独酌劝孤影，闲歌面芳林。清风寻空来，碧松与共吟。手舞石上月，膝横花间琴"，是美

① 范传正：《李公新墓碑》。

好的大自然驱走了他的忧愁，安慰着他那一颗孤寂破碎的心，“良宵宜清淡，皓月未能寝。醉来卧空山，天地即衾枕”（《友人会宿》）。在《杂题》中有：“乘兴踏月，西入酒家，不觉人物两忘，身在世外。”“夜来月下卧醒，花影零乱，满人衿袖，疑如濯魄于冰壶也”。这里的冰壶指明月，李白把自己的身心与大自然融为一体了。在他去世前为自己寻找一个自然风光优美的地方作为长眠之处，“晚岁渡牛渚矶，至姑苏，悦谢家青山，有终焉之志”①。他的死传说是醉后下水捉月骑鲸而去，这个传说符合他的个性，他一生热爱自然，最后融进了明月大江之中，在大自然中得到永生。综观李白一生与大自然结下了不解之缘，他对大自然的热爱可谓是终生不渝，从青少年时期到去世时，不论是积极入世追求功名时，或是政治失意出世退隐之时，不论是在宫廷之上，或是在流放途中，大自然都是他绝好的朋友。他从大自然那里获得生活的力量和生命的乐趣，在现实生活中失落了的在大自然中得到了补偿，心灵上受到的创伤在大自然中得到愈合。他在大自然的怀抱里如鱼得水，大自然成为他生命中不可缺少的一部分，或者说他就是大自然的一部分。

第三节　以自然为师的诗歌创作

李白崇尚自然，与自然泯一的思想对他的诗歌创作影响颇深。他的审美理想就是推崇质朴的自然之美，主张诗歌创作要“清水出芙蓉，天然去雕饰”。王世贞说李白的诗是“以自然为宗”②，源于自然而又高于自然。由于李白酷爱大自然，理解大自然，对自然美

---

① 范传正:《李公新墓碑》。
② 王世贞:《艺苑卮言》卷四。

有很敏锐的感受力。他善于把握自然景物中最根本的特征，以写意的手法，传神地展示出它们的美。他描写气势磅礴的黄河："巨灵咆哮擘两山，洪波喷流射东海。"（《西岳云台歌送丹丘子》）描写长江的壮阔："孤帆远影碧空尽，唯见长江天际流。"（《送孟浩然之广陵》）描写天山的粗犷："明月出天山，苍茫云海间。长风几万里，吹度玉门关。"（《关山月》）登庐山看到的是："登高壮观天地间，大江茫茫去不远。黄云万里动风色，白波九道流雪山。"（《庐山谣》）这些诗给人们展现了山水之壮美。李白还以清新佳丽的诗句描绘江南景色，如："竹色溪下绿，荷花镜里香"（《别储邕之剡中》），"山花如绣颊，江火如流萤"（《夜下征虏亭》），"两水夹明镜，双桥落彩虹"（《秋登宣城谢朓北楼》），这些诗给人们展现了江南的秀美。在李白的诗中常常描写明月、白云、青松、翠竹、幽兰……把自然界一切美好的东西呈现在人们面前。

在李白的意识里有物我泯一的根基，所以在描写自然美景时不是客观的描写，也不仅仅是一般的"情景交融"，而是把自己的身心融入自然美景之中，自然中有我，我中有自然，人与自然浑然一体，分不开主客观关系，这是李白同其他山水诗人不同之处。李白在少年时题写窦圌山："樵夫与耕者，出入画屏中。"老年时写的《清溪行》："人行明镜中，鸟度屏风里。"体现了李白的物我泯一的思想的一贯性。李白很喜欢用拟人的手法赋予自然物以情感。《独坐敬亭山》："众鸟高飞尽，孤云独去闲。相看两不厌，只有敬亭山。"敬亭山成了李白心心相印的朋友，慰藉着他的孤寂。《月下独酌》："花间一壶酒，独酌无相亲。举杯邀明月，对影成三人。月既不解饮，影徒随我身。暂伴月将影，行乐须及春。我歌月徘徊，我舞影凌乱。醒时同交欢，醉后各分散。永结无情游，相期邈云汉。"明月和影都成了他的好朋友，同他会饮歌舞。李白还有许多诗歌表现自然物与他情感相通，如"雁引愁心去，山衔好月来"，"花枝拂人来，山鸟向我鸣"，"我寄愁心与明月"，"山月随人归，绿竹入幽径"，"白云南山来，就我檐下宿"，"太白与我语，为我开天关"，明月、白云、山鸟、山花等都成了李白喜乐悲愁相通的朋友。正如葛景春先生所说："李白将自己的强烈的感情生命和伟大的人格，注入了自然山水之中，赋予了它们灵魂和生命……在李白的山水诗中，山水已不再是自然之山水，而是山水与诗人主客观强烈的交融，二者已完全融汇在一起了。"①

第四节　李白诗歌是环境文化的重要内容

如何处理人与自然的关系是数千年来无数哲人思考过的问题。从原始社会到封建社会，由于生产力低下，人们征服自然的能力较弱，人们对自然采取崇拜甚至畏惧的态度。老子、庄子主张崇尚自然，顺应自然，回归自然。儒家主张"天人合一"，荀子主张"天道自然"，"天行有常"，"应之以治则吉，应之以乱则凶……循道而不贰"，主张遵循自然规律，要求人与自然和谐相处。李白诗歌则是以艺术形式表现这些思想，特别是道家的顺应自然，回归自然的思想。

从工业革命以来，生产力和科学技术的迅速发展，人类认为可以无节制地开发利用自然资源，从崇拜自然进入了无视自然的阶段，造成了自然环境的急剧恶化，但这并未充分引起人们的注意，随着生产力的发展，对自然环境的破坏与日俱增，大片森林的砍伐，水土流失，沙漠化加剧，空气和水的污染，气候反常，这种全球性的生态平衡的破坏，严重地威胁着人类的生存和发展。正如路易·艾黎指出的"在当今瞬息万变的世界这种精神（人是自然的一

① 葛景春：《李白与唐代文化》，中州古籍出版社，1994年，148页。

部分）往往被泯没”① 才造成这样的严重后果。面临着全球性环境恶性的严峻挑战，迫使世界各国重视人与自然的关系。从 1972 年以来，联合国几次召开人类环境会议，大声疾呼，在发展经济的同时要重视自然，保护自然，自觉协调人类与自然的关系，使自然——经济——社会协调、稳定、健康、持续发展。人类从崇拜自然到无视自然，再到重视自然，经历了一个否定之否定的辩证过程。以 1972 年联合国人类环境大会为标志，人类开始了从无视自然到重视自然的历史转折时期，在这一时期，李白诗歌中体现出来的“人是自然的一部分”的精神，特别具有重大的现代价值。

随着环境保护问题的提出，环境文化在国内外普遍发展，而且已成为世界性潮流。环境文化从广义上说是指以协调人与自然关系为核心，在人类环境保护的实践过程中所形成精神成果和物质成果的总和。从狭义上讲指精神成果，即指那些在环境保护问题上所取得的人类广泛的共识以及含有这些“共识”内容的多种文化艺术表现形式。毫无疑义，李白诗歌应列入环境文化的内容。李白诗歌是教育人们热爱自然、保护自然、培养人们现代环境保护意识和良好的环境道德的最好的教材。读了李白的诗，谁都会更热爱壮丽的河山，热爱自然界中的一草一木，谁都会向往一个洁净、幽美、没有污染的世界。

从 20 世纪 80 年代以来，随着李白研究的蓬勃开展，随着我国旅游事业的发展，四大李白纪念馆先后恢复或建立，有关李白遗址遗迹也得到保护或恢复原貌，成为保护生态环境的一部分重要内容。如李白青少年读书的大匡山，访道士的戴天山，1958 年“大炼钢铁”时，森林被毁，飞泉干涸，李白诗中展现的美景曾一度消失，以致使一些上匡山凭吊李白遗迹的先生怀疑这不是大匡山。随着江油李白纪念馆的建立，恢复大匡山、戴天山景观的问题列入了

① 路易·艾黎题词，存江油李白纪念馆。

议事日程，首先搞封山育林，至今已初见成效，郁郁葱葱的松树林正在茁壮成长。李白《访戴天山道士不遇》、《别匡山》、《冬日归旧山》等诗中描述的那些自然美景正在逐步重现。如果李白所走过的地方，所描绘的自然美景都能得到保护或恢复，全国的生态环境将得到大大好转。如果李白诗歌中所表现的"人是自然的一部分"的观点，成为人类的共识，人们都像李白那样热爱大自然，那就不会再出现人类的生存危机了。

人与自然的关系是人类社会永远需要认真解决的问题，也是文学创作的一个永恒的主题。李白诗歌中给人们展现出自然美也是一种共同美，可以超越时空界限，超越阶级，超越国界，为全人类所接受。事实上李白诗歌已经译成十几种文字在一百多个国家流传，深受各国人民所喜爱，今后李白诗歌还会受更多的人所喜爱，并将作为全人类的优秀文化瑰宝，永远流传。

第四章 李白与旅游

李白诗歌是一座巨大的宝库，其蕴含的宝藏，应当发掘出来，为“两个文明建设”服务。当今旅游业发展很快，李白诗歌就是珍贵的旅游资源，应当开发李白文化旅游资源，以促进我国旅游业的发展。

第一节 李白是伟大的旅行家

李白是伟大的诗人，也是伟大的旅行家。他以旅游为生活的重要部分，旅游的范围很广，而且把旅游所见所闻所感，形诸文字，传之后世，鼓舞着、启迪着、指导着一代又一代的旅游者。他“一生好入名山游”，从“十五学神仙，仙游未曾歇”，直至62岁去世于旅途之中，其中很难找到完整的没有旅游的一年时间。

李白旅游范围之广，历代文人无出其右者。他青少年时期，一边读书，一边旅游，故乡的大小匡山是他隐居读书之处，以此为基点常去戴天山、太华山、窦圌山、紫云山旅游。正是这些雄奇壮美的故乡山水，从小陶冶着李白，使他热爱大自然，追求自然山水的美。大约15岁以后，他的足迹超出了本乡本土，“往来旁郡”。他曾到过梓州，拜赵蕤为师；去过北川县，探寻大禹的出生地，留下了“禹穴”二字。大约20岁以后去过成都、眉山象耳山、渝州(重庆)、峨眉山等地。这里特别要提到的是，李白走过蜀道。许多学者都认为李白没有走过蜀道，《蜀道难》是凭丰富的想象虚构出来的，这种看法是不妥的。蜀道一般是指四川通往中原的道路，有金牛道、阴平道、米仓道。李白青年时期到过剑门关，从家乡出发走过了一百多公里的金牛道，《蜀道难》中写的“地崩山摧壮士死，然后天梯石栈相勾连”，是指梓潼县七曲山南麓的五妇山（又称五丁山)，这里有一座送险亭，从北至南，走到此处就送走了艰险的旅途；从南向北走，到此处就从丘陵进入险峻的山区。古蜀国的五丁力士（即《蜀道难》中的“壮士”）就是在这里用生命开出了道路。从梓潼再往北走一百多公里山路才到剑门关，在剑门关内外，还经历了数处“天梯石栈相勾连”的险路。可见李白对这段艰险的蜀道是曾身临其境的。阴平道是四川通往陕、甘的另一条更艰险的蜀道，邓艾伐蜀时，行无人之地700里，在险恶处“滚毡坠石”而下，才到古江油关（即今平武南坝镇)，江油关以下百余里叫“左担道”，狭窄的路是悬在峭壁上的，挑担子也无法换肩，故名“左担道”。李白访问江油县尉，是走过这段路的。笔者循着李白足迹，步行考察百余里。从江油市武都镇北上3公里就进入了涪江峡口，在江边两岸峭壁上各有一个溶洞，西岸的叫太白洞，东岸的叫灯笼洞，洞口有两个钟乳石，恰似灯笼。在这里世代流传着“灯笼洞对太白洞，灯照太白把书诵”的美好传说。沿江边的“左担道”北上，两岸百余里奇峰连绵，一线青天镶嵌于谷顶，百丈峭壁垂直于江面，苍劲的古松倒挂于绝壁，奔腾的涪江翻滚着雪浪，水石相击，发出雷鸣般的震响，回荡于深山峡谷之中。面临此种惊险奇绝的景色，吟诵“上有六龙回日之高标，下有冲波逆折之回川，黄鹤之飞尚不得过，猿猱欲渡愁攀援……连天去峰不盈尺，枯松倒挂倚绝壁，飞湍瀑流争喧豗，砯崖转石万壑雷”，就会使人感到李白写景状物并非凭空虚构。青年李白的川内旅行，为他写作

《蜀道难》准备了素材，为创作山水诗打下了坚实的基础。

25岁的李白“仗剑去国，辞亲远游”，开始了全国范围内的大旅行。宋人曾巩在《李太白文集·后序》中，对其游踪有一个概括性的叙述:“盖白蜀郡人，初隐岷山，出居襄汉间，南游江淮，至楚观云梦……去之齐、鲁，居徂来山竹溪。入吴，至长安……北抵赵、魏、燕、晋，西涉岐、邠，历商於，至洛阳，游梁最久。复之齐、鲁。南游淮、泗，再入吴，转徙金陵，上秋浦，寻阳。……乾元元年，终以污璘事长流夜郎，遂泛洞庭，上峡江，至巫山。以赦得释，憩岳阳、江夏。久之，复如寻阳，过金陵，徘徊于历阳、宣城二郡。其族人阳冰为当涂令，白过之，以病卒。”窃以为其中应修正为：李白流放不止走到巫山，而是到过夜郎。有《南流夜郎寄内》为证：“夜郎天外怨离居，明月楼中音信疏。北雁春归望欲尽，南来不得豫章书。”明白无误地表明李白已经到了夜郎，若在流放途中，行踪不定，哪可能盼望家书？《忆秋浦桃花旧游时窜夜郎》这诗的标题就说他当时贬谪在夜郎，还有《流夜郎闻酺不预》、《望木瓜山》等几首诗都是在夜郎写的。至于李白诗中提到的“赦放巫山阳”，可以看成是广义的“巫山之阳”，包括夜郎，如《华阳国志》的“华山之阳”就是广义的，包括云、贵、川广大地区。“半道承恩放还”应当解释为流放时间的一半，如诸葛亮《出师表》：“先帝创业未半，而中道崩殂。”这个“中道”就是时间概念。张才良先生的力作《李白流夜郎的法律分析》[①]引证《唐律疏义》，指出李白作为被流放的犯人，不可能走了一年多，才走了一千多里，论证是很有说服力的。笔者亲自去贵州桐梓县考察过，面对众多的李白遗迹，不能说都是牵强附会的假古董，至少可以说，“李白流放到了夜郎”比“巫山遇赦”的证据充分得多。

李白的游踪可以总括地说，东到大海，北到幽州、雁门关，西

① 见《中国李白研究》1992—1993年集，安徽文艺出版社。

南到过夜郎，南到苍梧、九疑山，西至甘陇。遍及今四川、湖北、湖南、江西、安徽、江苏、浙江、山东、河南、河北、山西、陕西、甘肃、贵州等十四个省及北京、重庆二市。我国的名山大川：黄河、长江、五岳、黄山、庐山、峨眉山、太行山以及洞庭湖、鄱阳湖、太湖……李白都游览过。当时交通不便，许多地方全靠步行，不是一个酷爱旅游的旅行家是难以遍游祖国那么多名山大川的。这也正是李白作为“伟大”的旅行家伟大之所在。

走的地方多并不等于就是旅行家。争利于市的商人也要走很多地方，但他们的目的不在欣赏自然、人文景观，而在于逐利。争名于朝的士子也会到处跑，干谒贵权，最终目的为升官。李白的旅游固然有广交朋友，“遍干诸侯”，提高知名度，寻求入仕门路的目的，但这个目的并未贯穿始终，只是在一段时间内，在某些旅游中有这样的目的，而他贯穿始终的旅游目的是为了追求自然美，追求一种人与自然泯一的崇高境界。李白从小接受了道家崇尚自然、回归自然的思想。他要在游览名山大川中，享受自然之美，寻求精神寄托，把自己的身心融会在自然之中。在他的一生中，不论是处于顺境或是逆境，都没有忘记追求自然山水之美。天宝初李白被召入宫廷，他看到朝廷腐败，政治抱负不能施展，就想离开纷扰污浊的尘世，投入纯美的大自然怀抱中，可以说是身在朝廷，心在山林。在他“赐金还山”以后，旅游成为他生活的主要部分和最大爱好。范传正在《李公新墓碑》中说：“脱屣轩冕，释羁缰锁，因肆情性，大放宇宙间……往来于斗牛之分，优游没身，偶乘扁舟，一日千里，或遇胜境，终年不移。长江远山，一泉一石，无往而不自得也。”晚年的李白仍然是“心爱名山游，身随名山远”（《金陵江上遇蓬池隐者》）。李白流放夜郎是一种戴着枷锁的旅游，他在沿途总要对美景吟诗作赋，让自然美景来抚慰他那颗破碎的心。遇赦以后，穷愁潦倒，贫病交加，流落江南，而他向往的是“遐登蓬莱，极目四海，手弄白日，顶摩青穹，挥斥幽愤”（《暮春江夏送张祖监之东都序》)，让大自然的美景来驱散他胸中的幽愤。恐怕很难找出像李白这样从青少年一直到晚年都这么酷爱旅游的文人了，所以我们说李白是我国古代一位伟大的旅行家。

第二节 李白的游踪及其诗文是宝贵的旅游资源

旅游资源主要指对旅游者具有吸引力的以自然风光为主的自然资源和以历史古迹为主的人文资源。它能够为旅游者提供游览、观赏、乐趣、考察研究以及友好往来等条件，能使旅游者开阔眼界，增长知识、陶冶情操。名人的故居遗踪是人文旅游资源的重要内容。名人的知名度愈高，其故居遗迹的吸引力也愈大，旅游价值也愈高，正如柳宗元说的："美不自美，得人而彰。"这就是所谓"名人效应"。我国有尊贤重文的历史传统，从古至今中国人历来讲究追蹑前贤的遗踪，凭吊先哲的遗迹，特别对本乡本土的前代贤哲、名人更为尊重。因为他们为乡土增添了光彩，对其故居、遗迹倍加爱护，还要在风景奇绝处建祠造亭、摩崖铭碑，这就产生了一大批人文旅游资源。李白是知名度很高的名人，作为唐代诗歌王国中的无冕之王，在去世前就已经很出名了，去世后一直活在人民的心中。他那炽热的爱国主义热情，奔放豪迈的性格，壮美清新的诗篇，千百年来深受人们的崇敬和喜爱，他的足迹所至之处吸引了一代又一代人的瞻仰、凭吊。明代思想家李贽说："余谓李白无时不是其生之年，无处不是其生之地，亦是天上星，亦是地上英，亦是巴西人，亦是陇西人，亦是会稽人，亦是浔阳人，亦是夜郎人。死之处亦荣，生之处亦荣，流之处亦荣，囚之处亦荣，不游不流不囚不到之处，读其书，见其人，亦荣亦荣!"[①] 李白的出生之地，寓

---

① 见《焚书》卷五《李白诗题辞》。

居之地，题咏之地和李白传说的流传之地都对旅游者有很大的吸引力。毫无疑问李白的游踪是具有极高旅游价值的人文景观，同时也是自然景观，因李白一生在旅游中追求自然美，他所到之处自然风光都很美。人文景观与自然景观高度完美的结合，正是李白旅游资源的重要特色。

李白的游踪是旅游资源，那么李白的诗歌是不是旅游资源呢？笔者认为凡是与人文景观和自然景观相结合的李白诗歌也是旅游资源，或者说隐性旅游资源。旅游本身就是一种高层次的文化活动，旅游中产生的诗歌以艺术的形式再现自然美与人格美，对景点能起到点题、渲染、美化意境的作用，可以大大丰富旅游的内容，提高旅游资源的价值，增强对旅游者的吸引力。凡是经李白题咏过的名胜古迹，其知名度会更高，有些旅游景点之所以能吸引游客，主要是因有李白遗迹或经李白题咏过，如有了李白的《独坐敬亭山》，敬亭山才有人去游览；有了《赠汪伦》，安徽泾县的桃花潭才知名；大匡山、戴天山本来是岷山山脉千万座山头中最普通的山，因为是李白隐居处，写过《访戴天山道士不遇》、《别匡山》，才闻名遐迩，引来了一代又一代的游人。又如李白改九子山为九华山，方使名声远震，后来成为我国四大佛教名山之一。李白在旅游中，以他那如椽之笔，歌咏山水之美，缅怀古人，凭吊古迹，这就是十分丰富而珍贵的旅游资源。

李白诗歌对旅游者能起到启迪游兴，陶冶情操，增强审美意识，提高审美感受层次的作用。旅游活动也是一种审美活动，要形成具体的美的欣赏关系，有两个不可或缺的方面，一方面要有客观的审美对象——旅游景点；另一方面是审美主体——旅游者应具备相应的审美条件。审美主体的条件如何又决定旅游景观能否以及在何种程度上进入旅游者的审美视野，成为欣赏对象，决定着旅游者所获得的审美愉悦程度的高低强弱。在旅游中往往可以看到这样一种情况：在欣赏同一景观时，不同的旅游者的审美感受是很不相同的。这是由于旅游者——审美主体的审美条件各不相同。审美条件除耳、眼、鼻等审美感官外，主要是文化教养、知识储备，其中包括对李白等前代诗人的作品的熟悉程度。因为这些方面的差异，旅游的审美感受就会呈现出多层次性。李泽厚先生将美感分为“悦耳悦目”、“悦心悦意”、“悦神悦志”三个层次。所谓“悦耳悦目”是指耳、目为主的全部审美感官所经验的愉快的感受，是旅游者在与审美对象的直接交融中，不加任何思索便可感受到对象的美，唤起耳、目、鼻等感官的愉悦。如旅游者进入山中，看到满目青翠，听到百鸟争鸣，闻到野花飘香，得到了感官的愉悦。这是一种初级的审美享受，不具备较高的文化修养，不借助于文人题咏也可以得到，但其审美的感受是很浅薄的，只会说：“啊！多美呀！”而说不出为什么美？怎样美？如果熟知与旅游景观有关的诗文，那么这种“悦耳悦目”的美感就会大大加强。如李白青年时代写的《访戴天山道士不遇》，给我们展示了一幅恬静幽丽的画面，鲜艳的桃花，青翠的野竹，淙淙泉水声中传来几声犬吠，使人耳目为之愉悦。李白有许多生动形象地描写自然美景诗歌，如“竹色溪下绿，荷花镜里香”（《别储邕之剡中》），“山花如绣颊，江火如流萤”（《夜下征虏亭》），“渌水净素月，月明白鹭飞”（《秋浦歌》），“青萝袅袅拂烟树，白鹇处处聚沙堤”（《和卢侍御通塘曲》），“寒雪梅中尽，春风柳上归。宫莺娇欲醉，檐燕语还飞”（《宫中行乐词》）等等，这些诗句把自然界中最靓丽的色彩，最悦耳的声音，最优美的画面呈现在读者面前。李白最善于捕捉美，诗中有丰富的想象，生动的比喻，在旅游中欣赏这些诗肯定会使你“悦耳悦目”的审美感受更加深刻，更为强烈。

第二层次上的美感形态是“悦心悦意”。通过旅游景观有限的、偶然的、具体的感性形象，直观地领悟到其中较为深刻的本质的无限的意蕴，获得审美享受和情感的升华，进入一种观念上的欣快喜悦状态。这种愉悦已超乎于具体形象之外，在审美主体的自由的审美遐想中创造出“象外之象”，“景外之景”，得到精神上的美的享受，李白在旅游中处于这一层次的美感状态中写的诗歌是很多的。李白从小热爱大自然，崇尚大自然，有一种物我泯一的根基，在他欣赏自然景观时，对自然美有一种很敏锐的感受力，善于把握住自然景物中最本质的特征，而且把自己的情感以至整个身心融入自然美景之中，与自然浑然一体，如《独坐敬亭山》：“众鸟高飞尽，孤云独去闲。相看两不厌，只有敬亭山。”他把山拟人化，作为他的知心朋友，而他也要与山融为一体，进入一种无忧无愁，澄明纯净的精神状态。又如《清溪行》：“清溪清我心，水色异诸水。借问新安江，见底何如此？人行明镜中，鸟渡屏风里。向晚猩猩啼，空悲远游子。”清澈的江水已经不仅是“悦目”，而且可以“清心”，使心灵得到净化。以水作明镜，以山为屏风，也就是以山水为家，沉醉其中，忘掉了游子的悲愁。李白曾在白兆山中写道：“问余何事栖碧山，笑而不答心自闲。桃花流水窅然去，别有天地非人间。”（《山中问答》）诗中表达的正是一种“只可意会不可言传”的“悦心悦意”的美感经验。李白赞美自然风光，往往是把大自然作为丑恶污浊的对立面，纯洁美好的审美对象来写的。当他在丑恶污浊的现实社会中，济世安邦的宏伟抱负得不到实现，政治上遭到挫折，心灵上受到创伤时，便在自然美景中寻求乐趣，排解心中的愁闷，使心境变得恬静愉悦。如李白在庐山写的《日夕山中忽然有怀》：“久卧青山云，遂为青山客。山深云更好，赏弄终日夕。月衔楼间峰，泉漱阶下石。素心自此得，真趣非外借。”又如《独酌》：“落日不尽欢，恐为心所侵。独酌劝孤影，闲歌面芳林。清风寻空来，碧松与其吟。手舞石上月，膝横花间琴。”正是大自然的美景驱走了胸中的幽愤，使苦闷的心情变得澄明空寂。在旅游中结合有关景色，读李白的这一类诗，会使人心胸豁然开朗，忘却世俗的烦恼，获得心情的愉悦，这种愉悦感较之“悦耳悦目”，具有相对的持续性和稳定性，会给旅游者在心灵上打下牢固的美的印记。

第三层次上的美感形态是“悦志悦神”，是审美感受的最高层次。审美主体——旅游者，在观赏或秀美、或崇高、或静、或动的审美对象时，经由感知、想象、情感，尤其是理解等心理功能的交互作用，从而唤起精神意志上的振奋和伦理道德上的超越或完善。这种美感状态体现了审美主体的大彻大悟，体现了主体与审美对象之间的高度和谐统一。李白处于审美感受最高层次上写的诗最具特色，也是与其他山水诗人的不同之处。李白在一生的旅游中，面对巍峨雄伟的群山，奔腾不息的江河，东升西落的日月，生机盎然的花木，深感宇宙的永恒与人生的短暂，造化的伟大与人力的渺小，自然的可贵与名利的卑微，从而领悟人生的真谛，渴望返璞归真，回归自然，与天地冥合为一，使精神得到大解放、大自由、大超越。他在《日出入行》中写道：“日出东方隈，似从地底来。历天又复入西海，六龙所舍安在哉？其始与终古不息，人非元气安得与之久徘徊，草不谢荣于春风，木不怨落于秋天。谁挥鞭策驱四运，万物兴歇皆自然。羲和！羲和！汝奚汩没于荒淫之波？鲁阳何德，驻景挥戈？逆道违天，矫诬实多。吾将囊括大块，浩然与溟涬同科。”李白感悟到自己与自然，以至与整个宇宙合而为一，似乎达到了超道德的本体高度，也就是达到了“天人合一”的永恒与不朽的至高的审美境界。什么荣华富贵，什么升官发财，什么名利地位，都不过是微不足道的过眼云烟。《梦游天姥吟留别》就是以梦游的形式，将典型的山水之美集中起来描述，表现了诗人愿融入永恒的美好的大自然之中，要与权贵统治的污浊的尘世决裂，达到道德上的自我完善。

李白以阔大的胸襟，超越的眼光看大自然，描写创造出了许多壮美的形象。如写黄河长江之壮伟：“黄河西来决昆仑，咆哮万里触龙门！”（《公无渡河》）“黄河落天走东海，万里写入胸怀间”（《赠裴十四》）；“巨灵咆哮擘两山，洪波喷流射东海”（《西岳云台歌送丹丘子》);“登高壮观天地间,大江茫茫去不还。黄云万里动风色,白波九道流雪山”(《庐山谣》);“惊波一起三山动”,“涛似连山喷雪来!”(《横江词》)李白在他的这一类诗歌中所展现的崇高美真可以震撼人心。黑格尔说:“大海给了我们茫茫无定、浩浩无际与渺茫无限的观念;人类在大海的无限里感到他自己的无限时,他们就被激起了勇气要去超越那有限的一切。”① 旅游者在面对黄河、长江时,朗诵李白的这些动人心魄的诗句,会深深感受到黄河、长江那百折不回,敢于冲决一切险阻的力量,从而激起人们敢于战胜困难,超越一切的勇气。李白的千古绝唱《蜀道难》,对蜀道山水倾注了雄放壮烈的感情,以极端的夸张和非凡的想象描述蜀道之高峻惊险。何其芳先生说:“《蜀道难》描写了雄壮奇特的自然美,并进而创造了庄严美丽的艺术美。这样的自然美与艺术美,都可以丰富我们对祖国的河山和祖国的文学艺术的热爱。”②《蜀道难》的寓意深刻,可以从多方面去理解,因而历代争议颇多。我认为诗中既有对祖国山河的赞美,也有对当时社会危机和个人坎坷遭遇的感慨,还有对古代人民征服自然的豪情壮志的歌颂,在旅游中读《蜀道难》会使你热爱祖国山河的情感油然而生,还会给你增添无穷的力量,鼓舞你像敢于攀越和开辟蜀道的勇士那样,具有大无畏的意志、毅力和气概!总之,李白的诗歌会使旅游者得到悦神悦志的催人奋发向上的审美感受。这种高层次的审美感受具有伦理道德意义上追求超越、永恒、无限和必然的特质,这种特质是符合当前时代需要的,是有助于社会主义精神和物质文明建设的。

总之,李白诗歌在旅游审美过程中所起的作用是很大的。熟悉李白诗歌与不熟悉李白诗歌的旅游者,在旅游中的感受大不相同,不熟悉李白诗歌的旅游者,只不过在“悦耳悦目”这个最低层次上

---

① 黑格尔:《历史哲学》,生活·读书·新知三联书店,1956年,134页。
② 何其芳:《李白〈蜀道难〉——新诗话》,《文学知识》1959年3期。

徘徊，而要达到“悦心悦意”，特别是要达到“悦神悦志”的最高美感境界，要达到在旅游中陶冶情操的目的，则要借助于李白的诗歌。

作为旅游资源的李白诗歌，不仅限于严格意义上的山水诗。在李白诗歌中以描述山水美景为主的诗或者说记游诗是不多的。他的许多描写自然山水的佳句名篇往往出于抒情、送别、游仙、怀古以至于题画。如政治抒情诗《将进酒》：“黄河之水天上来，奔流到海不复回。”送别诗《送友人入蜀》、《峨眉山月歌送蜀僧晏入中京》，描绘了蜀中山水、峨眉山月。《送孟浩然之广陵》描写长江之壮阔。题画诗《观元丹丘坐巫山屏风》、《当涂赵炎少府粉图山水歌》等，生动地描述了巫山等地的自然美景。李白的怀古诗也很多，缅怀古代杰出人物，凭吊著名的历史遗迹，重现历史上惊心动魄的历史事件。如《乌栖曲》、《苏台览古》、《越中览古》，写吴越争霸之事，丰富了苏州、绍兴的旅游内容。李白对吕尚、屈原、张良、诸葛亮等杰出人物十分崇拜，《鞠歌行》、《江上吟》、《经下邳圯桥怀张子房》、《读诸葛武侯传书怀》等就是缅怀他们的，这一类诗在开发以人文景观为主的旅游资源中是要起很大作用的。

李白还有一些短小精妙的描绘山水的散文，如《剑阁赋》、《天门山铭》、《秋于敬亭送从侄游庐山序》等也是隐性的旅游资源。李白的遗迹、游踪及其相关的诗歌、散文，李白民间传说故事等，都可以称之为李白文化旅游资源，具备很大的开发潜力。

第三节　开发李白文化旅游资源，促进我国旅游业的发展

旅游业是当今世界上发展最迅猛的产业。我国旅游业起步较晚，但发展很快。十一届三中全会后，我国才进入了旅游业的春

天。1985 年国家确定把旅游业纳入国民经济和社会发展计划。“八五”计划又明确将旅游业列入第三产业重点发展序列之中；1978 年入境旅游人次仅 180 万，外汇收入仅 2.6 亿美元。至 2007 年入境旅游达 1.32 亿人次，外汇收入 419 亿美元，成为全球第四大入境旅游接待国。加上国内旅游收入 7771 亿元，全年旅游总收入为 1.09 万亿元人民币。首次突破了万亿大关。改革开放三十多年来中国旅游业发展之迅猛为世界所罕见。世界旅游组织秘书长弗朗切斯科预言：“中国将在 2020 年成为世界第一旅游大国。”来我国旅游的人数将超过到法国、西班牙、美国的旅游人数。我国面临旅游业发展的大好机遇，应积极开发李白旅游资源。我国的李白旅游资源开发有以下几个类型：

第一类：已经开发并带来了巨大经济和社会效益的。如江油、马鞍山、安陆、济宁四大李白纪念馆，分别为出生地、终老地、寓居地，自从建馆以来，吸引了大批海内外游客，大大促进了当地的经济文化建设。李白出生地江油，在 1982 年建成了李白纪念馆以来，已接待来自四十多个国家和地区的五百多万旅游者，召开了国际李白学术讨论会，举办了李白文化节，征集了一批李白文物，出版了《李白故里》、《李太白的故事》等书籍，为李白碑林征集了数千余件海内外著名书法家的作品，成立于 1984 年的李白研究学会开展了多次学术活动，这些都大大提高了李白故里的知名度，为进一步开发李白故里的旅游资源开了一个好头。李白终老之地安徽马鞍山，早在 1959 年就建立了李白纪念馆。近十多年来马鞍山市在开发李白旅游资源，团结海内外专家学者在李白研究方面做出了显著成绩。国际李白吟诗节，已持续十余年，并成立了马鞍山市李白研究所，由马鞍山市资助出版了《中国李白研究》论文集，每年出一集，已出了十余集，还有介绍李白在安徽的游踪诗文的专著、文集，如《李白在安徽》、《李白魂系青山》、《李白在当涂》等，1999 年又出了《李白与马鞍山》丛书四册，近百万字。马鞍山李白纪念馆所在地的采石公园和当涂的李白墓，经多次整修扩建，成为旅游胜地。海内外许多研究李白的专家和李白诗歌爱好者每年要去马鞍山旅游，旅游业已成马鞍山市的支柱产业。山东是李白住家较长的地方，山东济宁在太白酒楼的遗址上建立了李白纪念馆，也吸引了不少游客，在开发李白旅游资源方面成绩也是显著的。李白"酒隐安陆、蹉跎十年"之地，已于2002年启动白兆山旅游风景区项目。具体项目包括接待别墅、唐诗园、诗碑林、桃花园、仿古一条街、白兆寺、李白茶社等。之后又启动了"李白纪念馆续建工程项目"，将李白纪念馆扩建成集旅游游览、影视创作、休闲娱乐于一体的文化服务中心和研究李白的资料中心。四大纪念馆还应进一步加强联系，相互促进，充实展览内容，以纪念馆为中心，辐射周围的李白旅游景点，建成李白旅游线，吸引更多的游客。

第二类：已经是著名的旅游地，但有关李白游踪及其诗歌还未作为旅游资源加以开发。如黄山、泰山、峨眉山、庐山已列为世界自然与文化遗产，也是现在我国的旅游热点，李白曾在这几大名山游览并留下诗歌，但这些景区并未把李白游览过、题咏过的地点明确地标出来，应当增加一些李白诗亭、诗碑之类的纪念性建筑，在旅游纪念品上也可以镌刻或印制李白在当地的题诗。黄山的白鹅岭就可以立一块《送温处士归黄山白鹅峰旧居》诗碑。在庐山秀峰瀑布的峭壁上，可以刻写《望庐山瀑布》。峨眉山的万年寺可以建一亭，标明"李白听蜀僧弹琴处"，并将李白题咏峨眉山的诗刻在亭内。泰山的摩崖石刻书法闻名于世界，但仅在南天门侧崖上刻写有"天门长啸"，应当将李白的《游泰山六首》完整地刻写出来。名山再刻上李白的诗，可以起到"画龙点睛"或"锦上添花"的作用，可以大大增强旅游者的审美感受。西安也是我国的旅游热点，秦兵马俑、汉唐陵阙最吸引人，而有关李白的游踪就没有得到应有的重视。李白曾二入长安，在长安写了不少的诗，留下来不少传说，最著名的是醉写《清平调》，故可以在兴庆宫的沉香亭下立李白诗碑。在仿唐一条街上可以专开一家太白酒家，将李白诗装饰在内，使游人领略一番“李白斗酒诗百篇，长安市上酒家眠，天子呼来不上船”的韵味。李白第一次入长安时，曾在终南山楼观台附近的玉真公主别馆住过，可以在楼观台开辟李白旅游景点，丰富西安的旅游内容。

第三类：虽有丰富的李白旅游资源，但尚未开发或开发很不够。李白的游踪很广，题咏山水的诗很多，而现在开发成为旅游热点的地方还占少数。就四川而言，四川是李白出生后生活了25年的地方，李白的游踪遍布全川，已如前述。但许多地方仅仅是旅游资源，还没有转化为旅游商品。李白的出生地——江油青莲镇，至今还无接待中外游客的能力，雍尊师的太华山都是自然景观与人文景观相结合的旅游价值很高的旅游资源，李白在这些地方都留有诗篇，也是珍贵的旅游资源，特别是《访戴天山道士不遇》更是脍炙人口，许多版本的李白诗选都将这首诗列为第一篇，传诵于国内外，读了这首诗都想来一睹戴天山——大匡山的美景。遗憾的是这里的树木在1958年“大炼钢铁”中遭到毁灭性的破坏，匡山书院、大明寺、戴天山道观也仅存瓦砾，以致来此考察李白遗踪的学者否认此处是李白隐居读书处，把匡山、戴天山搬到青城山去。不过这些情况已有所改变，近十余年来实行山林承包，植被开始恢复，戴天山下有大片竹海和3000亩面积的辛夷树林，开花时蔚为壮观，戴天山上还可观日出云海。大匡山麓的白鹤洞、白汇溪有李白访白鹤大仙的美丽传说，有建在三百多米高的峭壁上的玄中寺，其自然景观具有幽、秀、奇、奥等特点，飞泉、碧潭、瀑布、峭壁、怪石、奇岩……一步一景。这些地方尚无任何旅游项目，无法接待旅客，有些地方甚至无路可走。李白访江油县尉途经的百余里涪江峡谷，集险、峻、幽、奇诸特点，山高谷深，峡谷深达一千米以上，除长度、规模不及长江三峡外，其雄伟壮观完全可与三峡媲美，在景观的变化，与森林景观、溶洞景观的配搭以及环境状况等方面皆超出长江三峡。三峡有脍炙人口的《早发白帝城》，而涪江峡谷是李白代表作、震撼心灵的《蜀道难》的酝酿处，因而其旅游价值不亚于长江三峡，现在长江三峡划入重庆市后，涪江峡谷当之无愧为四川第一峡。这里正在修建武都水库，水库建成后湖光山色更为壮美，现已列入江油市旅游规划开发的重点旅游资源。李白访江油县尉处，今属平武县南坝镇，尚存李白读书台遗址，有叮当泉，即李白诗“岚光深院里，傍砌水泠袊”描写的地方，这些景点处于成都至九寨、黄龙的黄金旅游线上，但尚待开发。李白去梓州（今三台县）长平山安昌岩拜赵蕤为师，从学岁余，至今尚存赵岩洞、濯笔溪等遗迹，就在三台县城边，附近有琴泉古寺、凤凰山森林公园，是很有旅游价值的尚待开发的旅游资源。峨眉山、乐山大佛已被联合国教科文组织列为人类自然和文化双重遗产，已成为旅游热点，但是其中的李白旅游资源——李白在峨眉山、平羌江的游踪及题诗在景区建设中未引起应有的重视。安徽、山东、湖北、河南等省是李白流连时间比较久的地方，也还存在着许多尚待开发的李白旅游资源，这需要当地有关部门积极行动起来，把李白旅游资源转化为旅游产品。

第四类：学术界尚有争议的李白游踪，影响了旅游资源的开发。如李白是否到过流放地——夜郎。自曾巩在《李白集序》中说李白流放“至巫山，遇赦得释”以来，似乎李白未到过夜郎已成定论，但也有人对曾巩之说提出异议，如《黄山谷内集诗注》“梦李白相见于山间曰：‘予往谪于夜郎，于此闻杜鹃。’”明清的《一统志》也肯定李白到过夜郎。清代的张澍、黎庶昌等专门考证了李白确至夜郎。20 世纪 80 年代以来又一次出现对李白是否到过夜郎的学术争鸣。不论文人们如何争论不休，但夜郎人民一直是怀念李白的，十分珍视李白的遗迹，李白在夜郎居住过的地方叫“太白宅”，取水处叫“太白井”，走过的桥叫“太白桥”，还有“太白闻莺处”，又专门建立“怀白堂”、“太白书院”纪念李白。李白在夜郎写的诗被刻成碑，并建亭保护，这亭开初叫“太白碑亭”，这些李白遗迹一代代地传下来，真叫做“因之处亦荣，流之处亦荣”。不少文人墨客前来凭吊、题诗，这些诗又被刻在石碑上，立在“太白碑亭”近旁，到清代时诗碑已是数以百计，于是这里就叫“百碑亭”，碑愈来愈多，来参观的人也多。然而过往的官吏要当地人民准备人夫轿马，还要好酒好菜招待，走时又索要土特产，使当地人民不堪其扰，于是选了两块李白题写的诗碑，立在20里外的驿道旁，其余的则深埋地下，从此很少有官吏来借参观扰民。两块李白题写后又翻刻的诗碑至今尚存桐梓县新站。历史形成的李白旅游景点是客观存在着的，并不因有部分学者不承认李白到过夜郎而消失。不过，学术的争论也影响了桐梓县李白旅游资源的开发，怕被说成是“假古迹”。其实认为不应因学术界的争论而影响旅游资源的开发，隔了一千多年的事很难在一时争论清楚，也不可能指望谁来“一锤定音”，不可能等到争论得出结论再决定是否开发。只要有世代流传下来的李白遗迹，有李白题咏，有李白传说，就可以作为李白旅游资源进行开发，在写旅游景点说明时，不妨将学术界的不同看法客观地介绍出来。为避免官吏骚扰被迫埋入桐梓地下的上百块诗碑，如果发掘出来，肯定具有很高的旅游价值和学术价值，一定能吸引不少游客。

李白究竟几次到万县、过三峡，在学术界也有争议。不过，三峡的景点被李白题咏过，万县是李白寓居过的地方，这是肯定的。早在明代万县就有太白祠，现在应当重建起来，重点陈列李白在三峡的事迹及题诗，不同观点可以在陈列说明中客观介绍。三峡地区的巫山阳台、青莲铺、青莲河等李白旅游资源也很有开发价值。

总之，不论属于哪一类李白旅游资源，都亟待开发或进一步开发。对开发李白旅游资源提出以下建议：

1. 规划“李白之旅”旅游线路。旅游资源开发的首要原则是独特性原则，著名的旅游景区都是以其独具的气质和特色而吸引天下游客的。“人无我有”，唯我独具的景观对旅游者的吸引力最大。例如江油的李白之旅，就有独特性，李白的诞生处只有一个，这就是四川省江油市青莲镇，李白青年时隐居读书处只有一个，这就是江油市大康镇的大匡山，虽有人因慕李白之名对此两处争夺，但客观历史事实是改不了的，我们要理直气壮开发李白故里的旅游资源，充分发挥唯我独具的优势。李白在四川留下的遗迹有数十处，有关传说有数十则，李白的蜀中诗及怀念蜀中的诗有数十首，这些旅游资源开发出来完全可以形成“李白之旅”，以江油李白纪念馆为“李白之旅”的核心。以青莲镇李白故里，大匡山、戴天山、百汇溪为重点，辐射周围县市，包括绵阳李杜祠、三台长平山、梓潼五妇山、涪江峡谷、平武南坝镇、北川禹穴沟各景点连点成线，综合开发。“李白之旅”的线路规划，可请研究李白的专家参加，对李白遗迹进行考证，增强旅游资源开发的科学性。根据旅游资源开发的综合性原则，在开发李白旅游资源，突出自己的重点的同时，也要结合开发其他类型旅游资源，如“三国之旅”，民族风情之旅等，以满足旅游者更广泛的需求。“李白之旅”还要和已经成旅游热点九寨、黄龙、峨眉山联合起来，共同开发，共促繁荣。

2．多方筹集资金，加快旅游基础设施的建设。把李白旅游资源转化为旅游商品，需要大量资金，仅靠政府投资显然不行，可以吸引外部资金。恢复李白旅游景点，建设旅游服务设施和旅游基础设施如商店、旅馆、道路等，使之有能力接待旅游者，其投入必然能很快回收。

3．加强宣传，把“李白之旅”推向世界旅游市场。举办国际李白文化节，召开国际性学术讨论会，编印图文并茂的“李白之旅”的宣传品，制作“李白之旅”光盘，通过电视转播，或在各大城市设“李白之旅”宣传橱窗，张贴广告，请国内外记者、旅行批发商来访问等方式。此外，互联网是我们生活中不可或缺的部分，利用互联网，可以起到传统媒介无法企及的作用。1999 年 5 月在浙江新昌县“99新昌旅游节”举办之时，召开了“李白与天姥”国际学术讨论会，由新昌县政府出资，请来了欧、美、澳、亚四大洲7个国家的10位知名学者，还请了本国（包括港、澳、台）的李白研究专家41位，考察了李白梦游的天姥山，和李白游览过的剡溪、天台山，为《天姥山碑》举行了揭幕仪式。在会上倡议成立“中国浙东唐诗之路研究会”，建议开发“浙东唐诗之路”旅游线路。这些活动把李白学的基础研究与应用研究结合起来，把学术考察与李白旅游资源的开发结合起来，使李白研究为当地的“两个文明建设”服务。召开高规格的国际性的学术讨论会本身也是一种旅游宣传，提高了李白旅游资源的国际知名度，可以吸引更多的海内外旅游者加入“李白之旅”。浙江新昌的经验值得借鉴和推广。

4. 注意景区的环境保护。保护与开发相结合，使旅游景区能持续发展，是旅游开发的基本原则。在开发李白旅游资源时，切忌盲目乱建，人为地破坏自然景观和历史景观，破坏生态平衡。在搞旅游基础设施和服务设施时，必须做统一规划，使李白遗踪能原汁原味地呈现给旅游者。

5. 把李白诗歌赏析与旅游结合起来。旅行社在组织“李白之旅”时，要培训导游熟悉李白诗歌，结合实地实景朗诵讲解李白诗歌。也可以请相关的专家，在实地实景赏析李白诗歌，把文学与旅游结合起来，既提高了旅游景点的文化品位，又提高了旅游者的审美能力，达到在旅游中陶冶情操的目的。江油李白纪念馆组织的“李白之声”活动，吟唱李白诗歌，朗诵李白诗词，配以唐代音乐和舞蹈，颇受中外游人的欢迎。

6. 整合旅游产业。旅游产业的整合是指在市场经济条件下，进行结构性调整，优化旅游资源的组合，形成发展的合力和竞争优势。旅游产业整合包括产业内部整合和外部环境整合。内部整合主要指旅游行业内部、旅游产品、旅游发展的区域布局、旅游营销、旅游信息资源等方面的整合。外部环境的整合主要指旅游产业运行环境（法制、政策、体制等）的整合，主要靠政府的力量。现在李白文化旅游还存在各自为政，甚至相互争斗的情况。因此应加强联系，共同构建“李白文化之旅”的营销平台。李白的遗迹游踪遍布全国十余个省市，特别是其出生地（江油）、寓居地（湖北安陆、山东济宁、兖州）、终老地（安徽马鞍山）留下的遗迹最多。要进行整合，提高规模效益，集中力量打造统一的品牌，联合进行“李白文化之旅”的宣传和营销，联手将“李白文化之旅”推向全世界。

在开发过程中，我们治李白学的同仁们是大有作为的，在调查、评估旅游资源，规划旅游景点和路线，培养旅游业管理人才和导游等方面，都可以作出我们的贡献。

附 录

李白与民俗文化

民俗文化是指广泛流传于民间的各种风俗习惯的总称。“民俗文化的范围，大体上包括存在于民间的物质文化、社会组织、意识形态和口头语言等各种社会习惯、风尚事物”①。民俗文化是属于广大人民群众的下层文化，是整个民族文化的基础。李白除受上层文化的教育外，更多地受到唐代民俗文化的熏陶，在民俗文化中吸收营养。在民俗文化熏陶和孕育下成长起来的伟大诗人李白，受到了当时和后世人民的崇敬和怀念，在这一历史过程中，逐步形成了李白民俗文化。李白民俗文化至今仍存在于民间，对此应予以重视和研究。

一、民俗文化哺育了李白

李白从小受到巴蜀民俗文化的熏陶。雄伟壮丽的巴山蜀水，孕育了丰富多彩而又瑰丽神奇的神话。我国最早最完整的神话集《山海经》中的四篇《海内经》，五篇《大荒经》就是有关巴蜀的作品。在《蜀王本纪》、《华阳国志》、《述异记》及大量的地方志中

① 钟敬文：《民俗文化学：梗概与兴起》，中华书局，1998年。

也保留着许多神话，如蜀人祖先蚕丛、鱼凫的传说，鳖灵死而复生，望帝化为杜鹃，彭祖、王乔成仙而去，苌弘之血化为碧玉，大禹治水化为熊，瑶姬为帮助大禹治水，五丁力士开道等等。这些神话一代又一代在巴蜀民间流传，对在蜀生活了二十五年的李白产生了深远影响。李白从这些神话中汲取了丰富的养料，在他的诗歌中引进大量神话传说，如其代表杰作《蜀道难》就引用了蚕丛、鱼凫和五丁开道的神话故事。《公无渡河》引用了大禹治水的故事。《古风》之五十八和《感兴》之一引用了瑶姬的故事。《宣城见杜鹃花》则隐含着杜宇化鹃的神话。巴蜀的这些瑰丽的神话故事对形成李白的浪漫主义的艺术风格也有深刻的影响，使他的诗歌显得飘逸、豪放、瑰丽，“飘飘然有凌空驭风之意”。

唐代的巴蜀，民歌、民谣十分盛行。流寓于巴蜀的杜甫说："万里巴渝曲，三年实饱闻。”（《题新赁草屋》）巴蜀的民歌也影响了李白的诗歌创作。在川西北流传着《绵州豆子歌》：“豆子山，打瓦鼓，阳平山，撒白雨。撒白雨，娶龙女。织得绢，二丈五。一半属罗江，一半属玄武。”这首民歌以比喻手法描写了夏天的雷阵雨，使小河暴涨，形成瀑布的壮观景象，语言形象、生动、自然、流畅、饶有风趣，使用了顶真修辞。这首民歌至迟产生于隋代，李白的诗歌的风格明显受其影响。如《白云歌送刘十六归山》：“楚山秦山皆白云，白云处处长随君。长随君，君入楚山里，云亦随君渡湘水。湘水上，女萝衣，白云堪卧君早归。”李白的《巴女词》也是拟巴地民歌之作。诗中说的巴水应指嘉陵江、川江（四川境内的长江段），巴女指居住于川东的妇女。《上三峡》“三朝上黄牛，三暮行太迟。三朝又三暮，不觉鬓成丝。”就是从古民谣“朝发黄牛，暮宿黄牛，三朝三暮，黄牛如故”化用而来。李白善于向民歌学习而拟新作，使民间文学得到升华。他漫游全国各地，很注意从当地民歌中汲取养分，“他到了荆州，就学习当地民歌，写了《荆州歌》。他到了江夏，就学习当地的民歌，写了《江夏行》。到了金陵，就学习当地的民歌，写了《长干行》。到了越中，就学习当地民歌，写了《越女词》。到了襄阳，就学习当地的民歌，写了《襄阳曲》、《大堤曲》。从他写的《杨叛儿》、《白纻辞三首》可以看出，他在随时随地学习当地民歌的同时，又上溯到汉魏六朝乐府，学习古代民歌”①。李白诗歌中最光彩夺目的是歌行，而歌行就是他创造性的学习和发展古乐府民歌取得的重大成就。

李白从唐代民俗生活中汲取了大量诗歌创作的素材，把当时的民俗生活给以诗化的表现。如《长干行》、《杨叛儿》、《越女词》就讴歌了江南女儿的风情。《下终南山过斛斯山人宿置酒》不仅描绘了幽美寂静的山乡风光，也描写了山里人热情好客之风。此外如《宿五松山下荀媪家》、《赠汪伦》等，把唐代农村那种淳朴好客之风写得十分感人。

唐代的民俗文化精神铸就了李白的思想、性格。社会风气或者说世风是民俗文化的内核和本质。盛唐时期经济繁荣，政治开明，国力强大，文化昌盛，与之相适应的社会风气是积极进取，乐观自信。这种社会风气集中体现在当时士人的风尚——士风：以天下为己任，渴望为国家建功立业，不畏艰苦，不甘沉沦，努力奋进。这种所谓的“盛唐气象”对李白的人生观、价值观产生了深远的影响，特别是唐代民间的侠文化对李白的影响更深。这对李白的思想、性格的形成有十分重大的影响。侠士生活于民间，轻财重施，扶危济困，重义轻利，路见不平，拔刀相助。侠士受到民间普遍的欢迎和尊崇。巴蜀地势险要，民风强悍，自古出侠士，在唐代时侠风很盛。陈子昂就出生在世代以豪侠著称的家庭，他本人也是“驰侠使气”。李白的老师赵蕤也是一个任侠使气的人物。李白从小在侠文化气氛很浓的巴蜀生长，他父母亲从西域迁徙而来，西域的尚武之风，也必然影响李白，形成了他的豪侠性格。他自述“结发未

---

① 安旗：《李白研究》，西北大学出版社，1987年。

识事，所交尽豪雄……托身白刃里，杀人红尘中”（《赠从兄襄阳少府皓》）。刘全白说李白“少任侠，不事产业”。范传正也说李白“少以侠自任”。25 岁时“仗剑去国，辞亲远游”，他的同行好友吴指南病故，他背负其尸骨，“丐货营葬于鄂城之东”。东游维杨，“散金三十余万，有落魄公子，悉皆济之”。这些都是豪侠之举。李白的豪放不羁，傲视权贵，同情弱者的叛逆性格，也是豪侠之气的一种表现，可以说他的一生为人行事始终不脱侠气。他的诗歌有不少篇歌颂侠士或豪侠行为，如《侠客行》、《结客少年场行》、《白马篇》、《行行且游猎篇》、《东海有勇妇》、《少年行》等。在李白身上体现了儒、道、侠的结合，这正是知识分子理想的人格，豪侠尚武，恰好弥补了儒者最为缺乏的阳刚之气。李白身上的豪侠之气，既是受民俗文化影响的结果，又是使他与民间保持着密切联系，从而受到民众的尊崇的原因。

综上所述，民俗文化为李白提供了诗歌创作的素材，影响了李白诗歌创作的风格，也深刻地影响了李白的思想和性格，正是民俗文化哺育了李白。

二、李白民俗文化的形成及其内容

在历代文人中存在着“千家注杜”和“一李九杜”的现象，即研究杜甫诗歌者大大超过研究李白诗歌者。而在民间却存在着“一杜九李”、“万口说李”的现象，表明李白在民间的知名度大大超过杜甫。李白在世时名声很大，崇拜他的人很多，用现在的话说，有一大群“追星族”崇拜他，如魏颢为了见李白，追了几千里，从北方追到南方，从吴越追到扬州，才见到李白，两人一见竟成了忘年之交。明代的思想家李贽说，李白“死之处亦荣，生之处亦荣，流之处亦荣，囚之处亦荣，不游不囚不流不到之处，读其书，见其人，亦荣亦荣”。广大民众之所以崇敬李白，主要是因为他具有人民大众所理想的各种美德。他行侠好义，扶危济困，蔑视权贵，笑傲王侯。一介布衣凭自己的勤奋和才华，“名动京师”，让最高统治者皇帝“降辇步迎”，“御手调羹”；使炙手可热的高力士脱靴、贵妃捧砚，这真使广大受压迫民众扬眉吐气。李白的诗歌艺术成就最高的是乐府诗，源于古乐府民歌，风格豪迈飘逸、雄奇奔放、清新自然，摆脱律诗的束缚，普通民众易于接受，喜爱吟诵。受到民俗文化哺育的李白，理所当然地受到民众的歌颂和崇敬。在千余年来民众崇敬李白的过程中，逐步形成、发展的习惯性的民间文化，我们可以称之为李白民俗文化。

李白民俗文化的内容包括：物质、行为、语言和信仰等方面。

（1）物质方面：纪念李白的祠堂、庙宇、雕塑及其他遗迹。李白一生漫游全国各地，留下了大量的遗迹游踪，人民出于对李白的崇敬和怀念，在这些地方建祠、立庙，供李白塑像，挂李白画像；文人墨客前来凭吊，又留下怀念李白的诗文。经千余年来的积淀，形成了若干李白文化景观。据王琦《李太白文集》附录的李白遗迹有40余处。《李白大词典》收录李白胜迹50处。事实上远远不止此数。在李白故里江油就有20余处；青年李白在蜀中“来往旁郡”，留有遗迹10余处；在李白成婚的安陆有18处；在李白寓家的山东有10余处；在李白终老之地马鞍山有22处；在李白流放地夜郎（今贵州桐梓）有太白宅、太白井、太白桥、太白闻莺处、怀白堂、太白书院和太白碑亭等7处。此外在李白足迹所到的甘肃、陕西、河南、河北、山西、湖南、湖北、江苏、浙江还有大量的李白遗迹，总计不下百处，其遗迹之多，在历代文人中是绝无仅有的。纪念李白的太白祠、太白楼就有14处。太白祠、太白楼历史最悠久的是李白故里江油和终老之地马鞍山。传说李白故乡的人民，在李白被召入皇宫，醉草答蕃书，封为翰林时，就为他在家乡盘江河畔建了翰林府，等待太白归来，可惜李白一直未回家乡的翰林府住过，后来也就废圮了。到了北宋时，家乡人民为纪念这位为家乡增辉的伟大诗人，又在翰林府附近建立起了一座纪念性建筑——太白祠。经历千年沧桑，屡废屡兴，现存的古建筑是清代乾隆年间重建的。在江油的太白祠还有彰明太白祠：彰明原为县城，李白在此做过小吏。宋代在彰明城南建立太白祠，现存的北宋杨遂立的《唐李先生旧宅碑》就曾立在这里。明末清初太白祠被毁，乾隆年间又在城内南街建太白祠和青莲书院。

大匡山太白祠：据现存的北宋宣和年间立的《谪仙祠堂碑》云："匡山，唐谪仙之祠堂在焉"，可见在北宋宣和之前已有太白祠。

供奉李白的殿堂还有青莲陇西院中的太白殿、青莲场中街的太白楼、月圆村的文风阁、小匡山读书台上的太白殿、戴天山道观的太白金仙殿等。

马鞍山市当涂县青山李白墓前，在北宋时就有太白祠，经多次兴废，至今犹存。在采石江边的李白衣冠冢前，北宋时始建太白祠。明代始建谪仙楼（太白楼）。清康熙元年，与太白祠合并，为现在马鞍山李白纪念馆的基础。

山东济宁的太白酒楼，相传为李白寓居山东时所建，一直传留至今，历代题咏甚多。在安陆有太白堂和太白楼，为明清时所建。在安徽铜陵、湖北汉阳也有太白祠，安徽歙县有太白楼。此外，李白与其他文化名人合祀的李杜祠、二贤祠、名贤祠之类还有若干。李白读书台或太白书堂，据不完全统计，有八处之多。在这些太白祠、太白楼和太白读书台中都有李白塑像或画像，接受民众的崇祀。最具特色的是李白故里青莲的木雕太白楼，民间叫太白架，实际上是用香樟木雕刻的一座七层木塔，两米多高，供奉有李白像。木雕太白楼不仅仅是精美的工艺品，也是太白故里的人民对神化了的李太白顶礼膜拜的偶像。每年正月十六日，当地百姓都要抬着太白架游行。

（2）行为方面：民众为表达对李白的崇敬之情，每年定期举行隆重的祭祀李白的典礼和热闹的庙会。据马鞍山市的地方志记载，每年清明节有上万民众到当涂青山李白墓祭祀、扫墓。南宋绍兴年间，郡守赵松年规定每年清明节前一天为李白墓的扫墓日，此后当地士庶前往李白墓祭祀扫墓成为习惯性的民俗活动。《李白在安陆》[①] 一书中收录有清代《祭唐供奉翰林李青莲先生文》，可见在安陆也有祭祀李白的活动。李白故里江油的祭祀李白活动非常隆重、热闹。根据《彰明县志》记载，每年农历十一月十五日，是李白的诞辰，彰明县的地方官出面，带领百姓举行隆重的祭祀李白的典礼，“岁以仲冬望日致祭，主祭官公服诣（太白）祠。祭品帛一、羊一、豕一、笾四、豆四、尊各一、爵三。行二跪六扣礼”。主祭官朗读祭文。官方主持的祭祀李白的典礼，在彰明县城的太白祠举行，只不过是揭开了一年一度纪念李白活动的序幕。更为热闹的规模宏大的民间纪念活动——太白长寿会（简称太白会或长寿会，长寿会是希望李白永远活在人们的心中的意思），就在李白出生地青莲举行，这完全是由民间团体主办的民间活动。每年腊月十六日，将青莲文昌宫中的太白架和木雕文昌像抬到庙前，接受百姓朝拜；由公推会首募集资金，定做各种彩灯，做好太白会的准备工作。正月初一，百姓要到陇西院中拜李白。这一天在天宝山上人山人海，各地小商贩和各种小食也在这里营业，这实际上是陇西院的庙会，称为迎春会。太白会的正式会期在正月十六日。上午在礼炮锣鼓声中，以太白架为中心的游行队伍出发，游行队伍中还有一组鸾架、八个高台，每个高台上由两个十岁左右的小孩身穿戏装，扮“太白醉写”等川剧形象，之后是太白架、文昌像、唢呐队、川剧乐队、采莲船、龙灯、狮灯等。游行队伍要走遍青莲场的大街小巷，每家门口有香案，向太白架、文昌敬香鸣炮。上午的游行持续约四小时。傍晚约 7 点，第二次游行开始，游行队伍的组成与上午不同的是：八个高台不是由小孩组成，而是由彩灯组成，内容仍然

① 朱宗尧：《李白在安陆》，华中师大出版社，1986 年。

是八台川戏，这些彩灯扎得栩栩如生，如“太白醉写”把李白蔑视权贵和高力士狼狈不堪的神态表现得活灵活现。晚上的龙灯特别活跃，烟花闪耀，鞭炮齐鸣，赤膊的舞龙者在火花中翻腾跳跃。至深夜将各种彩灯焚化，太白架和木雕文昌像仍然抬回文昌宫供奉。太白会的参加者不仅是青莲的民众，也有青莲周围的各场镇民众，甚至有绵阳、安县、彰明、中坝等地的民众数万人。太白长寿会是太白故里的一年一度，习以为常的盛大节日，从准备工作开始算，时间长达一个月。此外，每年农历三月初一至初三，在青莲太华山罗汉洞举行庙会，传说李白和李月圆每年三月初三要到太华山罗汉洞踏青，又说少年李白曾在这里放牛，还留有“牛踩石”的遗迹。以后每年三月初三有不少人去太华山踏青，这就形成了庙会，到时周围百里的民众在此赶会，买卖百货、农具、耕牛等。青莲罗汉洞庙会一直延续至今。

语言方面：有关李白的传说故事、戏剧在民众中长久流传。在中国古代文人中，李白的传说故事最多，流传最为广泛。早在李白在世时就有他的传说，如“长庚入怀”、“谪仙人”等。有关李白的传说最多的在李白的故乡江油。据初步调查，现在青莲的老年人还能讲述的故事有：“太白出世”、“放牛坪”、“牛踩石”、“沙滩习字”、“铁杵磨针”、“吟诗惊四座”、“诗镇石牛”、“醉写公文”、“观涨续诗句”、“蒲花井”、“罗汉洞”、“点灯山”、“白鹤洞”、“灯笼洞”、“斗白龙”、“醉草答蕃书”、“华阴倒骑驴”、“骑鲸升天”、“陨星回故乡”等五十多个故事，几乎涵盖了李白一生，其中少年李白的故事比较多。讲这些故事的老年人文化程度都不高，他们的故事是从他们的老一辈口中世世代代传下来的，没有经过文人加工，也就是说是地道的民间文学，是李白民俗文化的重要内容。在李白游踪所到之处，也流传着他的许多故事。在唐宋以后的一些笔记小说中，在地方志中都记载有不少李白的传说故事。这些传说神化了的李白，是民众心目中的李白，或者说民众按自己的理想重塑了李白，与历史真实的李白有一定差异。如“并州救郭子仪”、“高力士脱靴”，据学者考证此种事不可能发生，但民众对这样的事津津乐道。在李白传说故事的基础上，文人们写成戏剧，在民间久演不衰，使李白故事在民间流传更广。据现在所知，早在元代就有《李太白贬夜郎》、《李太白匹配金钱记》等六部戏曲作品。明清两代各有十部①。有关李白的川戏《太白醉写》、《沉香亭》、《金马门》等长演不衰。

精神方面：李白是中国士人崇拜的偶像。李白傲视权贵，追求个性自由的精神，成为中国士人推崇的精神。在封建专制制度禁锢下的士，在内心深处有一种争取独立人格和抗衡权贵的愿望，而李白傲视权贵，追求个性自由的精神，恰好代表了他们美好的愿望。“安能摧眉折腰事权贵，使我不得开心颜”，呼唤出了中国士人共同的心声，引起士人们的共鸣。民众对李白的崇敬已上升为宗教信仰，也就是把李白从人变成神。在他们世代传说中都是说李白是太白金星下凡，因而李白本来就是天上的神仙。在几座太白祠中，在戴天山的道观中，都供奉着李白，他们把李白尊称为“太白金仙”，属于道教系统的神祇。青莲人也把李白尊称为“太白菩萨”。这一称呼是受了佛教的影响。他们认为“太白金仙”或“太白菩萨”能保佑平安，能保佑儿孙聪明，读书有成。所以除了在每年的太白长寿会和迎春会上对李白顶礼膜拜外，平时初一、十五要去太白祠或陇西院向李白敬香或许愿、还愿。李白成了青莲人的精神寄托。

三、李白民俗文化的承传性、变异性

民俗的承传性和变异性是民俗的基本特征。民俗是历史的文化

① 朱玉麒：《戏曲作品中的李白形象研究》，《千年诗魂　蜀道李白》，四川大学出版社，2003年。

积累，靠人们的行为和口述，一代又一代地承传下来。当民俗一旦形成，就具有相对的稳定性和延续性。美国著名人类学家露丝·本尼迪克特说："个体生命史首先要适应他的共同体世代相传的方式和标准，从他出世时候起，他生入其中的风俗习惯，就塑造他的经验和行为。到他会讲话时，他已经成为他所属文化的小小创造物。到他长大并且能参加他的活动时，它的习惯就是他的习惯，它的信念就是他的信念。"① 一个人从出生到成年，都处于周围风俗习惯的浸染和熏陶之中，这种浸染和熏陶在潜移默化中进行，他会自觉或不自觉地去模仿，这样民间的风俗习惯就一代代地延续下去。民俗又具有变异性，社会是不断发展变化的，民俗也会随着社会的发展而在内容和形式上发生变化。这种变化是受社会、政治、经济、生活等多种因素的影响。不过民俗无论经过多么复杂的变化，其核心和"母题"部分仍然顽强的保留着。长时期形成的人们的共同的心理因素，决定了人们中对世世代代流传下来的风俗习惯不会轻易放弃。李白民俗文化也具有承传性和变异性的特征。以崇拜李白为核心的民俗，其形成应当从李白出名就开始了，李白被召入京，故乡人民就为他建翰林府。李白去世不久，就有于邵在李白故居立碑。北宋时期，在彰明县、青莲、大匡山和当涂县青山建太白祠，相应的祭祀活动就开始了。以后虽经多次战乱使太白祠被毁，但当社会安定之后，太白祠又重建，一年一度的祭祀活动又恢复，历史的承传有千年之久。山东济宁的太白酒楼相传为李白创建，历经千余年犹存，这些都能说明李白民俗文化顽强的承传性。

在极"左"思潮时期，原有的一些民俗活动终止，如李白故里的太白长寿会和祭祀典礼不再举行。特别是在"文革"浩劫中，李白遗迹遭到破坏，李白塑像当做"四旧"被毁，造成无法弥补的损失。不过，李白民俗文化的核心和"母题"——崇敬李白，还顽强

① 转引自克里斯迪安：《哲学探奇术入门》。

地保留在人民的共同心理中。他们要千方百计保存李白民俗文化，关于李白的传说故事，还在民间流传。纪念李白的建筑，千方百计给予保留。如李白故居的大门在“文革”时被红卫兵当“四旧”破除，要铲除“陇西院”三字。当地的萧吉洲老人机智地建议：用草坭将字抹平，上面写“毛主席万岁”的标语，这样终于把陇西院大门的珍贵文物保留了下来。

党的十一届三中全会后，拨乱反正，国运中兴。在新的历史时期，李白民俗文化得到了承传和较大的发展。表现在：（1）李白纪念馆的兴建和扩建。全国有四川江油、安徽马鞍山、山东济宁、湖北安陆等四处李白纪念馆。马鞍山李白纪念馆成立于1958年，江油李白纪念馆筹建于1962年。不过这四大纪念馆都是到1978年后才得到真正的扩建和充实展品。江油李白纪念馆于1982年正式开馆，在多年的建设过程中，不仅有国家财政拨款，更多的是各企事业单位和台湾同胞的集资捐建。一大批海内外著名书画家、学者、知名人士，热情地向李白纪念馆捐书、捐款、捐字画。形成以政府为主导，民间为主体的运营模式。没有李白故里人民和海内外炎黄子孙对李白的崇敬和热爱，就没有江油李白纪念馆。全国的四大纪念馆，融学术研究、陈列收藏、文化交流、旅游服务于一体，为广大群众提供了瞻仰和纪念李白的地方，使李白民俗文化有了物质载体。（2）原来的太白祠、太白楼得到重建和扩建。如马鞍山在1978年，由政府拨款大修太白楼和太白祠。1987年将彭公祠改建为李白纪念馆展厅。太白故里青莲镇的太白祠在原大门外，征地十余亩，先后兴建了思贤亭、泮池、小桥、白玉堂、东西配殿、东大门等仿唐建筑。祠内除供李白外，还增加了我国历代著名诗人，如屈原、司马相如、扬雄、杜甫、苏轼、陆游等塑像。青莲镇的李白遗迹陇西院、太白祠和粉竹楼等，本着修旧如旧的原则进行维修，如今，又焕发出它昔日的光彩。陇西院中除重建李白旧宅外，还新建序伦堂、陇风堂，供有李白先祖的塑像。紧邻陇西院的是新建的太白碑林。以各种造型独特、风格多样的碑石，展现著名书法家书写的李白诗篇中的精品佳作。在天宝山最高处新建33米高的太白楼及大鹏亭，形成赏月和吟诵、演唱太白诗歌以及进行文化交流的空间。以上建筑物可以说是在以政府为主导，民众为主体下完成的，而在江油大匡山与小匡山上的太白殿的重建，则完全是崇敬李白的民众自发的行为。他们自己捐募资金建殿塑像，没有要政府一分钱。也可以说是民间崇拜李白的精神转化为物质。（3）民间学术团体成立。1984年在江油成立了我国第一个研究李白的民间学术团体——李白研究会，会员遍布全国。1987年在马鞍山又成立了中国李白研究会，吸收了更广泛的国内研究李白的学者专家参加。这两个李白研究会，基本上隔年或隔数年召开一次学术研讨会，与会者不仅有大陆各省的专家学者，还有我国港、澳、台和国外的学者专家参加。此外如青莲诗社、太白诗书画院等群众性组织所开展的各种活动，也属于李白民俗文化中比较高雅的活动。（4）李白文化节的举行，李白祭祀典礼的恢复，群众性的纪念李白的诗歌吟唱会、灯会的举行。如马鞍山每年10月举行国际李白吟诗节，同时举行祭祀李白的典礼，不仅有国内的李白诗歌爱好者参加，国外的李白崇敬者也来参加，日本就曾组织上百人的吟道团参加。江油一些热爱李白的退休职工组成"太白之声"演唱队，为参观李白故里的游人，义务举行李白诗歌演唱会。江油还举办过几次李白文化节和太白灯会。其中以李白诞生1300周年的纪念活动规模最为宏大。以李白诗歌吟唱为主题的"同一首歌"晚会，会场内坐满了三万多观众，会场外还有数万听众，台上台下数万人同诵李白诗，盛况空前。这充分表明人民群众对李白深厚的崇敬之情。（5）以李白为主题的小说、戏剧、电视剧的改编，李白传说故事的抢救和整理，使伟大诗人李白的光辉形象更加深入人心。以李白为题材的小说先后有安旗的《李白传》、马昭的《醉卧长安》、王慧清的《李白》、李子龙的《残阳》等。《李白》长达八十余万字，展现了李白浩气磅礴的一生，出版以后受到广大读者喜爱，已经再版发行，并改编为电视剧本。以李白为题材的戏曲以京剧、川剧、秦腔、豫剧、汉剧、湘剧、徽剧、桂剧、粤剧、滇剧、昆曲、河北梆子、并州梆子等十多个剧种演出，这些剧本除改编原来的，还有新创作的，如京剧的《太白进京》，川剧的《诗酒长安》、《峨眉山月》、《坎坷太白》、《太白下凡》等。此外，话剧还在北京隆重推出了《李白》，得到了很高的评价。李白在民间的传说很多，1986 年，江油文化部门组织人员深入民间进行收集整理，共得 31 则故事，编印成册。1997 年，又印行了《李太白的故事》，其中收集李白故事 46 则。这些书的印行，使李白的传说故事在更广的范围内流传。近几年来，在李白故里的中小学，将李白文化引入校园，特别是办在原江油幼师内的川师大第二附中，在学生中开展读李白诗、讲李白故事、学李白精神的活动很有成效。

总之，在新的历史时期，李白民俗文化在承传的基础上有所变异和较大发展，使更多的民众了解李白、热爱李白。

四、李白民俗文化的教育功能、历史功能和娱乐功能

民俗是人类创造的物资文明和精神文明的积累，不仅在社会发展中起着承先启后的作用，在今天的社会主义物质文明和精神文明的建设中，仍然有重大的作用和功能。具体地说有教育功能、历史功能和娱乐功能。李白民俗文化也有上述功能。

我国各族人民都是通过民俗活动对本族人民进行传统的思想教育。优良的民俗可以陶冶人们的情操，提高识别真善美与假恶丑的能力，培养高尚的伦理道德，增强热爱家乡、热爱祖国的情感，获得历史知识和生产生活知识。李白民俗文化的教育功能是十分明显的。通过瞻仰李白纪念馆、太白祠，凭吊李白的遗迹，参加祭祀或纪念李白的活动，吟唱李白的诗歌，讲述李白的故事，观看李白的

戏剧……就可以学习李白强烈的爱国主义精神，"安社稷，济苍生"的宏伟抱负，刚正不阿、不畏权贵的品德，"铁杵磨针"的顽强意志，还有热爱大自然、与自然和谐相处的思想……李白精神是我们时代所需要的精神。

民俗是一种历史的文化创造和积累。我国许多民族往往通过民俗活动对下一代进行历史教育，使他们不忘记祖先艰苦的创业史。民俗事项本身就是历史教材，也是研究古代社会的"活化石"。李白民俗文化就是要让子孙后代了解伟大诗人李白的一生，学习他的高尚品德，继承他的宏伟志向。因而纪念李白的建筑屡废而屡兴，李白的故事在民间一代又一代流传。这不仅有教育功能，对研究李白的生平事迹也提供了可贵的史料。唐代著名史学评论家刘知几在《史通》中，认为民间流传的"逸事""能与正史参行……前史所遗，后人所记，求诸异说，为益实多"。正史的范本《史记》曾"广采民间遗存"，收入了不少民间传说。司马光的《资治通鉴》也是"遍阅旧史，旁采小说"。他说："实录正史未必皆可据，野史小说未必皆无凭。"清代学者王士祯说："野史奇闻往往存三代之真，反胜秽史曲笔者。"如果民间传说不算史料，上古和没有文字的少数民族的历史就是一片空白。李白在蜀中的情况，正史上提供的史料很少，有的还是错误的，如《旧唐书·李白传》说："李白，山东人……父为任城尉。"这就不是信史。李白故乡的传说故事，对李白的家庭情况，以及少为小吏，读书匡山等情况，可以补正史。研究李白的学者应当对江油李白民俗文化的史料价值引起足够的重视。

我国大多数民俗活动具有明显的娱乐性质，体现出积极向上、健康的情趣，给人们一种精神生活的享受。江油李白民俗文化也具有明显的娱乐功能，满足人们健康向上的精神生活的需要。如在青莲曾经一年一度举行的太白长寿会，舞龙灯、狮灯、采莲船，这当然是健康的娱乐活动。改革开放以来在江油举办的太白灯会、大型演唱会、诗歌吟唱会等，不仅丰富了人们的精神生活，也是社会主义精神文明建设的组成部分。

李白民俗文化是宝贵的旅游资源。我国各地都在积极开发本地的旅游资源，打造本地的旅游品牌。李白民俗文化在发展旅游业中有十分重大的价值。纪念李白的太白祠、纪念馆、太白楼、太白碑林和他的遗迹游踪及其题写的诗文，遗留下来的传说故事等，都是珍贵的旅游资源。纪念李白的民俗活动当然也是独具特色的旅游资源。旅游资源主要是指对旅游者具有吸引力的以自然风光为主的自然旅游资源和以历史古迹为主的人文旅游资源。而作为旅游资源的李白民俗文化又具有自然旅游资源与人文旅游资源高度融合的特点。诗仙李白从小热爱大自然，酷爱旅游。他不仅是伟大的诗人，也是出色的旅行家，走遍了祖国名山大川。有些地方还留下了不朽的诗篇和美丽的传说。这些本来就幽美的地方，经过他那如椽之笔的描绘点染，再加上神奇的传说，对旅游者的吸引力就更大。

联合国教科文组织在巴黎召开的第25届总会上通过的《关于保护传统文化与民间创作的建议》所指的是“传统文化与民间创作”。在《人类口头及非物质遗产代表作宣言》中提出：口头及非物质文化遗产是指各种以非物质形态存在的，与群众生活密切相关，世代相承的传统文化表现形式，包括口头传统、传统表演艺术、民俗活动和礼节与节庆、有关自然界和宇宙的民间传统知识和实践、传统手工艺技能等以及上述传统文化表现形式相关的文化空间。这一表述方式，和我国传统的“民俗文化”在本质上没有区别，可以说内容是完全一致的。国际上通用的“非物质文化遗产”和中国传统的“民俗文化”概念是完全可以互相置换的。

现在全世界都很重视非物质文化遗产的保护。联合国教科文组织在1989年提出了《关于保护传统文化与民间创作的建议》，2003年又颁布《保护非物质文化遗产国际公约》。我国在2005年，国务院发出了《关于加强文化遗产保护的通知》，高度重视非物质文化遗产的保护与传承。李白民俗文化当然属于非物质文化遗产，是一座巨大的宝藏，现在应充分发挥其作用，为社会主义建设服务。

（1）加强对李白民俗文化的调查、抢救、整理、研究工作。流传千多年的李白民俗文化发生了变异，有的还存在，有些已失传，有些即将失传。如流传在民间的李白故事，还没有完全收集、整理。以李白为主题的剧曲，也需要收集、整理。又如青莲的太白长寿会，60 岁以上的老人还有模模糊糊的记忆，而这种活动的组织情况只有少数老人清楚，会扎彩灯、扎高台的民间艺人只有一二人，他们已是八旬老人，再不抢救就要失传，其损失将无法弥补。因此，文化主管部门应组织李白文化的爱好者，深入于群众之中采访、座谈，用现代化手段，录音、录像，储存于电脑，再进行整理、研究，并出版李白民俗文化丛书。

（2）恢复民俗活动，发展节庆经济。李白民俗活动在改革开放以来，有较大的变化和发展。大都以政府为主导，以民众为主体。今后政府的主导作用当然不能少，但要更多发挥民间团体的作用，使民俗活动真正成为民间制度化的，或者说是习惯性的活动。如在每年李白诞辰举行的祭祀活动和太白长寿会、庙会，纪念李白的大型活动（或称李白文化节），定期举行，成为一种习惯，这样的民俗活动才具有稳定性和延续性。青莲的太白长寿会，有悠久的历史，现已中断半个多世纪，当地老人强烈要求恢复，对群众的积极性，应当因势利导，在原有仪典的基础上加以改进，可以成为“李白文化之游”一大亮点。

2005 年 10 月，在李白的终老地马鞍山市，由文化部、中国作协、安徽省人民政府主办了第一届中国诗歌节。该市已连续 16 年举办“国际李白吟诗节”，因此，首届诗歌节选择在此举行。诗歌节连续活动一周，云集了百余名中外著名诗人和数万国内外的旅游者，带来了巨大的社会效益和经济效益。中国诗歌节以后拟每三年举办一次，在全国各地轮流举行。

举办李白诗酒文化节，吸引国内外的旅游者，带动节庆经济的发展。西方一些国家的节庆活动，如巴西狂欢节、英国诺丁山狂欢节、德国慕尼黑啤酒节等，不仅是本国的盛大节日，也吸引了全世界的旅游者、商家前往参与，不仅进行了文化交流，也获得了巨大的经济效益。李白既是世界闻名的诗仙，也是酒仙，可以举行李白诗酒文化节，不仅国内外诗歌爱好者可以参与，还可以吸引国内外各种名酒参展，不仅让节庆带来欢乐，也能带来巨大的经济效益。

作为旅游资源的李白民俗文化，要转化为旅游产品，才能带来经济和社会效益，因此还要进一步加大宣传和招商引资的力度。许多风景如画的李白遗迹游踪，还需大量资金进行开发，搞好旅游基础设施建设。在这些景区内的纪念李白的建筑，如太白殿、太白塑像、太白诗碑等，应请专家作好规划，防止盲目开发，破坏生态环境。

积淀了上千年的李白民俗文化，应将在新的历史时期，焕发出新的光彩。

李白故里的民间传说及其现代价值

民间传说是在民众中间世代流传的关于某人、某事、某物的口述型故事，属于语言类的民俗文化，也是口头及非物质文化遗产。在李白出生和生活了二十四年的四川江油，千多年来在民间流传着关于李白的许多故事，这是十分宝贵的非物质文化遗产。

一

闻名中外的伟大诗人李白，出生于剑南道绵州昌隆县清廉乡，即今四川省江油市青莲镇。他在公元725年“仗剑去国，辞亲远游”之前，一直都生活在蜀中，家乡人民为出了这么一位伟大的人物而感到自豪，因而在他的故乡流传着许多有关李白的美丽传说。在20世纪80年代，对这些民间的传说故事曾进行过收集整理，汇入《中国民间文学集成·江油县资料集》①，其中收录李白传说故事31则，收集整理人主要是李白故里人刘术云。每则故事都记有被采访人及采访的时间、地点。1997年，由李树芳、吴丹宇、夏超韩牵头，广泛收集整理、抢救李白民间传说故事②。参与这一工作

① 绵阳市文联采集整理：《中国民间文学集成·江油资料集》，1989年。

② 李树芳等编：《李太白的故事》，江油李白纪念馆印发，1997年。

的主要是李白故里的教师、干部。笔者提供的10则故事大多是先父讲述的。《长流夜郎》是笔者到贵州桐梓（唐代的夜郎县）考察时，听当地老人讲的。《李白出世》、《吟诗惊四座》、《罗汉洞》等故事，来自于青莲乡的耄耋老人萧吉洲、杜国通口述，具有抢救的性质。其后以江油李白纪念馆的名义印行《李太白的故事》，收集李白故事46则。2006年，刘术云将自己二十年来在李白故里江油收集到的民间故事汇集在《江油逸事》[①] 一书中，其中的李白故事有33则。在这三本书中收集的故事，有来自同一采访对象，故其内容是一样的，有的故事采访自不同对象，内容大同小异。除去那些内容基本相同的故事之外，共有55则。此外，还有一些李白民间传说故事没有收集整理。

李白的传说故事从内容来看有以下几类：

（一）李白的出生的神奇传说

大意是说唐明皇一心想长生不老，所以对僧道人家特别好。一天，唐明皇被张果老等三位仙人用桃木、柳条编成的轿子抬到月宫去玩，恰巧嫦娥不在。唐明皇在月宫的墙上题了一首淫诗。后来被嫦娥发现了，就将唐明皇告到玉帝那里，说他淫乱了月宫。玉帝大怒，就叫青龙星下去扰乱李唐江山，这青龙星就是安禄山。太白金星对玉帝说："你原本定了唐朝应该坐三千余年，现在气数未尽，你不能违背你的诺言。"玉帝就又派白虎星官下凡去保李唐江山。白虎星官说："只派我这个武将不行，还得派一个文官。"太白金星说："小仙愿意下凡间走一遭。"玉帝准奏。白虎星下凡就是后来平定"安史之乱"的主帅郭子仪。太白金星下了南天门，看见河边有个浣纱的女子，他便变成一条一斤多的红甲鲤鱼跳到那个女子的竹篮里，那女子见鲤鱼活蹦乱跳，不忍杀害，又放了生。太白金星见此女心地善良，决定投胎于她。那天晚上，屋里红光灿灿，豪光闪闪，

---

① 《江油逸事》，江油文化旅游局印发，2006年。

就怀了李白。这较之地方志记载，将鲤鱼烹而食之，更具人性化。

（二）出身贫寒，勤奋好学

这类故事有《沙滩习字》、《放牛坪》、《磨杵成针》、《骑竹马》、《洗墨池》、《点灯山》、《玉皇赐灯》、《书箱岩》、《铁拐李点化李太白》、《匡山习剑》、《从学赵蕤》、《长坪悟道》、《太白洞与灯笼洞》等，在江油流传的故事中占的比例最大，向人们述说李白并非出身于富贵之家，而是出身于贫寒的家庭。他从小帮家里放牛、拾柴草，没有钱进学堂读书，一边放牛，一边在学堂窗下，窃听私塾老师讲课，在沙滩上练字。后来私塾老师发现放牛娃李白比他教的学生还学得好，免费让他上学。关于《磨杵成针》流传更为广泛，至今李白故居陇西院前还有磨针溪、磨针石遗迹。“只要功夫深，铁棒磨成针”成为励志的典故。在《骑竹马》、《点灯山》、《玉皇赐灯》、《太白洞与灯笼洞》等故事中，叙说李白勤奋学习感动了神灵。他在小匡山读书，晚上有月亮就借月光读书，没有月亮就烧一堆火读书，因此天上的神仙也被感动了，玉皇大帝看到李白读书很认真，也辛苦，就把灵霄宝殿里那盏宝灯取下来给了李白，好让他晚上也有光亮多学点本事，将来好保大唐江山。从此李白通宵读书，周围几十里都能看到灯光，故名点灯山。后来他到太白洞，又有灯笼洞的燃灯姑娘给他照灯，供他在太白洞通夜攻读。这些故事说明李白的天才出自于从小勤奋好学。

（三）天赋才华，文思敏捷

《初露头角》、《吟诗惊四座》、《圌山题句》、《观山火续句》、《诗讽县令妻》、《观涪江涨水续句》、《巧对服艄公》、《题诗巧取名》等故事，叙说少年李白才思敏捷，吟诗词、对对联，出口成章，顺口成韵。如《吟诗惊四座》说十岁的李白随父赴宴，即席吟出了《上楼诗》：“危楼高百尺，手可摘星辰。不敢高声语，恐惊天上人。”后又以萤火虫为题，李白随即吟出：“雨打灯难灭，风吹色更明。飞到天边去，好作月边星。”

（四）行侠仗义，乐于助人

这类传说如《周济山民》，说李白隐居大匡山时，关心山民疾苦，将自己的粮食救济饥寒交迫的山民。《太白茶》是说李白见勤劳的山民在大热天劳动，又渴又累，光喝白开水不解渴，就在匡山上栽茶树，后来这山上产的茶就叫太白茶。《太白渡》是说李白在小匡山读书时，常在山下平通河上背老人家涉水过河，后来这个地方设立义渡，不收船钱，为纪念李白叫太白渡。《罗汉洞》是说李白赶走了罗汉洞中的淫和尚，解救了被侮辱的妇女。《除暴救弱女》讲述的是李白在大匡山读书时，有一次下山，在路上遇到两个歹徒正在欺凌一个年轻女子，他挺身而出，把两个歹徒打得跪地求饶。《勇斗白龙》讲述李白惩罚乱行云雨、为害百姓的小白龙。

（五）藐视权贵，惩贪爱民

在李白故里还流传着一些关于李白出蜀后的故事。人们在相互传说这些故事时更有一种无法言语的大快人心之感，如收集在《中国民间文学集成江油县资料集》中，由青莲镇月圆村村民萧吉洲老人讲的《磨墨脱靴》尤为精彩："安禄国打来战表一副，用的是那个蝌蚪文，并说，你大唐如果有人认得到，我们安禄国就年年进贡，如果认不到就让位称臣；如果不让位称臣就拨 72 座城池归我安禄国管。你若不让位、不肯拨城，就动百万雄兵侵犯中国。哪有百万雄兵啦？主要是六国三川的人马。唐天子没得法了，就贴起皇榜说哪个能写蛮文就官封万户侯；如果不想做官就赏金千两，赏银万两。李白就揭了皇榜，来到金銮殿。他说要酒喝了再慢慢写，把皇帝急得没法。喝了酒李白还是不写，这可把皇帝急了：'爱卿，你咋还不写哦？'李白说要写可以，但要杨国忠给他磨墨，高力士给他脱靴，杨贵妃给他扇扇子。皇帝说要得，你赶快写。李白就把回文写起了，借此好好整治了这些平时作威作福的奸臣。"

（六）关于李白之死的传说，与流行的李白死于采石矶不同

说李白倒骑驴把一个赃官杀了，又到处游山玩水"逢坊吃酒，

遇库支钱”。后来他想万一哪天唐明皇死了，那杨贵妃和杨国忠肯定不会放过他，于是他来到西湖喝酒，假借在西湖捞月淹死了。死的地点改在西湖，显得更浪漫。

二

现在收集到的传说故事大部分是在李白故里发生的，如：《李白出世》、《沙滩习字》、《放牛坪》、《骑竹马》、《洗墨池》、《点灯山》、《玉皇赐灯》、《书箱岩》、《铁拐李点化李太白》、《匡山习剑》、《勇斗白龙》、《从学赵蕤》、《长坪悟道》、《太白洞与灯笼洞》、《初露头角》、《吟诗惊四座》、《周济山民》、《太白渡》、《罗汉洞》等。这类故事一直在李白故里的民间口头流传，直到20世纪80年代以后，才收集整理成文字资料。

有些则是经文人收集整理，写在他们的笔记中。如《观山火续句》、《诗讽县令妻》、《观涪江涨水续句》等。北宋杨天惠在彰明做县令时，写的《彰明逸事》收集了这几个故事，不过记载很简要，只用了两百多字。民间传说则生动具体地讲述了故事情节，将县令的庸碌与少年李白的才华进行了生动的对比，一直在民间流传下来。

有些故事发生在外地，经外地文人加工后，又传回李白故里，在流传中又经民间再加工。这一类如《李白赶考》、《磨墨脱靴》、《倒骑白驴戏县官》、《义救郭子仪》。关于力士脱靴的故事最早见于唐人段成式的《酉阳杂俎》，之后李肇的《国史补》、李浚的《松窗杂录》都有类似记载，说明在唐代晚期，这个故事已经广泛流传。五代人写的《旧唐书》，北宋人写的《新唐书》都把这个故事写入了《李白传》。明代的文学家冯梦龙在《李谪仙醉草吓蛮书》这篇小说里，把李白一生的主要事迹，作了生动的描述，力士脱靴、骑驴戏县官、李郭互救等更是浓墨重彩加以渲染。这些故事最能表现李白不畏权贵、行侠仗义的精神，最为人们津津乐道。这些故事为家乡人增光添彩，在家乡民间流传过程中再加润色、铺衍，一直流传了下来。

《磨杵成针》这个故事比较特别，不仅在李白故里流传这个故事，在文人的笔记中、在眉山象耳山也有这个故事。宋代人祝穆《方舆胜览》卷五三《眉州·山川》载："磨针溪。在象耳山下。世传李太白读书山中，未成弃去，过是溪，遇老媪方磨铁杵。问之曰：'欲作针。'太白感其意，还卒业。媪自言武姓。今溪旁有武氏岩。"后来在《蜀中广记》、《大明一统志》、《四川通志》也有相同的记载。不过，现在眉山象耳山已无任何遗迹可寻，而在李白故居陇西院前至今那条小溪仍然叫磨针溪，溪畔有一块石头叫磨针石，后来人们还在溪边建立了磨针亭。"铁杵磨针"是一个体现李白精神，很富教育意义的故事，用不着考证是不是真有其事。不过把这个故事的发生地放在李白少年生活的地方比较符合情理，而放在青年李白读书于象耳山时则不合情理。

也有的故事在流传过程中产生过累积效应。也就是在讲述过程中"加油添醋"，使故事更生动，更富于传奇性，也使李白形象更高大完美。对于这些李白传说故事既要看到有历史的真实性的一面，也要看到有虚构性的一面。我们在研究李白生平事迹时，既不能对这些传说不屑一顾，也不能完全当成历史真实。

有的学者对流传在民间的传说不屑一顾，只承认正史记载，这是不正确的。在历史研究中，首先是要占有丰富的史料，史料不仅仅指文献史料，口碑史料也是史料的一个重要类型。唐代著名史学评论家刘知几在《史通》中，认为民间流传的"逸事""能与正史参行……前史所遗，后人所记，求诸异说，为益实多"。正史的范本《史记》曾"广采民间遗存"，收入了不少民间传说，如三皇五帝、大禹治水都是传说。韩信曾受胯下之辱更是他直接采集的民间传说而写入正史。司马光的《资治通鉴》也是"遍阅旧史，旁采小说”。他说：“实录正史未必皆可据，野史小说未必皆无凭。”清代学者王士祯说：“野史奇闻往往存三代之真，反胜秽史曲笔者。”如果民间传说不算史料，没有文字的上古历史和少数民族的历史就是一片空白。

在对李白的生平研究中，当然要靠正史的记载。然而在正史中也采集了民间传说，如《旧唐书》与《新唐书》都把力士脱靴这个传说故事写入了《李白传》。李白在蜀中的情况，正史上提供的史料很少，有的还是错误的，如《旧唐书·李白传》说：“李白，山东人……父为任城尉。”这就不是信史。李白故乡的传说故事，对李白的家庭情况，以及少为小吏，读书匡山等情况，可以补正正史。关于李白的家庭出身，现在“富商说”已为大多数学者所采用，这是从李白之父来自西域，西域多富商，因此李白出自富商之家，这是一种主观推测，并无史料依据。李白故乡的几个传说故事，都说李白的家庭贫寒，小时放过牛。对这些传说不能因为它不合乎“富商说”就斥之为虚妄。关于李白“少为县小吏”之事，不仅仅传说中有，而且在北宋的碑刻中也有。现存于江油李白纪念馆中的《中和大明寺住持记》碑就说：“翰林学士李白字太白，少为当县小吏。”《谪仙祠堂记》碑也有李白“尝为小吏”的记载。除此二通碑刻外，又有北宋人杨天惠的《彰明逸事》记了李白当小吏，为县令续诗的事。看来李白当小吏的故事应当是有历史的真实性，不能以主观臆测的“李白家庭为富商”说去推翻有史料依据的“李白曾为小吏”说。李白的行侠好义，轻财好施，扶危济困，在文献史料中仅有简单的记载，如范传正的《李公新墓碑》说李白“少以侠自任”。《新唐书·李白传》说：“击剑为任侠，轻财好施。”在李白故里的传说故事《周济山民》、《罗汉洞》、《除暴救弱女》等，把李白的任侠仗义描述得十分生动具体，这就补充了正史之不足。

江油的李白民间传说对李白诗歌研究也有一定的价值。李白青少年时期在蜀中的诗歌存留很少。据北宋初杨天惠《彰明逸事》说："时太白齿方少，英气溢发，诸为诗文甚多……今邑人所藏百篇，大抵皆格律也。"邑人即李白故里的人，在北宋初所收藏的李白少作尚有百篇，其中有些诗就保留在李白的传说故事中，经千年岁月，至今还保留的有：《吟诗惊四座》中的《上楼诗》、《萤火虫》；《诗镇石牛》中的《咏石牛》；《观山火续句》、《诗讽县令妻》、《观涪江涨水续句》中的续句；《圌山题句》等。《上楼诗》据《太仓稊米集》云："唐人载李白在襁褓中，其家携之上楼，问颇能作诗否？即应声作绝句一首，所谓'不敢高声语，恐惊天上人'是也。"说李白襁褓中能作诗，太过神化，不合事实。而李白故里的民间传说十岁的李白随父赴宴，即席吟出，比较合乎实际。《萤火虫》也是这次随父赴宴，即席命题赋诗。这首诗在国内出的李白诗集中都未收入，而英国翟理斯教授编的《汉诗英译》中却收入了。这两首诗语言浅直，天真自然，带有儿童式的幻想，应当是少年李白所作。《咏石牛》在一般李白诗集中也未收录，但它在李白故里口头留传，其中的"自来鼻上无绳索，天地为栏夜不收"，表现了李白在少年时就富有追求独立和自由的性格。研究李白传说故事中的李白少作，对于研究李白诗歌的发展脉络是很有意义的，所以，研究李白的学者应当对江油李白民间传说故事的史料价值引起足够的重视。

李白的故事在民间流传的过程中，其形象被加以重塑，使之更合乎当时的文化心理，这就使传说的李白与真实的李白有了差距。如《李白赶考》这则传说不是历史的真实。在封建社会，确有一些有真才实学的而无政治背景的人在科举考试中名落孙山，怀才不遇。他们借李白之名虚构一个参加科举考试而遭权奸压制的故事，以抒发自己心中之幽愤。《磨墨脱靴》这一广泛流传的故事，据裴斐先生考证，不是历史真实，论证有力。但这个故事的确是李白蔑视权贵的独立自由人格的生动写照，是后代士人所希望的追慕的李白形象。在中国封建专制主义制度下，普通民众长期受到权力的压抑。对权势者的不满和痛恨，成为普遍的社会文化心理。李白使力士脱靴的故事，对平时作威作福的权势者进行戏弄、惩罚，使之丑态百出、威风扫地，正好满足了底层民众的心理渴求。《倒骑白驴戏县官》，也是大快人心的惩贪的故事，无论其是否真实，但的确反映了普通民众强烈的痛恨贪官污吏的心理。这也正是李白的这些故事得以在民间长久而广泛流传的原因。

三

文化遗产是一个国家、民族生存的根本。如果这种文化消失，国家和民族就失去了存在的文化基础。在当今社会急剧变革的时代，面临着全球化这一不可逆转的趋势，西方文化的强势，大举进入民众的生活，引起生产方式、生活方式的急剧变化，使其他民族和地域的传统文化受到不同程度的冲击。我们中华文化一方面要吸收西方文化的优秀部分，不要“全盘西化”；一方面要发掘、弘扬本民族的优秀文化传统，振奋民族的精神，建立起一个世界文化多样性体系，使世界变得丰富多彩。

李白的民间传说故事属于非物质文化遗产，它来源于民间的创造，是民众集体智慧的结晶，是民间文学中的一朵奇葩，不仅具有学术价值、历史价值和美学价值，在当前对繁荣和发展社会主义文化，建设社会主义精神文明，提高公民道德素质有重要价值。

其宏伟的报国之志，关心民众疾苦，扶危济困，见义勇为，乐于助人的精神，对于祸国殃民的腐败黑暗势力敢于与之抗争的精神，“铁棒磨针”、勤奋好学的精神，也是当前建设社会主义精神文明，提高公民道德素质所要提倡的。

近几年来，在李白故里的一些中小学，将李白的传说故事引入校园。在学生中举办李白故事会和诗歌朗诵会，让学生读李白诗、讲李白传说故事、看李白遗迹，学李白精神的活动，收到了很好的成效，形成了优良的校风与学风。这充分说明李白民间传说故事有重要的教育功能。

李白传说故事在发展李白文化旅游业中也有重要作用。李白的遗迹游踪及与之相关的诗歌、传说，纪念李白的民俗活动都是旅游资源，对旅游者都有吸引力，可以作为旅游者游览、观光、参与、考察研究的对象。游客在游览李白故里时，不仅仅看这里的自然风光，更渴望了解李白的青少年是怎样在这里度过的。青莲镇的萧吉洲老人，曾经在李白故居陇西院、太白祠当过义务讲解员，向游人讲述李白传说故事，非常受游客欢迎。

四

2008 年“5·12”大地震对于李白民间传说这一非物质文化遗产的存在空间造成了极大破坏。江油李白纪念馆、李白故居陇西院、太白祠、粉竹楼都遭受严重破坏，引起了国家高度重视。在全国人民，特别是河南省的大力援助下，灾后重建工作高质量、高速度地在两年多的时间完成。在李白物质文化遗产重建的同时，还应高度重视李白民间传说这一类非物质文化遗产的保护与传承工作。虽然已经出了三本书，收集了几十则李白传说故事，但是，流传在民间的李白传说故事还有许多等待收集整理。笔者到江油西屏乡亮洞考察，就听当地有李白在这里读过书、题过诗的传说。没有收集的还有《太白弓的传说》、《李白与裁缝》、《天宝山的来历》、《太白祠的来历》、《李白上太华山》等等。非物质文化遗产较之物质文化遗产更为脆弱和不可再生，随着时间的推移很容易失传。现在李白故里青莲镇会讲李白传说故事的只有两三位八十岁以上的老人。被称为“李白故事通”、“太白故居守护神”的萧吉洲老人不久前去世。青少年一代几乎完全不知道李白的传说，而中年人也只有极少的人对李白故事有模糊的印象，难以讲述清楚。鉴于以上情况应当加强对李白民间故事的调查、抢救、整理、研究工作，再不抢救就要失传，其损失将无法弥补。

(1) 加快将李白民间传说故事申报为国家级非物质文化遗产的工作。李白是世界闻名的伟大诗人，他的传说故事具有历史价值、学术价值。在绵阳市盐亭县，嫘祖传说故事已成功申报为省级非物质文化遗产。李白传说故事应当也有条件申报为国家级非物质文化遗产。文化主管部门应组织李白文化的爱好者，深入到群众之中采访、座谈，用现代化手段，录音、录像、建档，储存于电脑，再进行整理、研究，再出一本完整的李白民间传说故事集。仅有文字、音像资料还不够，还必须认定、培养李白民间传说故事的传承人，也就是讲故事的人，调动传承人的积极性，创造良好的保护环境，非物质文化遗产的保护才能持久，才能取得良好的效果。非物质文化遗产在传承形态上是以活态的方式传承的，也就是说要有原汁原味地讲述李白民间传说故事的讲述人。如果讲述人一旦辞世而又无继承人，尽管也保存有文字资料，但它将不再是非物质文化遗产，也无法在国家级非物质文化遗产保护名录中继续留名。

(2) 让李白民间传说故事走进校园，走上课堂，充分发挥其教育功能。江油川师大二附中在这方面已经做出了成绩。其他的中小学、幼儿园也可以这样做，使青少年读李白的诗，讲李白故事，学李白精神。这样做，也使李白民间传说故事这一非物质文化遗产能够更广泛地传承。

(3) 民间传说故事也是一种旅游资源。开发商、旅游部门可以利用李白民间传说故事开发旅游产品。青莲是李白出生地，也是他青少年成长地，留下了大量的李白的传说故事。中外的李白崇敬者，都希望瞻仰李白居住过的地方，寻觅李白遗迹游踪，倾听李白的传说故事。这些就是李白故居所在地开发李白文化旅游的最大优势。要充分展示本土的李白文化，展示李白家乡人心目中的李白，展示青少年李白的成长历程，使游客在这里了解到一个在别处了解不到的李白，感受到正是故乡的山水、民情孕育了这样一个伟大的诗人。也可以利用李白民间传说故事开发旅游产品。例如，绵阳市已在原址上重建唐代始建的越王楼，这成为绵阳市一个新的旅游景点。杜甫曾游过越王楼，并题了诗。李白是否游过越王楼呢？笔者认为完全有可能。在《诗惊四座》的传说中，李白随父赴宴，其地点应当是越王楼，这座楼距李白故居陇西院仅二十多公里。只有这座宏伟的楼才能称得上“危楼高百尺”。中唐樊宗师写的《越王楼诗并序》就形容越王楼是“危楼依天门”。越王楼有了李白与杜甫两位伟大诗人题的诗，更增添了文化底蕴和对游客的吸引力。在江油武都镇与平武县南坝镇之间，长三十多公里的涪江六峡，现正在进行武都引水工程第二期工程，在峡谷口建起百米高的堤坝，将形成水面18.7平方公里的人工湖。这里正是李白访江油县尉走过的阴平小道，沿途留下了不少遗迹和传说。大坝下面的太白洞和灯笼洞犹存。关于李白在太白洞读书的故事可以为这里的旅游开发增加亮点。此外，大、小匡山，戴天山、太华山的旅游开发，都可以充分利用李白在这里的传说故事，增添其文化内涵。

李白民间传说故事也可以转化为旅游纪念品，许多旅游者都想在旅游李白故里后，购买纪念品以延续美好的记忆，李白传说故事就可以做成各种工艺品、音像制品，如设计反映李白青少年生活的小型雕塑、竹编、剪纸等，特别像“铁杵磨针”、匡山苦读这一类富有教育意义的题材肯定受旅游者欢迎。以李白命名的诗仙酒、太白茶等，有李白故里特色的纪念品也会受游客欢迎。现在国际上旅游业中的“购”占30%，搞好了李白文化旅游纪念品，肯定会带来巨大的经济效益。

李白民间传说故事是李白故里的珍贵的非物质文化遗产，应当在保护的前提下进行开发和利用，使之在当今社会充分发挥其现代价值。

李白越中诗的审美价值和现代价值

伟大诗人李白一生都在追求美，追求社会美，想使天下太平，人民安居乐业，并为实现这个美好的理想而奋斗不息，同时也追求自然美，追求人与自然泯一的崇高境界。为此他遍游全国名山大川，“或遇胜境，终年不移，长江远山，一泉一石，无往而不自得也”①。越地（今浙江一带）风光优美，山明水秀，人杰地灵，是李白多次游览的地方，留下了大量歌颂越中山水和杰出人物的诗篇，具有很高的审美价值。

李白一生曾四次入越，在越中创作的诗确切可考的有 33 首。离越地后追忆赞美越中山水的诗也有三十余首。

李白第一次入越是出蜀不久。在开元十三年（725）写的《秋下荆门》：“霜落荆门江树空，布帆无恙挂秋风。此行不为鲈鱼脍，自爱名山入剡中。”这说明剡中是李白早已向往的地方。剡中即今浙江嵊州与新昌县一带，自汉晋以来，高人逸士多至其中，特别是谢灵运在剡中住过，留有“冥投剡中宿，明登天姥岭”的诗句。李白在蜀中早已熟读谢灵运等六朝诗人歌咏越中山水的诗篇，故对剡中神往已久，把剡中作为“仗剑去国，辞亲远游”的首选之地。开元十四年（726）夏，李白从扬州南下剡中，“借问剡中道，东南

① 范传正：《李公新墓碑》。

指越乡。舟从广陵去，水入会稽长。竹色溪下绿，荷花镜里香。辞君向天姥，拂石卧秋霜”（《别储邕之剡中》）。这是他第一次入越，所以还要“问道”，路线是从广陵乘舟沿运河南下，经杭州再到会稽（今绍兴），这时正值荷花开放之时。告别储邕之后，再继续南下剡中，计划要游到秋天，上天姥山“拂石卧秋霜”。《越女词五首》、《浣纱石上女》、《渌水曲》、《采莲曲》、《西施》、《王右军》等诗大都写有荷花开放的景色，应当是这年夏天的作品。这次入越时间不太长，他并没有上天姥山，也没有写天姥山的诗，到天宝五载写的《梦游天姥吟留别》还说“越人语天姥”，可见他还没有亲自到过天姥山。这次因身体不适则放弃了天姥山之行，秋天回扬州生了一场病，写了《淮南卧病书怀寄蜀中赵征君蕤》，自喻为“吴会一浮云”，漂泊于江浙一带。

李白第二次入越在开元末。《见京兆韦参军量移东阳二首》：“潮水还归海，流人却到吴，相逢问愁苦，泪尽日南珠。”这是说韦参军在岭南遇赦，移官至东阳（今浙江东阳县），李白与之相遇，据《旧唐书·玄宗纪》记载仅有两次“量移”：“开元二十年十一月……大赦天下，左降官量移近处”；“开元二十七年二月……左降官量移近处”。开元二十年值李白一入长安之后，自春至夏流连于洛阳，秋天归安陆，未在越中，而且这次量移在十一月与诗中写的“猿啸千溪合，松风五月寒”时节不合。第二次“量移”是开元二十七年二月，韦参军大约三月得赦令，离开岭南到东阳，于五月与李白相见，完全符合情理。因此李白在开元二十七年（739）五月在东阳，是确定无疑的。李白的《送侄良携二妓赴会稽戏有此赠》、《与从侄杭州刺史良游天竺寺》二诗也证明这段时期李白在越地。据詹锳先生考证：“劳格《读书杂识》卷七《杭州刺史考》，列李良于杜元志、陈彦恭之间，以良为开元间刺史，劳氏虽无确据，然孙逖有授李良等诸州刺史制，逖之为中书舍人在开元二十四年至天宝三载间。”① 天宝六载李白第三次来越时，杭州刺史已为张守信，可见李良任杭州刺史在开元末天宝初。李白在东阳会见韦参军之日也是李良任杭州刺史之时。这次李白在越中度过了一个冬天、春天和秋天。李白虽无在越地写冬景的诗，但在他第二次入越以后的多次诗作中提到了“山阴雪”，如《同族弟金城尉叔卿烛照山水壁画歌》：“光中乍喜岚气来，谓逢山阴晴后雪。”《对雪醉后赠王历阳》：“历阳何忆山阴时，白雪飞花乱入目。”《单父东楼秋夜送族弟沈之秦》：“卷帘见月清风来，疑是山阴夜中雪。”《自金陵溯流过白壁山玩月达天门寄句容王主簿》：“秋月照白壁，皓如山阴雪。”《东鲁泛舟》：“轻舟泛月寻溪转，疑是山阴雪后来。”《答王十二寒夜独酌有怀》：“昨夜吴中雪，子猷佳兴发。万里浮云卷碧山，青天中道流孤月。孤月沧浪河汉清，北斗错落长庚明。”这些诗中虽有些用王子猷雪夜访戴安道的典故，但若未亲自欣赏过山阴雪景，不会写得如此高洁旷远，清新明丽。在这么多的诗中都提到山阴雪景，正说明他观赏“山阴雪”留下了强烈的印象。冬去春来，李白还在越中，《送侄良携二妓赴会稽戏有此赠》：“携妓东山去，春光半道催。遥看若桃李，双入镜中开。”诗中之景当然是春天。《与从侄杭州刺史良游天竺寺》：“挂席凌蓬丘，观涛憩樟楼……天竺森在跟，松风飒惊秋。”说明这年秋天李白观了钱塘江潮，游了天竺寺，《送鞠十少府》：“试发清秋兴，因为吴会吟。”也是这年秋天在越中所写。后离开越中，溯长江西行，至巴陵与王昌龄相会，有王昌龄《巴陵送李十二》可证。安旗《李白年谱》认为开元二十七年夏李白在越中，而这年的春至初夏在安宜，举出了《赠徐安宜》、《白田马上闻莺》两诗，后者点明了时间：“黄鹂啄紫椹，五月鸣桑枝。”前面已论及《见京兆韦参军量移东阳》肯

① 詹锳主编：《李白全集校注汇释集评》第六册，百花文艺出版社，1993年，2815页。

定是在开元二十七年五月所写，《送侄良携二妓赴会稽戏有此赠》又是这年春天在越中所写，那么《赠徐安宜》、《白田马上闻莺》就不是开元二十七年五月写的，而是另一年的五月所写，也即说李白在这年春、夏、秋都在越中，并没有中途又去千里之外的安宜（今江苏省宝应县）。

李白的第二次入越的时间较长，很可能与吴筠相会。《旧唐书·吴筠传》："开元中南游金陵，访道茅山，久之，东游天台。筠尤善著述，在剡与越中文士为诗酒之会。"在权德舆《吴尊师传》中虽未提到吴筠于开元中入越，但吴筠从十五岁就隐于南阳倚帝山至天宝初应召入京已历二十多年，这么长一段时间不可能总待在倚帝山，作为道士要出外云游，吴越的茅山和天台山是道教圣地。吴筠的前辈王远知、潘师正都曾长住茅山。再从他的《登北固山望海》与《建业怀古》比较，不似一时之作，前者显然是开元盛世所作，后者是"安史之乱"发生后所作，说明吴筠应有两次吴越之游。吴筠的《经羊角哀墓作》第一句就是"祇召出江国"。《舟中夜行》也是应诏赴京的舟中所作。天宝初应诏入京应从江南去的，从南阳出发则不必行舟，也不能称"出江国"。羊角哀墓的位置应在今湖北境内，不在南阳以北，从《经羊角哀墓作》也说明吴筠不是从南阳奉召入京的，权德舆的《吴尊师集序》记事跳跃性太大，忽略了吴筠的第一次入越，而引《旧唐书·吴筠传》正可以作补充，新、旧《唐书》都说李白在越中与吴筠相会，吴筠举荐李白的事不能轻易否定。不过天宝元年李白已离开越中，是从东鲁入京的，此事已经郁贤浩、安旗、阎琦等先生考证，良是。但不能以此否定李白与吴筠在开元末曾相会于越的事实。

李白的第三次入越是天宝六载，此次入越前写了《梦游天姥吟留别》，《河岳英灵集》作《梦游天姥山别东鲁诸公》，可见此诗作于东鲁。在此次入越前曾在金陵、扬州、安宜等地逗留。《登梅岗望金陵赠族侄高座寺僧中孚》："佳游不可得，春去惜远别。赋诗留岩屏，千载庶不灭。”可见离开金陵时是夏初，《白田马上闻莺》有“五月鸣桑枝”，应当是在离开金陵去扬州前后所作，安宜（今宝应县）距扬州百余里，又有大运河相通，逗留金陵、扬州期间，去安宜是完全可能的。此次李白入越写的《越中览古》有“只今惟有鹧鸪飞”，已经是夏天了。这次入越瞻仰了贺知章的故居，有《对酒忆贺监二首》、《重忆一首》，还写有《天台晓望》、《早望海霞边》、《求崔山人百丈瀑布图》等。《登高丘而望远海》很可能是这次入越所作，“登高丘，望远海”与《天台晓望》中的“凭高远登览，直下见溟渤”的意思相同。“银台金阙如梦中”与《梦游天姥吟留别》中的“日月照耀金银台”意境相似。这年秋天李白还在越中，写了《越中怀秋》。冬天已离开越地到了金陵，《送杨燕之东鲁》：“一辞金华殿，蹭蹬长江边。二子东鲁门，别来已经年。”说明此时他已离家一年，在这一年中的夏秋是在越中度过的。

李白的第四次入越是在“安史之乱”爆发后，至德元年（756）写的《经乱后将避剡中留赠崔宣城》：“杨花满州城，置酒同临洮。忽思剡中去，水石远清妙。”可见此时为春末。途经溧阳写的《猛虎行》：“溧阳酒楼三月春，杨花茫茫愁杀人。”是暮春时节，入越时已是夏天了，《杭州送裴大泽时赴庐州长史》：“五月披裘者，应知不取金。”虽是用典，也切合了时令。《赠友人三首》：“虎伏避胡尘，渔歌游海滨。”也应是此时在越地所写。李白在这年秋天才离开越地去庐山隐居，临行前写了《感时留别从兄徐王延年从弟延陵》，这次入越时间不长，也无心在国难当头时漫游，其入越之目的是说服徐王延年起兵勤王，但未达目的却病了一场，“伏枕寄宾馆，宛同清漳湄。药物多见馈，珍馐亦兼之。谁道溟渤深，犹言浅恩慈”。在病中得到延年兄弟照顾，到初秋病好后也就结束了最后一次越中之行。

李白四次游越，越中美景给他留下了强烈的印象，在离越后的三十多首诗中都提到越中山水，当他面对一些美景时总爱与越中美景相比，或者唤起对越地的美好回忆，除前面提到的“山阴雪”外，对镜湖、剡溪、天台山等处多次提到。如“山川如剡县，风日假长沙”（《秋浦歌其二》），“若教月下乘舟去，何啻风流到剡溪”（《东鲁泛舟》），“水色绿且明，令人思镜湖”（《登单父陶少府半月台》），“下映双溪水，如天落镜湖”（《赠宣州灵源寺仲浚公》），“乘君素舸泛泾西，宛似云门对若溪”（《与谢良辅游泾川陵岩寺》），特别是《梦游天姥吟留别》和《送王屋山人魏万还王屋》二诗集中写越中山水，前者是“梦游”，后者是实写，都有极高的审美价值。

越中山水虽不乏壮美之处，不过主要特色是秀美。《世说新语》说越中山川之美，“千岩竞秀，万壑争流，草木蒙笼其上，若云兴霞蔚”。这就突出了一个“秀”字。《康熙字典》解释：“秀，荣也，美也，禾吐华也。”山不险而层峦叠彩，峰不尖而妩媚丰满，水不急而澄碧如玉，山水的姿态舒缓优美，线条婉曲柔和，色彩淡雅明丽，呈现一种阴柔之美。李白在开元年间两次入越，以他那敏锐的审美感受，抓住了越中山水秀美的特色。“竹色溪下绿，荷花镜里香”（《别储邕入剡中》），翠竹、红莲倒映在清澈如镜的渌水中，这是一幅多么清新明丽的水彩画！“渌水明秋日，南湖采白萍。荷花娇欲语，愁杀荡舟人”（《渌水曲》）。诗人以丰富的想象力，用拟人和反衬的手法，写碧波中半开半闭的荷花，似欲言又忍，正如思念着爱人的娇羞女子，对荷花之美表现得含蓄而隽永。越中不仅山美水美，人更美。李白诗将美景与美人相互映衬，“若耶溪旁采莲女，笑隔荷花共人语。日照新妆水底明，风飘香袂空中举”（《采莲曲》）。“耶溪采莲女，见客棹歌回。笑入荷花去，佯羞不肯来……镜湖水如月，耶溪女如雪。新妆荡新波，光景两奇绝”（《越女词》）。在红花绿水中活跃着一群妩媚动人的女孩子，自然美与人体美相互映照，相得益彰。采莲少女不仅外表美，而且纯真活泼，娇羞之态可掬，这种表里如一的秀美使人赏心悦目。越中最美的美女当然要数西施了，“西施越溪女，出自苎萝山。秀色掩古今，荷花羞玉颜。浣纱弄碧水，自与清波闲”（《西施》）。“镜湖三百里，菡萏发荷花。五月西施采，人看溢若耶。回舟不待月，归去越王家”（《子夜吴歌·夏》）。荷花已很美了，而在西施面前感到自愧不如。人们为目睹西施美容，把若耶溪两岸都挤满了。诗人并没有正面描写西施容貌如何美，而是用映衬的手法，着重环境的烘托，让读者去想象西施之美。

开元年间李白的两次入越，以观赏越中秀美的山水为主要目的。当时正值“开元之治”，天下太平，李白怀着伟大的政治抱负，憧憬着美好的未来。他是以一种平和愉悦的心情来观照越中景物的，沉浸在物我同一，天人合一的和谐之中。裴斐先生说：“主客观的和谐产生柔美……所谓和谐，当然不是对‘盛世’的歌唱，而是表达其在自然界、日常生活和在同下层社会接触时产生的奇情异趣和获得的审美感受。”① 李白开元时期入越所写的诗正是表现一种人与大自然的和谐，主观与客观的和谐的意境，也即是“雍容和缓”的阴柔之美的诗篇。天宝初李白应诏入京，他以为能去做“帝王之师”，能实现“济苍生”、“安社稷”的宏伟抱负。但这时的唐玄宗已不再是励精图治的英明之君，而是沉溺于酒色的昏君，奸佞当道，贤良被斥，大唐帝国在表面盛世掩盖下的社会危机日益严重。李白以他那诗人的敏锐察觉到这一切，他也想去改变，但又无能为力。他更不愿同流合污，不甘心做御用文人，不屑于攀附权贵，因而受到诬蔑诽谤，被迫出京。政治上的失败，理想的破灭，在他内心深处形成了激烈的矛盾冲突，陷入了入世出世“两无从”的双重矛盾之中，既不愿同流合污，又不愿遗世独立，既要保持人格独立，又要坚持济世的理想。天宝年间李白正是怀着双重矛盾和双重痛苦的心情入越的，他所歌咏的景物不再是那么和谐平缓，而

① 裴斐：《李白个性论》，《中国李白研究》1990 年集。

是描述那些大自然中壮伟的冲突景象，借助于自然山水的险峻雄奇来倾内心的愤懑不平，这类诗表现的是阳刚之美。曾国藩在其《日记》中云：“阳刚者气势浩瀚，阴柔者韵味深美。浩瀚者，喷薄而出之；深美者，吞吐而出之。”阳刚之美大体相当于西方美学所谓的崇高美，“经常以突破形式美（如对称、均衡、调和、比例等）一般规律的粗粝形态，如荒凉的风景、无限星空，波涛汹涌的磅礴气势，雷电交加的惊人场面等等来构成崇高的特点。”[①] 崇高形式的特点：一是不和谐的，处于动荡的矛盾斗争状态；二是不寻常的，使人感到惊异、奇特。李白在开元年间是以平和愉悦的心情来表现越中山水的和谐的阴柔之美，而天宝年间入越，心情已经发生了重大变化，随着审美主体的变化，审美客体也发生了变化。诗人将自己的思想情感对象化到审美客体（物象）上，对审美客体进行加工改造，使审美客体失去了原始的面貌，最典型的就是《梦游天姥吟留别》。诗中的天姥山经过了诗人（审美主体）的加工改造，“天姥连天向天横，势拔五岳掩赤城。天台一万八千丈，对此欲倒东南倾”。诗人笔下的天姥山高大险峻，连天横亘，气势磅礴，呈现崇高之美。但实际上天姥山并不高，也不奇，无千岩奇峰，也无洞天飞泉，若李白如实描写就无法表现诗人狂傲不羁的性格。竺岳兵先生从天姥山的文化内涵来解释这一问题是很有见地的，李白十分崇敬的谢灵运曾多次游天姥山，“一个势拔五岳诸山的天姥山形象和一个倔强于朝廷的谢灵运形象结合在一起，浮现在他的心中，喷泻于他的笔端，这就是诗人夸饰、渲染天姥山连天横亘气势的寓意所在”[②]。李白抓住了天姥山“向天横”的特色，把谢灵运的倔强，自己的傲岸都融合在“天姥山”这个意象之中，正如王国维在《人间词话》中说：“有我之境，以我观物，故物皆首我之色彩。”

① 王朝闻：《美学概论》，人民出版社，1981 年。

② 竺岳兵：《〈梦游天姥吟留别〉诗旨新解》，《中国李白研究》1998—1999 年集，安徽文艺出版社。

这也就是审美创造中审美主体与审美客体的互相融合互相渗透。天姥山这个审美客体呈现在诗中就不是原来的模样，而是主体化了，李白在《梦游天姥吟留别》中所描写的梦境，有博大寥廓的空间，汹涌磅礴的气势，惊心动魄的场面，是阳刚美的典范，同时又有一种朦胧之美，意境似真似幻，扑朔迷离，惝恍莫测，幽渺神秘，离奇绚美，把人们带入无限的遐想和憧憬之中。诗中还表现了诗人自我形象的人格美，表现了狂傲不羁的叛逆性格和不愿与腐朽黑暗势力同流合污的高洁品格，表达了对朝中权贵的高度蔑视。“安能摧眉折腰事权贵，使我不得开心颜!”喊出了中国一切有正义感的知识分子共同的心声，表现了一切有骨气的中国知识分子的传统美德！李白在写这首诗时，他的审美状态已超越了“悦耳悦意”的初、中级阶段，达到了“悦神悦志”的最高层次。他不是具体描写能悦耳悦目的天姥山，也不是一般化的情景交融，李白遍游祖国名山大川，在他的胸臆中包容着无数个巍峨的山峰，涌动着生生不息的大自然意象。他深感造化的伟大，个人的渺小，宇宙的无穷，人生的短暂，尘世间所追求的荣华富贵、名利地位只不过是过眼云烟，虚幻梦境。他愿融入永恒而美好的大自然中，与权贵统治的污浊的尘世决裂。诗题的“留别”不仅是告别东鲁诸公，而且是告别污浊的尘世，体现了诗人（审美主体）的大彻大悟，达到了超道德本体的高度，也就是达到了“天人合一”的至高的审美境界，因而这首诗成为千古绝唱!

李白在天宝年间入越写的诗突出表现的是壮美，在雄壮中包含着悲壮。当时由于李白政治理想的破灭而满怀幽愤，他向往“遐登蓬莱，极目四海，手弄白日，顶摩青穹，挥斥幽愤”（《暮春江夏送张祖监之东都序》)。登高远望，向着浩渺无边的宇宙倾泻他的愤懑之情。如“天台邻四明，华顶高百越。门标赤城霞，楼栖沧岛月。凭高远登览，直下见溟渤。云垂大鹏翻，波动巨鳌没。风潮争汹涌，神怪忽翕忽”（《天台晓望》)；“四明三千里，朝起赤城霞。

日出红光散，分辉照雪崖”（《早望海霞边》）；“百丈素崖裂，四山丹壁开，龙潭中喷射，昼夜生风雷，但见瀑泉落，如潨云汉来”（《求崔山人百丈崖瀑布图》）。这些诗中展现的境界壮大开阔，宏伟浩瀚，气势磅礴，只有在这样的境界中，诗人积淀在心中的万古悲愁才能得到宣泄。他那狂傲不羁的性格，想要冲破一切罗网的自由的灵魂和大自然中激烈的冲突景象：汹涌澎湃的浪涛，挟持风雷的飞瀑……相互渗透、相互融合，形成壮美的意境。“李白诗中凡属壮美范畴的作品，无不具有豪中见悲这个特征”①。李白在天宝年间的越中诗正是如此，如《越中怀秋》：“一为沧波客，十见红蕖秋。观涛壮天险，望海令人愁。路遐迫西照，岁晚悲东流。”《越中览古》、《登高丘而望远海》等诗，则是从眼前的景色回溯历史，看到越国由盛极转向荒凉，秦皇汉武虽称雄一时，也不过剩下堆“牧羊之子来攀登”的荒丘。

李白以敏锐的目光看到了唐王朝在表面繁荣下隐藏着深刻的社会危机，诗人所悲愁的不仅仅是个人的怀才不遇，而是对社稷、苍生的忧虑。他在天宝年间的越中诗也流露了出世之念。“何必探禹穴，逝将归蓬丘。不然五湖上，亦可乘扁舟”（《越中怀秋》）。“观奇迹无倪，好道心不歇。攀条摘朱实，服药炼金骨。安得生羽毛，千春卧蓬阙”（《天台晓望》）。虽然李白这一时期出世思想占了上风，但他并没有真正去做隐士，“济苍生”、“安社稷”之念并没有完全断绝。当“安史之乱”爆发，国难当头苍生受苦之时，李白第四次入越，他虽说是“避地剡中”，但并非在此找一块避风港，而是怀着政治目的，想要游说徐王延年起兵平叛。“我从此去钓东海，得鱼笑寄情相亲”（《猛虎行》）。当然不是说真要去当一个钓翁，而是要鼓动李延年以李氏皇室的身份，招集东南军事力量北上勤王，拯救社稷。尽管这次游说失败，但这次入越表现出的人格美，

---

① 裴斐：《李白个性论》，见《中国李白研究》1990年集。

忧国忧民的高尚品格，是非常感人的。

李白的《送王屋山人魏万还王屋》虽不在越中所写，但的确是一篇系统描写越中山水的诗。诗中虽然是写魏万“乘兴游台、越，经永嘉，观谢公石门”的经历，实际上是李白自己前三次观赏越中的总结。从这首诗也可以寻找到李白在越中的足迹。如果不是他游过这些地方，仅凭魏万口述，是不可能写得那样生动的，现将诗中有关越中部分抄录如下：

逸兴满吴云，飘飖浙江汜。挥手杭越间，樟亭望潮还。
涛卷海门石，云横天际山。白马走素车，雷奔骇心颜。
遥闻会稽美，一弄耶溪水。万壑与千岩，峥嵘镜湖里。
秀石小司名，清辉满江城。人游月边去，舟在空中行。
此中久延伫，入剡寻王许。笑读曹娥碑，沉吟黄绢语。
天台连四明，日入向国清。五峰转月色，百里行松声。
灵溪恣沿越，华顶殊超忽。石梁横青天，侧足履半月。
眷然思永嘉，不惮海路赊。挂席历海峤，同瞻赤城霞。
赤城渐微没，孤屿前峣兀。水续万古流，亭空千霜月。
缙云川谷难，石门最可观。瀑布挂北斗，莫穷此水端。
喷壁洒素雪，空濛生昼寒。却思恶溪去，宁惧恶溪恶？
咆哮七十滩，水石相喷薄。路创李北海，岩出谢康乐。
松风和猿声，搜索连洞壑。径出梅花桥，双溪纳归潮。
落帆金华岸，赤松若可招。沈约八咏楼，城西孤岩峣。
岩峣四荒外，旷望群川会。云卷天地开，波连浙西大。
乱流新安口，北指严光濑。钓台碧云中，邈与苍岭对。

在诗中写了钱塘的怒潮，镜湖的碧波，耶溪的秀水，天台的雄峻，五峰的月色，赤城的朝霞，石门的飞瀑，严子陵的钓台，七十滩的湍流，金华的八咏楼，还有永嘉（温州）、缙云、青田等处越中的著名风景名胜，都在诗人的笔下一一加以描绘、赞美。既呈现了阴柔之美也有阳刚之美，可以说是刚柔相济、美不胜收，的确是一篇全面描述浙江山水的不朽杰作，是李白游越的总结。

李白描写越地山水的诗篇，大大地激发我们对祖国、对家乡的热爱之情，李白在诗歌中表现了高尚的人格，光明磊落，淡泊名利，不与腐败势力同流合污，忧国忧民，对普通劳动者深沉的爱……这些都是我们现在应当继承发扬的。李白在越中的诗歌是浙江省的珍贵旅游资源。发展旅游首先要调查评估旅游资源，人文旅游资源的评价因素主要是历史性、文学性、艺术性、民族性和影响范围。历史年代越久远、越稀少，文学性愈强，有关历史人物的知名度越高，其旅游价值也就越高。自然旅游资源的评价，不仅要看它的观赏价值，还要看它的历史文化价值。对于自然美景，柳宗元曾说过："美不自美，得人而彰。"这也就是所谓"名人效应"，凡是被名人游览、题咏过的自然风景，其旅游价值会大大提高。李白是知名度很高的，影响遍世界各国的伟大诗人。凡是他所到的地方，都会引起后人的瞻仰、凭吊。李白又是伟大的旅行家，自然美景的鉴赏家，他有很强的审美感受力，善于捕捉、发现自然界中的美，再经他的生花妙笔的题咏，又增强了自然风光的美学价值，提高了自然旅游资源的品位。李白在越中游览过许多地方，有关越中山水的诗六十余篇，在发展浙江旅游业时，应充分发挥其作用，体现其价值。如天姥山，如果单纯就其自然观赏价值来说，比不上五岳，也比不上天台山、雁荡山，但由于李白写了《梦游天姥吟留别》，就大大地丰富了它的文化内涵，提高了它的历史文化价值，增强了它的文学性、艺术性。天姥山正是因为李白的梦游而名声显赫，必然会吸引国内外旅游者的观光游览，因此天姥山是具有旅游开发价值的。山上原来就有太白庙，应当把它恢复起来，作为李白在越中的事迹及诗作的陈列馆，建成浙江省纪念李白的中心。

旅游资源开发的一个重要原则就是独特性原则。天姥山是李白梦游处，而《梦游天姥吟留别》又是李白的代表作，这就是天姥山唯我独具的特色，开发天姥山旅游资源就要突出这个特色。另一重要原则是综合性、系统性。不要孤立地开发一个景点，而是在突出作为自己形象的重点旅游资源时，也要注意对其他旅游资源的开发，形成一个对旅游者具有吸引力的群体，构成一条主题鲜明的旅游线路。李白的足迹遍布浙江各地，观赏过钱塘怒潮，泛舟镜湖、莫耶溪，游览过天台山、四明山、赤城山、云门山、天竺寺、国清寺、普照寺、越王台、山阴兰亭、严子陵钓台、金华沈约八咏楼，在温州、丽水、东阳、青田……都有李白的题咏。汉晋唐宋以来，还有不少文人骚客，在浙江留下遗迹和瑰丽的诗篇，如李白诗中提到的"谢公宿处今尚在"，现在还能在新昌城关镇康乐巷找到遗迹。这些都是很有历史文化价值的旅游资源。竺岳兵先生在1999年浙江新昌召开的"李白与天姥"国际学术研讨会上提出"浙东唐诗之路"的干线和几个支线，是符合旅游资源开发原则的。按"唐诗之路"这一主题，把各名胜古迹串联起来，规划旅游线路，必能吸引更多的游客。旅游资源开发的又一重要原则是保护与开发相结合的原则，在开发与建设旅游景区时，必须注意环境保护，恢复和保持李白等诗人当年游览时，山明水秀、人与自然和谐相处的美好景观，这不仅能增强对游客的吸引力，增加旅游业的持续的经济效益，能使旅游者感受到李白的"人是自然的一部分"的崇高精神，陶冶情操，悦神悦志的高尚的审美境界。

李白的山水诗与柳宗元的山水记

李白的山水诗和柳宗元的山水游记，不仅是唐代文学史，也是中国文学史上的两座丰碑，对后世的文学创作都产生了深远的影响。本处就柳宗元的山水记对李白山水诗的承传关系，两者之间的共同之处及各自特点进行对比研究。

一

人是社会的一部分，也是自然的一部分。每个人都处于人与人和人与自然的双重关系之中。文学不仅应当反映人们的社会生活，还应当反映人与自然的关系。在中国文学史上，以反映人们社会生活为题材的作品非常丰富，反映人与自然关系为题材的作品比较少，而且出现较晚，成熟得也比较迟。在诗的领域中，《诗经》、《楚辞》也有对自然环境的描写，但只是给社会生活的描写提供背景，还不是以自然山水为题材的山水诗。直到东晋末刘宋初才兴起山水诗，《文心雕龙·明诗》："宋初文咏，体有因革，庄老告退，而山水方滋。"谢灵运正是山水诗兴起时期的杰出代表。这一时期的山水诗，求形似而多雕琢，仅为山水写貌，而未做到情景交融。谢朓的山水诗开始注意融情于景，诗风清新自然，使山水诗逐步走向成熟。自谢朓之后至唐初，山水诗的创作无多大成就。盛唐时期，山水诗才发展到崭新的高峰，孟浩然和王维把山水诗的创作推进到圆满成熟的阶段。山水诗创作成就最高的则是李白。

李白是唐代诗歌革新的主将，他继承了陈子昂诗歌革新的主张，在理论和实践上取得了诗歌革新的最后成功，“至今朝诗体，尚有梁陈宫掖之风，至公大变，扫地以尽”（李阳冰《草堂集·序》）。李白反对六朝“绮丽”文风，提出“贵清真”，主张天真、自然，反对模仿、雕琢。李白对六朝的优秀诗歌中的养料也还是要加以汲取。如他的山水诗，就从谢朓那里汲取了清新自然的诗风，把山水诗的创作推向了更高的境界。“诗有三境：一曰物境，欲为山水诗，则张泉、石、云、峰之境，极丽绝秀者，神之于心，处身于境，视境于心，莹然掌中，然后用思，了然境象，故得形似。二曰情境，娱乐愁怨，而张于意，而处于身，然后驰思，深得其情。三曰意境，亦张之于意，而思之于心，则得其真也”①。如果说六朝的山水诗进入了物境，那么李白山水诗“三境”都已进入，不仅诗中善于描绘自然山水之美，而且寓情于景，情景交融，借自然山水抒发自己的情感，把描绘客观的山水与抒发主观情感合而为一。在他们的笔下，山水不仅是自然美、形象美打动人，而且是把自己思想情感融会其中的一种艺术美，以作者的真情感动人。李白胸怀远大的抱负，性格豪迈不羁，在他笔下的山水也具有豪放不羁的个性基调。李白笔下黄河长江的奔腾咆哮的磅礴气势和冲决一切障碍的力量，正是其豪放不羁、追求个性解放的写照。李白山水诗的杰作《梦游天姥吟留别》，极写天姥山的高大险峻，横天连亘，气势磅礴，已非天姥山的原貌，把自己的思想情感对象化到天姥山上，把天姥山改造成为表现自己傲岸个性的意象，正如王国维说：“有我之境，以我观物，故物皆着我之色彩。”李白胸怀“济苍生”、

---

① 《吟窗杂录》本王昌龄《诗格》，转引自张少康主编：《中国历代文论精品》，时代文艺出版社，1995年，262页。

“安社稷”的凌云壮志，但冷酷的现实使他宏伟的抱负无法实现，政治上一再遭受打击，他便寄情于自然山水，在大自然中找到了医治心灵创伤的良药，让自然美景驱散他胸中的幽愤，把大自然当成他患难与共的知心朋友。如《独坐敬亭山》：“众鸟高飞尽，孤云独去闲，相看两不厌，只有敬亭山。”在他的许多山水诗中，表现出与自然物情感相通，如“雁引愁心去，山衔好月来”，“我寄愁心与明月”，“白云南山来，就我檐下宿”，“花枝拂人来，山鸟向我鸣”……山水、明月、白云、花鸟都成了李白喜乐忧愁相通的朋友。他常常沉醉于山水美景之中，达到物我两忘、人与自然泯一的境界。总之，李白不仅为祖国的名山大川写貌传神，还把自己强烈的情感和伟大的人格注入于自然山水之中，为山水诗开辟了新的境界。

李白的诗歌在当时就已经产生了广泛的影响，到中唐贞元时，他的诗集已“家家有之”。毫无疑问，李白的诗歌革新的主张和诗歌风格必然影响到生活在中唐时期的柳宗元。

柳宗元是“古文运动”的主将之一。“古文运动”是中唐时期的一场文体革新运动，它与李白主张的诗歌革新有相通之处，或者说有承传关系。它们都反对形式主义文风，反对单纯追求词藻的绮丽，反对人工雕琢，主张自然流畅地表达作者的思想感情。柳宗元的山水记正是“古文运动”的实践。在柳宗元之前，也有记叙山水林园的作品，如北魏郦道元的《水经注》，就是文学创作中山水记的滥觞，但基本上属于介绍地理位置、地形、地理掌故的地理著作。刘宋以后也出现了一些山水记，但总的说还比较幼稚，不过是“模山范水”，如六朝的山水诗那样，只进入“物境”，未进入“情景”、“意境”，也就是未做到作者的情感和景物描写水乳交融。柳宗元把山水记推向了更高的境界。他写山水记是在“永贞革新”失败，贬于永州、柳州后的十余年。他在美好的自然山水中寻找医治心灵创伤的良药，从大自然中获得生活的力量，追寻生命的乐趣，他说："仆闷即出游……时到幽树好石，暂得一笑……譬如囚拘圜土，一遇和景，负墙搔摩，伸展支体，当此之时，亦以为适。"(《与李翰林建书》)他在永州、柳州生活时间占其生命的近三分之一。在永州写了九篇山水记（习惯上称"永州八记"，还有一篇《游黄溪记》，确切地说应称"永州九记"）。此外，柳宗元在柳州、潭州、邕州、桂州、永州等处写的"亭记"、"堂记"、"寺记"、"轩记"等还有十多篇，其中的《潭州杨中丞作东池戴氏堂记》、《桂州裴中丞作訾家洲亭记》、《邕州柳中丞作马退山茅亭记》、《永州韦使君新堂记》、《永州崔中丞万石亭记》、《零陵三亭记》、《永州龙兴寺东丘记》、《永州法华寺新作西亭记》、《永州龙兴寺西轩记》，这些"记"不仅记叙了亭、堂的建修，园林的建筑，还写了周围环境以及山水风光，也应属于游记性的散文，把这些算起来，应当是二十余篇。这些山水记丰富了描绘自然山水的艺术手法，开拓了古代散文反映生活的新领域，确立了山水记作为一种独立的文学体裁在文学史上的地位。

柳宗元的山水记继承了李白山水诗物我泯一、清新自然的风格。以清新的文笔描绘了诗情画意般的自然山水，表现了人与自然和谐相处的健康的审美情感，融入了作者的爱憎情感和人生理想，达到了情景交融，物我两忘的境界。如李白山水诗那样，不仅进入了"物境"，也进入了"情景"、"意境"。林纾《柳文研究法》说，柳宗元的山水记"文中有诗情"。王更生的《柳宗元散文研读》说，"他笔下的自然景物，都不是纯客观的描摹复制，而是寄寓着自己的复杂情思和身世。他往往以情观景，借景抒怀，使文章既有诗情，又有画意，达到情景交融的境地"。柳宗元带着强烈的主观感情去观察山水，对客观的自然山水进行了主观的再创作，成为主客观融合的艺术作品。正如德国美学家费肖尔说，"人把他自己外射到或感入到自然界事物里去"，形成"对象的人化"（转引自朱光潜《西方美学史》下卷）。永州的山水并非著名的奇景胜境，当时还是未开发的蛮荒之地，柳宗元以戴罪之身，满怀幽愤，在自然山水中去发现美，追寻美。在人与自然的和谐相处中去求得精神的解脱。他的山水记中描写的美景都是不为人知，不为人用，长期埋没的自然美景。他在描绘这些美景时，总是赞美中含着惋惜，歌颂中透着不平。《钴姆潭西小丘记》云："噫！以兹丘之胜，致之沣、镐、鄠、杜，则贵游之士，争买者日增千金而愈不可得。今弃是州，农夫渔父过而陋之，贾四百，连岁不能售。"通过对被埋没的美景的惋惜，透出贤才遭贬、沦落荒野的愤懑之情。柳宗元力求在回归自然中，与天地冥合为一，使精神得到解放和超越。《始得西山宴游记》云："自余为僇人，居是州，恒惴慄处。其隙也，则施施而行，漫漫而游。日与其徒上高山，入深林，穷迴溪，幽泉怪石，无远不到。""悠悠乎与颢气俱，而莫得其涯；洋洋乎与造物者游，而不知其所穷，引觞满酌，颓然就醉，不知日之入。苍然暮色，自远而至，至无所欠，而犹不欲归，心凝形释，与万物冥合"。《钴鉧潭西小丘记》云："由其中以望，则山之高，云之浮，溪之流，鸟兽之遨游，举熙熙然迴巧献技，以效兹丘之下。枕席而卧，则清冷之状与目谋，营营之声与耳谋，悠悠然而虚者与神谋，渊然而静者与心谋。"大自然的美景驱散了心中的幽愤，苦闷的心情变得澄明空寂，人与自然之间达到了高度的和谐统一，进入了"天人合一"的至高的审美境界。柳宗元的山水记，把大自然作为丑恶污浊的社会现实的对立面来描写的，在现实社会中心灵受到的创伤，在纯净美好的大自然中得到抚慰和治疗。

二

从审美的角度说，自然美主要美在它的千姿百态，美在它的形象。李白与柳宗元都善于抓住自然山水的审美特征，描绘出自然山水的形象美。大自然的形象美一般来说，有"雄、壮、险、奇、秀、幽、奥、旷”等主要的审美特征。李白山水诗对这八种审美特征都有很精彩的描绘。“雄”，指雄伟、雄浑，审美对象有巨大的空间形象，给人以崇高之感；在时间上给人以亘古难移的永恒之感。如李白笔下的泰山：“黄河从西来，窈窕入远山。凭崖揽八极，目尽长空闲。”（《游泰山》其三）他写峨眉山：“蜀国多仙山，峨眉邈难匹。周流试登览，绝怪安可息。青冥倚天开，彩错疑画出。”“壮”表现为大与力的结合，不仅形体巨大，而且力量强大，使人惊讶、敬畏。如他写黄河：“黄河万里触山动，盘涡毂转秦地雷”（《西丘云台歌送丹丘子》）；“黄河西来决昆仑，咆哮万里触龙门”（《公无渡河》）。他笔下的长江是：“一风三日吹倒山，白浪高于瓦官阁。”还有他笔下的庐山：“登高壮观天地间，大江茫茫去不还。黄云万里动风色，白波九道流雪山。”（《庐山谣》）他写庐山瀑布：“挂流三百丈，喷壑数十里。欻如飞电来，隐若白虹起。初惊河汉落，半洒云天里。”李白写山水壮美的诗很多，有的在壮美之中又包含着奇、险。“奇”是指奇异、奇特，非同一般，出人意料的新奇景物。仿佛是神雕仙琢，而非人力所为，在使人惊奇中带来强烈的美感。如黄山的山形山势就很奇特，李白写黄山有“丹崖夹石柱，菡萏金芙蓉”（《送温处士归黄山白鹅岭旧居》）。“险”主要是指山势陡峭、险峻，道路充满危险，使人惊心动魄。它既使人害怕，又会激起人们的好奇心和征服艰险的决心，在征服艰险和战胜自我的过程中给人带来刺激，带来美的享受。李白山水诗的杰作《蜀道难》，诗中一咏三叹，把巴山蜀水的壮美和雄奇险峻表现得淋漓尽致，惊心动魄，从而给人们带来美感。“旷”是指空旷、辽阔、浩渺、高远，视野开阔，一望无际，使人心胸开阔，心旷神怡。李白山水诗表现“旷”的也不少。如“山随平野尽，江入大荒流”（《渡荆门送别》），“孤帆远影碧空尽，惟见长江天际流”（《送孟浩然之广陵》），“明月出天山，苍茫云海间。长风几万里，吹度玉门关”（《关山月》）。“秀”指山川秀丽、柔美，姿态舒缓优美，色彩绚丽柔和，使人赏心悦目。李白山水诗表现秀美的如写故乡山水“犬吠水声中，桃花戴露浓……野竹分青霭，飞泉挂碧峰”（《访戴天山道士不遇》）。写江南秀丽：“竹色溪下绿，荷花镜里香”（《别储邕之剡中》），“千岩泉洒落，万壑树萦回”（《送友人寻越中山水》），“渌水净素月，月明白鹭飞”（《秋浦歌》）。“幽”指清幽、幽静、幽深、幽远。处于隐蔽的半封闭状态的山谷或密林之中，给人一种安定、静谧的美感。如李白在故乡写的“拨云寻古道，倚树听流泉。花暖青牛卧，松高白鹤眠”（《寻雍尊师隐居》），“奥”是指奥妙莫测，变化无穷，曲折离奇，一般指封闭式的深山、巨谷、溶洞，使人在神祕之中得到美感。李白在《梦游天姥吟留别》中，就给我们展现了奥妙神秘的美景。“千岩万转路不定，迷花倚石忽已暝。熊咆龙吟殷岩泉，栗深林兮惊层巅”。在李白的诗歌中自然山水的各种美的形态不是单一的，往往是综合存在的，如李白写的天姥山，既有奥，也有旷，更有雄和壮。李白写的蜀道，既有险，也有奇、雄、壮。总之，在李白的诗歌中，对自然山水的八大形象美都有描绘。

柳宗元也很善于描写山水的形象美，主要是表现山水的阴柔美，也就是表现山水的幽、秀、奇、奥之美。他描绘了不少的半封闭或封闭式的峡谷、深潭和溶洞的美景。描绘秀丽之美如：“青树翠蔓，蒙落摇缀，参差披拂”（《至小丘西小石潭记》），“有小山出水中，山皆美石，上生青丛，冬夏常蔚然。其旁多岩洞，其下多白砾，其树多枫、石楠、木便、槠、樟、柚，草则兰芷。又有异卉，类合欢而蔓生”（《袁家渴记》），“昌蒲被之，青鲜环周”（《石渠记》），“嘉木美卉，垂水聚峰，珑玲肖条，清风自生，翠烟自留”（《零陵三亭记》）。描绘清幽之美如《至小丘西小石潭记》：“从小丘西行百二十步，隔篁竹，闻水声，如鸣佩环，心乐之。伐竹取道，潭西南而望，斗折蛇行，明灭可见。其岸势犬牙差互，不可知其源。坐潭上，四面竹树环合，寂寥无人，凄神寒骨，情怆幽邃。

以其境过清，不可久居，乃记之而去。”《游黄溪记》：“至初潭最奇丽，殆不可状。其略如剖大瓮，侧立千尺，溪水积焉。黛蓄膏渟，来若白虹，沉沉无声。”《袁家渴记》：“水行至芜江，可取者三，莫若袁家渴。皆永中幽丽奇处也……其中重洲小溪，澄潭浅渚，间厕曲折，平者深墨，峻者沸白。舟行若穷，忽又无际。”《始得西山宴游记》：“幽泉怪石，无远不到。”《钴鉧潭记》：“有树环焉，有泉悬焉……其泉于高者坠之潭，有声潨然。”《始得西山宴游记》：“有泉幽幽然，其鸣乍大乍细。”《石涧记》：“交络之流，触激之音，皆在床下。翠羽之木，龙鳞之石，均荫其上。”从石、木、泉、涧，到各种水声的描写，营造出了整体环境的清幽，表现出了深谷空灵之幽美。给读者展现了一幅幅秀丽、幽静、奥邃的山水画卷。柳宗元也写了许多奇特的美景，如《至小丘西小石潭记》：“全石以为底，近岸卷石底以出，为坻、为屿、为嵁、为岩。”《袁家渴记》：“莫若袁家渴。皆永中幽丽奇处也。每风自四山而下，振动大木，掩苒众草，纷红骇绿，蓊葧香气，冲涛旋濑，退贮溪谷，摇扬葳蕤，与时推移。”《石渠记》：“其侧皆诡石、怪木、奇卉、美箭，可列坐而休焉。”《石涧记》：“亘石为底，达于两涯，若床若堂，若陈筵席，若限阃奥。”永州、柳州一带属喀斯特地貌，有许多奇特的石芽、石林和溶洞。柳宗元是第一位描绘喀斯特地貌景观的文学家，写地表的石芽、石林：“其石之突怒偃蹇，负土而出，争为奇状者，殆不可数。其然相累而下者，若牛马之饮于溪；其冲然角列而上者，若熊罴之登于山。”（《钴鉧潭西小丘记》）“大石林立，涣若奔云，错若置棋，怒者虎斗，企者鸟厉。抉其穴则鼻口相呀，搜其根则蹄股交峙。环行卒愕，疑若搏噬”（《永州崔中丞万石亭记》）。他写地下的溶洞，如《柳州山水近治可游者记》：“山之西可上，其上有穴，穴有屏，有室，有宇。其宇下有流石成形，如肺肝，如茄房，或积于下，如人，如禽，如器物，甚众。东西九十尺，南北少半。东登入小穴，常有四尺，则廓然甚大。无窍正黑，烛之，高仅见其宇，皆流石怪状。由屏南室中入小穴，倍常而上，始黑，已而大明，为上室。由上室而上，有穴，北出之，乃临大野，飞鸟皆视其背。”他以生动形象的细致的笔法，描绘了仙奕山溶洞的奥妙神秘，洞中石钟乳的千姿百态，真是引人入胜。在《永州龙兴寺东丘记》中说：“游之适，大率有二：旷如也，奥如也，如斯而已。其地之凌阻峭，出幽郁，寥廓悠长，则于旷宜；抵丘垤，伏灌莽，迫遽迴合，则于奥宜。”在柳宗元描写的山水美景中既有“奥”，也有“旷”，如《始得西山宴游记》：“穷山之高而上，攀缘而登，箕踞而遨，凡数州之土壤，皆在衽席之下。其高下之势，岈然洼然，若垤若穴，尺寸千里，攒蹙累积，莫得遁隐。萦青缭白，外与天际，四望如一。然后知是山之特立，不与培土娄为类，悠悠乎与颢气俱，而莫得其涯；洋洋乎与造物者游，而不知其所穷。”又如《永州法华寺新作西亭记》：“法华寺居永州，地最高……丛莽下颓，万类皆出，旷焉茫焉，天为之益高，地为之加阔，丘陵山谷之峻，江湖池泽之大，咸若有而增广之者。”这里就写了登上山顶所见之空旷寥廓之美景。

大自然的八种形象美，其中的雄、壮、奇、险、旷基本上属于阳刚之美，相当于西方美学说的崇高美，“经常以突破形式美，如对称、均衡、调和、比例等，一般规律的粗粝形态，如荒漠的风景、无限星空，波涛汹涌的磅礴气势，雷电交加的惊人场面等等来构成崇高的特点”①。秀、幽、奥则属于阴柔之美，大体相当于西方美学标准的优美，或者说和谐美，审美主体与客体统一和谐，这种“美感的主要特征，是一种温柔的喜悦”②。李白的山水诗既有表现阳刚之美的，也有表现阴柔美的，但主要是表现阳刚之美，或者说崇高之美，特别善于描写雄、壮、险、奇、旷之美景。柳宗元

① 王朝闻：《美学概论》，人民出版社，1981 年。

② 《车尔尼雪夫斯基论文学》中卷，人民文学出版社，1965 年，73 页。

的山水记则主要是描写幽、秀、奥之美景，特别善于表现阴柔美。这与他们的经历和性格有关。李白生活于盛唐时代，“开元盛世”激发着他“已将书剑许明时”，怀着济世安民的宏伟抱负，“遍干诸侯”，漫游全国各地，走遍名山大川，因而在他的诗中，既有描绘长江、黄河之壮美，泰山、黄山之雄奇，巴山蜀水之险峻，也有江南山水之秀、幽。李白性格豪放，狂傲不羁，在他政治理想遭到挫折，满怀幽愤，向往着“遐登蓬莱，极目四海，手弄白日，顶摩苍穹，挥斥幽愤”（《暮春江夏送张祖监之东都序》）。他以阔大的胸怀，超越的眼光看自然山水，在他的山水诗中展现出壮大开阔，雄奇浩瀚，气势磅礴的境界，只有在这样境界中，他那狂傲不羁的性格才得到表现，淀积于胸中的幽愤才得以宣泄。“阳刚者气势浩瀚，阴柔者韵味深美。浩瀚者，喷薄而出之，深美者，吞吐而出之”（《曾国藩日记》）。李白创作的具有阳刚之美的诗歌，可以说是从他那颗炽热的心中喷薄而出的。

柳宗元生活于中唐时期，这是一个危机四伏、衰落动荡的时代，政治腐败，宦官专权，朋党之争，藩镇割据，各种社会弊端日趋严重。柳宗元想改变这种状态，积极参与了“永贞革新”，可是遭到了惨重失败，贬到永州十年，形同囚犯。他说：“居小州，与囚徒为朋，行则若带缧索，处则若关桎梏，彳亍而无所趋，拳拘而不能肆。”（《答周君巢饵药久寿书》）后虽升任刺史，却被贬到了更边远的柳州，不久去世，可以说是终生沦落，英年早逝，比李白的遭遇更悲惨。他没有机会像李白那样潇洒的漫游全国名山大川，因而也不可能写出李白那样多的表现山水雄奇壮美的诗歌。柳宗元的悲惨人生形成他的悲剧性格。他执著地追求自己的理想，固执地坚持自己的信念，遭到了黑暗势力的迫害。他满怀悲愤，而又无处倾诉，于是“更乐默，思于木石为徒，不复致意”，“寂寞固所欲”，“远弃甘幽独”。他要在自然山水中寻求寂寞之美，在游记中创作幽静之美，所以他的山水记多表现幽、秀、奥等形象美。胡应麟在《诗薮》中评唐代诗人的风格说："柳子厚清而峭。"清是指清新自然，也指色调冷清；峭是指骨力峭拔。在他的山水记中写得最多的是石与水，这些石与水的意象都呈现清冷峻急、峭拔瘦硬的特点，表现了作者孤直寂寞、沉郁幽愤之情。李白与柳宗元都是怀着济世安民的宏伟抱负而无处施展，都有满怀悲愤不平之气，都想在山水中找到心灵的寄慰。不过他们二人的性格又有不同。李白的性格乐观、豪迈、狂傲不羁，他的诗往往是悲中见豪。最典型的如《将进酒》："君不见黄河之水天上来，奔流到海不复回。"这写出了黄河之壮美，表现了作者的豪放。后面又写："五花马，千金裘，呼儿将出换美酒，与尔同销万古愁。"满怀的悲愁却以豪语道出。主观的理想与客观现实的对立，激起李白情感的万丈波涛，为表现这种情感，创造了壮美的意境。柳宗元的性格孤直、激切，遭受政治迫害，觉得前途渺茫，深感寂寞孤独，产生了悲观情绪。他受佛教影响很深，"自幼好佛，求其道积三十年"（《送巽上人赴中丞叔父召序》），他被贬谪之后，到了偏远荒凉的地方，更是沉溺到佛教之中，以求超脱凡尘，得到精神的解脱。寻找远离尘缘，幽寂空灵，"渊然而静"的境界，以安慰那颗孤独寂寞之心。因而在他的山水记中创造了柔美的意境，将他深藏于内心的幽愤"吞吐而出之"。

三

李白的山水诗和柳宗元的山水记经历了千多年的传诵，至今仍有强大的生命力。

（1）李白的山水诗和柳宗元的山水记是爱国主义的好教材。祖国壮丽的河山是产生爱国主义感情的最初源泉。本来就十分壮丽的山水，经过李白与柳宗元的艺术加工，增添了光彩，显得更有魅力。在他们的诗文中，全面展现了祖国山水美，无论是阳刚之美或阴柔之美都十分引人入胜。

(2) 李白的山水诗和柳宗元的山水记是环境文化的重要内容。当今世界，人类面临着全球性环境恶化的严峻挑战，迫使世界各国重视人与自然的关系。从1972年以来，联合国几次召开环境会议，呼吁世界各国在经济发展的同时要重视自然，保护自然，自觉协调人和自然的关系，使自然——经济——社会协调、稳定、健康、持续发展。随着环境保护问题的提出，环境文化和环境教育在国内外得到重视。李白的山水诗和柳宗元的山水记中都体现着崇尚自然、热爱自然，人与自然和谐相处，人是自然的一部分的精神。在他们的诗文中，把大自然中的青山、绿水、明月、白云、青松、幽兰、翠竹、游鱼、奇石……一切最美好的东西呈现在我们的面前。读了他们的诗文，热爱大自然的一草一木的情感会油然而生，会使你向往一个洁净、幽美、没有污染的世界，追求一种“天人合一”的崇高境界，所以李白和柳宗元的诗歌和游记是环境文化的重要内容，是进行环境教育的最好教材。人与自然的关系是人类社会永远需要认真解决的问题，也是文学创作永恒的主题之一。李白与柳宗元的诗文中给人们展现的自然美也是一种共同美，可以超越时空界限，超越国界，为全人类所接受，所以，李白与柳宗元的诗文能受到世界各国人民的喜爱，成为全人类的优秀文化瑰宝。

(3) 李白的山水诗和柳宗元的山水记是珍贵的旅游资源。旅游业是当今世界上发展迅速的新兴产业。我国现代旅游业虽然起步较迟，但发展速度很快，各地都在积极开发本地的旅游资源，打造本地的旅游品牌。李白的山水诗和柳宗元的山水记在发展旅游业中有十分重大的价值。李白与柳宗元的遗迹游踪以及他们在各地题写的诗文都是珍贵的旅游资源。旅游资源主要是指对旅游者具有吸引力的以自然风光为主的自然旅游资源和以历史古迹为主的人文旅游资源。它能够给旅游者提供游览、观光、乐趣、考察研究及友好往来等条件。能够使旅游者开阔眼界，增长知识，陶冶情操。名人的故居游踪及其题咏当然是人文旅游资源。名人的知名度愈高，其吸引力就愈大。柳宗元说："夫美不自美，因人而彰。兰亭也，不遭右军，则清湍修竹，芜没于空山矣。"（《邕州柳中丞作马退山茅亭记》）这也就是现代我们说的"名人效应"。李白与柳宗元都是知名度很高的诗人、文学家。他们的故居游踪，又经过他们那如椽之笔的描绘点染，对旅游者的吸引力就更大。李白出生地江油市和李白终老地马鞍山市在开发以李白为中心的旅游资源方面，已经取得了显著成绩，带来了重大的经济效益和社会效益，并且还在进一步挖掘李白旅游资源潜力。如江油市在李白故居建造太白碑林、太白楼。开发大小匡山、戴天山之间的"太白小道"沿途景点，以吸引更多的旅游者。

柳宗元的遗迹游踪和他写的游记，都是宝贵的旅游资源，都有旅游开发的价值。在他游历的地方，若尽可能按原貌恢复景观，建筑亭轩榭堂，题刻柳宗元的游记，必然能吸引旅游者。

（4）柳宗元的山水记中表现出来的审美观，对开发旅游资源和建设旅游景观有重要的指导意义。他所游所记之处并非名山大川，当时并无名气，有的地方连名字都没有，还是柳宗元取的名，如袁家渴是因"其地主袁氏，故以名焉"。许多地方还是一片荒芜，说不上有观赏的价值。自然美景即使再美，仍有待人们的主动发现、改造，上升为艺术美，才能使它为人所知，为人所赏。艺术美源于自然美，而又高于自然美。黑格尔说："心灵和它的艺术美'高于'自然。"（转引自杨辛编著《美学原理》）这种观念早已在柳宗元的游记中就有体现，他善于发现自然美，更善于经过人工改造，培育出艺术美。如他买得钴鉧潭西小丘后，"铲刈秽草，伐去恶木，烈火而焚之。嘉木立，美竹露，奇石显。由其中以望，则山之高，云之浮，溪之流，鸟兽之遨游，举熙熙然迴巧献技，以效兹丘之下"。又如《永州韦使君新堂记》云："永州……环山为城，有石焉，翳于奥草；有泉焉，伏于土涂。蛇虺之所蟠，狸鼠之所游，茂树恶木，嘉葩毒卉，乱杂而争植，号为秽墟。……始命芟其芜，行其涂，积之丘如，蠲之浏如。既焚既酾，奇势迭出，清浊变质，美恶异位。视其植，则清秀敷舒；视其蓄，则溶漾纡余。怪石森然，周于四隅，或列或跪，或立或仆，窍穴逶邃，堆阜突怒。乃作栋宇，以为观游。凡其物类，无不合形辅势，效伎于堂庑之下。外之连山高原，林麓之崖，间厕隐显。迩延野绿，远混天碧，咸会于谯门之外。”在其他各记中还有“斫榛莽，焚茅茷”，“揽去翳朽，决疏土石”，“折竹箭，扫陈叶，排腐木”。从以上可以看出，柳宗元对自然山水的改造，是源于自然而高于自然，达到人与自然的相互融合，充分体现了“天人合一”的观念。他强调人为的加工，必须是顺应自然，“合形辅势”，充分发掘自然本身内在之美。《永州龙兴寺东丘记》云：“因其旷，虽增以崇台延阁，回环日星，临瞰风雨，不可病其敞也；因其奥，虽增以茂树丛石，穹若洞谷，蓊若林麓，不可以病其邃也。”这也是强调人为加工必须因地制宜，“合形辅势”，顺应自然。《邕州柳中丞作马退山茅亭记》云：“冬十月，作新亭于马退山之阳。因高丘之阻以面势，无木薄栌节木兑之华。不斫椽，不翦茨，不列墙，以白云为藩篱，碧山为屏风，昭其俭也。”这里也强调人工建筑物必须与自然环境相谐调，质朴淡雅，返璞归真，不可矫揉造作，画蛇添足，破坏人与自然的和谐关系。为使人工建筑与自然环境相互交融和渗透，我国古典园林常运用借景的艺术手法。在柳宗元的山水记中对借景有很明确的记叙，除上述的马退山茅亭“以白云为藩篱，碧山为屏风”外，《永州龙兴寺西轩记》还说：“寺之居，于是州为高。西序之西当属大江之流；江之外，山谷林麓甚众。于是凿西墉以为户，户之外为轩，以临群木之杪，无不瞩焉。不徙席，不运几，而得大观。”柳宗元关于景区园林建设中人与自然相交融的观念对今天旅游开发有重要的指导意义。现在不少的景区建设进入了一个误区，在景区内大搞现代化、城市化建设，大兴土木，采石伐木，破坏植被，破坏生态环境，不是“合形辅势”，而是以人工建筑破坏自然景观，把清静幽美之境变为闹市。这样的景区或许能热闹一时，但不可能持续发展。当代的旅游资源开发者应当认真读一读柳宗元的山水记，从中汲取营养。

李白遗迹考察记

要深入了解一个诗人的诗歌，必须了解他青少年时期生活的家乡的历史背景和地理环境。历史背景已成为过去，只有靠有关史料去研究，而他青少年时期所生活过的地理环境至今还存在，虽在人文方面发生了巨变，但山川如故。笔者是李白故里人，从小崇拜李白，喜欢探寻李白遗踪，听李白传说。从20世纪80年代以来，为研究李白在蜀中这个课题，又对李白在故乡的遗迹游踪进行系统考察，先后写下了十余篇考察游记，虽不属学术论文，但对了解李白生活过的地理环境，研究李白的生平也有一定作用。

青莲觅李白

从绵阳乘车，沿九环线北上，不到半个钟头，就到了伟大诗人李白诞生地江油市青莲镇。这个古朴的小镇坐落在一片肥美的平坝上，“涪江中泻而左旋，盘江迂回而右抱”，东邻天宝山，北依太华山，西北的云雾深入是戴天山、紫云山。正是这山明水秀，风景优美的环境孕育了伟大诗人。

李白故居陇西院在镇东一里的天宝山麓。李白祖籍在陇西（今属甘肃省），李白自称“陇西布衣”，所以把他的故居叫陇西院。李白的后人并未回故乡居住，这座空房就成了寺庙，因为是李白住过的地方，历代都在重建扩建。清乾隆五十三年（1788）修建的山门保留至今。山门气势雄伟，有三个门洞，中门上竖匾用彩色瓷片镶嵌“陇西院”三个大字，四周有九条蟠龙浮雕护卫。中门的对联是：“弟妹墓犹存莫谓仙人空浪迹；艺文志可考由来此地是故居。”还有一联是：“旧是谪仙栖隐处；恍闻昔日读书声。”陇西院大门在“文革”时，被红卫兵当“四旧”破除。当地的萧吉洲老人机智地建议：用草坭将字抹平，上面写“毛主席万岁”等标语，这样终于把陇西院大门的珍贵文物保留了下来。“5·12”大地震，陇西院大门被震垮，经河南省援建，本着“修旧如旧”的原则，恢复了原貌。

陇西院内原有太白、文昌、仓颉、地母四重殿宇，后被毁。新中国成立后曾一度将月圆小学设在院内，现已迁出。江油市政府按唐代民居风格重建太白故居，山门内有照壁，前书“李白故居”四字，后有碑记一篇，将陇西院的来龙去脉写得清清楚楚。穿过李园芳草，正面高台上为李白离开故乡之前的塑像，左边的小四合院既是李白旧宅，又是展室。院分门厅、天井、堂屋、厢房几个部分，按照唐代的家居模式和家具、用具来复原李白的家居生活。堂屋是李家祭祀祖先的地方，供着李氏历代先祖牌位。两旁的厢房分别为李白父母、李白、李月圆的卧室、书房、琴房。屋内的陈设也采用了古朴的唐代家具。小院内外，名家题写的楹联匾对比比皆是。

李白旧宅的对面是诗仙堂（原名序伦堂），展示李白故里有关李白的民间传说，再现了青年李白在故乡的生活轨迹。正中的陇风堂展示李白的家世，展现李白的家世、家风。供奉先祖李广等。

紧邻陇西院的是太白碑林。2002年开始建修。进入大门的小广场上，有一座石刻李白写意像碑，碑上由著名诗人、书法家赵朴初先生手书“太白碑林”四字。围绕像碑的是花岗石扇形地碑，更外一圈是八根华表式立柱碑。广场左上高达七余米，宽八十多米的青石碑墙。碑墙以圆雕、浮雕、线雕等手法，再现了李白在祖国雄伟的山川之间吟诗作赋的情景。一道瀑布从碑墙顶上飞泻而下，几处峭壁上刻着李白的代表作：《蜀道难》、《将进酒》和《梦游天姥吟留别》，分别为明代著名书画家祝枝山、徐渭和当代伟人毛泽东手书。这几副作品气势磅礴，飘逸豪迈，是难得的珍品，也是太白碑林内一道壮丽的景观。

广场上方为通天道，石梯中嵌着地碑，两旁为形式多样的方柱碑、梯形碑、异形碑，规格大小不一，大者近十平方米，小者近二平方米，为于右任、谢无量、沈尹默、启功等书法家所书。现在已收到四千多件碑刻作品，以后还要继续收集、复制全国有关李白的碑刻。广场竣工后，它将成为我国规模最大的集当代书画大师精品的李白碑林、碑库。

在天宝山东麓的萋萋芳草坪上，有李白胞妹李月圆墓，墓四周花木扶疏，暗发清香。墓前有象征圆月的池塘一口，白鹅嬉戏碧水，垂柳摇曳微波，好一幅恬静的风景画。

清风明月园建在天宝山最高处，以太白诗“月”为主题。以太白楼为中心，建大鹏亭及其翼廊，塑太白邀月、望月思乡等雕像，形成赏月和吟诵、演唱太白诗歌以及进行文化交流的空间。太白楼高三十二米，共外四内三层，为西安著名古建筑专家设计，构图精美，气势磅礴，表现了盛唐建筑风格。登楼眺望，青莲古镇东西南北四面数十里风光尽收眼底。相传李白少年时曾写《上楼诗》：“危楼高百尺，手可摘星辰。不敢高声语，恐惊天上人。”此楼正体现其意境。

天宝山下有小溪自北向南蜿蜒流过，传说李白幼年时见一老妪在此以铁杵磨针，受到感悟而奋发学习，因此将这条小溪叫磨针溪。20 世纪 80 年代，青莲乡的小学生倡议，捐零用钱建磨针亭，全国的小朋友响应，很快就建成了。亭虽小，意义重大。

陇西院向东行约一里即到太白祠，这是最早的李白纪念馆，至迟宋代就已经有了。经历千年沧桑，多次兴废。现存的古建筑是清代乾隆年间彰明县令主持重建的。红墙环绕，翠竹掩映，古屋、古碑、古台，组成古色古香的古建筑群，院中两株百年桂树，老干虬枝，更显出太白祠的古老。正殿的李白像，器宇轩昂，飘逸潇洒。柱上镌刻有楹联："真赏难逢，今古几人如贺监；大恩不市，平生无语及汾阳。"歌颂了李白的超人才华和高风亮节。90年代初，又在太白祠大门右扩建了白玉堂、思贤亭，映衬着绿树鲜花，小桥流水，显得深幽秀美。

陇西院向北约一里便是粉竹楼。红色的围墙在树荫中钻进钻出，青瓦粉墙在竹丛里忽隐忽现。门前一块古碑上写："粉竹楼者，李青莲先生为其妹月圆所筑也。自唐迄明，崇祀不绝。"现存的山门是清代遗物，门口对联云："月圆徽音不远；谪仙何时归来。"院内原有建筑早已倾毁，现在的粉竹楼是80年代将彰明镇的太白楼拆迁过来的，青瓦翘角，古朴典雅。楼前翠竹丛中坐着汉白玉石雕塑的李月圆像，端庄静穆，低头沉思，似在思念胞兄。传说李月圆每天将洗脸的脂粉水泼在楼下的翠竹上，天长日久，竹竿上长出一层白色粉膜，故名"粉竹楼"，现在院内粉竹丛生，仿佛还能闻出李月圆的脂粉香。

在粉竹楼东面不远的一片竹林农舍中有洗墨池，传说是李白兄妹题诗写字后涮洗笔砚处。池水丰盈，绿中带黑，酷似墨染。池底有泉水冒出，时而有水泡浮起，状如蒲花，故又名蒲花井（一说井边长有蒲花树而得名），传说饮了此井的水，便得太白之遗墨，可以耳聪目明，文思敏捷。

在青莲镇的名贤路有李白衣冠墓。据《彰明县志》记："太白固有墓，墓并不在蜀，而彰明人曰：此固其桑梓地也……于是相议为衣冠墓，具章服如唐制，敛以诗集，筑于仙人旧馆之右，环植花木。碑题：'唐翰林学士李太白之墓。'"这是清代同治八年（1869）的事，后墓被损坏，1963年重新培修，立"唐李白衣冠墓"碑。墓周松柏挺拔，桂树飘香，花草繁茂。墓旁一小台上，有一立方大的怪石一块，据说是修建衣冠墓时从天而降，老百姓就认为是李白念念不忘家乡，化作陨星，回归故里。

李白衣冠墓旁有清代修建的乡贤祠（后更名为名贤祠），除供奉李白外，还供奉为彰明县做过好事的，特别是为弘扬李白文化作过贡献的官员。如杨遂（宋淳化年间做彰明县令，立过《唐李先生彰明旧宅碑》）、杨天惠（写过《彰明逸事》）、廖方皋（清乾隆时做彰明县令，重修太白祠）等。名贤祠是文化人缅怀先贤，吟诗论文之地。

“天宝罗汉粉竹楼，红岩夜雨卧牛石”，这是流传在青莲的民谣，概括了与李白有关的几处风景。游过了天宝山、粉竹楼，还可以去看罗汉洞，罗汉洞在天宝山下一条山沟里。洞虽不深，但却是李白同李月圆少年玩耍的地方。石牛沟在青莲镇武家坡西南二里，因出过一头石牛而得名，还流传着“李白咏诗镇石牛”的传说。说的是这沟里有一头石牛，每晚要到处乱跑，践踏庄稼，农民束手无策，李白知道此事就写诗一首：

此石巍巍活像牛，埋藏是地数千秋。
风吹遍体无毛动，雨打浑身有汗流。
芳草齐眉难入口，牧童扳角不回头。
自来鼻上无绳索，天地为栏夜不收。

此诗刻在碑上，立在石牛旁，从此这石牛一直静卧不动，不再危害庄稼。李白纪念馆建立后，将这头石牛搬进馆中陈列，据文物专家鉴定，确系唐宋雕塑风格。

红岩在青莲镇西一公里的盘江右岸，岩呈赭红色，与岩顶翠柏映衬，色彩特别绚丽。可奇之处是，在夜深人静之时，岩下可听见飒飒雨声，故名“红岩夜雨”。有人说这是岩下河滩的流水声，有人说是岩上风化的碎屑落下的声音，但这些解释都不能令人满意，夜雨声究竟何来？还是一个谜。据当地农民说，他们这里夏天很凉爽，从来不用扇子，冬天又很暖和，好像天然空调，又是依山傍水，风光秀丽，是休闲的好去处。红岩下的河渠上，有数十架直径五米的筒车，悠然旋转，昼夜不停，清清溪水提灌在百亩农田中。这筒车正是李白生活的时代发明的，迄今运转了一千多年，它不耗电和油之类的能源，造价很低，似乎象征着我中华古老文明顽强的生命力。游人来此，徜徉在竹荫婆娑的小道上，听咿咿呀呀的筒车声，远观盘江上对对白鹭起舞，遥想少年李白的生活情景，可尽情享受古朴的田园风光。

李白读书台

从李白故居到大匡山，必经读书台，也是李白读书处，它是位于江油市西六公里的让水河边的一座小山，“孤峰秀拔，宛如文笔，苍松翠柏，郁郁葱葱”。“山不在高，有仙则名”，因李谪仙在此读过书，故名李白读书台，又叫小匡山、翰林山、点灯山。这几个山名都有它的来历。

传说李白是天上的太白星君，因直言进谏得罪了玉皇大帝，被贬谪下凡，到了绵州昌隆县（今江油市）青莲镇李家投胎。五岁时还只知贪玩好耍，受观音菩萨化身的武老婆婆铁杵磨针的启示，发愤攻读。他家住在青莲场边的这座清幽秀丽的小山，他在此不受任何干扰，日夜攻读，每晚都要高挑明灯，一直读到天亮。从此这座山每到夜晚周围几十里都看得到山尖的灯光，所以把这座山叫“点灯山”。

李白在家练字写诗时用的是他家附近天宝山上的蒲花井水研墨、洗笔。这井水也有灵气，使用他磨出的墨，写出来的字特别好，诗和文章也很妙。他到点灯山上读书，还是舍不得这口井水，但是往来取水太费时间，正为此着难时，梓潼七曲山的文昌帝君来访，说：“你要回家去蒲花井取墨水、洗笔不难，我送你一匹马做坐骑。”说罢文昌帝君就不见了，原来这是一梦，醒来后又见屋内多了一根金竹棍，他跨上这匹竹马，腾云驾雾，一眨眼工夫就到了蒲花井，取水回山，一盏茶还没有凉。从此他在山上安心攻读，读完了诸子百家的书，写出了能与司马相如比美的诗赋，写秃了的毛笔堆成了小山，蒲花井的水也变黑了，于是人们便把蒲花井叫洗墨池，至今这井水还能看到淡淡的黑色，闻到幽幽的墨香哩！

在点灯山上有一块方方正正的石头，叫书箱石，据说是李白的书箱所化，在书箱石下有一块空坪，每逢雨后天晴，李白打开书箱，在这空坪上晒书，人们就叫它晒书坪。晒书坪旁边石头上，有一双脚印，传说李白在此读书，读到高兴处，用脚在石头上蹭，天长日久就留下了脚印。

李白学成以后，离开故乡，遍游天下，后得唐玄宗召见，很受赏识，封为翰林，于是人们便把李白读书的点灯山叫"翰林山"，还在山上建祠，内塑李白身穿官袍的像，龛上题"天才俊逸"的横匾，两边有"锦心绣口"、"明月肺肠"的挂匾，还有对联："可怜头白未归来，惟见长江留皓月。"可惜这些匾对同塑像一起被毁于"文革"。不过杜光庭凭吊李白读书台的诗留传下来了：

山中犹有读书台，风扫晴岚画屏开。
华月冰壶依然在，青莲居士几时来。

"文革"后，当地村民自发捐款，重建了太白殿，供奉李白塑像。读书台上唯一留下的古建筑是石塔，实际上是焚烧字纸的化字库，上题对联："倒笔写天，气贯斗牛；举杯邀月，诗惊鬼神。"这倒是李白精神的写照。

匡山觅贤踪

晓峰如画参差碧，藤影摇风拂槛垂。
野径来多将犬伴，人间归晚带樵随。
看云客倚啼猿树，洗钵僧临失鹤池。
莫怪无心恋清境，已将书剑许明时。

李白的这首《别匡山》，描写了他曾读书十年的匡山美景，抒发了他要为大唐盛世奉献出文才武艺的宏伟抱负。这匡山在哪里？就在绵阳市西北六十公里的江油大康镇境内。由于匡山是李白青少年时期的读书处，在这奇山秀水之中孕育了一位闻名世界、垂辉千秋的伟大诗人，因而千百年来吸引无数文人墨客登匡山寻访李白踪迹，便形成了江油八景之一“匡岫贤踪”。

笔者童年是在匡山之麓度过的，曾多次上过匡山，那郁郁葱葱的苍松巨柏，那万壑争流的银瀑飞泉，那山间崖畔的翠竹新篁，那觅食于密林的小鹿，那飞舞于树梢的白鹤……给我脑海中印下了至今仍然记忆犹新的图像。

可惜！在“大炼钢铁”运动及“文革”中，森林伐光，庙宇拆毁，泉水干涸，李白诗中的美景茫然无存，20世纪80年代初，一位研究李白的学者上了匡山后写道：“这是一个单调的秃山头，没有碧峰，没有飞泉，也没有水池。”断然否定这不是李白读书处，他把李白读书处搬到了青城山，为此引起学术界一场笔墨官司，同时也引起了地方政府对恢复匡山美景的重视，实行划片承包，封山育林，保护植被，逐步恢复景点，经过二十多年的努力，匡山美景开始重视。

前不久笔者再登匡山。江油市中坝镇至大康佛爷洞的公共汽车要经过匡山之麓，现在要去匡山已很方便了。上匡山的公路虽路面尚未修好，但走小路登山也有一番风趣。小路穿行在松林中，碗口大的松树，密密麻麻，遮天蔽日，山风吹来，松涛阵阵，小溪蜿蜒，汩汩有声，山花小草，溢红滴翠，蝉鸟交鸣，悦耳悦心。再往上，山势更陡，一股清泉悬挂于峭壁，似抖动的珠帘，像飞舞的白练。飞泉下是一泓碧潭，潭边丛丛野花，簇簇翠竹，组成一个大花环，把碧潭紧紧围住，蝴蝶飞舞于花间，鱼群遨游于潭底。清亮的泉水忍不住让人要捧起来喝上一口，顿感股股清凉，丝丝甜味，沁人肺脾，舒畅全身。

再向上便到一块十多亩大的山腰平地，这便是唐代古刹大明寺的遗址。这里曾有几块北宋的碑刻，其中有一块碑上说："翰林学士李白字太白，少为当县小吏，后上此山，读书于乔松滴翠之坪有十载。"还有一块《谪仙祠堂记》说，这里在北宋时已经由皇帝下诏，"敕建大匡山李太白祠堂"。这些碑有力地证明了青年李白曾在此博览群书，吟诗作赋，习文练武。大明寺遗址北靠佛爷包，面向江彰平原，两边有两座矮一些的山梁，左边叫凤凰岭，右边叫桃子山，这三座山恰似一把巨大的椅子，大明寺正好坐在椅子上。佛爷包很像一尊圆头、宽肩、大肚、盘腿打坐的弥勒佛。早在1300多年前的唐朝贞观年间，就有高僧在此建修庙宇，后又因李白在此读过书，历朝又在此重修扩建，至清代时这里已有三重殿宇，九个院落，一百零八个房间，成为一处规模宏大的古建筑群，其中包括大明寺、太白祠和龙安府的最高学府——匡山书院，常住僧人及士子上百人。清末，书院停办，逐步清冷，经"文革"的大扫荡，片瓦无存。直到1995年才在此建成"匡山亭"一座，现又由民间集资，恢复太白殿，朱栏青瓦掩映于万绿丛中，为匡山添了一处新景点。

从匡山亭绕佛爷包右边的羊肠小道，攀登上"佛爷"之右肩，再上"佛爷"之顶，可将江彰平原一览无余，遥望窦圌山如雄狮昂首，涪江如玉带蜿蜒，江油城高楼林立，青莲镇炊烟袅袅，田畴平野，丘陵起伏，远接天际。佛爷包后面又是重重高山，峭壁摩天，云雾缭绕，属戴天山的范围，此处真有高山戴天之感。忽而山风劲吹，乱云飞渡，人在雾里，不辨东西；忽而风停雾散，云瀑下泻，茫茫旷野变为滔滔云海，座座山峦好似海上孤岛，此时真有飘飘欲仙之感。

从佛爷包沿山道盘旋而上，攀岩附葛，披荆斩棘，行约四五里至太白洞，洞口小，又掩盖在杂树丛中，很不易发觉。据当地人说，李白先住在大明寺中，寺内常有善男信女烧香拜佛，钟鼓木鱼之声不绝于耳，不能静心攻读，于是爬上佛爷包，找到了这个洞，在洞中安置了书案、床榻，专心在此读书、吟诗、舞剑。这洞内有一深潭，潭中住着一条小白龙，李白本想与它和睦相处，但它外出时，总要乱行云雨，危害百姓，还恨李白侵占了它的洞府。一次李白在潭中涮笔砚时，小白龙忽然从潭中窜出，张牙舞爪，扑向李白，李白顺手将石砚掷去，小白龙闪过，又将前爪来抓，李白抽出宝剑，砍断了一只前爪，小白龙只得负痛逃出洞外，龙尾一摆，洞门塌了大半，洞顶也摇摇欲坠，李白赶紧将四支毛笔抛去，将洞顶撑住。小白龙逃走后，李白才安心在此攻读。进得洞中，千姿百态的石笋、石钟乳、石花、石柱，而且与李白斗白龙的传说一一相印，有极像白玉雕成的太白床，有斩断的龙爪，有撑住洞顶的四支石笔，还有大石砚，特别奇妙的是“太白菩萨”，反背双手，微微昂头，似乎正在吟诗，那头上的发髻，衣上的纹理，飘逸的神采，无不与李白相似。

戴天山考察记

犬吠水声中，桃花戴雨浓。
树深时见鹿，溪午不闻钟。
野竹分青霭，飞泉挂碧峰。
无人知所去，愁倚两三松。

这是李白隐居于大匡山时写的一首脍炙人口的诗，以清新笔调，展现了一幅恬静幽丽的山水画卷。各种李白诗集几乎都选了这首诗，还被翻译成了几十种文字，流传于全世界，戴天山也因此成为闻名中外的一座名山，也引发了一场对其位置的争论，于是戴天山究竟在何处，本来就不是问题，却变成了问题。为了弄清戴天山道观的位置，笔者约同市旅游局的仇昌胤同志，江油李白纪念馆的吴丹宇同志与大康镇政府派的小何同志一道考察戴天山。

2000 年 4 月 12 日晨，淅淅沥沥下起了雨，上山的路本来就不好走，这雨又增加了行路的困难。我们去志已坚，天雨并未改变我们的行程，但山路非常险峻，天雨更难行，只有走另一条比较平缓的路，路虽长一些，但危险较小，而且可以坐一段车。江油大康镇党委的寇书记亲自驾车，将我们送到平江公路旁的沙窝子，减少了我们一段步行。来到山麓已是上午10时过，山路沿着峡谷蜿蜒上升，既无规整的石阶，也无明确的路标，偶尔有几匹骡马，驮着货物，向上艰难爬行。我们便沿着它们踩出的足坑前进。溜溜滑滑，跌跌撞撞，云雾与细雨同来，泥水与汗水并飞，12时过才到达峡谷顶端花椒岭，当时村民告诉我们这里属北川县桂溪乡林峰村，此地海拔已达1400米，气温比山下低，桃花、李花、梨花还在万绿丛中争芳斗艳，不禁想起白居易的诗来：

人间四月春芳尽，
山寺桃花始盛开。
长恨春归无觅处，
不知转入此中来。

又遥想李白当年登戴天山也正当此时节，“桃花戴雨浓”，精确而美妙地勾画了我们的此情此景！

中午已过，饥肠辘辘，找到一户人家，老大娘忙碌一番后，给我们端出了玉米面干饭和几种咸菜，大家吃得津津有味，饭量比平时增加一倍，饭后付钱，老大娘坚持不收，说我们是贵客，难得上山。她的纯朴好客，使我们深受感动，较之那些“宰客者”真有天壤之别。

午饭后继续上山，路更难行走，有些地段简直没有路，只有沿着夏天洪水冲出来的沟，蹚着泥泞，踩着乱石前进，稍不留神就要摔跤。这时碰到了几位背药材下山的村民，背上的药材包像一堆小山，少则150斤，多则有180斤，这些特别能吃苦的山民不能不令人肃然起敬。

在暮色苍茫中到达吴家后山小园坑，这里属江油市大康镇旱丰村九组，老队长（组长）吴绍勉就住这里，他非常热情地给我们安排了食宿，燃起了木炭火，大家围炉畅谈，他介绍了全组情况："74 户人家，175 人，大部分姓吴，祖宗在清朝初年从陕西迁入，生息繁衍至今，所以这里叫吴家后山。以种植辛夷、厚朴、杜仲、天麻等药材为主要经济收入。先祖迁到这里后，培植的辛夷花成为这里的特产，也是全国唯一的集中的产地，是治鼻炎的特效药，成都的药厂以辛夷花为原料，生产鼻康宁、鼻炎灵，若我们不供应原料，他们的机器就要停摆！"他说得很兴奋，很自豪，接着又介绍旅游资源："我们这里的景致好得很！一年四季都有看头。春天的辛夷花最好看，承包到人头的辛夷树就有 1.5 万株，占地 4000 多亩，邻近的林峰村也有很多的辛夷树。这次你们来赶上了看花时间。夏天我们这里是避暑的好地方，凉快得很，就像平坝的春天。秋天满山的红叶、野花，冬天山下下雨，我们这里就下雪，有时雪积到一尺多厚，一个冬天都不得化。"话锋一转又谈到生活的艰辛："改革开放以来，虽然吃穿不愁，去年人均收入 2300 多元，但交通太不方便，林场修的公路只完成路坯，路面未修好，不好行车，上下山运输靠人力背。因为交通不便，公办教师不愿上山，三十多个娃娃没有人教，只得请民办教师和代课教师，山上也无正规医生，看病要下山，得走半天才能到镇上。"他说的行路难我们已深有体会了。他安排村上的唐山桂第二天带我们考察戴天山，他说："吴家后山的最高峰就是戴天山，又叫盖天山，尖包顶。唐朝就有道观，李白寻仙求道，就是从匡山大明寺上来的。"

第二天清早，雨停雾散，戴天山——吴家后山揭开了她神秘面纱，把她的美无保留地呈现在我们面前，像是对我们这些不畏艰险的攀登者表示热情的欢迎。漫山遍野数万根辛夷花树，一根更比一根美，一株更比一株艳，树身高大，挺拔，像伟岸的美男子。一般有十多米高，碗口大小，最高的达三四十米，二三人围抱，最老的树龄已有几百年，树冠达几十平方米，在这样高大的树冠上，树叶尚未长出，却缀满了莲花一般大的花朵。花瓣有粉红的、大红的、紫红的、白色的，花蕊是猩红色的。色盖桃李，艳若牡丹，千朵万朵，缀满枝头，千树万树，堆成花山，汇成花海，如朝霞般灿烂，如锦般绚丽。清风徐来，落英缤纷，红雨翻飞，在树下铺上一层五彩地毯。面临如此美景，不禁顺口吟道：

三月春风到吴家，吹开万树辛夷花。

花山花海花世界，千重锦幛万朵霞。

辛夷花海的壮丽，只因"锁在深闺人未识"，真是"木末芙蓉花，山中发红萼。涧户寂无人，纷纷开且落"（王维《辛夷坞》）。

要上戴天山顶峰还得继续攀登，随着海拔的升高，辛夷花逐渐稀少，箭竹林愈来愈密，使我们实地品味了"野竹分青霭"的诗情画意。这里是喀斯特地貌，峰险岩奇，怪石林立，如狮蹲虎踞；老树虬枝，古藤盘错，如龙腾蛇绕。李白有诗云："怪石堆山如坐虎，老藤缠树似腾蛇。"虽写的是邻近的太华山，也完全适用戴天山。中午在接近顶峰时，走进了一个溶洞，遇见两位道士，梳发髻，着道装，青丝如染，红光满面，过着自耕自食的清苦生活。昔年李白访戴天山道士不遇，而我们今去能相遇，实在有幸！王道士给我们讲起了戴天山道观的来历："唐朝时有一位宫廷太监，为人正直，得罪权贵，遭受迫害，辗转逃到这里，出家修炼，后来得道，羽化飞升！李白也曾上此山拜师学道，以后一直有道观，清朝后期被毁，前几年我们才找到道观遗址，再次重修。这个洞名叫'神农灵仙洞'，庙还在洞的上面。"道士又带着我们进洞游览，洞深约一公里，钟乳石、石笋千姿百态，最奇者有李老君神龛，观音坐莲台、神农像、药王像，都是天然长成，头部与躯干比例协调，衣纹也很逼真。洞内有一股清泉，终年不枯不溢，有防病治病之效，据张道士介绍："朝拜金光洞的台湾同胞第一次来饮此水，痼疾消除，第二次取了50公斤运回台湾。"我们喝了一壶，顿觉清甜凉爽。

参观完灵仙洞又继续攀登，路是从茂密的箭竹林中砍出来的，枯枝败叶，年复一年，积成厚厚的一层，踩在上面如履海绵床垫。

据说这里常有狗熊、黄鹿等动物出没，我们倒很想体验一下“树深时见鹿”的意境，可惜只见到各种珍禽，未见到野兽。下午一点过我们终于爬到了戴天山顶峰，海拔已达2100多米。眺望南边的天仓山、蓥华山，如飘浮云海上的孤岛，东边的江彰平原，渺渺茫茫，直铺天际，西北边群峰叠嶂，莽莽苍苍，直插霄汉。戴天山顶峰正南面有一块200平方米大的平地，只长小草，四周箭竹不能窜入，这显然是旧日道观遗址。道士们在善男信女的资助下，重修了一座小庙，内面仅供奉了一尊太白星君像，头戴逍遥巾，身着道袍，右手执笔，左手拿书，飘逸潇洒，俨然是李白。张道士解释说：“李太白本是天上太白星君下凡，所以称他谪仙，他曾在此寻仙访道，故要供他的像。”尽管学者们对戴天山的位置争论不休，然而从唐代至今的道士们一代代在此供奉李白，道观屡废屡兴，千余年来，“道风未沦落”，又有什么理由将戴天山搬走呢？

后记：2010年北川林峰村已开发了“药王谷风景区”可接待游客。江油的旱丰村也正在建公路，现在汽车、摩托车可以开上戴天山。

窦圌山览胜

在江油市武都镇东北约五公里，有一座雄奇的山，千百年来她以独特的风姿吸引着络绎不绝的游客。李白“一生好入名山游”，他游的第一座名山就是此山——窦圌山。

窦圌山东西宽约1.6公里，南北长约8公里，海拔1140米，比山麓高出540米。

山顶有三座高七十余米的石峰拔地而起，好似鼎足朝天，仅一峰有险路可上，其他两峰四面峭壁似刀砍斧劈，无路可通。就在这奇峰绝顶之上各有殿宇一座，铁瓦盖顶，翘檐欲飞，矗立在百米悬岩的边缘，其设计之奇妙，施工之艰险，难以想象。每当雨后初晴或晨雾欲退之时，云纱轻裹山峰，殿宇忽隐忽现，宛如天宫仙阙；而在天气晴朗之时，周围百里都可欣赏其凌空欲飞之势。此殿究竟始建于何时？据明代曹学佺《蜀中名胜记》说，在南北朝时期的梁朝大同年间（535—545）就开始有和尚在山上建筑寺庙，距今已有一千四百多年的历史了。

三座石峰之间相距约三十米，无路可通，只有索桥相连，此桥构造极为简单，仅用两根铁链固定于峰顶的铁桩上，一根粗而扁平，用以踩足，宽不足20厘米；另一根较细，可做扶手。索桥悬于百丈深谷之上，山风劲吹，左右摇晃，更添惊险。即使做种种特技表演的杂技演员到此也要望而生畏，故桥头有题词“飞仙可渡”。不过，能渡此桥者并非神仙，而是受过秘传绝技的本地人。他们攀行索桥，如履平地，兴致所至还要在铁索桥上表演，翻跟斗、“倒挂金钩”、“仙人指路”、“金鸡独立”凡观此惊险表演的无不拍手叫绝，叹为观止。全世界也仅此一处，堪称“中华一绝”。

在这无路可通的绝顶上的庙宇和铁索桥究竟是怎样建造的，谁建造的，这的确是一个很有趣的谜。据民间传说，若干年前鲁班看到圌山雄伟奇特，于是就用赶山鞭将石头驱赶上山，一夜之间就在山顶砌好了石头的殿宇，所以在一座峰顶的殿宇内供奉着鲁班像。唐朝窦真人（子明）到处化募和借贷钱财，在三座山峰之间建起了铁索桥，后因无力还债，投岩自尽，有仙人接住他，飞升上天成了仙，后人在另一山峰的殿宇内供奉窦真人以资纪念。这些美丽的传说当然不是历史实际。那么峰顶的殿宇和索桥究竟是怎么建修起来的？有一种说法是，在若干年前窦圌山的长老和尚，在山门贴一张告示，为了在山顶建造殿宇和索桥，请上山的游人、香客随带柴草一捆，填在山顶的深谷之中。那时窦圌山柴草随处都是，游人也多，你一捆，我一捆，不到几年，山顶上的峡谷就被填平了，然后在柴草之上铺木板，运去建筑材料，修起了殿宇。又采来铁矿，就地开炉炼铁，打造铁链，架设索桥，一切完成后又拆去峡谷中的柴草。这种修建法的确是“发动群众，依靠群众”，“群众创造奇迹”！

在窦圌山云岩寺大殿西侧有一座转轮经藏，又名飞天藏、星辰车。其形如塔，全由楠木构成，五层八角，制作精巧，上雕天宫楼阁数重，斗拱飞檐，布局宏丽，木雕人物，栩栩如生，镂刻花卉，造型优美。更奇妙的是，这座高十米多，直径七米的庞然大物，全部重量支撑在一根中轴上，中轴立于地坑中心的铁臼中，轻轻推动藏身，这数万斤的木塔就可转动。真是巧夺天工！据寺内钟铁上铭文记载，这座飞天藏建造于南宋淳熙七年，即公元 1180 年，距今已有八百多年历史，这是我国历史最久远的一座飞天藏，堪称窦圌山镇山之宝。由于它的历史价值、艺术价值极高，已被列为全国文物保护单位。

在窦圌山如混凝土坚实的砾岩缝中，长着一种珍稀树木——香松，这是窦圌山的又一绝景。她具有黄山松的特点，而又比黄山松更为俊美，如果说黄山松像披着棕色铠甲的武士，而窦圌山松却是婀娜多姿，皮肤细白，洒满香水的美女。她的枝干呈银灰色，平滑细腻，松针三支一束，粗短而密，随风散发出阵阵清香，故名香松，又称白皮松。木质细致而坚韧，是制家具的高级材料，叶、枝、皮都能入药，对人类的贡献很大，然而她所求甚少，不需肥沃泥土，不要温室培育，在那野草不长的峭壁之上，坚硬砾岩的缝隙之中，深深扎根，顽强成长，经受着狂风暴雨的考验，遭受着闪电雷霆的袭击，仍然是枝繁叶茂，生机盎然，这不正是我们民族性格的象征吗！

窦圌山的绝顶飞檐、索桥飞渡、转藏经轮、白皮香松，可称“四绝”。李白曾在此题诗：“人间无双景，天下第一峰。樵夫与耕者，出入画屏中。”

太白洞和灯笼洞

从窦圌山后山下山，穿过密密的松林，沿着溪洞，曲折而下，到涪江出山口处，便是著名的第二都江堰——武都引水工程的渠首工程，在渠首工程上游不到100米处，就是太白洞，这里流传着一个美丽的传说。

一千多年前，在大匡山大明寺内住着一位十几岁的少年，他每天攻读诗文之后，就要到寺前滴翠坪舞剑，这少年就是后来闻名全国的伟大诗人李白。李白除了读书舞剑外还喜欢观山望景，一天晴空万里，他站在高高的山崖上，观赏着涪江对岸的窦圌山，这山活像一头卧着的雄狮，昂头张口，悠闲地舔食着天上的白云。窦圌山西边是观雾山，云雾缭绕，忽隐忽现，恰似披着轻纱的少女。这奇特的山峰激发了李白游兴，于是他背着书囊，腰挂宝剑，直奔涪江而来，在江边雇得一叶小舟，沿江而上，平坦肥美的武都平原很快抛到了舟后，再往前便进入了险峻幽深的峡谷——娃娃沟。东边是窦圌山，西边是观雾山，脚下是绿如碧玉的涪江水，正是“两岸奇峰相对出，一江碧水蜿蜒来”。李白置身在这青山绿水之中，流连忘返，忽然他发现东边半山崖上有一座溶洞，洞口吊着两个大小一般的圆圆的钟乳石，恰似一对灯笼。看罢东边的溶洞，再看西边，发现这里也有一个溶洞，溶洞的阴河水与涪江水融汇在一起，深不见底，绿得像兰靛，这神奇的溶洞顿时激起了李白涉奇探幽的情趣，于是他摇舟进洞，只见洞内布满了千姿百态的钟乳石，有的如出土的新笋，有的如倒挂的莲花，有的如枯藤老树，有的如奇兽异禽，更奇的还有一间搭在洞壁的“茅舍”，铺顶的“茅草”上似乎还积着晶莹闪亮的白雪，坐在这石屋前面，万籁俱寂，唯有滴在岩石上的泉水，发出叮叮咚咚弹琴般的声音。这幽静之处不正是读书的好地方吗？于是他拿出书卷，专心致意地朗读起来，也不知读了多长时间，太阳已经下山了，洞口渐渐黑了下来，李白还想继续读，可是书上的字迹愈来愈模糊，正当他非常着急的时候，奇迹出现了，对岸洞口上那对石灯笼亮起来了，恰好照着李白手上的书卷，李白借着这灯光继续攻读，直到夜深疲倦之时，才合上书卷，这时对岸的石灯笼也自己熄灭了。从此李白就住在石洞之中昼夜攻读，每晚李白一打开书卷，石灯笼就立即发出亮光，李白一合上书卷灯光就自动熄灭。此后人们把李白读书的洞叫“太白洞”，把对面挂着石灯笼的洞叫“灯笼洞”，并流传着“灯笼洞对太白洞，灯照太白把书诵”的谚语。

李白走过的阴平道

从江油市溯涪江而上，经平武青川县境，翻过摩天岭进入甘肃文县，这就是邓艾伐蜀，于无人处开辟出来的阴平小道。唐代时龙州的州治和江油县治都在今平武县南坝镇，李白从青莲老家去江油访县尉，必走阴平道。从江油武都镇沿涪江而上，至平武煽铁沟这一段路，处于涪江峡谷之中，景色最佳。涪江吸吮着岷山主峰——雪宝顶的乳汁，携带着九寨、黄龙的灵气，冲破崇山峻岭，纳入山溪小河，流至平武煽铁沟时，已是滔滔大河，在这里又碰到更加险峻的高山的阻挡，她坚定不移地冲破这障碍，经千万年的冲刷、切割，终于劈开了山岭，形成了长约三十公里的峡谷，塑造出雄奇秀丽的自然景观。

煽铁沟是涪江西岸的一个小村落，平（武）江（油）公路从这里告别了涪江，向西爬上牛角垭，人们也正是在这里与峡谷美景失之交臂。我们从煽铁沟弃车步行，沿涪水而下，就进入了天然画廊。首先映入眼帘的是煽铁沟对岸的龟山，高高的脊背，长长的脖子，活像一支饮水涪江的巨龟，巨龟的头伸向江心，迫使涪江转了一个大弯，涪江两岸是重重叠叠的山峰，如绿色的巨浪，一浪比一浪更高，一峰比一峰更奇，云雾在山间舒卷，如美女舞弄轻纱；瀑布在岩壁飞泻，似仙人抛洒珠玉；涪江在脚下奔腾，涛声似战鼓齐鸣。在山间、路旁、江边、一簇簇，一丛丛的野花，或红、或紫、或黄、或蓝，五彩缤纷，争芳斗艳。一步一景，景随步移，好似天然国画师绘出的一幅山水长卷。

如果说从煽铁沟至椒园子这十公里的景观的主要特点是清幽、秀美的话，那么从椒园子至白石铺这十多公里的景观主要特点就是险峻、壮美。山峰愈来愈陡峻，峡谷愈来愈狭窄，江水愈来愈湍急。从北而南，在涪江两岸依次排列着观音崖、倒马坎、唢呐崖、腰玄崖、扫水崖……正是这些对峙的山崖组成以二郎峡为代表的涪江六峡。百丈峭壁垂直于江面，一线青天镶嵌于峡顶。蜿蜒的涪江，翻滚着雪浪，苍劲的松柏，倒挂于绝壁。观音崖酷似一尊打坐的观音，身披绿衣，头绕祥云，两块光滑的崖石恰好是观音的一双慧眼，十里峡谷都在这慈祥的目光注视下。倒马坎最为险峻，尖尖的顶峰下面是笔陡的峭壁，古驿道上的骡马常在此滑倒，故名倒马坎。峡谷中的石灰岩峭壁由于长期被风雨侵蚀，形成了千姿百态的钟乳石、石笋，雕琢出千奇石怪的洞穴、崖壑，再加上条条青藤，丛丛翠竹，簇簇野花，组成了色彩斑斓的图画，这简直就是天然美术师给我们展出的彩塑、壁画的艺术长廊，真是美不胜收，目不暇接，任你观赏，任你联想。

这里原来是邓艾伐蜀经过的阴平道，可以从这些“壁画”、“彩塑”中找出历史的陈迹；观音崖下一幅壁画是一扇大开的城门，在城门洞弯腰站着一个人，这是蜀守将马邈献关投降的写照。再往南，高高的绝壁上有一条曲折的栈道，栈道上隐隐绰绰可见一队人马鱼贯而行，这好似一幅邓艾进军图。转过一个山嘴，再向对岸遥望，又一幅绝妙的壁画映入眼帘，一位披头散发的妇人，张开双臂，站在一块大石头上，向江心做跳跃之势，这就是李氏夫人的殉国图……像这样的壁画彩塑不下百幅，可以任你驰骋想象的翅膀去理会、去命名。

当地有许多美丽的传说，正是从这些天然艺术长廊中产生的，唢呐崖有一对钟乳石，酷似一对唢呐，传说从前这里有一位农民，因君王无道，贪官横行，一气之下落草为寇，插旗造反，就在这崖壁上安放一对唢呐，若官兵前来围剿，唢呐就响起来，为山寨报警，山大王多次打败了官兵进攻。后来有一个喇嘛，爬上崖壁盗走了真唢呐，安放了假唢呐，从此再也不响了。

唢呐崖斜对岸的峭壁下有一对并排的溶洞，恰似一对牛鼻孔，因此叫牛鼻洞，据当地人说牛鼻洞下被涪江水淹没的地方还有一个洞，是二郎神一箭射穿了的。若干年前，梓潼住着一位远近闻名的孝子——张亚子，他的父母被许州的贪官抓进监牢，张亚子为救出父母，惩罚贪官污吏，涤荡人世污秽，上天请来了二郎神，要他射穿涪江心，引水淹许州。二郎神慨然应允，弯弓搭箭，嗖—嗖—嗖，连发三箭，两支射得太高，形成江水之上的牛鼻洞，第三支正中江心，涪江水随着箭洞，穿过藏王寨，喷出白阳洞，涌进潼江河，冲毁许州城，张亚子变成蛟龙，监牢中驮出父母，将贪官喂了王八，因张亚子扶正惩恶后来被封为文昌帝君。二郎神射穿涪江心的那个洞就叫二郎洞，涪江的这段峡谷也叫二郎峡。

二郎峡中还有一处绝境——草鞋洞，位于二郎洞的左上方，洞口外壁光滑如镜，洞内下坠的钟乳石，恰似一串串草鞋，据说刘备曾在此卖草鞋，只要在涪江对岸向光滑的石壁高喊："刘爷卖草鞋，卖不卖？"立即就会回答："卖，卖，卖！"草鞋洞，洞中有洞，深不可测，据说还无人钻到尽头，其中蕴藏的许多奇妙的景观，还未被人发现。草鞋洞的左上方又有一洞，与草鞋洞相通，洞口有一间茅屋，内住一位道长，高髻宽袍，飘然如仙，据说他已年过百岁，而发如青丝，还常驾一叶扁舟过江来，为百姓治病……茅屋住道长，轻舟逐碧浪，恰是这幅活生生的山水画中的神来之笔。

从二郎洞下行两公里，就到大桑园，进入江油市境北城乡。从这里再往下，东岸是窦圌山，西岸是观雾山，再往南就是涪江出峡口处，灯笼洞与太白洞相对于两岸。从煽铁沟到这里三十余公里的涪江峡谷，兼备秀美、幽静、雄奇、险峻诸特色，可与长江三峡媲美。当年李白来去走过这段峡谷，为《蜀道难》积累了素材。现在当我们面临阴平古道涪江峡谷雄奇险峻的景色，吟诵“上有六龙回日之高标，下有冲波逆折之回川，黄鹤之飞尚不得过，猿猱欲渡愁攀援……连天去峰不盈尺，枯松倒挂倚绝壁，飞湍瀑流争喧豗，砯崖转石万壑雷。”就能体会到李白写景状物的神韵。

后记：现在太白洞上游已建成百米高坝，是武都引水工程的二期工程。大坝拦住涪江水，形成三十多公里长的人工湖，湖光山色使这里更为壮美。

江油关怀古

从险、峻、幽、奇的二郎峡溯涪江而上，经过地势较为平缓的响岩坝，再向北十余公里就到了平武南坝镇，这就是古龙州、江油关的所在地。

江油关地势十分险要，群山环抱，峰峦层叠，涪江自北而来，在南坝绕了一个弯子，留下了一片平地，然后奔流向南。江油关就在这片小平坝的北端，明月渡口。关口左边是高入云天的悬岩峭壁，右边是奔腾咆哮的涪江，涪江对岸是巍峨崔嵬的左担道、凤翅山。江油关正是凭这山水之险，扼住阴平道的咽喉，真是“一夫当关，万夫莫开！”古人曾吟诗道：

峭壁阴森古木稠，乱山深处指龙州。

猿啼鸦噪浮云暮，不是愁人亦是愁。

公元219年，刘备和诸葛亮选中了这险要之地，设置江油戍，派兵把守，以防御北边的曹魏从阴平道偷袭西蜀。守关将士扼住明月渡口，涪江两岸的险要处，若敌人来侵，涪江北岸的守军可依山傍水进行抵抗，以待南岸援军，若抵敌不住，亦可撤回南岸，凭借涪江天险，拒敌于关外。263年，魏国伐蜀，大将钟会在剑门关遇到姜维顽强抵抗，毫无进展。邓艾暗中带3万人马，从阴平（今甘肃文县）出发，翻过摩天岭，在渺无人烟的崇山峻岭中行军700里，经二十多天跋涉，直抵江油关下。蜀守将马邈要投降，妻子李氏苦苦劝告，说江油关十分险要，只要坚守，就会使邓艾军进退两难，不战自乱。而马邈一心想投降后可以升官发财，不听妻子劝告，不战而降。李氏夫人自缢殉国。川剧《江油关》正是写的这段故事，该剧结尾有诗云：

后主昏庸汉祚颠，天差邓艾取蜀川。

可叹蜀中多名将，不及江油李氏贤。

南坝人民对这位忠烈的李氏夫人十分敬重，建修了李氏夫人祠、李氏夫人墓，可惜这些都已毁坏。仅有明代立的“汉守将马邈忠义妻李氏故里”碑尚存。

江油关口之南的小平坝上的南坝镇，即古州城所在地。城墙是南梁时，在此割据称雄的李龙迁所筑，李龙迁死后葬在牛心山，山上建祠纪念，后称“李古人庙”。唐王朝建立后，追认李龙迁为族祖，李龙迁墓也就成了皇帝祖陵，李古人庙成了道观，大修庙宇，广植柏树，牛心山成为唐王朝的“国脉”所在圣山。武则天篡位，改唐为周，要断去李唐王朝的“国脉”，下令将牛心山与后山相连的山脉凿断。后来唐玄宗、唐穆宗先后调动数万民工填补被凿断处。这一挖二填，劳民伤财，以致“东川为之疲弊!”以后各朝代都视牛心山为道教圣地，加以维修重修，庙宇辉煌宏伟，古柏郁郁葱葱，每年正月初一、五月初二的庙会，更是热闹非常。

伟大诗人李白在青年时，从家乡彰明，北游古龙州江油城，曾在牛心山上读书，留下太白读书台——书台子遗迹，据宋祝穆《方舆胜览》卷七〇《龙州·亭台》载：“太白台，在龙州江油县。太白与江油尉往来，故有台在尉厅。蒲翰为之记。”明《大明一统志》卷七〇《龙安府》记载：“太白台，在牛心山。唐李太白尝读书于此，遗址尚存。”清《四川总志》、《龙安府志》、《江油县志》均有同样记载。

李白在这里赠给江油县尉一首诗：

岚光深院里，傍砌水泠泠。
野燕巢官舍，溪云入古厅。
日斜孤吏过，帘卷乱峰青。
五色神仙尉，焚香读道经。

李白诗中提到的“旁砌水泠泠”至今还有遗迹可寻，在今南坝镇后街公路侧有井泉一眼，终年不溢不竭，长流不息，纯净甘洌。据说李白诗原来就刻在这泉水旁的石崖上，可惜现在已找不到了。不过北宋大书法家米元璋所写的李白诗碑至今还保存在江油李白纪念馆。平武县文管所将南坝收集到的四块碑立于泉边，成为南坝一大景观。据说南坝共有三泉，除李白题诗的叮当泉外，还有马刨泉、明月泉。马刨泉在涪江对岸，据说邓艾兵临江油关时，山上无饮水，他的坐骑用蹄子刨出了一眼泉水，解决了士兵的用水问题。明月泉在明月渡的山崖上，可惜这两处泉水早已干涸。

现在古江油关口已经重建，还修起了南坝涪江公路大桥，“天堑变通途”。到九寨黄龙的游客，可以在此观赏群山环抱江涛奔涌的壮丽景色，缅怀李氏夫人的殉国壮举，吟诵李白的《赠江油县尉》。

禹穴探圣迹

禹穴传说是治水英雄大禹降生地，也是伟大诗人李白游览过的地方。禹穴属北川县，位于绵阳城西北方。从绵阳乘汽车，经安县，途经新建的北川城，又向北，约一小时车程，即到万山丛中的北川老县城曲山镇，这个镇在“5·12”大地震中遭到毁灭性破坏，正在建地震遗址公园。

大禹诞生地禹穴还在老县城以西的治城镇，这曾经是一座古老的县城，早在1300年多年前的唐朝初年，这里就成了石泉县的县治所在地。白草河在此与湔江汇合，两河环绕，群山环抱，地势险要。现今这里仍是青瓦平房，木楼板壁居多，古镇风韵犹存，1991年在镇北大西山下新建了大禹纪念馆，几根巨柱托起厚重的檐盖，没有雕梁画栋，也无琉璃碧瓦，显得十分古朴粗犷，代表了大禹那个时代的风貌。馆中陈列着大禹的生平事迹图片和颂扬大禹的书画作品，可以在此感受到大禹光辉伟大的一生。

治城镇南的湔江两岸，左有石纽山，右有甘泉，石泉县正是从此二处得名。石纽山高千米，山上竹木葱茂，怪石嶙峋，山腰的一丛石林中有两块巨石，十分奇特，上小下大，上圆下方，上合下分，石尖纽结为一，上刻隶书“石纽”二字，高宽四十厘米，书法古朴，传说是西汉大学者扬雄所书。正是扬雄第一个明确说：“禹生于石纽。”此地既出圣人，就有几分灵气，据说朝暮二时，有五色霞光显现，雨后初晴，白云盘绕，变幻多姿，“石纽停云”成为石泉八景之一，前人有诗赞曰：

烟罗绕处石崚嶒，高出群峰数万层。

山色不随风雨变，往来时看五云升。

从石纽山望湔江对岸峭壁上，有石刻“甘泉”二字，峭壁下有一眼泉水，清澈甘甜，冬暖夏凉，四季不枯。传说大禹的母亲修己，长期饮用甘泉水，得水之精灵，又吞食了月精所化的石珠，才有了身孕，14个月后才生下大禹。

大禹的出生传说在清泗沟内，距治城镇还有四公里。清泗沟口有禹王庙一座，早在唐初建石泉县前，这里就已经有了祭祀大禹的庙宇，后屡经兴废，“文革”中被彻底摧毁，“文革”后，村民们出于对大禹的崇敬，自发捐资重建，内供大禹及其父母的塑像。庙虽简陋朴素，倒也高大轩敞。每年六月初六，传说是大禹生日，远近羌汉各族民众，在此祭拜大禹，踏寻禹迹，香烟缭绕，鞭炮齐鸣，人声鼎沸，热闹非凡。

过禹王庙不远就是金锣岩，百丈绝壁，拔地而起，直插云天，壁面光滑，如刀砍斧切。岩中有一圆洞，其形如锣，据说大禹在洞中藏有一面金锣。金锣岩的北面有“禹穴”二字楷书大字，字径约1.8米，笔力遒劲雄浑，严谨有度，据明代大学者杨慎考证是李白所书，各种地方志书也记载李白曾在此游览题字。李白年轻时隐居江油大匡山时，“往来傍郡”，遍访名胜古迹，从匡山翻过戴天山就是湔江，沿湔江而上就可到大禹故里，李白在此题字是合符情理之事。当地人民为纪念李白，在沟口山上建有李白亭。

过金锣岩沿溪谷前行，谷中溪水汩汩，有如抚琴击磬。小路纠缠着溪流，时而在左，时而在右。两边青崖高耸，古木参天。再上行即觉头上有雨丝飘拂，此无云之雨，从岩上飞瀑而来。似银丝悬空，如抛洒玉，故得“珍珠帘”之美名。再前行，沿右边岩壁的栈道而上，有一洞穴，洞内刻有“禹床”二字，洞中有石头长成的“禹母灶”、“禹母床”，传说禹母曾在此洞中住过，洞下有一水潭，传说是禹母沐浴之地，名为“禹母池”。从禹母池上行，峡谷愈来愈窄，两岸相倾，头上只有青天一线，崖壁枝柯交叉，老藤网绕，遮天蔽日，即使是夏日炎炎，也觉寒气逼人，幽暗无光。过一线天进入“小禹穴”，岩壁上刻有虫篆“禹穴”二字，笔画如虫体扭曲，笔力古拙苍劲，传说是大禹手书。小禹穴左侧有一股飞瀑，旁边有数十级石梯，沿梯而上有一平地，清溪潺潺，浓绿环绕，这就是大禹出生地刳儿坪。传说怀了14个月孕的禹母，在此处采摘野果时，突然腹痛难忍，痛了三天三夜还未生产，女神俄司巴西，用石刀剖腹才生下大禹。又把满身血污的禹抱到下面的水潭中去洗，血水染红了水潭，染红了溪流，至今这被名为“洗儿池”的水潭中和一里多长的溪沟里，还长有许多带红色斑点的白石头，被称为

“血石”，红若血染，灿如玛瑙，据说妇女用血石煎水服可以催生。前人有诗赞曰：

白石红斑点点新，花开水底锦江春。

后民收作催生药，犹仰当年岳降神。

这血石的形成原因，说是生大禹的血所染只不过是传说，现在有人力图用科学的观点来解释，有的说是红色藻类寄生所致，有的说是一种矿物质，莫衷一是，至今是谜。

从洗儿池再上行有九龙瀑等景观，再上即到杜鹃林，四五月间漫山杜鹃花，五彩缤纷，灿若霞锦。从杜鹃林向右，上到了大业山，据说是禹母采药之处，又名“采药山”，树深林密，浓荫蔽日。据晋朝人常璩写的《华阳国志》说，在这大禹出生地，方圆百里被视为神圣不可侵犯的地方，严禁人们入内居住或放牧、采樵，连罪犯逃入其中也不能去追赶，这就形成我国最早的一块自然保护区，所以至今这里的植被仍然很好，保存了原始古朴的风貌。这块老祖宗给我们留下的风水宝地，必将吸引更多的旅游者前来观光游览，凭吊大禹圣迹。

昔是李白拜师处

李白年轻时隐居在江油大匡山上读书，觉得个人苦读长进不大，听说梓州城（今三台县）附近隐居着一位品德高尚、学识渊博的高士赵蕤，就背上书囊，佩上宝剑前去拜师，跟着老师学习了一年多。当年李白拜师的地方至今犹存，这就是三台县城北二公里处的长平山琴泉寺旁边的赵岩洞。

长平山位于涪江西岸，绵延十数里，山顶长而平，故取名长平山。山虽不巍峨，而清幽秀雅，峦虽不险峻，而妩媚多姿。郁郁葱葱，层林叠翠，四季常绿，淡雅明丽，呈现出一种阴柔之美。在苍松翠柏幽篁的掩映中，隐隐约约可见青瓦红墙，翘角飞檐，这就是千年古刹琴泉寺。

琴泉寺始建于北周（557—581），当时三台称新州，刺史安昌公拓拔则笃信佛教，在城北长平山腰修建了佛寺，以自己的封号取名安昌寺。香火旺盛，游人不绝，至唐代改名惠义寺。唐宋时期梓州治所郪县城（今三台）是经济繁荣、文化昌盛、人口众多的“蜀中巨镇”，仅次于成都的“川老二”。有不少名人云集梓州，或做官或游览，惠义寺成为必游的名胜，因而留下了不少的诗文墨迹。“初唐四杰”中有两位写了颂扬惠义寺的文章，王勃的《梓州惠义寺碑铭》称赞惠义寺建筑宏伟“重峦架险，曲秀回廊”。杨炯的《惠义寺重阁铭》赞道：“长平山兮建重阁，上穹隆兮下磅礴，纷被丽兮骈交错，俨灵相兮冲寂寞，谁所为兮天匠作。”伟大诗人杜甫流寓梓州时曾多次游览惠义寺。现存的写惠义寺的诗就有五首，《惠义寺送王少尹赴成都》：

苒苒谷中寺，娟娟林表峰。
阑干上处远，结构坐来重。
骑马行春径，衣冠起暮钟。
云门青寂寂，此别惜相从。

诗中赞美了长平山清幽俊秀，惠义寺雄伟宏丽，在写景中融入依依离别之情。晚唐著名诗人李商隐在梓州流寓期间也多次游惠义寺，写了《惠义寺精舍南禅院四证堂碑铭》。从唐代文人诗赋中可见那时的惠义寺规模十分宏大，建筑非常壮丽。经过千年沧桑，寺庙屡毁屡建，至今尚存正殿、前殿、廊庑，左右厢房和南边的四合院等建筑。寺名也曾改过多次，一度曾叫甘露寺，后来称为琴泉寺，一直至今。

琴泉寺山门上的匾额是“惠义禅林”，仍保留着古名，两边的对联是：

千年古刹复兴太平盛世；
万仞名山永驻无限风光。

这两句话高度概括了琴泉寺的千年兴衰史。进入山门但见院中两株高大的银杏，苍老的树干耸入云天，茂密的树叶青翠欲滴，这两棵数百岁高龄而又生机盎然的银杏，正是这所古老名刹的历史见证。琴泉寺后院的岩壁内有一泉洞，深约丈许，洞顶渗出晶莹剔透的泉珠，点点滴滴，落入水池，发出清脆悦耳的叮咚声，犹如“大珠小珠落玉盘”，抑扬顿挫，时缓时急，时高时低，又如仙人弹琴，令人心醉。明朝本地一位文人万谷，曾在此题诗一首：

石髓暗龙涎，岩阴一线穿。
囊苔铺翠钿，挥沫引珠圆。
故作声声谱，因名的的弦。
碧池即绿绮，水调伯牙传。

诗中咏赞泉声如绿绮名琴弹奏的古代伯牙所传的琴谱。这大自然的琴泉之声比大城市的音乐喷泉更加美妙动听，更能引起人们内心的震颤。遥想李白当年一定是多次在此聆听天然琴声，受到感悟，使操琴之术高妙绝伦，使诗歌创作达到“天人合一”的高超意境。这一泓清泉发出的琴声是琴泉寺“唯我独具”的一大奇景，琴泉寺因此而得名。这泉水水质清冽，甘香可口，汲以煎茶，香胜兰芳，美如甘露，故此寺又曾名甘露寺，此岩又名甘露岩。

从惠义寺左侧沿石阶而下，便到千佛崖，崖洞高约六米，宽约六米，深约十米。洞中有天然石柱，柱上有通高二米的释迦牟尼佛像，四周洞壁上有密如蜂窝的神龛，雕琢有上千躯的大大小小的佛像。这些摩崖石刻最早有南北朝的，最多是唐代的，菩萨像慈祥端庄，金刚像威武雄壮，千姿百态，栩栩如生，表现了我国古代民间艺术高超技艺。紧邻千佛崖又有一石洞，洞上方有“赵岩洞”三个斗大的字，这就是赵蕤隐居地，李白拜师处。赵蕤自称：“梓州郪县长平山安昌岩草莽臣。”安昌岩也就是这里，因赵蕤在此住过，后人就称“赵岩洞”。在这座不起眼的岩洞中，赵蕤写成了闪烁着唯物辩证法思想光辉的《长短经》，现在已有几个译注本，流传于海内外。当年赵蕤以它为教科书，传给李白安邦定国之策，行军布阵之计。赵蕤还教李白剑术，洞前草坪上应当还留有师徒二人的足迹。赵蕤去世后，后人为纪念他，在赵岩洞前立了《赵蕤处士碑》，历代不少文人到此凭吊。民国初年，三台知县张政还在这里建修过赵征君祠，供人们瞻仰，可惜碑石和祠宇都已被毁。山下有一道小溪，曲曲折折缠绕着长平山，溪名"濯笔溪"，相传是赵蕤、李白涮洗墨砚处。清清溪水，汩汩有声，好像在对一代又一代人述说着一位杰出的思想家和一位伟大的诗人的故事。

主要参考文献

宋敏求、曾巩等编:《李太白文集》(影印本),巴蜀书社,1985 年。
瞿蜕园、朱金城校注:《李白集校注》,上海古籍出版社,1980 年。
詹锳主编:《李白全集校注汇释集评》,百花文艺出版社,1996 年。
安旗主编:《李白全集编年注释》,巴蜀书社,1990 年。
金涛声、朱文彩:《李白资料汇编》(唐宋之部上、下册),中华书局,2007 年。
裴斐、刘善良:《李白资料汇编》(金元明清之部第一、二、三册),中华书局,1994 年。
《旧唐书》,上海古籍出版社,上海书局,1986 年。
《新唐书》,上海古籍出版社,上海书局,1986 年。
《资治通鉴》,上海古籍出版社,1997 年。
《华阳国志校注》,巴蜀书社,1984 年。
冯天瑜等:《中华文化史》,上海人民出版社,1990 年。
裴斐:《李白十论》,四川人民出版社,1981 年。
安旗:《李白研究》,西北大学出版社,1987 年。
葛景春:《李白思想艺术探骊》,中州古籍出版社,1991 年。
葛景春:《李白与唐代文化》,中州古籍出版社,1994 年。
杨义:《李杜诗学》,北京出版社,2001 年。
周勋初:《李白评传》,南京大学出版社,2005 年。
郁贤皓:《李白选集》,上海古籍出版社,1990 年。
薛天纬:《唐代歌行论》,人民文学出版社,2006 年。

杨世明:《巴蜀文学史》，巴蜀书社，2003 年。
徐世群等:《巴蜀文化大典》，四川人民出版社，1998 年。
谭继和:《巴蜀文脉》，巴蜀书社，2006 年。
谭继和:《巴蜀文化辨思集》，四川人民出版社，2004 年。
谭兴国:《蜀中文章冠天下》，四川人民出版社，2001 年。
陈世松:《天下四川人》，四川人民出版社，1999 年。
文德选:《湖湘文化古今谈》，湖南人民出版社，2006 年。
李阳春:《湘楚文化精神与道德人格修养》，湖南大学出版社，2006 年。
和文军:《人文地理与中华伟人》，天津人民出版社，1997 年。
刘守华:《文化学通论》，高等教育出版社，1992 年。
戴伟华:《地域文化与唐代诗歌》，中华书局，2006 年。
李子龙:《李白与马鞍山》（1—4 册），安徽文艺出版社，1999 年。
郑修平:《李白在山东论丛》，山东友谊书社，1991 年。
郑修平:《李白在山东诗文集注》，山东济宁新闻出版局，1991 年。
朱宗尧:《李白在安陆》，华中师范大学出版社，1986 年。
孝感师专古籍整理研究小组:《李白在安陆十年研究》，1987 年。
黄松:《齐鲁文化》，辽宁教育出版社，1991 年。
董楚平:《吴越文化新探》，浙江人民出版社，1998 年。
何念龙:《李白文化现象论》，湖北人民出版社，2009 年。
向达:《唐代长安与西域文明》，三联书店，1979 年。
王仲荣:《隋唐五代史》，上海人民出版社，1988 年。
［美］谢弗著、吴玉贵译:《唐代的外来文明》，中国社会科学出版社，1995 年。
钟敬文:《民俗文化学：梗概与兴起》，中华书局，1998 年。
肖涤非:《杜甫研究》，齐鲁书社，1980 年。
谢贵安、华国梁:《旅游文化学》，高等教育出版社，1999 年。

后 记

1984年秋，在江油举行的李白研究学会成立大会上，裴斐先生对我说："李白在四川的事迹和诗文研究是个薄弱环节，史料太少，也是李白研究的难点。但搞清楚李白在四川这一段，是我们四川人不可推卸的责任。只要我们锲而不舍，总会把李白在四川这一段搞清楚的。"裴斐先生已经远离我们而去，但他的话始终铭记我心。三十年来，我正是带着一种责任感进行李白研究。现在《李白与地域文化》即将出版，虽然不敢说已经"把李白在四川这一段搞清楚"，但毕竟弄清了一些问题，也可告慰裴先生在天之灵。

2006年，四川李白文化研究中心成立，《李白与地域文化》批准为中心的第一批课题。8000元课题经费，使我能走更多地方考察李白遗迹，感受各地域文化。

《李白与地域文化》书稿完成后，面临正式出版问题。我校虽设有出版基金，但"僧多粥少"，我又是退休之人，显然挤不进去。在为难之时，李白故里江油市的市委书记颜超同志答应由江油市资助出版，由江油李白纪念馆郭兴隆馆长、丁颖副馆长具体办理出版事宜，这本书终于可以问世。

中国李白学会会长薛天纬教授一直关注我的研究工作。在这本书初稿完成时，他欣然命笔，为之作序。巴蜀书社的童际鹏等编辑先生，为编审此书，倾注了大量心血，参阅各种版本，纠正了引文上的讹误。

值此书出版之际，谨对以上关心、支持、帮助我完成此书的同志、朋友表示衷心感谢！

蒋 志

2011年7月1日

图书在版编目（CIP）数据

李白与地域文化 / 蒋志著.—成都：巴蜀书社，2011.8
ISBN 978-7-80752-858-6

Ⅰ.李… Ⅱ.①蒋… Ⅲ.①李白（701-762）-人物研究
②地方文化-研究-中国 Ⅳ.①K825.6 ②G127

中国版本图书馆 CIP 数据核字（2011）第 168580 号

李白与地域文化

蒋 志 著

责任编辑 童际鹏
特邀审稿 崔艳红
出　　版 四川出版集团·巴蜀书社
成都市槐树街 2 号 邮编 610031
总编室电话：(028)86259397
网　　址 www.bsbook.com
发　　行 巴蜀书社
发行科电话：(028)86259422 86259423
经　　销 新华书店
照　　排 成都完美科技有限责任公司
印　　刷 成都翔川印务有限责任公司
版　　次 2011 年 8 月第 1 版
印　　次 2011 年 8 月第 1 次印刷
成品尺寸 210mm×148mm
印　　张 13.25
字　　数 350 千字
书　　号 ISBN 978-7-80752-858-6
定　　价 28.00 元

本书若出现印装质量问题，请与本社发行科联系调换